STUDIES ON THE

TRANSLATION AND

DISSEMINATION OF

CHINESE

CLASSICS

中华文献外译与西传研究

岳峰 等◎著

厦门大学出版社
XIAMEN UNIVERSITY PRESS
国家一级出版社
全国百佳图书出版单位

图书在版编目(CIP)数据

中华文献外译与西传研究/岳峰等著. —厦门:厦门大学出版社,2018.12
ISBN 978-7-5615-6851-4

Ⅰ.①中… Ⅱ.①岳… Ⅲ.①古籍—文化传播—研究—中国 Ⅳ.①G256.1②G125

中国版本图书馆 CIP 数据核字(2017)第 329676 号

出 版 人	郑文礼
责任编辑	王扬帆
封面设计	张雨秋
技术编辑	许克华

出版发行 厦门大学出版社

社　　址 厦门市软件园二期望海路 39 号
邮政编码 361008
总 编 办 0592-2182177　0592-2181406(传真)
营销中心 0592-2184458　0592-2181365
网　　址 http://www.xmupress.com
邮　　箱 xmup@xmupress.com
印　　刷 厦门集大印刷厂

开本 720 mm×1 000 mm　1/16
印张 25.75
插页 1
字数 460 千字
版次 2018 年 12 月第 1 版
印次 2018 年 12 月第 1 次印刷
定价 89.00 元

本书如有印装质量问题请直接寄承印厂调换

厦门大学出版社
微信二维码

厦门大学出版社
微博二维码

前 言

　　《中华文献外译与西传研究》概述中国文献在西方的翻译与传播,是一本史学与翻译学相结合的跨学科书籍,技术性地填补了该领域的一项空白。根据王尔敏的学科分类法,本书将中国典籍分为思想、宗教、文学、科学、农事、艺术、历史、地理、教育、社会、经济、法律与军事十三大类,进一步归纳为思想与哲学典籍、宗教与历史典籍、文学与艺术典籍、社会与教育典籍、经济与法律典籍、科学与技术典籍,共六大类,分六章阐述。每个类别追述各领域文献借由翻译西传的历史,描述中国文化与西方文化的初识、相遇、碰撞与交融,并展示中国传统科技对西方社会发展的作用。每个大类在综观历史的基础上,就相对有影响的典籍进行个案研究。该研究能够明显地拓宽典籍翻译研究的理论广度,发展其深度并增强其系统性。此外,本书还可以在翻译策略上为中国文化典籍的翻译,为中国文化在西方理论与话语权占主导地位的国际背景下拓展自己的话语空间提供借鉴。该书的编写是必要的,而且是可行的,在国家倡导中国文化"走出去"的新形势下更是如此。

　　首先,有必要写一本跨学科的读本,让读者的视野更加清晰。关于中国文献输出的研究著作很多,但是以单一学科的居多,一种是历史学科,比如翻译史、汉学史丛书,系用历史的方法写成的翻译史。从这类研究成果看历史脉络会看得很清楚,但要看具体的翻译例子则不容易,相关的例子太少。另一种是翻译学科的研究成果,这类书籍中的翻译例子很多,但是看不清历史发展的脉络,而且各学科的例子极为不均。其实中国文献的西传涉及诸多学科,但学人的研究以文学居多,其他如天文、历史、地理、法律、数学等学科的文献传播则很少涉及。有必要有一个融合历史、翻译两个基本学科的读本,使读者既看清历史脉络,又能品味翻译实例,既看到文学作品的西传,又能看到所有类型的中华文献的传播情况,这样的读本必然是跨学科的。

　　其次,有必要编写一本相对通俗的"轻学术"读本,以争取更多的读者。上文提到,现有的研究多从单学科视角出发,见历史则难见翻译,见翻译则难见历史，较为全面的研究也有，有可以摆满整个书桌的系列丛书，但是这样的书籍，如果不是学人做研究要借鉴参考，是不会主动去看的。因此，我们可以借鉴美国人的方法。美国出版商把文学经典作品缩写后制作成浴室丛书，使读者在浴缸泡澡的时候，能够在较短的时间看完这些经典作品。这不失为推广社科普及性作品的高效手段。这类图书通常只有一卷，深入浅出，书中综合各种代表性观点，可以节省读者的时间，提高阅读的效率，从而大大提高推介中国文化的效率。

再次，在一个大数据的时代，有必要进行数据化的研究。同类文献很少采用数据化的论证方式，多是举些代表性的例子。本书对于在哪个历史阶段某类中国文献有多少种传播到西方，每种文献有多少种译本，有多少个译者，一概提供数据，使读者一目了然。

最后，有必要观察中西方借由典籍翻译实现的互动。改革开放之前，中华典籍的外译是被动的，主要由西方人完成。对于传播中国文化，西方学者功不可没，影响至深且巨。但由于文化差异，西方人对中国典籍的翻译也有令人关注的细节问题——有的译文带有亲和中国的情感印记，有的译文却带有后殖民的色彩。改革开放之后，中国开始主动向国外输出中华典籍，其策略的成熟与西方反馈的转向是一个良性发展的过程。纵观历史，中西文化的互动是一个耐人寻味的话题，对其研究可促使我们调整文化策略。

本书的编写方法如下：其一，基于王尔敏与袁同礼的中华文献检索系统，用史学的研究方法构架传播史，具有较强的系统性，保证了该书的史学价值。其二，用翻译学的研究方法分析译文，文本内分析涉及词汇、句子与风格三部分；译文文本外因素的分析则对信仰与措辞之间、动机与风格之间、功能与译法之间、译者与社会之间四个方面的关系进行论证。其三，概览全景，点面结合。将所涉及的典籍按学科分门别类，收集、汇编国外对西传的中国文献的评论，真实展示中西文化的互动，是为"面"。在此基础上，在每个学科选取最有代表性的典籍进行案例分析，是为"点"。点面结合的手法既控制了书的长度，又可以让读者得以纵观全景。

岳　峰

2017 年 3 月 18 日

目　录

第一章 思想与哲学典籍

第一节 儒经译介引发的翻译与宗教的互动①

人类历史上大规模的翻译活动经常与宗教活动息息相关,比如中国东汉至唐宋的佛经翻译,再如罗马帝国后期至中世纪初期基督教的《圣经》,由希伯来语和希腊语译为拉丁语与其他欧洲语言。本章通过阐述儒经西传中的译介活动来论述翻译与宗教之间的互动。儒经西传是一幅很大的画面,鉴于思想与哲学典籍这一主题,本章主要聚焦传教士、宗教组织及其相关的行为和话语。

一、传教引发翻译盛事

16 世纪末起,罗马教廷出于传教的目的,向中国派遣了以耶稣会士为主的传教士。在这个历史时期,来自欧洲多个国家的天主教、新教与东正教各类差会的传教士潜心译介儒经,因为儒家思想为中国文化的重要组成部分,翻译可以使包括传教士在内的欧洲人士了解中国,对于传教事业的全局具有推动作用。传教士筚路蓝缕,以启山林,使儒经传播到了西方。

19 世纪前比较有影响的译者及其译介活动大致如下:1581 年,意大利耶稣会士罗明坚(Michel Ruggieri,1543—1607)用拉丁文节译了《大学》与《孟子》。1594 年,意大利耶稣会士利玛窦(Matteo Ricci,1552—1610)用拉丁文翻译了《四书》(*Tetrabiblion Sinense de Moribus*),他的意大利文遗稿《利玛窦中国札记》使欧洲人初识孔子和儒经。1626 年,法籍耶稣会士金尼阁(Nicolas Trigault,1577—1628)的拉丁文译本《中国五经》(*Pentabiblion*

---

① 岳峰,张济民,2009.翻译与宗教的互动关系探析——基于儒经西传的视角[J].九江学院学报(2).

Sinense)在杭州刊印。1645 年,葡萄牙耶稣会士曾德昭(Alvarus de Semedo,1585—1685)在巴黎出版了法文版《大中国志》(*Relatio de magna monarchia Sinarum ,ou Histoire universelle de la Chine*)。1658 年,意大利耶稣会士卫匡国(Martin Martini,1614—1651)在慕尼黑出版了拉丁文著作《中国历史初编十卷》(*Sinicae Historiae decus Prima*),向西方介绍了中国群经之首《易经》。1662 年,意大利耶稣会士殷铎泽(Prospero Intorcetta,1625—1696)与葡萄牙耶稣会士郭纳爵(Ignatius da Costa,1599—1666)合译了《大学》《中庸》与《论语》,译文合集名为《中国的智慧》(*Sapienita Sinica*)。1669 年,殷铎泽与郭纳爵等 17 名多国耶稣会士用拉丁文译《中庸》,书名为《中国政治伦理学》(*Sinarum Scientia Politico-moralis*)。1687 年,比利时耶稣会士柏应理(Philippe Couplet,1623—1693)在巴黎出版了 *Confucius Sinarum Philosophus*(《中国贤哲孔子》),书的中文名则为《西文四书直解》,包括《大学》《中庸》与《论语》的译文。1711 年,比利时耶稣会士卫方济(Francois Noël,1651—1729)将《四书》译为拉丁文,书名为 *Sinensi Imperii Libri Classici Sex*,在布拉格大学出版。1733 年,法国耶稣会士孙璋(Alexandre de la Charme,1695—1767)开始用拉丁文翻译《诗经》(*Livre des Vers*),此外还钻研《五经》。1735 年,法国耶稣会传教士马若瑟(Joseph Henri Marie de Prémare,1666—1736)选译的《〈易经〉入门注释》被收入杜赫德(Jean-Baptiste Du Halde)等人在巴黎出版的法文版《中华帝国志》。1739 年,法国耶稣会士宋君荣(Antoine Gaubil,1689—1750)用法文译了《书经》(*Le Chou-King*),1749 年译注《诗经》,1770 年译注《书经》,1885 年译《易经》,他还节译过《礼记》。1776 年,法国耶稣会士韩国英(Pierre-Martial Cibot,1727—1780)翻译了《大学》与《中庸》。1782 年,俄国东正教第三届驻北京传教士团学员阿列克谢·列昂季耶维奇·列昂季耶夫(Алексей Леоитьеич Леонтъев,1716—1786)发表了译稿《中国典籍〈易经〉中阴阳作用》;1780 年与 1788 年,列昂季耶夫推出了《大学》与《中庸》的全译本。此外,德籍耶稣会士基歇尔(Athanasius Kircher,1602—1680)所写的《中国图说》介绍过儒家等文化体系。法国耶稣会士刘应(Claude de Visdelou,1656—1737)曾用拉丁文译《中庸》与《书经》,1728 年在《易经概说》(*Notice du livre chinois Nommé Y-King*)中注释《易经》。法国耶稣会士傅圣泽(Jean-François Foucquet,1665—1741)曾用法文译《诗经》。法国耶稣会士雷孝思(Jean-Baptiste Régis,1663—1738)用拉丁文翻译《易经》,

名为 *Y-King*，*Antiquissimus Sinarum Liber*。法国耶稣会士蒋友仁（Michel Benoist，1715—1774）曾译《书经》《孟子》。法国耶稣会士白晋（Joachim Bouvet，1656—1730）曾留驻北京研究儒经。法国耶稣会士格鲁贤（Jean-Baptiste Grosier，1743—1823）介绍过《诗经》。法国耶稣会士汤尚贤（Pierre-Vincent de Tartre，1669—1724）曾注解《易经》难点。清朝耶稣会留守中国的最后宿儒、法国耶稣会士钱德明（Jean Joseph Marie Amiot，1718—1793）曾研究《易经》，其研究成果是后人译介《易经》的重要参考。第二届俄国东正教驻北京传教士团学员伊拉里昂·卡利诺维奇·罗索欣（И. К. Разсохин，1707—1761）曾指导他的学生雅科夫·沃尔科夫（Yakov Volkov）译出了《四书》。以上为 19 世纪之前的译介儒经比较有影响的西方传教士，这些西儒中不少人不做归梦，"利玛窦，在华 28 年，卒于北京；金尼阁，在华 19 年，卒于杭州；柏应理，在华 23 年，卒于再次来华途中；殷铎泽，在华 37 年，卒于杭州；白晋，在华 44 年，卒于北京……"。明万历进士李日华在《紫桃轩杂缀》中赠利玛窦诗云："浮世常如寄，幽栖即是家，那堪作归梦，春色任天涯。"（吴孟雪，1999：7-12）

到了 19 世纪，这场宗教启动的翻译活动呈现出强势惯性。1809 年，英国传教士马歇曼博士（Joshua Marshman，1768—1837）翻译了《论语》（*The Works of Confucius*）。1812 年，英国伦敦会传教士马礼逊（Robert Morrison，1782—1834）翻译了《大学》（*The Translation of Tahio; the First of the Four Books*）；1815 年，马礼逊在其中国语言学研究专著《通用汉言之法》（*A Grammar of the Chinese Language*）中，详细介绍了《诗经》。1820—1821 年，第九届东正教驻北京传道团的修士大司比丘林（Н. Я. Бъичурин，1777—1853）译了《四书》。1828 年，英国伦敦会驻马六甲传教士柯大卫（David Collie，？—1828）出版了《四书译注》（*The Chinese Classical Works*）。1832 年，传教士裨治文（Elijah Coleman Bridgman，1801—1861）创办了《中国丛报》（*Chinese Repository*），刊载大量研究译介儒经的文章。1838 年，法国的沙尔穆神父（le pere la Charme）译了《诗经》。1842 年，东正教驻北京第十届传教士团教士司祭西维洛夫（Дмитрий Летровлч Сивиллов，1789—1871）译了《四书》，1855 年译了《书经》与《诗经》。1846 年，英国伦敦会牧师麦都思（Walter Henry Medhurst，1796—1857）翻译了《书经》（*Ancient Chiná: The Shoo King, or Historical Classic*）。1876 年，英国基督教圣公会传教士麦格基（Rev. Canon

McClatchie,1813—1885)在上海出版了《〈易经〉之译——附注解与附录》(*A Translation of the Confucian 易经 with Notes and Appendix*)。1877 年，德国传教士花之安(Ernst Faber,1839—1899)的《论语》与《孟子》译本在伦敦出版。此外，英国伦敦会传教士伟烈亚力(Alexander Wylie,1815—1887)早年英译五经全文。英国传教士詹宁斯(M. A. William Jennings)翻译过《诗经》(*The Shi King Metrical Translation from the Shi King*)。19 世纪有两个这方面影响特别大的人物：法国耶稣会士教士顾赛芬(Séraphin Couvreur,1835—1919)译了《四书》《诗经》《书经》《礼记》与《春秋左传》；英国伦敦会传教士理雅各(James Legge,1815—1897)以半个世纪的时间全译了《四书》《五经》。19 世纪后，仍有传教士在继续这项工作。英国传教士苏慧廉(William Edward Soothill,1861—1935)于 1910 年翻译了《论语》(*The Analects of Confucius*)。德国魏玛差会传教士卫礼贤(Richard Wilhelm,1873—1930)译《周易》《四书》和《礼记》。

　　儒经译介活动最初是由传教士受教廷或差会委托而开始的，但马上吸引了大量学者、外交官的加盟，从而造就了一批传教士阵营以外的翻译家。比如英国汉学家阿瑟·韦利(Arthur Waley,1889—1966)，他放弃了其他就业机会而成了翻译家，在儒经方面倾注了大量心血。总体看来，儒经的翻译规模越来越大。这是一个奇妙的过程。19 世纪前，尤其在 16、17 世纪，由于中国国力相对比较强大，西方世界有一个"中国热"阶段。而到 19 世纪，西方人共译出约 103 种《四书》《五经》译本，不含再版，而"中国热"时期只有 76 种，在这个中国国难当头的阶段，译本反而增加了约 36%。从 1593 年第一部儒经译本(罗明坚译)问世至今，大约产生了 304 种儒经译本。迄今西方人翻译的《四书》译本约有 180 种，包括《论语》《大学》《中庸》《孟子》的译本，以及以《四书》定名的合集。其中，拉丁文译本 21 种、英文 52 种、法文 36 种、德文 28 种、俄文 20 种，其他欧洲语种 23 种。《诗经》约有 51 种译本，其中拉丁文 9 种、英文 11 种、法文 13 种、德文 6 种、俄文 10 种，其他欧洲语种 2 种。《尚书》约有 22 种译本，其中拉丁文 4 种、英文 6 种、法文 6 种、德文 1 种、俄文 4 种，其他欧洲语种 1 种。《礼记》的译本约 11 种，其中拉丁文 2 种、英文 3 种、法文 4 种、德文 1 种、俄文 1 种。《周易》约有 32 种译本，其中，拉丁文 6 种、英文 11 种、法文 6 种、德文 6 种、俄文 2 种，其他欧洲语种 1 种。《春秋左传》约有 8 种译本，其中拉丁文、英文、法文各 2 种，德文与俄文各 1 种。尽管在 400 多年的历史过程中，人们翻译儒经的动机有变化，但最初,也是最重要、最根本的原因,无疑是有宗教性质的。

二、信仰影响解经与翻译

从儒经的译介开始至今,传教士翻译家对儒经的解读融入了自身信仰的元素,他们所使用的措辞和整体翻译策略折射出以信仰为基础的译介取向。早期解经、译经方法比较独特而有影响的传教士是 17 世纪及之前的利玛窦、殷铎泽与利安当(Antonio Caballeroy Góngora,1723—1796)等人。利玛窦实际上把《四书》作为儒学与天主教教义融合的对象(于明华,1991:10),他将《四书》原文中的"天"或"上帝"译为天主教的至高神 God,又以儒家的仁、德、道等概念来诠释基督教伦理,并努力从五经古经中查询天主教教理的一些要义的证据,如上帝的存在、灵魂不灭、天堂和地狱之存在,等等。(宋荣培,1999:46-55)殷铎泽等人的《大学》《中庸》与《论语》译本以展现儒教与天主教的一致性为显著取向。例如,《中庸》的"虽圣人亦有所不知焉"中的"圣人"本指品学高超的大智之士,根据中国国家图书馆汉学家资源库的记述,也被译成仅具有天主教内涵的"圣人"。中期,即 17—18 世纪间,这类型传教士有傅圣泽、马若瑟、白晋等,法国耶稣会士居多。白晋认为儒经是天主教最早的文字记载,于是在中国的古代经典中寻找天主教教义。后期,即 19 世纪,比较典型的传教士是理雅各。他的思想经历了由传统神学向特别启示的转变,于是努力在中国古代经典中寻找上帝与启示。如果理雅各认为儒经中所记述的超自然现象表示至高神,他就将其译为基督教的上帝 God,也相应地用该词来翻译。从解构主义的视角来看,任何人对文本的解读都会带上个人的色彩,因为个人的知识模块与价值取向直接左右他们的解读思路。由以上事实来看,传教士所译的儒经无疑有自身宗教信仰的印记,他们有的解读方法远远游离于中国学者传统的解经体系之外。对于习惯于中国传统学术的读者来说,他们的一些提法至少会让人非常吃惊。

三、译介与文化扩容或冲突

(一)翻译行为曾使不少传教士不同程度上接受儒家思想

在动笔翻译儒经之前,传教士们通常要先阅读、研究文本,这是翻译的一般程序;在此过程中,译者对其中的内容往往有所感悟,而在其后翻译的过程中常常会有新的体会,这种体会可能持续到翻译结束后。不少传教士对儒家、儒教的思想有好感,他们并没有因自身的信仰而排斥,而是接受乃至学习,甚至发扬光大,这可以从他们的话语和行为中体现出来。传教士中具有代表性的人物利玛窦曾说过"儒教的普遍看法和最终目的是使国家和平安定,家庭和睦相处,人民聪明贤惠。儒教的经典一定能够使他们实现这一目标。它与理性之光——基督教信仰是很一致的"(林金水,1996:221)。类似的言论在几个汉学大国,尤其是后来居上的美国表现得特别明显。

卫礼贤自称是儒家弟子,他的名字就可以表现出他对孔子的尊敬。卫礼贤在华20多年,曾任北京大学名誉教授。卫礼贤来华后创办"礼贤书院",聘请不少熟读儒家经籍的旧式文人,包括他的经学启蒙老师邢克昌。由于办学成功,1906年清政府赏给卫礼贤四品顶戴。他还创建"尊孔文社",进行儒学的研究与中西学术交流。另一个德国传教士花之安在《儒学汇纂》(*A Systematical Digest of the Doctriner of Confucius*)的最后一章中说儒学中不少关于人际关系的论述十分优秀,与基督教的启示有相通之处。

英国传教士苏慧廉认为儒家思想包含着中国最杰出的精英思想,被优秀的后继者们所继承;接触这种崇高而荣耀的思想智慧模式无疑将进一步把握其宝贵的理想精粹。他主张将基督教思想与儒家相融相渗,提出上帝没有消灭摧毁西方哲学,而是使其纯净并使其高贵,也没有消灭摧毁东方哲学,而是使其完整,将其有价值的成分摆脱虚假的奉承进而转化到生活中去,成为人的品质中的财富;基督徒生命和灵性也需要这种思想,因其有助于心灵的拯救;学者需要这种思想,因其有助于思想的升华。①

美国公理会来华传教士明恩溥(Arthur H. Smith)在《中国人的素质》(*Chinese Characteristics*)第二十六章提过儒学是全人类最值得一提的学术成就。美国传教士卫三畏(Samuel Wells Williams,1812—1884)认为:孔子的影响怎么估计都不过高,孔子所描述的道德标准影响不可估量,这足以证明孔子本人的标准有多么崇高。他将孔子的儒家学说和基督教以及伊斯兰教相提并论,认为他们同样具有永恒的价值。他推崇儒家文化中"信义"的价值内涵,表明中国对基督教教义的需要并不意味西方人要摧毁中国传统文明,而是要进一步完善它,使它更有价值。他对儒教赞誉有加,并提出了"孔子加耶稣"的中国文化策略。(顾长声,1981:186-187)这里要提起两个

---

① 段怀清. 他们为什么翻译儒家经典[EB/OL]. [2006-05-03]. 北京大学跨文化研究中心网. http://www. transcultures. org/duihua16-fanyi. htm.

特别有意思的传教士,他们在行使自己职责的同时也在传播儒教。美国长老会传教士狄考文(Calvin Wilson Mateer,1836—1908)于 1864 年,也就是来华的第二年,在山东登州创办小学性质的"蒙养学堂"教授儒经。1876年,蒙养学堂改称"文会馆"(Wen-hui Guan of Tengchow),升格为书院,《四书》《五经》被定为课程讲授的重点。1881 年,狄考文向美国长老会申请将书院提升为大学,课程设置依然以儒经为重点之一。这所注重儒经教育的文会馆历时 44 年,造就了近代中国大量人才,却是一位美国传教士一手主持的,(朱仁夫,魏维贤,王立仁,2004:326—327)颇让人称奇。美国长老会传教士李佳白(Gilbert Reid,1857—1927)是个特殊人物,他在中国传播儒教。李佳白来华前就在美国研习儒经,来华后穿华服、戴假辫、行儒礼、交儒士,很有利玛窦的风范。他传教时一手拿《圣经》,一手持《四书》讲学。1897年,在英美人士的帮助下,他在北京成立了"尚贤堂"(China International Institute)以贯彻他基督教与儒教和合的思想,他表明"夙仰中国盛名""决意创立尚贤堂",以期培养人才"裨益全局"。(顾长声,1981:386)1903 年,李佳白在上海再创"尚贤堂"。20 世纪,中国"五四运动"期间,面对"打倒孔家店"的倒儒风潮,李佳白坚持中国应该以儒教立国。1927 年,李佳白在上海去世,颇有当年耶稣会士不做归国梦的精神。此外,美国长老会驻中国传教士的女儿赛珍珠(Pearl S. Buck),也是诺贝尔文学奖的获得者,在中国度过了人生的大部分时间。1992 年,赛珍珠晚年的著作《中国:过去和现在》(*China:Past and Present*)在纽约出版,书中高度赞美孔子与其"己所不欲,勿施于人"的名言。尽管"五四"运动打出了"打倒孔家店"的口号,但赛珍珠对日后孔子地位的恢复颇为乐观。(何兆武,柳御林,2001:216)出身传道人的美国学者费乐仁(Lauren Pfister,1951—)是哲学家、宗教学家、汉学家、香港浸会大学宗教哲学系副教授、香港浸会大学中华基督教研究中心研究员、夏威夷大学《中国哲学》副主编、《景风》期刊编辑委员。他凭 15 年的耕耘,写下了两卷本《为了尽人生的责任:苏格兰新教传教士理雅各与中国》(*Striving for "the Whole Duty of Man": James Legge and the Scottish Protestant Encounter with China*)。理雅各是英译儒经数量最多的汉学家,费乐仁则是最关注儒经译介事业的美国人,相关论著百余项。如同理雅各一样,他对儒家思想持客观而尊重的态度。

可见,在翻译过程中,译者也会受到原典的感染,许多传教士汉学家因为翻译儒经而对儒教思想不同程度地采取了愈来愈宽容的心态。应该可以这么说,翻译使宗教信仰的本位产生扩容。从宏观的角度来看,耶稣会士译介儒经的初衷是让后来的传教士了解中国文化,为传播天主教教义做铺垫。但经济的繁荣和异域的魅力以及在"合儒""补儒"策略下输出的孔子思想对欧洲人的思想产生了巨大的影响。正从中世纪的封建社会走向近代资本主义社会的欧洲在社会转型期间需要新的思想理论,于是欧洲人拥抱了耶稣会士传入的儒家思想。儒家思想作为一种思想因子,深刻地影响了欧洲的启蒙运动,许多著名欧洲哲学家的言论、著述中都透射出儒家思想的影响。"实际上,当时,中国的儒家伦理观给欧洲留下的印象,较之欧洲的科学和数学给中国留下的印象,要深刻得多。"(斯塔夫里亚诺斯,1999:223,279)17世纪西欧的"中国热"随着中国国力的下降与西方批判思潮的发展而退去,但以基督教为思想主体的西方社会对儒经的关注一直持续到现在。

(二)儒经翻译曾引发传教士之间、传教士与传教机构,乃至罗马教廷与清廷之间宗教性质的对立

从耶稣会士译介儒经开始,宗教冲突就随之而生。拥抱儒家思想的传教士有之,而对立的同样有,比如美国基督教新教传教士卢公明(Justus Doolittle)在《中国人的社会生活》中提出:儒家把上天看成世界的统治者,但难以解释和定义什么才是上天;孟子的性善说与基督教的原罪说格格不入;儒家思想的"赎罪"主张是具体的,又是功利的、简便的;儒家相信"回报是功名、财富、官爵、长寿、子孙无数和其他形式的财产";基督教的"天堂"与"地狱"的说教并不吸引中国人入教,更不会吓倒中国人;儒家思想最大的缺点,就是只重视身体的需求,而对灵魂置若罔闻。(林立强,2005:94-102)

更严重的是传教士与传教机构之间的矛盾。卫方济的《中国六大经典》(*Sinensis Imperii libri Classici Sex*)由于高度赞誉中国哲学而一度被罗马教皇禁止发行。早期法国耶稣会士在儒经中寻找天主教痕迹的做法被天主教会否定。索隐派人士被排斥、遣回。在儒家思想盛行欧洲之际,儒家的理性主义、自然神论思潮开始冲击传统神学,这是耶稣会士始料不及的。(钱林森,2002)天主教与儒教的冲突不断升级。随着事态的发展,欧洲人逐渐不再以开放、宽容的心态对待中国。在1700年,耶稣会士对待中国文化的立场已经被巴黎索尔邦大学(Université Paris Sorbonne)神学院否认,神学院谴责了法国神父李明(Lauis le Camte)颂扬孔子的新作《中国现状新回忆录》与耶稣会士的相关论著,随即出现了《1700年10月19日孔夫子重新安

葬》一文。(胡阳,李长铎,国际易学联合会网)而在 19 世纪中后期,理雅各基于文化融合策略的译法在当时并不被大多数神职人员所接受,甚至被人说是异端。(Pfister,1998:81)

　　最严重的对立是罗马教廷与清廷之间的对立。以利玛窦为首的耶稣会士允许中国教徒祭天祭孔,这逐渐引起罗马教廷的不满,引发明末清初旷日持久的"礼仪之争"。结果是罗马与中国公开对立,清政府从雍正元年(1723年)起驱逐西方传教士,而罗马教廷在 1773 年取缔了为西传儒学开风气之先的耶稣会。

　　在这个世界,几乎没有什么事物是脱离与其他事物的联系而存在的。作为翻译前提的文本解读也不可能是孤立的阅读行为,原有知识模块必然参与其中;其中,解读者的宗教哲学理念是重要的参与者,因为其直接介入了原文信息的提取与吸收,决定了翻译的取向,如此可以解释传教士翻译的儒经所折射出的基督教色彩。当译者的知识模块与原文互动时,要么相互渗透,要么相互排斥,当然双方也可能保持相对静止或不明显的运动状态。因此,我们便不难理解传教士信仰体系扩容的主流现象及其他现象。翻译不是孤立的语言行为,它运作于以自身利益为根本出发点的各国统治阶级之间。当利益遭到损害的时候,统治阶级之间,统治阶级与译者之间的关系都产生了变化,所以以罗马教廷为主的宗教组织与传教士之间,与清廷之间会有冲突对立,可见宗教组织可以为其利益而启动翻译,也可以因得失而终止翻译。把握了这样的规律,我们不仅可以理解历史和宗教现象,而且可以更有效地运用翻译,实现其可持续的良性运作,使中国文化在更广阔的当代历史舞台闪耀更璀璨的光彩。

第二节　思想典籍的超自然现象译法[①]

一、文本的观察

　　观察理雅各翻译《礼记》中一些表示超自然现象名词的方法,会发现他

---

　　① 岳峰.儒经西传中的翻译与文化意象的变化[M].福州:福建人民出版社,2006:200-210.

有一套自成系统的译法。

比如,《礼记·王制》中的语句:"天子将出,类乎上帝。宜乎社,造乎祢。诸侯将出,宜乎社,造乎祢。"理雅各译为:"When the son of Heaven was about to go forth,he sacrificed specially,but with the usual forms,to God, offered the sacrifice at the altar of the earth,and the Zhao in the fane of his father. When one of the feudal princes was about to go forth,he offered the sacrifice to the spirits of the land,and the Zhao in the fane of his father. (Legge,1885:218)"。他把《礼记》中的"上帝"译为 God。以下为该译本中更多的例子。

表 1-1　理雅各《礼记》译本中"帝"与"上帝"的翻译

原　文	译　文
乃命太史,次诸侯之列,赋之牺牲,以共皇天**上帝**社稷之飨。(《月令》)	Orders are given to the Grand recorder to make a list of the princes of the states according to the positions severally assigned to them,and of the victims required from them to supply the offerings for the worship of **God** dwelling in the great heaven,and at the altars of (the spirits of) the land and grain. (vol. 27,p. 309)
故先王患礼之不达于下也,故祭**帝**于郊,所以定天位也。(《礼运》)	Thus it was that the ancient kings were troubled lest the ceremonial usages should not be generally understood by all below them. They therefore sacrificed to **God** in the suburb (of the capital),and thus the place of heaven was established. (vol. 27,p. 385)
是月也,天子乃以元日祈谷于**上帝**。(《月令》)	In this month on the first day prays to the son of Heaven **God** for a good year. (vol. 27,p. 254)
大雩**帝**,用盛乐。(《月令》)	(After that) comes the great summer sacrifice for rain to God. (vol. 27,p. 273)
是月也,大飨**帝**,尝牺牲,告备于天子。(《月令》)	In this month an announcement is made to the son of Heaven that the victims for the great sacrifice to **God**,and the autumnal sacrifice in the ancestral temple are fit and ready. (vol. 27,p. 293)

续表

原　文	译　文
以养生送死，以事鬼神**上帝**。(《礼运》)	They were thus able to nourish the living, and to make offerings to the dead; to serve the spirits of the departed and **God.** (vol. 27, p. 370)
祀**帝**于郊，敬之至也。(《礼器》)	In the sacrifice to **God** in the suburb, we have the utmost expression of reverence. (vol. 27, p. 413)
故天子牲孕弗食也，祭**帝**弗用也。(《郊特牲》)	Therefore if the animal happened to be pregnant, the son of Heaven did not eat of it, nor did he use such a victim in sacrificing to **God.** (vol. 27, p. 417)
藏**帝**借之收于神仓，祇敬必饬。(《月令》)	and to store up the produce that has been gathered from the acres of **God** in the granary of the spirits; doing this with the utmost reverence and correctness. (vol. 27, p. 293)
文王谓武王曰："女何梦矣?"武王对曰："梦**帝**与我九龄。"(《文王世子》)	King Wan said to Wû: "What have you been dreaming?" "I dreamt," was the reply, "that **God** gave me nine ling?" (vol. 27, p. 344)
既事而退，柴于**上帝**，祈于社，设奠于牧室。(《大传》)	When he withdrew after the victory, he reared a burning pile to **God**; prayed at the altar of the earth; and set forth his offerings in the house of Mû. (vol. 28, p. 60)
孟献子曰：正月日至，可以有事于**上帝**。(《杂记下》)	Mang Hsien-dze said, "If in the first month at the (winter) solstice it be allowable to offer the (border) sacrifice to **God**." (vol. 28, p. 167)
唯圣人为能飨**帝**，孝子为能飨亲。(《祭义》)	It is only the sage who can sacrifice to **God**, and (only) the filial son who can sacrifice to his parents. (vol. 28, p. 212)

　　在以上的译文中，理雅各用了英语中首字母大写的 God 翻译《礼记》中的"上帝"，God 表示英语文化中主宰人类、创造万物的至高神，即基督教的至高神。(吕光旦，1994:55)由此我们可以推断，在理雅各的心目中，《礼记》中的"上帝"就是基督教的至高神。他不仅在《礼记》译本中如此用词，在其他儒经译本中也是如此，比如，对于《尚书·尧典》中的"肆类于上帝，禋于六宗，望于山川，遍于群神"，理雅各同样用 God 翻译"上帝"。相比而言，中国当代翻译家罗志野用 heaven 译"上帝"，由于中西文化中均有天堂之说，

heaven 这个措辞就淡化了宗教的差异性。

　　再看下面的例子。

　　《礼记·表记》中的"殷人尊神,率民以事神",理雅各译为:"Under the Yin Dynasty,they honoured **Spiritual Beings** ,and led the people on to serve them. (Legge,1885:342)"。他用 Spiritual Beings 译"神",以下为《礼记》中更多的例子。(宋钟秀,2006:40-41,44-46)

表 1-2　理雅各《礼记》译本中"神"的翻译

原　　文	译　　文
其曰明器,**神**明之也。(《檀弓下》)	They were called vessels in imagination,(the dead) being thus treated as spiritual intelligence. (vol. 27,p. 173)
山川**神**只,有不举者,为不敬。(《王制》)	Where any of the spirits of the hills and rivers had been unattended to,it was held to be an act of irreverence. (vol. 27,p. 217)
其帝大皞,其**神**句芒。(《月令》)	Its divine ruler is Thâi Hâo,and the(attending) spirit is Kâu-mang. (vol. 27,p. 250)
五献察,七献**神**。(《礼器》)	Five,to mark discriminating care; and seven,to show (the reverence for) the spirits. (vol. 27,p. 412)
乡人示礻易,孔子朝服立于阼,存室**神**也。(《郊特牲》)	When the villagers were driving away pestilential influences,Confucius would stand at the top of his eastern steps,in his court robes,to keep the spirits(of his departed) undisturbed in their shrines. (vol. 27,p. 423)
社所以**神**地之道也。(《郊特牲》)	In the sacrifice at the Shê altars they dealt with the earth as if it were a spirit. (vol. 27,p. 425)
所以交于**神**明之义也,非食味之道也。(《郊特牲》)	It was in this way that they sought to have communion with the spirits; it was not intended to imitate the flavours of food. (vol. 27,p. 434)
所以交于**神**明者,不可同于所安东之也。(《郊特牲》)	In maintaining intercourse with spiritual and intelligent Beings,there should be nothing like an extreme desire for rest and ease in our personal gratification. (vol. 27,p. 436)

续表

原　文	译　文
神则不怒而威。(《乐记》)	Spirit-like,he is regarded with awe,without any display of rage. (vol. 28,p. 125)
不名**神**也。(《杂记》)	Without naming him. This was treating him with reference to his being in the spirit-state. (vol. 28,p. 138)
衅屋者,交**神**明之道也。(《杂记》)	The consecration by blood of the temple building was the method taken to show how intercourse with the spirits was sought. (vol. 28,p. 170)
非礼无以节事天地之**神**也。(《哀公问》)	Without them they would have no means of regulating the services paid to the **spirits** of heaven and earth. (vol. 28,p. 261)
唯祭祀之礼,主人自尽焉尔,岂知**神**之所飨,亦以主人有齐敬之心也。(《檀弓下》)	It is only in the sacrifices(subsequent to the interment), that the principal mourner does his utmost(in the way of ornament). Does he know that the spirit will enjoy(his offerings)? He is guided only by his pure and reverent heart. (vol. 27,p. 169)

儒家经典的宗教系统是一个多神的世界,而基督教只有"一神",理雅各用 spirit(神灵、鬼怪与幽灵)表示儒家经典中"上帝"以外的超自然体。理雅各也用同样的方法翻译其他的儒经。比如,他把《尚书》中的"群神"译为 the host of spirits(Legge,1865:34)。可见他的译法一致,绝非随意。

其实,理雅各用 spirit 翻译"神灵",应该还有一个原因。《礼记》与其他儒经中都有"神灵"与人接触的记载(《左传·庄公三十二年》),《圣经》里有圣灵(Holy Spirit)降临的记载。《圣经》与儒经中相关的时间、地点都记载得很明确,《礼记》也是如此。在理雅各的心目中,《圣经》是权威的启示,《圣经》中与人接触的是 God,是至高神,而儒经中所记载的定然与《圣经》不同,因而儒经中与人接触的神灵就不是至高神,所以理雅各就不译为 God,而是 spirit。从宗教信仰的角度来说,此可谓精确的处理方式。

至此,我们至少可以得出一个结论:在理雅各的思想中,中西宗教文化的至高神是相同的,这可以在他的著作中再次得到证明。1853 年,理雅各(Legge,1852:2,4,23)在《中国人的鬼神观》中提出中国人所信奉的上帝就是基督教中的 God。这点还可以从他的行为中得到证明。1873 年,理雅各退休回国前曾到中国北京游历,在中国皇帝一年一度举行祭拜活动的天坛恭敬地脱下鞋子,大唱赞美诗。(Pfister,1998:78,80)他当然认定自己是在敬拜基督教的至高神。那么,理雅各的理念体系是怎样形成的?

二、溯源

理雅各的理念源于他对儒经的研究。在《中国经典》第三卷(《尚书》)与《东方圣书》第三卷的前言里,理雅各分别强调了中、西文化的至高神同一的观点。在《尚书》注释中,理雅各表明:"对周朝的研究使我们深信不疑'上帝'即中国宗教至高无上的统治者。到了周朝就有了'五帝'的教义,有时文字表现与'上帝'不同,有时则是上帝的不同昭示。"他又援用《礼运》论证:"上帝太一,神在紫微宫,天之最显者",由此得出中国人对上帝的崇拜由来已久的结论。(Legge,1865:34)1880 年,理雅各在英格兰长老宗教会(Presbyterian Church of England)开春季讲座时,又一次说道:"在《诗经》和《书经》中,我们发现了大量关于上帝及其信众的内容,这让我们欣喜不已,这些信息真实可信,我们可以毫不犹豫地接受。"(Legge,1880:248)

1873 年,理雅各退休返回英国。在 1877 年的中国传教大会上,理雅各请人代读他的论文《儒教与基督教的对比》,文中再次说到"儒经中有这么多谈到上帝的内容,我越发觉得我们传教士应该为之庆幸","为了让中国人想到我们在服侍上帝,传教士应该援用其中的语句来补充传道"。他还提出:"中国皇帝敬拜一个'上帝',中国文化中其他许多假想中的属灵,位处'上帝'之下,但可以充当'上帝'与崇拜者之间的媒介。认识到这点,就可以帮助民众摆脱道教与佛教大量的迷信、偶像崇拜与庶物崇拜之误导。(Legge,1877:3-6)"

我们也许可以做一个合理的推断,从某种意义上说,理雅各翻译儒经的过程就是努力在儒经中寻找上帝及其启示的过程。为什么这个有极其坚定基督教信仰的传教士用了他的后半生半个世纪的时间译介儒经?这有可能是原因之一。这也是他那么尊重孔子的缘由之一,因为后者在他眼中,是"上苍",即"天堂"在人间的代言人。这点可以从理雅各《四书》译本的注释"上苍要孔子传播真理"(Legge,1861:183)中得到证明。

当我们观察理雅各的译法时,也许还会追问一个问题:为什么理雅各一看到"上帝"的字眼(有的中国人误以为"上帝"一词源于国外,其实该词源于儒经经典。)就想到基督教的 God,而看到"神"则想到至高神以外的超自然体？除了《圣经》的记载、基督教"一神论"与儒教"多神说"的区别之外，还有没有其他原因？这要从《圣经》翻译的"译名之争"（the Term Question）入手，看看理雅各起初的观点与后来观点的变化。

三、再溯源

基督教的 God 在中文中其实有两种译法，即"上帝"与"神"。前文介绍过，明末天主教传入中国后，耶稣会士诠释中国经典时，常常力图证明中国古代文化与传统的基督教教义并行不悖，并尽力在儒经中找寻依据。儒经中的"上帝"与"神"两词被耶稣会士借用来翻译《圣经》中的 God。后来，这种译法受到质疑，而龙华民（Nicolò Longobardo，1559—1654）则严禁中国教徒使用这种称法，建议直接用拉丁语"陡斯"（Theos）称呼基督教的真神。这个问题后来因雍正元年（1723 年）清政府驱逐西方传教士而不了了之。

19 世纪初，新教传教士开始进入中国，一些传教士陆续翻译了《圣经》，最早的译本由马礼逊所译。19 世纪 30 年代有人对马礼逊的译本提出了一些看法，于是传教士们觉得有必要推出《圣经》的新译本。1843 年 8 月 22 日至 9 月 4 日，英美来华新教传教士在香港讨论译本的修订问题，希望能推出统一的委办本（delegates' version），邀请了一批精通中国语言、文化的传教士主持，理雅各是被邀的首席学者之一。

1847 年 7 月 2 日委办本修订工作开始，到 5 日就出现严重分歧，形成了旷日持久的"译名之争"。问题的焦点在于基督教的至高神 God（希伯来语的 Elohim，希腊语 Theos）在汉语中应译为"神"，还是"上帝"，抑或有其他译法。

在论争中，理雅各坚持用中国至高神的既有用词来翻译基督教的至高神，但先后采取了截然不同的措辞。起初，受马礼逊《圣经》译本的影响，他选择了"神"。1845 年，他与麦都思交流了他的观点，这与理雅各来华前在英国学汉语的老师修德（Samuel Kidd）所用的教材是马礼逊翻译的《圣经》有关。理雅各说："我所受的教育让我持有这样的观点。从 1838 年到 1839 年的几个月，我在汉语学习上有幸受教于优秀的学者修德先生，我没有想过要否定他把'GOD'译成'神'的观点。"但后来理雅各又认为"上帝"是一个更好的词："我很快又重新考虑这个问题。经过几个月的考虑，我放弃了关于用'神'一词的原有想法。""'GOD'是属灵，是相对于俗世的用词。我逐渐开始相信汉语中本来就有的'上帝'一词是翻译'GOD'的合适选择。""总之，只要我们用'上帝'一词，奉我们唯一的神耶和华之名，改变中国民间的偶像崇拜和各种迷信。""这样的话，我们可以告诉每个中国人关于罪的真理。他们知道了至高无上者'上帝'，就会本分地荣耀'上帝'。"(Legge,1850:43)

在这个问题上，许多汉学家的观点与理雅各的相反，其代表人物是文惠廉(William Boone)。有意思的是，他也曾改变过自己的措辞，先后分别用了与理雅各相反的词。(Legge,Helen E,1905:69)1850年，文惠廉在一篇长篇文章中提出：中国人并不知道真正可以称作"God"的属灵的存在，因而他们也没有相应的术语。既然如此，我们应该在描述超自然存在的汉语术语中寻找可以起到总体描述作用的词。而"神"正是这样一个词①。理雅各反驳说：文惠廉所提到的"神"只能相当于英语的 spirit、希伯来语 ruach 与希腊语 pneuma，只能用来翻译汉语中所表述的相应概念；中国人认识真正的上帝，但除了敬拜上帝外，他们还有大量其他的崇拜，还有一大堆的迷信和妄念；并说："我并非以自己的立场引入一个新的翻译术语'帝'或'上帝'。"(Legge,1852:2,4,23)

除了这两个具有代表性的人物之外，还有人持音译的观点。三种意见争执不下，英美传教士就有关问题在《中国丛报》发表了三十篇文章进行论战，有的还出版了单行本。实际上这个问题始终没有解决，传教士最终仍采用不同的译法推出了不同的译本。但理雅各已经形成思维定式。经过这段背景的回顾，我们可以理解为什么理雅各一看到"上帝"的字眼就想到基督教的 God，而看到"神"则想到至高神以外的超自然体。

儒家经典的"上帝"是不是基督教的 God？这不是本书关注的实质问题，也不是本书所能解决的。中外人士中有人同意，也有人反对，这个争论早在明朝末年就开始了，但现在也没有定论。在西方人中，多数耶稣会士与部分新教传教士持肯定意见，但反对者也大有人在。理雅各在天坛唱赞美诗的做法在传教士中引起了非议，成了对手攻击的目标，他们认为理雅各是在崇拜道教的神。1877年，中国传教大会拒绝发表理雅各的论文《儒教与基督教的对比》。1901年，理雅各去世五年之后，《教务杂志》连续发表了一系列文章，反对理雅各的上述译法。至于《圣经》翻译的"译名之争"，从来就

---

① *Chinese Repository*[J].1850(19):347-348.

没有了结,即使今天,基督教的至高神仍然有"上帝"与"神"这两种通行的译法。

但是,至此,我们可以明白理雅各关于基督教与儒经中至高神同一的理念以及相应译法的来龙去脉。他的译法表现出他的宗教思维定式与明显的宗教文化融合动机。他在翻译中的同化取向说明他已经把儒经的神秘文化置于基督教背景之中,但对某些神秘文化现象又采取了异化的译法,泾渭分明地划清至高神与其他超自然体的界限。尽管如此,他并没有像有些传教士那样把儒经中非至高神的超自然体视为"魔鬼撒旦"(Satan),当作与上帝、与人类为敌的魔王。理雅各的译法同时传递了一个信息:理雅各对儒家文化、中国文化的心态是亲和的,对中国文化是尊重的。这种态度在中国根本没有国际地位且国际形象一塌糊涂的晚清是罕见的。而从翻译功能的角度来说,理雅各的译法有利于他自己的传教事业,达到了他自己的目的。

第三节　《道德经》在英语世界的译介与传播

《道德经》以区区五千余字,涵盖天地人伦,力揭宇宙规律,曾被尊为"万经之王"。这部文约义丰、博大精深的道家经典流传两千多年以来,影响了中国的政治、哲学、军事、文学、艺术等诸多领域,也对中华民族的精神和性格产生了深远的影响。它犹如一坛历久弥香且充满神秘魅力的陈年佳酿,吸引着不同时代和不同文化背景的学者前来品其芳醇、索其真意、悟其精华。随着 16 至 18 世纪"东学西渐"风潮的掀起,《道德经》开始被翻译成拉丁文、德文、法文、英文等西方文字,各种外文译本纷纷问世,这部集中国古圣先贤之大智慧的道家经典开始走出国门走向世界,并对世界文明产生了极其深刻的影响。很多著名的科学家、哲学家、政治家、文学家、经济学家等都曾受到这部奇书的影响并对其作出了高度的评价。例如,美籍华裔数学大师陈省身先生(1911—2004)在美国著名物理学家爱因斯坦(Albert Einstein,1879—1955)家里的一个书架上发现一本已经被翻烂的德文版《道德经》。德国哲学家尼采(Friedrich Wilhelm Nietzsche,1844—1900)曾对《道德经》大加赞赏:"老子思想的集大成——《道德经》,像一个永不枯竭的井泉,满载宝藏,放下汲桶,唾手可得。"19 世纪中期俄国批判现实主义作家兼哲学家托尔斯泰(Leo Tolstoy,1928—1910)说:"孔子对我的影响很大,老子对我的影响巨大。"英国著名诗人约翰·高尔(John Gower,1330—1408)曾写道:"《道德经》的意义永无穷尽,通常也是不可思议的。它是一本有价值的关于人类行为的教科书。这本书道出了一切。"日本物理学家汤川秀树(Yukawa Hideki,1907—1981)说:"老子似乎用惊人的洞察力看透个体的人和整个人类的最终命运。"美国第四十任总统里根(Ronald Wilson Reagan,1911—2004)曾在 1987 年国情咨文中引用老子的"治大国若烹小鲜"的治国理念。美国研究中国经济的专家、卡托研究所副总裁邓正莱(James A. Dorn,1844—1900)在 1998 年发表的《中国的前程:市场社会主义还是市场道家?》一文中指出:"中国的前程,在于通过信奉和拓展老子的天道思想而回到本国的传统。《道德经》就是中国的自由宪章。"《道德经》在世界的影响力由此可窥一斑。

自 1868 年英国汉学家湛约翰(John Chalmers,1825—1899)的英译本 *The Speculations on Metaphysics,Polity and Morality of "The Old Philosopher",Lau-tsze*(《老子玄学、政治与道德律之思辨》)问世以来,《道德经》在英语世界掀起了一股经久不衰的翻译浪潮,并经历了三个黄金阶段,分别为 1868—1905 年、1934—1963 年、1972—2004 年。期间译本如雨后春笋层出不穷,英国传教士理雅各的 *Tao-Teh-King* 和英国汉学大师兼翻译家韦利的 *The Way and Its Power:A Study of the Tao Te Ching and Its Place in Chinese Thought*(《道与德:〈道德经〉及其在中国思想中的地位研究》)被公认为比较权威的英译本。根据荷兰学者克努特·沃尔夫(Knut Walf)教授 2010 年对《道德经》译介情况所做的统计,其西译文本多达 643 种,其中英译本数量最多,达到 206 种。(Walf,2010:53)这些译本大都在译法上各具匠心,风格上也大相径庭,堪称"百花齐放,百家争鸣"。

由于古代汉语和现代英语截然不同、中西方文化大相径庭、《道德经》原文艰深难懂、各家注疏观点不一、中文版本繁杂多样等原因,译者在译介这部典籍的过程会遇到如何选择依据本、如何克服文化障碍、如何理解原文中的"借词"和"多义词"、如何处理原文句法模糊现象等问题。对于这些问题,译者往往会从各自特定的翻译目的出发,参照自身的哲学理念,考虑目标读者的接受情况,采取不同的翻译策略。鉴于此,下面将从文本分析和超文本分析两个方面来探讨《道德经》在英语世界的译介与传播。

一、文本分析

(一)词汇

作为一部距离现代两千多年的文约义丰的古代典籍,《道德经》在语言上存在诸多令人困惑的地方,比如文中有些词汇现在已经不再使用、词汇通假现象严重、用字省略现象等。虽然前面两种现象可以通过参考前人的注解得以解决,但是由于各家注疏观点不尽相同,所以还是会对译文产生一定的影响。至于用字省略现象,势必会给阅读和翻译带来很大麻烦,如果碰巧古人所省略的是他们思想的中心或是所谓的"文眼",这类省略就很可能会导致现代人对古人思想的理解与实际情形背道而驰,最终导致译本的差异。

1. 通假字

通假字又称作"借字",是中国古代书籍的用字现象之一,是指古人在用字写词时不用原有的字,而采用读音相同或相近的字来替代本字。通假字大量存在于古书之中,加上其内涵丰富复杂,外延交叉模糊,中国古书因此读起来晦涩难懂。《道德经》的很多章节都存在这种词汇通假现象,其中第五章就是一个典型的例子。这个章节最后一个句子"多言数穷,不如守中"里的汉字"数"通"速",是加快的意思,而"中"通"冲",指内心的虚静。全句的意思是"炫耀博闻会更快陷入困穷,不如守护内心虚静中和"(孙以楷,2003:14)。这个句子的英译有很多种,如:

例 1:Longwinded speech is exhausting. /Better to stay centered. (Stephen Addiss & Stanley Lombardo,1993)

例 2:Much speech to swift exhaustion lead we see;/Your inner being guard,and keep it free. (James Legge,1962)

例 3:Much speech leads inevitably to silence. /Better to hold fast to the void. (D. C. Lau,1963)

例 4:By many words is wit exhausted. /Rather,therefore,hold to the core. (Lin Yutang,1955)

例 5:Words go on failing and failing,/nothing like abiding in its midst. (David Hinton,2000)

从上面的例子看,正确译出通假字"数"的只有理雅各一人,正确译出通假字"中"的有刘殿爵(D. C. Lau,1921—2010)和理雅各。其他三个译本在这两个通假字的处理上均存在不妥之处,其中在希顿的译文中,"数"被误译为"越",而"中"被误译为"中间"。笔者以为应改译为"Much speech soon fails,and it is better to keep inner heart free."。此外,《道德经》第六章的句子"绵绵若存,用之不勤"中的汉字"勤"也是通假字。根据《老子新诠》,此处的"勤"通"尽",指用完。(邓立光,2007:55)全句的意思是"绵延不断,用之不尽"。这个句子在不同的译本中也有不同的诠释,例如:

例6:Endless flow of inexhaustible energy. (Stephen Addiss & Stanley Lombardo,1993)

例7: Long and unbroken does its power remain,/Used gently, and without the touch of pain. (James Legge,1962)

例8:Dimly visible,it seems as if it were there,/Yet use will never drain it. (D. C. Lau,1963)

例9:Continuously,continuously,/It seems to remain. /Draw upon it / And it serves you with ease. (Lin Yutang,1955)

例10:Gossamer so unceasing it seems real. /Use it:it's effortless. (David Hinton,2000)

显然,以上五种译文中只有艾迪斯 & 伦巴多(Stephen Addiss & Stanley Lombardo)的译本和刘殿爵的译本译出了通假字的意思,其他三个译本均把"勤"误译为"努力、费力"。笔者以为以上希顿的译文"Gossamer so unceasing it seems real. /Use it:it's effortless."可以改译为"… Use it as you will,/it will never run out"。除了以上这些通假字极易被译者误解之外,《道德经》中的通假字"德"在学界也备受争议,见仁见智。这可以从第四十九章"善者吾善之,不善者吾亦善之,德善(矣)。"的译文中看出。关于这个句子,《道德经》的大部分传世版本都是用"德"字,包括长沙马王堆出土的两个抄本、汉代河上公注本、曹魏王弼注本和其他通用本。人们普遍认为此处的"德"是"得"的通假字,比如西汉严遵注本、唐代傅奕所校古本、景龙碑等。(古棣 & 周英,1985:484)从语音上看,"德"和"得"是完全一致的,属于同音字,但是它们的意义却相距甚远:"德"是名词,可以指"道德、品行、恩惠、心意"等,而"得"常作动词用,意思是"得到"。因此在"德善"和"德信"的理解上存在很大的模糊性,对此不同的译者根据自己对源文本的不同理解相应采用了不同的翻译策略。比如"德善"在不同译本中的译文:"[And thus he]gets goodness."(Arthur Waley),"[Thus]goodness is attained."

(Ch'u Ta-Kao，Charles Muller，Wing-tsit Chan)，"This is true goodness."
(Stephen Mitchell)，"That is the goodness of virtue."(Lin Yutang)，"if I am good enough"(Witter Bynner)，"[For]Virtue[is]kind/good/goodness"
(Gia-Fu Feng & Jane English，R. B. Blakney，John C. H. Wu)，"Te is good."(Michael LaFargue)，"And thus all get to be good."(James Legge)，
"Thus all become good."(Aleister Crowley)，"Thereby，he is good."(P. Merel)，"such is the nobility of integrity"(David Hinton)。由上面的译文可以看出，不同译者对原文的用字情况存在异议。笔者以为，此句中的"德"应当作通假字解，通"得"，是"得到"的意思。在这点上，韦利的译文"[And thus he]gets goodness."和 Ch'u Ta-Kao、Charles Muller 和 Wing-tsit Chan 的译文"[Thus]goodness is attained."可以说是殊途同归，都比较贴近原文，是比较理想的翻译。

2.一词多义

一词多义，顾名思义就是指同一个词包含多种不同的意义，它是词义模糊的一个重要表现形式，是词义演变的结果。语言是不断变化发展的，而词义的演变只有在明确的上下文里才有体现。通常一个词刚刚出现的时候只是用作某种特定事物、现象、性质或行为的名称，但在语言发展的过程中它会逐渐获得一些新的意义，这样就形成了一词多义。一词多义不是汉语独有的语言现象，它广泛存在于所有的语言中。(Michael LaFargue & Julian Pas，1998:280)比如，英语中有很多词不仅可以用作动词也可以作为名词或形容词甚至是副词，而且意思丰富多样，如 work、fall、look、mean、rank、quarter、minus、offensive、draw、square、cold、age、fine、well 等词。汉语中这样的多义词也是比比皆是，甚至在意义上比英语的多义词更为错综复杂。这种一词多义现象在《道德经》里特别常见。《道德经》第五十一章的第一个句子"道生之，德畜之，物形之，势成之"就是一个非常典型的例子。这个句子中除了"之"字之外，其余汉字均包含多种不同的含义。

其中"畜"不仅包含多种意思，而且词性不同时，发音也不同。当"畜"作名词时，读 chù，意思是"禽兽"(livestock)，多指家禽，如"牲畜""六畜"；作动词时，读 xù，可以表示"饲养"(raise)，"养育"(bring up)，"培养、培植"(cultivate)，"顺从，驯服"(comply)，"积聚"(accumulate)，"收容"(house)，"保存、收藏"(collect)，还可以作为通假字，通"慉"，表示"喜欢，喜爱"(like)。此外，这个字在方言中又可以表示"熏或呛"(smoke)，如《西游记》

里的"那里面秽气畜人"。"物"字在汉语中既可以作名词,也可以作为动词。作名词时,可以表示"物体"(object),"物件、东西"(article、thing),"事、事情"(affair),"物产"(products),"社会、外界环境"(the outside world),"景物"(scenery),"神灵"(deities),"标记、记号(mark)"等,还可以作为哲学用语,与"心"相对。作动词时,表示"选择"(choose)或"观察"(observe)。汉字"势"通常用作名词,可以表示"重力"(gravity),"权力、影响"(power and authority,power and influence),"力量、威力"(force,influence),"形势、情势"(situation),"自然界或物体的形貌"(the outward appearance of a natural object),"姿态"(posture),"形状、样式、架势"(form),"人及动物的睾丸"(male genitals),"势头、趋势、时机"(tendency,trend,opportunity),还可以作为物理学名(potential)以及姓氏。如此错综复杂的多义词势必给译者带来困扰,不同译者会根据不同的参照本以及自身的理解给出不同的翻译,例如:

例 1:Tao bears them. Te nurses them. Events form them. Energy completes them. (Stephen Addiss & Stanley Lombardo,1993)

例 2:All things are produced by the Tao, and nourished by its outflowing operation. They receive their forms according to the nature of each,and are completed according to the circumstances of their condition. (James Legge,1962)

例 3:The way gives them life; Virtue rears them; Things give them shape; Circumstances bring them to maturity. (D. C. Lau,1963)

例 4:Tao gives them birth. The (character) fosters them. The material world gives them form. The circumstances of the moment complete them. (Lin Yutang,1955)

例 5:Way gives birth to them and Integrity nurtures them. Matter shapes them and conditions complete them. (David Hinton,2000)

在以上译文中,"畜"的译法有 nurse、nourish、rear、foster 和 nurture。这五个英语单词属于同义词,其共同的中心含义是 to promote and sustain the growth and development of(促使……的生长和发展),用这五个词来翻译原文中的"畜"达到了殊途同归的效果,因此放在这种语境中都是可行的。而汉字"物"的译法出入较大,笔者根据所查阅的众多资料以及自己对原文的理解,认为此处的"物"指的应该是"物质世界/有形物质",所以在以上五种译法 events、the nature of each、things、the material world 和 matter 中，林语堂所用的措辞 the material world 是最合适的。另外，这个句子中的汉字"势"也是一个令人颇感扑朔迷离的字眼。从古至今，人们一直都在使用它，觉得它不可或缺、无可替代，但又拿不准它的确切含义，这一点从以上译文中不难看出。值得一提的是，除了以上五种译法 energy、the circumstances of their condition、circumstances、the circumstances of the moment 和 conditions，还有 strength（Arthur Waley）、the forces（Paul Carus）、breath（Bynner Witter）、activity（Charles Muller）、environment（John C. H. Wu，Gia-Fu Feng & Jane English、J. J. L. Duyvendak）、the circumstances and tendencies（Wing-tsit Chan）等。笔者以为，此处的"势"应该指"万物所处的外在环境和形式"，所以理雅各、林语堂以及陈荣捷先生的译文比较理想。

3. 数词

数字是人类认识世界的工具之一，与人类的生活密切相关，印记着人类文明进步的足迹。在语言中以数字的概念为基础形成了数词，数词是语言的重要组成部分。［吴宗敏，2011（2）:180］英汉数词的概念意义相同，但是同其他词汇一样，英汉数词蕴含着各自民族所特定的文化思想特征，具有不同的文化意义。此外，数词除了可以用来实指数量的多少，还可以在某些特定的情况下用于表示模糊的概念，具有深层含义。汉语中的"百""千""万"等数词就常作为数字意象出现在古诗词里，表示无限之意，而非实指数量多少，如《道德经》里出现的"万物""百姓""万乘""百谷"等词。纵观众多英文译本，在这些数字意象的处理上，有采取直译的，也有采取意译的。例如，David Hinton、Stephen Addiss & Stanley Lombardo、Gia-Fu Feng & Jane English、J. J. L. Duyvendak 等译者将"万物"直译为 ten thousand things，韦利（Arthur Waley）译为 ten thousand creatures，Michael Lafargue 译为 the thousands of things（Robert G. Henricks）译为 the myriad creatures，理雅各、吴应熊、林语堂、陈荣捷等译者则采用意译的策略，将"万物"译为 all things。而"百姓"一词的译法有 the hundred-fold people（David Hinton）、the hundred clans（Michael LaFargue）、all his people（John C. H. Wu）、the common people（Robert Henricks）、people（Arthur Waley，Stephen Addiss & Stanley Lombardo，James Legge，Lin Yutang）。第二十六章的"万乘"在 Arthur Waley、Stephen Addiss & Stanley Lombardo、John C. H. Wu、

Robert Henricks 等人的译本中都是 ten thousand chariots, 在 Michael LaFargue 的译文中是 a 10000-chariot, 在 James Legge 的译文中是 a myriad chariots, 在 Bynner Witter 的译文中是 countless chariots。林语堂在"万乘之君"这个词的译介上比较特立独行, 他的译文是 the ruler of a great country。第六十六章的"百谷"一词在 David Hinton、Stephen Addiss & Stanley Lombardo 等人的译文中是 the hundred valleys, 在 Robert Henricks 的译本中是 the one hundred valleys, 在 Michael LaFargue 的译本中是 the hundred streams, 在 Arthur Waley 的译文中是 the hundred lesser streams, 在 James Legge 的译文中是 all the valley streams, 在吴应熊的译文中是 all streams, 在林语堂的译本中是 the ravines, 在 Bynner Witter 的译文中是 the waters。对于这些译文, 仁者见之谓之仁, 智者见之谓之智。尽管一直以来, 对这些数字意象是否可以采取直译这个问题一直存在颇多分歧, 笔者以为意译用在此处也未尝不可, 它不仅让原诗夸张的修辞手法得以保留, 艺术形象得到再现, 而且能够在读者心中唤起丰富的联想, 同时对中西方文化的交流起到了积极的推动作用。值得一提的是, 汉诗中的"百""千""万"等数字意象已经逐渐被西方文学界所接受并对其文学和社会文化产生了持续的影响。例如, 美国现代作家雷克思洛斯(Kenneth Rexroth)创作于 1966 年的诗歌"The Wheel Revolves"中就频繁出现这类数字意象, 如 Snow of a thousand winters/Melt in the sun of one summer, Our campfire is a single light/Amongst a hundred peaks and waterfalls, Ten thousand birds sing in the sunrise. /Ten thousand years revolve without change。

另外,《道德经》第十二章的"五色令人目盲;五音令人耳聋;五味令人口爽"中的"五色""五音"和"五味"在大部分英译本中都被直译成 the five colors、the five tones/sounds/notes 和 the five tastes/flavors(D. C. Lau、Lin Yutang、Gia-Fu Feng & Jane English、John C. H. Wu、Michael LaFargue、Robert Henricks、Bynner Witter、Stephen Addiss & Stanley Lombardo), 此外, P. Merel 的译文是 too much color、too much music 和 too much taste, Stephen Mitchell 的翻译是 colors、sounds 和 flavors。尽管"五色""五音"和"五味"在汉语中的确有所指对象, "五色"指"青、赤、白、黑、黄"五种颜色, "五音"指"宫、商、角、微、羽", "五味"指"酸、甜、苦、辣、咸"五种味道, 然而它们在文中分别是用来喻指华美的衣服、靡靡之音以及珍馐百味。(邓立光, 2007:69-70) 加上东西方文化对色彩、音乐和味道的分类存在差异性, 因此

笔者以为此处仅简单采取直译的方法会让西方读者感到费解，对于此类有指代含义的数词应该采用意译法直指其抽象的深层内涵，或者是直译加注释法。这样可以消除因文化差异带来的理解障碍，让读者更好地理解原作的思想内涵。

4.叠词

叠词又称叠字或叠音，顾名思义就是将相同的字、词或音节重叠在一起组成的新词。它是一种兼具音韵和形体之美的词汇现象，具有形象性、确切性和音乐性，存在于英汉两种语言中。汉语叠词不仅在种类和数量上远远超过英语叠词，而且在结构和特点上与英语叠词大相径庭。汉语叠词形式多样，主要有 AA、AAB、ABB、AABB、AABC、ABAC、ABCC。汉语叠词的使用非常广泛，特别是在诗词创作中，叠词的正确使用可以使所描绘的自然景色和人物特征更加形象，还可以通过摹声、摹色而达到摹状的修辞效果，使表达的意象更加确切，还可以使诗歌音律和谐，读起来朗朗上口，听起来声声悦耳。汉语叠词的这种独特魅力在《道德经》这部只有五千多字的经典著作中得到完美的体现，其中运用到的叠词多为最常见的 AA 式，如"绵绵""绳绳""芸芸""熙熙""儽儽""昭昭""昏昏""察察""闷闷""球球""珞珞""歙歙""醇醇""缺缺""病病""恢恢"。这些叠词的使用为原文语言增添了表现力和节奏感。

众所周知，英语和汉语分属于印欧和汉藏两种截然不同的语言体系，因此两种语言之间存在着天壤之别。通常来说，英语重形合，它可以通过词汇上的屈折形式即词性变化来传达句子的语法信息；而汉语重意合，它的每个词素就是一个独立的词，每个独立的词都传达着不同的信息。这就使得两种语言在修辞系统方面也有所不同。因此，尽管叠词作为语言的一种修辞手段存在于英汉两种语言中，但是英语中的叠词比汉语中的少得多，且使用面比较窄，所以，英译时形式上很难对应，一般用语义相符的词译出。（方梦之，2004：183-184）因此，汉语叠词在英译时原有的修辞色彩在很大程度上会遭受损失。我们以《道德经》中叠词最多的章节第二十章为例。

原文：众人熙熙，如享太牢，如登春台。我独泊兮，其未兆。**沌沌兮**，如婴儿之未孩。**儽儽兮**，若无所归。众人皆有余，而我独若遗。我愚人之心也哉！**（沌沌兮）**俗人**昭昭**，我独**昏昏**；俗人**察察**，我独闷闷。

译文一：The multitude of men look **satisfied and pleased**; as if enjoying/a full banquet, as if mounted on a tower in spring.

I alone seem/listless and still, my desires having as yet given no indication of/their presence. I am like an infant which has not yet smiled. I look/**dejected and forlorn**, as if I had no home to go to. The multitude/of men have enough and to spare. I alone seem to have lost/everything. My mind is that of a stupid man; I am **in a state of/chaos.** /Ordinary men look **bright and intelligent**, while I alone seem to/be **benighted.** They look **full of discrimination**, while I alone am/ **dull and confused.** (James Legge, 2003)

译文二:All men, indeed, **are wreathed in smiles**,/as though feasting after the Great Sacrifice,/as though going up to the Spring Carnival. /I alone am **inert**, like a child that has not yet given/sign;/Like an infant that has not yet smiled,/I **droop and drift**, as though I belonged nowhere. /All men have enough and to spare;/I alone seem to have lost everything. /Mine is indeed the mind of a very idiot,/So dull am I. /The world is full of people that **shine**;/I alone am **dark.** /They look **lively and self-assured**;/I alone, **depressed.** (Arthur Waley, 1934)

译文三:The people of the world are **merry-making**,/As if partaking of the sacrificial feasts,/As if mounting the terrace in spring;/I alone am mild, like one unemployed,/Like a new-born babe that cannot yet smile,/**Unattached**, like one without a home. / The people of the world have enough and to spare,/But I am like one left out,/My heart must be that of a fool,/ **Being muddled, nebulous!** /The vulgar are **knowing, luminous**;/I alone am **dull, confused.** /The vulgar are **clever, self-assured**;/I alone, **depressed.** (Lin Yutang,1955)

译文四:The multitude are **joyous** ,/As if partaking of the offering/Or going up to a terrace in spring. /I alone am inactive and reveal no signs,/And wax without having reached the limit. /Like a baby that has not yet learned to smile,/ **Listless** as though with no home to go back to. /The multitude all have more than enough. /I alone seem to be in want. /My mind is that of a fool—how **blank**! /Vulgar people are **clear**. /I alone am **drowsy**. /Vulgar people are **alert**. /I alone am **muddled**. (D. C. Lau,1963)

译文五:People all **radiate such joy**, /happily offering a sacrificial ox/or climbing a tower in spring. /But I go nowhere and reveal nothing, /like a new-born child who has yet to smile, / **aimless and worn out** /as if the way home were lost. /People all have enough and more. /But I'm abandoned and destitute, /an absolute simpleton, this mind of mine **so utterly/muddled and blank**. /Others are **bright and clear** :/I'm **dark and murky**. / Others are **confident and effective** :/I'm **pensive and withdrawn**. (David Hinton,2000)

　　这个章节连续使用了七对叠词:熙熙、沌沌、儽儽、昭昭、昏昏、察察、闷闷。"熙熙"是和乐高兴的表现,"沌沌"是指糊里糊涂、无知无识的样子,"儽儽"是通假字,同"累累",形容憔悴颓丧的样子,"昭昭"指精明能干,"昏昏"和"闷闷"属于同义词,都是形容无知无欲、浑噩淳朴之状,"察察"用来表示严厉苛刻。这七组叠词集音、形、意于一体,绘声绘色,朗朗上口。用在这个章节中,不仅增强了语言的表现力和节奏感,还给人一种身临其境的感觉,使原文的音韵和意义达到了完美的结合。从以上译文来看,刘殿爵在翻译这些汉语叠词时只考虑其信息功能,即重叠后词的词义变化,从而采用了"舍其形而译其意"的做法,选择与原词意义相近的词语 joyous、listless、blank、clear、drowsy、alert、muddled 来表达原文的语意。其余四位译者理雅各、韦利、林语堂和希顿在翻译这些汉语叠词时不仅考虑到它们的信息功能,还为兼顾其表情功能和美感功能在译文上"精雕细琢、各显神通"。比如,理雅各把"熙熙"翻译成 satisfied and pleased,把"儽儽"译为 dejected and forlorn,把"昭昭"译为 bright and intelligent,把"闷闷"译成 dull and confused;韦利从语音修辞的角度出发,采用押头韵的方法将"儽儽"译成 droop and drift,表达出叠词的"增义"语意;希顿把"沌沌"翻成 muddled and blank,把"昭昭"译成 bright and clear,把"昏昏"译为 dark and murky;林语堂利用语意递进将"沌沌"翻译成 muddled, nebulous,将"昭昭"译为 knowing, luminous,将"昏昏"翻译成 dull, confused,将"察察"译为 clever, self-assured。显然，这些做法都是为了从某种程度上弥补叠词在英译过程中修辞色彩的损失。这些译者在这些叠词的英译上可谓用尽心思。汉语叠词与英语叠词相去甚远，在英语中根本找不到完全对应的替代词，因此在英译汉语叠词时不管是把两个意思相近的英文单词平行放在一起，还是利用语意递进的原则将两个有关联的英文单词以从浅入深的顺序排列，从原则上说都是可行的，但是终究无法像原词那样使人如闻其声、若见其形、似尝其味。再看第五十八章的第一个句子：

原文：其政闷闷，其民醇醇；其政察察，其民缺缺。

译文一：The government that seems the most unwise,

Oft goodness to the people best supplies；

that which is meddling, touching everything,

Will work but ill, and disappointment bring.（James Legge, 1962）

译文二：When the ruler looks depressed the people will

be happy and satisfied；

When the ruler looks lively and self-assured the

people will be carping and discontented.（Arthur Waley, 1934）

译文三：When government is pensive and withdrawn,

People are pure and simple.

When government is confident and effective,

People are cunning and secretive.（David Hinton, 1934）

译文四：When the government is lazy and dull,

Its people are unspoiled；

When the government is efficient and smart,

Its people are discontented.（Lin Yutang, 1955）

译文五：When the government is muddled,

The people are simple；

When the government is alert,

The people are cunning.（D. C. Lau, 1963）

原文中"闷闷""醇醇""察察"和"缺缺"这四对后叠音词的使用，使句子读起来有一种波澜起伏的美感，大大增加了句子的节奏感和表现力。其中，"闷闷"表示沉闷，什么事情都不做，体现了老子哲学的无为而治的思想体系,而后面的"察察"恰恰与老子的这种无为而治的思想相背离,表示事事干涉、处处法网;"醇醇"表示淳朴,"缺缺"与"醇醇"刚好相反,表示狡诈刁滑。因此,原句要表达的意思是人主以道治国,无为而治,百姓也就非常纯朴,反之,要是政治表现为处处法网,监察巨细无遗,百姓就会变得狡猾。(邓立光,2007:196)纵观以上五个译本,韦利的译文与原文出入甚巨,其他四个译文基本都体现了原文所要传达的意思,其中最简洁明了的当属刘殿爵的译文。在四个汉语叠词的处理上,刘殿爵仍旧沿用之前"舍其形而译其意"的做法,只追求叠词的信息功能,选择与原词意义相近的词语 muddled、simple、alert 和 cunning 来表达原文的语意,虽然在译文中原叠词风韵尽失,但是准确传达了老子无为而治的治国理念。而理雅各、希顿和林语堂为了在准确传达原意的基础上最大限度地传递原文的风韵和美感,分别采取了不同的翻译策略。其中,理雅各不仅采用加强语势的办法如借助最高级 the most 和 best 将意思相近或有关联的词语(meddling、touching、ill、disappointment)并用,还别出心裁地在译文排版和结构上做文章,使译文以齐整的尾韵(unwise、supplies、everything、bring)呈现给读者,这些做法不仅使原叠词的增义语意得到完美体现,还使译文读起来朗朗上口,增加了语言的美感,这从某种程度上弥补了这四对叠词在英译时由于找不到完全对等的叠词而造成的修辞色彩的流失。而希顿则沿用了之前的翻译策略——用平行结构将两个意思相近或关联的词语(pensive and withdrawn,pure and simple,confident and effective,cunning and secretive)放在一起,同时,confident and effective 和 cunning and secretive 构成了押韵,两个短语以韵头 c 开始,中间辅以相同的连词 and,再以韵尾 tive 结束,既优美又齐整,虽然无法完全再现原文叠词的风格,但是从一定程度上传递了汉语叠词形美的风格效果。而林语堂在"闷闷"和"察察"这两个叠词的翻译(lazy and dull;efficient and smart)上也采用意义关联词并用的加强语势的方法,此外,在意义上 lazy 和 efficient,dull 和 smart 两两对应,而另外两个叠词"醇醇"和"缺缺"的英译 unspoiled 和 discontented 看似使原叠词的形态尽失,但是仔细观察这两个英语单词的构造,就会发现它们都属于派生词,且有一个共同点——由动词的过去分词加上否定前缀构成,由此可见这两个英语单词在此处的应用是译者精心筛选、精雕细琢的结果。

5.形象比喻词

中国传统思维是一种"注重观物取象、立象尽意、设象喻理、取象比类"

的形象思维。[连淑能,2002(02):44]受到这种形象思维模式的影响,汉语在用词方面倾向于具体,即以实的形式表达虚的概念,以具体的形象表达抽象的内容。这种借助形象比喻词来表达抽象的情感或内容的现象在《道德经》里特别普遍,比如第五章的"刍狗"、第十五章和第二十八章的"谷"和"朴"等都是借助具体的形象来表达抽象的哲学内涵,这使得原本抽象晦涩的哲学思想变得形象生动。对于这些形象比喻词的翻译,绝大多数译者都是心照不宣地采用直译法。"刍狗"这个形象比喻词的英译就是一个典型的例子。《道德经》第五章"天地不仁,以万物为刍狗;圣人不仁,以百姓为刍狗"。这里的"刍狗"是一个形象比喻词,原指祭祀时用草扎的狗,往往用完就扔掉。在文中"刍狗"喻指"万物的生长完全是自然的,并非天地有什么人用仁爱之心予以养护"。(孙以楷,2003:14)这体现了《道德经》"无为而治"的思想内涵。在陈荣捷(Wing-tsit Chan)、吴经熊、刘殿爵、迈克尔·拉法尔格、韦利、希顿等众多译者的译本中"刍狗"均被简单地直译成 straw dogs。虽然在理雅各的译本中,"刍狗"的翻译由清一色的 straw dogs 变成了 the dogs of grass,看似有所不同,但究其内涵,也仍然是"换汤不换药"的直译。显然,这些译者在翻译"刍狗"这个形象比喻词时只考虑其表层意思而完全忽略了其深层含义。这样直白的翻译不仅无法再现原作的审美效果,而且使这个形象比喻词的深层含义在很大程度上遭受损失,因此无法向读者,尤其是不同文化背景下的西方读者,传达原文"无为而治"的哲学思想。相比这些完全牺牲原词内涵的翻译,林语堂的译文 sacrificial straw-dogs 要好得多,虽然其译文看似只多加了一个单词 sacrificial,但是就是这个看似简单的字眼使得整个句子的意境完全不一样了,不仅译出"刍狗"这个词的表层含义,而且体现了老子"无为而治"的思想内涵。因此林语堂的翻译是完全可行的。此外,笔者以为这个词的翻译还可以采用直译加注释的方法,在 straw dogs 这个直译的基础上加上这样的注释:"Straw dogs are dogs made of straw, which were usually used in ancient China when people offered sacrifice to gods or ancestors and thrown away after the sacrifice. Here, straw dogs are figuratively used to mean all things grow spontaneously, instead of being humanely tended by someone, which embodies Laozi's ideology of governing by doing nothing that goes against nature. ",这样既保留了原文的语言特色,又可以让译入语读者更好地领悟这个形象比喻词的深层含义以及原文所要传达的思想内涵。

(二)句法

英语是屈折语,汉语是孤立语,两者分属于不同的语言体系,因此在句法结构上存在巨大的差异。通常来说,英语是通过词形变化来表示词与词之间的语法关系,句子中各成分的相互结合通常是通过适当的连接词语以表示其结构关系的,而汉语不存在词形变化,词与词之间的语法关系很多都是靠虚词来表达,句子中各成分的相互结合很少使用连接词语,而是多依靠语义的贯通和语境的映衬。(方梦之,2004:4)这种句法结构上的差异性往往会给译者带来巨大的困扰,尤其是在翻译那些语言晦涩、文约义丰的汉语典籍时,这种困扰会被无限放大。

作为一部距今三千余年的古代历史典籍,《道德经》在句法上精微,内在却又晦涩未明,呈现出极大的模糊性,这是《道德经》英译过程中最为棘手的问题,尤其对于那些接受西方教育的译者而言,其难度更是不言自明。因此对于如何解读和译介这些模糊晦涩的句法结构,学术界和翻译界一直众说纷纭,见仁见智。

例如,《道德经》全文开宗明义之第一章就因为这种模糊性而颇受争议,甚至很多人认为如果能够正确理解这个章节,剩下的八十章就不再是问题,离"悟道"也就不远了。由于《道德经》原文跟其他古代书籍一样只有简单的分章节的记号,章节之内并没有明确的标点来划分句段,所以这个章节在断句上颇有争议。特别是第一个句子"无名天地之始有名万物之母",到底应该从"无"和"有"后面断句还是应该从"名"后面断句,对此学界一直存在分歧。例如,宋代学者苏辙、王安石、司马光、白玉蟾,清代学者俞樾、梁启超,当代学者朱谦之、高亨等人认为应该在"无"和"有"后面断句,即"无,名天地之始;有,名万物之母"。①而河上公、王弼、赙仪以及汉代著名学者宋忠等却认为应该在"名"后面断句,即"无名,天地之始;有名,万物之母"。目前《道德经》通行本由于受到第二种观点的影响,多在"名"后面加上逗号。纵观其英译,大部分译者或许正是受到通行本的影响,都认为应该在"名"后面断句,其中有 Frederic Henry Balfour(1846—1909)、D. T. Suzuki & Paul

---

① 具体可参照王安石的《王安石老子注辑本》、苏辙的《老子解》、俞樾的《诸子平议》、朱谦之的《老子校释》、高亨的《老子正诂》等注疏。他们都把它断为:"故常无,欲以观其妙;常有,欲以观其徼。"

Carus（1913）、Arthur Waley（1934）、Witter Bynner（1944）、Lin Yutang（1948）、Raymond B. Blakney（1955）、John C. H. Wu（1961）、James Legge（1962）、D. C. Lau（1963）、Wing-tsit Chan（1963）、Gia-Fu Feng & Jane English（1972）、Stephen Mitchell（1988）、Robert G. Henricks（1989）、Michael Lafargue（1992）、Stephen Addiss & Stanley Lombardo（1993）、Charles Muller（1997）、David Hinton（2000）等译者。相对于这种几乎是"一边倒"的情况，赞同第一种观点的译者显得寥寥无几，只有 John Chalmers（1868）、Ch'u Ta-Kao（1904）、Jan Julius Duyvendak（1954）、Chad Hansen（1992）等为数不多的译者。例如，传教士湛约翰把这个句子译为"Non-existence is named the Antecedent of heaven and earth；and Existence is named the Mother of all things."。理雅各把这个句子翻译成"（Conceived of as）having no name，it is the Originator of heaven and earth；（Conceived of as）having a name，it is the Mother of all things."。韦利把这个句子译成"It was from the Nameless that Heaven and Earth sprang；The named is but the mother that rears the ten thousand creatures，each after its kind."。事实上，要有效地解决这种句法模糊的问题，译者必须尽可能深入全面地了解《道德经》的有关背景知识，而不是简单地依靠查阅字典。

此外，《道德经》第八章的三字短语"心善渊"也是一个典型的句法模糊的例子。这个短语按字面可翻译成 heart good depth。但是，这种严格的逐字翻译出来的译文在句法上存在极大的模糊性，会让那些对原文特定背景知之甚少的译文读者如坠云雾、不知所云，根本无法向读者传达原文的意思，所以这种完全不顾译入语语言特征的机械式的翻译完全不可行。因此，不同的译者会根据自己对这个短语的不同理解来分析其句法结构，进而创造出他们认为与原文语境之间关联最佳，最便于读者理解的不同译文。例如，美籍华人学者陈荣捷教授把这个短语翻译成 in his heart he loves what is profound。可见陈教授对于这个短语的句法结构的理解是："心"是状语，意思是"对他的心而言"（as to his heart），"善"是动词，意思是"爱"（love），而"渊"是名词，意思是"深度"（depth），在句中是动词的宾语，其暗含的主语是 he。而著名汉学家梅维恒教授（Victor H. Mair，1943— ）把这个短语译为 the quality of the heart lies in its depths。显然他对这个短语的理解有别于陈荣捷教授："心善"是短语 the heart's good quality，是句子的主语，暗含系动词。纽约圣约翰大学哲学教授陈张婉辛（Ellen Marie Chen）则把该短语译为 her heart is in the good deep water。其中，"心"是主语，句中暗含谓语短语 is in，"渊"是具体名词，指"深水"(deep water)，被形容词"善"修饰。相比以上三位译者，英国传教士理雅各和汉学大师韦利在翻译时对该短语的分析则更复杂，也更深入。韦利把这个短语翻译成"If among thoughts they value those that are profound."，从该译文中可以看出，"心"是状语 if among thoughts，而"善"是动词 value，"渊"是名词性从句 those that are profound。而理雅各的译文是"The excellence of the mind is in abysmal stillness."，显然，理雅各对这个短语的句法结构有他独到的见解："心"是状语 of the mind，"善"被"心"修饰，是名词 the excellence，而最后一个"渊"是动词 is in abysmal stillness。这些见仁见智、莫衷一是的见解和译法为《道德经》提供了一个更为广阔的诠释空间。

再比如第一节"通假字"部分提到的《道德经》第四十九章的"善者吾善之，不善者吾亦善之，德善(矣)"这个句子，不仅在用字方面存在模糊性，在句法结构上也有点含糊不清。对此不同译者根据自己对源文本的不同理解采取不同的翻译策略。比如"德善"这个短语的英译就有众多版本："[For] Virtue[is]kind/good/goodness."(Gia-Fu Feng & Jane English，R. B. Blakney，John C. H. Wu)，"[Thus]goodness is attained."(Ch'u Ta-Kao，Charles Muller，Wing-tsit Chan)，"[And thus he]gets goodness."(Arthur Waley)，"This is true goodness."(Stephen Mitchell)，"If I am good enough…"(Witter Bynner)，"That is the goodness of virtue."(Lin Yutang)，"Te is good."(Michael LaFargue)，"Thereby, he is good."(P. Merel)，"And thus all get to be good."(James Legge)，"Thus all become good."(Aleister Crowley)。从这些译文可以看出，不同译者不仅对原文具体用哪个字持不同的观点，而且对"善者吾善之，不善者吾亦善之"和"德善(矣)"之间关系的理解也存在分歧，有些认为前者是因后者是果，而有些则持相反的观点。因为英汉两种语言在句法结构上大相径庭，所以这个问题在汉译英时相当常见。译者要想克服这个难题，不仅要有扎实的汉语功底，还要查阅大量的权威资料。

(三)风格

风格是从一种语言的所有可能性中有意识或无意识地选出的一组语言特征。(D. Crystal，1982:12)它是文学创作中表现出来的一种带有综合性的总体特点，是形和神的结合，在文学作品中不可或缺。"现代翻译之父"尤金·奈达（Eugene A. Nida，1914—2011）认为，"翻译就是在译入语中再现与源语信息最贴切的自然对等物，首先在意思方面，然后在风格方面"（1982：12）。而文学翻译的目的是要用另一种语言传译出原作的意境，以便使译作的读者如原作读者般在阅读过程中被激励、被感染，从而得到美的感受。（刘重德，1998：104）这就要求译者以接近原文风格的文学语言传译其内容和形式。文学作品中风格的翻译问题，如风格的可译性、风格的再现、译作风格和原作风格关系的处理等，在翻译界一直备受关注和争议。

  虽是一部哲学著作，但《道德经》具有很强的文学性。其语言不仅讲究押韵，而且精炼含蓄、平仄相扣、节奏分明、句式齐整，兼具文学艺术性和美学感染力，体现了中国文字的音韵之美。就风格形式标记（formal marker）而言，它属于韵文哲理诗体。全文用韵丰富且韵式多样，有自由押韵、隔行押韵、双行押韵、单韵和换韵等，其中以自由押韵为主。例如第二章就同时使用了双行押韵、隔行押韵和单韵三种形式。这个章节前半部分"故有无相生，难易相成，长短相形，高下相倾"采用的是双行押韵。其中前两句的韵脚为 eng，后两句的韵脚为 ing。而后半部分"是以圣人处无为之事，行不言之教，万物作焉而不辞，生而不有，为而不恃，功成而弗居。夫唯弗居，是以不去"则是采用隔行押韵和单韵。其中，"事""辞"和"恃"的韵母都是 i，由此形成了隔行押韵；而后两句中"居"和"去"的韵母为 u，由此构成了单韵。第十九章"绝圣弃智，民利百倍；绝仁弃义，民复孝慈；绝巧弃利，盗贼无有。此三者以为文不足，故令有所属：见素抱朴，少私寡欲"采用自由韵体，句中的汉字"智""义""慈""利"的韵脚是 i，"足""属""朴"和"欲"的韵脚为 u。实际上，几乎全文所有章节都有押韵的身影，如"故常无欲，以观其妙；故常有欲，以观其徼"（第一章），"虚其心，实其腹，弱其志，强其骨"（第三章），"挫其锐、解其纷、和其光，同其尘"（第四章），"孔德之容，唯道是从。道之为物，唯恍唯惚"（第二十一章），"知其荣，守其辱，为天下谷。为天下谷，常德乃足，复归于朴"（第二十八章），"无名之朴，夫亦将不欲。不欲以静，天下将自定"（第三十七章），"天无以清将恐裂，地无以宁将恐发，神无以灵将恐歇，谷无以盈将恐竭，万物无以生将恐灭，侯王无以贵高将恐蹶"（第三十九章），"其政闷闷，其民淳淳"（第五十八章）等等。

  诗歌翻译的最高境界是形神兼备，不仅要传达原文的意思，还要力求再现原作的艺术美。许渊冲在《毛主席诗词四十二首》英、法文格律体译文（1978）序言中提出诗词翻译"三美"论，认为译诗不但要传达原诗的意美，还要尽可能传达它的音美和形美。其中意美最重要，音美次之，形美再次。

(方梦之,2004:61)但是由于英汉语言系统的巨大差异,译者在翻译过程中很难同时完美地再现原诗的意美、音美和形美。尤其是对于《道德经》这样一部语言玄幻、蕴意深邃、韵式丰富的诗体经文来说,更是难上加难。因此,虽然到目前为止其英译本数量众多,且在译法和风格上呈现"百花齐放,百家争鸣"的盛况,但是真正做到既"表其意"又"传其形"的形神兼备的译作犹如凤毛麟角。纵观其英译文本,大部分译者在翻译时,为求"达意",均舍弃了押韵这个棘手的问题,使译文在风格上遭受很大的损失,也少了很多美感和"韵"味。以《道德经》第一章为例。

原文:故常无欲以观其妙;常有欲以观其徼。

译文一:So,as ever hidden,we should look at its inner essence;

As always manifest,we should look at its outer aspects. (John
C. H. Wu,1961)

译文二:Therefore:

Oftentimes,one strips oneself of passion,

In order to see the Secret of Life;

Oftentimes,one regards life with passion,

In order to see its manifest forms. (Lin Yutang,1955)

译文三:Truly,"Only he that rids himself forever of desire can
see the Secret Essences";

He that has never rid himself of desire can see only the
Outcomes. (Arthur Waley,1934)

译文四:In perennial nonbeing you see mystery,

And in perennial being you see appearance. (David Hinton,
2000)

可以看出,原文句式齐整,节奏分明,且句末的"妙"和"徼"韵母相同(都是iao),构成押韵。而以上四种译文单从句子结构看,希顿的译文最齐整、最紧凑也最明了,虽然没有使用押韵,但是通过运用简短的排比句,不仅使译文读起来朗朗上口,而且也增加了译文一气呵成的气势。遗憾的是,译者对原文断句的理解有误导致译文未能"达意"①。相比而言,吴经熊、林语堂

---

① 这点在上面第二小节的句法中有做详细分析。

和韦利的译本尽管在遣词造句上有所出入，但总体来说都达到"意美"的标准。虽然在风格上各有特色，但是因为都没有使用押韵而使得译文"韵"味尽失，原文铿锵有力的节奏感在译文中不复存在，可谓少了一份诗歌应有的"音美"和"形美"。相比这些无法兼顾音、形、意甚至完全忽略原文韵味的译文，理雅各的译文要好得多。同样是前面的句子，理雅各（1962）的译文是：

Always without desire we must be found,

If its deep mystery we would sound;

But if desire always within us be,

Its outer fringe is all that we shall see.

在译文中，理雅各为了配合原文中的单韵，别出心裁地采用了英语诗歌中最常见的押韵格式——双行押韵（couplet）。其中 found 和 sound，be 和 see 两两押韵，韵脚分别为［aund］和［iː］。虽然未能等行翻译（即原诗行数与译诗行数相等），但是每行的意思表达都是完整的；虽然不能完全传达原文的音韵效果，但是这种译法大大增加了译文的节奏感和感染力，和原文的修辞风格有着异曲同工之妙。再看《道德经》第十二章。

原文：五色令人目盲，五音令人耳聋，五味令人口爽，驰骋畋猎令人心发狂，难得之货令人行妨。

译文一：The five colours blind the eye.

The five tones deafen the ear.

The five flavours cloy the palate.

Racing and hunting madden the mind.

Rare goods tempt men to do wrong. (John C. H. Wu,1961)

译文二：The five colours confuse the eye,

The five sounds dull the ear,

The five tastes spoil the palate.

Excess of hunting and chasing

Makes minds go mad.

Products that are hard to get

Impede their owner's movements. (Arthur Waley,1934)

译文三：The five colors blind eyes.

The five tones deafen ears.

The five tastes blur tongues.

Fast horses and breathtaking hunts make minds wild and crazy.

Things rare and expensive make people lose their way. (David Hinton, 2000)

译文四：The five colors blind the eyes of man;

The five musical notes deafen the ears of man;

The five flavors dull the taste of man;

Horse-racing, hunting and chasing madden the minds of man;

Rare, valuable goods keep their owners awake at night. (Lin Yutang, 1955)

原文采用自由押韵，韵脚为 ang，读起来朗朗上口。以上四段译文基本可以反映出各自典型的行文风格。吴经熊、韦利和希顿三位译者的译作尽管也正确地译出了原文的意思，但是因为完全舍弃了原文的押韵，使得原文的音美和形美在译文中消失殆尽。与这三位译者不同的是，林语堂在其译文前四个句子的末尾都加上了相同的介词短语 of man，显然是考虑到了原文押韵这一修辞色彩的传达问题，但是通过这种同一个词或词组的简单重复，不仅无法取得与原文一样的审美效果，还会给人以语句拖沓、词汇贫乏的感觉。我们再看理雅各的译文：

Colour's five hues from th' eyes their sight will **take**;

Music's five notes the ears as deaf can **make**;

The flavours five deprive the mouth of **taste**;

The chariot course, and the wild hunting **waste**;

Make mad the mind; and objects rare and **strange**,

Sought for, men's conduct will to evil **change**. (James Legge, 1962)

在以上译文中，理雅各巧妙地采用了双行押韵，其中 take 和 make，taste 和 waste，strange 和 change 两两相押。从译文的结构来看，句子不再是严格的主谓宾格式，显然作者为了达到尾韵的效果，特意对句子的结构进行了调整，将前两句的状语和宾语放到谓语前面，把第四句和第五句分成上下两行，可谓独具匠心。尽管译文的尾韵跟原文未能完全一致，却是一种相当不错的巧妙变通。实际上，押韵是理雅各译本的一个重要特征，为了在传达原诗意美的基础上，尽可能让译文读者体会到它的音美和形美，理雅各在译文中使用了大量押韵，全书八十一个章节中，使用押韵的章节多达三十一个，且押韵的形式呈现多样化，除了以上两个例子中的两行押韵和两行转韵,还有单韵(aaa)、双行押韵(aa 或 aabb)、隔行押韵(abcb)、隔行交互押韵(abab)和吻韵(abba/aba)等多种形式。虽然其译文未能完全再现原文的押韵风格,但是译文丰富多样的韵式使原文的意趣得到转生。再看理氏译本中一些特别精彩的例子。

原文:谷神不死,是谓玄牝。玄牝之门,是谓天地根。绵绵若存,用之不勤。

译文:The valley spirit dies not,aye the **same**;

The female mystery thus do we **name**.

Its gate,from which at first they issued **forth**,

Is called the root from which grew heaven and **earth**.

Long and unbroken does its power **remain**,

Used gently,and without the touch of **pain**.(James Legge,1962)

原文第二句的"门"和"根"韵母相同(en),构成押韵。跟之前两个例子一样,理雅各在翻译这个章节时还是采用双行押韵,诗行的特点是每两行押韵,上个韵不同于下个韵,其押韵格式为 aabbcc(即 same 和 name,forth 和 earth,remain 和 pain 互相押韵)。不同于第一章的是,这个章节译者采用的是不完整的双行诗节,第三行要表达的意思跨入下面数行才结束。值得一提的是,这种英诗押韵最常见的格式在理雅各的《道德经》译本中使用最频繁。双行押韵格式的使用使译文在音和形上面都具有美感,在一定程度上弥补了由于无法找到对等的英语四字词来翻译原词而造成的修辞色彩的流失。再看理雅各在翻译《道德经》第十六章时又是如何处理押韵问题的。

原文:致虚极,守静笃。万物并作,吾以观其复。夫物芸芸,各复归其根。归根曰静,是谓复命。

译文:The(state of)vacancy should be brought to the utmost **degree**,and that of stillness guarded with unwearing vigour. All things alike go through their processes of activity,and(then)we **see**

them return(to their original state). When things(in the vegetable world)have displayed their luxuriant growth,we **see** each of them return to its root. This returning to their root is what we call the state of stillness;and that stillness may **be** called a reporting that they have fulfilled their appointed end.(James Legge,1962)

可以看出,degree、see、see 和 be,韵脚相同,均为[i:],构成押韵,押韵格式是 abacadae。这是英诗中仅次于双行押韵的第二种基本押韵格式——隔行押韵(alternate rhyme),也称作交叉韵(cross rhyme)。从结构看,译文中只有第一行是完整的句子,其余七行均不完整。为了让译文达到隔行押韵的效果,让行文结构具有美感,理雅各在排版上下了一番功夫,有时按两行一个诗节的形式分开排列,有时按照三行一个诗节的形式分开排列,例如把主语(如第二行的 All things)、状语连词和主语[如第四行的 When things (in the …)]以及主语和谓语(如第六行的 This returning to their root is 和第七行的 and that stillness may be)跟其他成分分开排列。此外,理雅各还使用重韵,即诗中出现过的韵字再次出现。[何晓花,2012(07):81]译文第三行和第五行最后一个单词均为 see,构成重韵。值得一提的是,重韵会使文章显得单调乏味,应尽可能不用。虽然译文和原文相比还是显得冗长拖沓,不足以完全再现原文的风格,但是这种隔行押韵的使用在一定程度上赋予译文诗歌该有的音美和形美。再看《道德经》第二十一章。

原文:孔德之容,唯道是从。道之为物,唯恍唯惚。惚兮恍兮,其中有象;恍兮惚兮,其中有物。窈兮冥兮,其中有精;其精甚真,其中有信。自古及今,其名不去,以阅众甫。

译文:The grandest forms of active **force**

From Tao come, their only **source**.

Who can of Tao the nature **tell** ?

Our sight it flies, our touch as **well**.

Eluding sight, eluding **touch**,

The forms of things all in it **crouch**;

Eluding touch, eluding **sight**,

There are their semblances, all **right**.

Profound it is, dark and **obscure**;

Things' essences all there **endure**.

Those essences the truth **enfold**

Of what, when seen, shall then be **told**.

Now it is so; 'twas so of **old**.

Its name, what passes not **away**;

So, in their beautiful **array**,

Things form and never know **decay.** (James Legge,1962)

这个章节原文使用自由押韵,其中"容"和"从"押韵,韵母为 ong;"物"和"惚"押韵,韵母为 u;"去"和"甫"押韵,韵母为 u。在译文中,理雅各采用组合用韵。组合用韵,顾名思义,就是押韵格式的组合使用,即一个诗节有五个或五个以上的诗行时所出现的两种甚至两种以上的押韵格式的组合。在以上译文中,双行押韵和单韵两种押韵格式被完美地组合在一起,使这个诗节成为全文的"点睛之章"。译文前十行每两行押韵,即 force 和 source,tell 和 well,touch 和 crouch,sight 和 right 两两相押。后面六行采用两个单韵,即 enfold、told 和 old 押韵,away、array 和 decay 押韵,韵脚分别为 old 和 ay。可以看出理雅各为了凑韵脚在第八行末尾加了 all right 这个看似与全诗毫不相干的词组,但是仔细观察便可看出此处的 all right 暗藏玄机,若将它理解为 all is right,不仅不多余,还能对前面的 there are their semblances 起到强调的作用。这段译文的押韵用得可谓形象生动、惟妙惟肖。这对于一个译者、一篇译作,绝非易事,特别是在准确传达原作意思的基础上,能把押韵用到如此出神入化的境界,如果没有扎实的语言功底、对语言的高度敏感和对《道德经》原文的准确认知是绝不可能做到的。组合用韵在理雅各的《道德经》译文中出现得非常频繁。再看《道德经》第四十一章:

原文:明道若昧,进道若退,夷道若类,上德若谷,大白若辱,广德若不足,建德若偷,质真若渝,大方无隅,大器晚成,大音希声,大象无形。

译文:The Tao, when brightest seen, seems light to **lack;**

Who progress in it makes, seems drawing **back;**

Its even way is like a rugged **track.**

Its highest virtue from the vale doth **rise;**

Its greatest beauty seems to offend the **eyes;**

And he has most whose lot the least **supplies.**

Its solid truth seems change to **undergo;**

Its largest square doth yet no corner **show**

A vessel great, it is the slowest **made;**

Loud is its sound, but never word it **said;**

A semblance great, the shadow of a **shade.** (James Legge,1962)

原文运用四字对仗,结构工整紧凑,节奏铿锵有力,读起来朗朗上口,同时使用自由押韵,即"昧"与"类"押韵,"谷""辱""足""渝"和"隅"押韵,增加了语言的美感和艺术效果。由于英汉语言系统不同,因此其字形结构和音韵方面的修辞格多不可译。像以上这种结构紧凑的汉语四字对仗与英语的对仗不管在结构还是功能上都大相径庭,因此在英语中通常找不到对等词。同样,英语译文也无法完全再现原文中的汉字押韵。因此,在这些问题的处理上,理雅各另辟蹊径,通过组合用韵来补偿原作的对仗和押韵。他将两个单韵(lack/back/track 和 rise/eyes/supplies)、一个双行押韵(undergo/show)和一个吻韵(made/said/shade)组合在一起。吻韵(enclosed rhyme)又可称作抱韵、环抱韵、首尾韵,其押韵格式可以是 abba,也可以是 aba。理雅各译文的后三句采用的就是 aba 式的吻韵。这种押韵格式的组合运用不仅使译文的结构看起来紧凑优美,而且文字读起来也朗朗上口,虽无法完全再现原文的风格,但可以在一定程度上使原文的意趣得到转生。再看《道德经》第五十二章:

原文:用其光,复归其明。无遗身殃,是谓习常。

译文:Who uses well his **light**,

Reverting to its(source so) **bright**,

Will from his body ward all **blight**,

And hides the unchanging from men's **sight.**(James Legge, 1962)

原文采用自由押韵,即汉字"光""殃"和"常"押韵,韵母为 ang。理雅各的译文采用单韵(monorhyme),即三个以上的诗行押一个韵。译文四行末尾的单词 light、bright、blight 和 sight 构成押韵,韵脚为 ight。这种译法大大增加了译文的节奏感和艺术表现力,使译文具有诗歌该有的音韵美。

由于英、汉两种语言及其修辞迥然不同,不可能要求译入语完全再现译出语的原本色彩,但是追求译文感性特征是可能做到的。[岳峰,2001(02):70-71]对于诗歌而言,译文要传达的绝不仅仅是原诗的意美,还有它的音美和形美。而押韵是诗歌的灵魂,如果翻译出来的诗歌没有任何押韵,只能是短句,不能称为诗歌。遗憾的是,《道德经》这部经典哲学诗的很多英译本都因为韵味的缺失而没有了灵魂,显得干瘪乏味,缺少感染力。相比诸多没有灵魂的译作,理雅各的译本对于押韵的运用几乎是到了优美洒脱、出神入化的境界。尽管其译本也存在一些词不达意的地方,尽管译文未能完全传达原作的风格效果,但是瑕不掩瑜,全文出神入化的押韵赋予译文行云流水般的美感,堪称神韵佳作。

（四）文化

语言与文化水乳交融，密不可分，语言是文化的载体，体现了使用该语言的群体的生活方式；而文化是语言的土壤，语言深深地扎根于文化之中，并受到文化的影响。因此每种语言中都会存在一些承载着特定文化内涵的词汇或短语，即文化负载词。它们是语言与文化的结合，反映着一个民族的历史文化、风土人情以及生活方式，通常在译入语中面临词汇空缺的问题，给翻译工作者带来极大的困难。

对《道德经》的译者来说，翻译这部开创中国古代哲学思想先河的代表作最大的困难正是语言所承载的几千年的文化底蕴，而非语言本身。书中文化负载词的英译不仅涉及英汉两种语言，更涉及中西两种文化，其翻译质量的好坏会直接影响中国文化在异域的建构和传播。老子哲学的核心概念"道"就是一个非常典型的例子。

据笔者统计，汉字"道"出现在《道德经》的整整 36 章中，一共 75 次，其中在《道篇》中出现 32 次，《德篇》中出现 43 次。在汉语中，"道"是一个多义词，不仅可以用作名词也可以用作动词。作名词时，可以指"道路、水流通行的途径，方法，方向，道德，道理，技艺，学术或宗教的思想体系、线条等"，而作为动词的时候，表示"说"。对于这样一个抽象高深、词义模糊的概念，许多译者根据对词义的不同理解和选择把它翻译成 the road（Bram den Hond）、guide/guiding（Chad Hansen）、the providence（E. H. Parker）、the principle（Derek Bryce）、the spirit（Andre Gauthier）、teaching（Stan Rosenthal）、the way（Arthur Waley, D. C. Lau, Benjamin Hoff, Robert Henricks, J. J. L. Duyvendak）、the reason（John Chalmers）、tao/Tao/the Tao(James Legge, Herrymon Maurer, Stephen Mitchell, Ch'u Ta-Kao, Lin Yutang, Wing-tsit Chan, etc.)。可以看出，这个贯穿《道德经》全文的重要字眼在转换成英语的过程中出现了严重的分歧和词义不对等。笔者以为，词义的确定取决于词语所在的语言环境，又离不开其文化语境，因此要解决这种分歧，译者在翻译时应当从文化语境和语言环境的双重角度来理解"道"字的意义，具体问题具体分析，避免一概而论。故对于《道德经》第四十一章的"明道若昧，进道若退，夷道若类"和第五十三章的"使我介然有知，行于大道，唯施是畏。大道其夷，而民好径"两处的"道"字，虽已有转义，但是转义跟本义"道路"十分相近，因此可以译为 way，其余 73 处的"道"是一个中华文化所独有的意蕴异常丰富的概念,包含三层基本含义:万物的起源、自然法则、人类社会和行为的准则,不可能在英语中找到完全对等的词,因此,企图用任意一个意思相近的英语单词来翻译"道"的做法都是不明智且不可行的。如上有些译者把《道德经》里所有的"道"都翻译成具有浓厚的西方宗教色彩的 way,这种对两种文化概念进行偷梁换柱的译法在一定程度上把老子西方化,不仅无法使译入语读者正确地理解原文的思想内涵,而且在一定程度上还会误导读者,因此这种译法实不可取。正确的做法应该是像理雅各和林语堂等译者那样采用音译的翻译策略,把这个基本概念翻译成 Tao。这种音译方法不仅可以最大限度地保留中国文化特色,激发异族人民对中国文化的好奇与探索心理;而且可以展示中华民族语言的风格,无形中起到了推动汉语影响的作用。事实上,音译词 Tao 在 18 世纪前叶就已经进入英语词汇,因此用 Tao 来翻译"道"是最合适不过了。可以说上面译文中除 Tao 以外的任何一个英语单词都是片面的,它们会使原语信息大打折扣,注定无法传达出"道"的全部含义。

再比如《道德经》第四十二章的"万物负阴而抱阳,冲气以为和"。这里的"阴"和"阳"是汉语特有的概念,源自中国古人的自然观,是对宇宙万物两种相反相成性质的一种抽象认识,也是关于宇宙对立统一及思维法则的哲学范畴。阴阳理论已经渗透到中国传统文化的方方面面,包括宗教、哲学、历法、中医、书法、建筑、占卜等。对于这样一个承载着丰富文化内涵的概念,不同译者给出的翻译是不同的:the Shade/the sun(Arthur Waley,R. B. Blakney)、shade(yin)/sunlight(yang)(Stephen Addiss & Stanley Lombardo)、the shade(yin)/the light(yang)(Ch'u Ta-Kao)、the dark(Yin)/the light(Yang)(J. J. L. Duyvendak)、yin/yang(Gia-Fu Feng & Jane English)、the yin/the yang(D. C. Lau,Lin Yutang,Wing-tsit Chan)、Yin/Yang(Robert G. Hendricks,Chad Hansen)、the Yin/the Yang(John C. H. Wu,Frederic Henry Balfour)、Yin[the negative principle]/Yang[the positive principle](D. T. Suzuki & Paul Carus)、the Obscurity(out of which they have come)/the Brightness(into which they have emerged)(James Legge)、the quiet and dark/the aggressive and bright(Michael Lafargue)、the female/the male(Stephen Mitchell)、these things embrace receptively(Stan Rosenthal)。

以上译者的翻译策略大体可分为五种:直译、直译＋音译、音译、音译＋

注释、意译。其中直译和意译虽然能体现"阴"和"阳"的部分含义,但是根本无法传递这两个文化负载词的全部含义,彰显不了中华文化的独特性,无法让目标语读者体验异域文化所带来的震撼。通常,西方读者在阅读有关中国文化的著作时是希望能够通过所阅读的文本来了解中国文化的,所以他们对这种异质文化抱着学习与接纳的态度。因此对于"阴"和"阳"这两个在英语中找不到对应词的汉语文化负载词,直接用汉语音译词 Yin 和 Yang来表达,可以保留中国文化的基本标识,不仅对译者来说更为简单易行,对西方读者而言也是一种感知新文化的有效途径。实际上,这种译法使得这对中国文化所特有的词汇 Yin 和 Yang 逐渐被西方世界所认识和接受,并最终成为一种约定俗成的表达法,收录在国外的一些词典里,如《兰登书屋英语大词典》《牛津英语大词典》《章氏新国际词典》等权威英文工具书。可见,这种音译汉语文化负载词的方法不仅可以有效地推介本土文化,而且大大地丰富了译语文化。

又如《道德经》第三十一章的"是以吉事尚左,凶事尚右。是以偏将军居左,上将军居右"。此处的"左"和"右"不再单纯指"左边"和"右边",同时还具有深刻的文化内涵:在古代中国,以左为阳,右为阴;而尚左和尚右是中国古代文化的一种特有的仪式。因此这里的"左"和"右"与英语的 left 和right 存在文化上的差异性,不能完全对等。遗憾的是,大部分译者都忽略了文中这两个词所承载的特定文化内涵,或者直接采取意译,在译文中完全不体现这两个概念,如 Witter Bynner、Stephen Mitchell 和 P. Merel,或者将它们简单地翻译成 the left(hand/side/wing)和 the right(hand/side/wing),如 Stephen Addiss & Stanley Lombardo、Chad Hansen、Ch'u Ta-Kao、Aleister Crowley、J. J. L. Duyvendak、Gia-Fu Feng & Jane English、Robert G. Henricks、James Legge、John C. H. Wu、Michael Lafargue、D. C. Lau、Lin Yutang、D. T. Suzuki & Paul Carus、R. B. Blakney、Stan Rosenthal、Wing-tsit Chan、David Hinton 等译者。其实,以上大部分译者所认同的 the left(hand/side/wing)和 the right(hand/side/wing)表面上看似乎没有问题,其实跟原文的"左"和"右"只是一种假象对等,无法向译入语读者准确地传递古代中国的文化原味。因此,更好的译法应该是在直译的基础上加上注释。译文可以在篇幅和时间允许的范围内详尽介绍源语文化知识,这样可以方便读者更好地了解该文化负载词的深远寓意,体验异域文化的独特魅力。

美国翻译家尤金·奈达曾经指出,"对于真正成功的翻译而言,熟悉两种文化甚至比掌握两种语言更为重要,因为词语只有在其发生作用的文化背景中才有意义"(Eugene A. Nida,2001:82)。可见翻译与文化息息相关,任何翻译活动都不能够脱离文化语境,翻译的任务应该是将源语的思想内容和价值观展现给译入语读者,其目的是实现文化间的交流。(张昆鹏 & 魏天婵,2012:140-141)汉语文化负载词蕴含丰富的中国文化内涵,其英译绝不仅仅是两种语码之间的转换,而且还是一种行之有效的跨文化交际行为,因此译者在翻译过程中应该具备丰富的文化背景知识和强烈的文化差异意识,不能受制于绝对化甚至是僵化的所谓"忠实"的标准,盲目追求对等的翻译效果,而应该遵循"以我为主"的大原则,针对词汇特点采取不同的翻译策略和方法,要注重凸显异域语言文化的异质性和艺术性,只有这样才能对隐藏在源语中的文化符号和信息进行有效的传递,达到文化交流的目的。

二、超文本分析

(一)翻译目的

翻译目的论创始人汉斯·弗米尔(Hans Vermeer,1930—2010)认为,翻译中的最高法则应该是"目的法则"。"翻译目的决定翻译方法。"(Reiss & Vermeer,1984:101)翻译的目的不同,翻译时所采取的策略和方法也不同。换言之,翻译的目的决定了翻译的策略和方法。翻译的目的分为文本目的和非文本目的。其中,文本目的是要让不懂原文的读者通过译文知道、了解甚至欣赏原文的思想内容和文体风格。而翻译的非文本目的是指翻译的政治目的、文化目的和经济目的。(曹明伦,2007:147-148)显然,对于译者而言,文本目的就是要让不懂原文的读者通过译文看懂原文,所以所有译者的文本目的都是一样的,所不同者是他们的非文本目的。我们知道,目的具有多样性和复杂性,因此翻译的过程并非语言形式的转换那么简单。任何翻译文本和策略的选择都受制于翻译目的。翻译目的体现了各方利益的博弈,是政治、经济、文化和社会影响的或明或暗的竞争。

纵观《道德经》译介史,参与这部历史典籍翻译工作的有来自不同领域和不同文化背景的汉学家、哲学家、语言学家、作家、诗人等。这些译者在译介《道德经》时,往往会因为自身文化身份、教育背景、意识形态、价值取向、目标读者定位等诸多因素的影响具有不同的翻译目的,进而根据自己的特定目的对原文版本的选择、"周边文本"的使用、文本语言的处理采取不同的

策略,如归化性策略、异化性策略、趋向性策略、解构性策略和阐释性策略等。例如,湛约翰的《道德经》译文第一章:

原文:道可道,非常道;名可名,非常名。无名天地之始,有名万物之母。

译文:The tau(reason) which can be taued(reasoned) is not the Eternal Tau(Reason).

The name which can be named is not the Eternal Name.

Non-existence is named the Antecedent of heaven and earth;

and Existence is named the Mother of all things. (John Chalmers,1868)

在这段译文中,湛约翰采用了异化性策略,先将老子之"道"音译成 tau,然后再用 reason 对道加以注释。尽管用音译这种异化的翻译策略可以让读者看到老子之"道"的不可替代性,似乎体现了对原文的尊重,但是在西方文化中,Reason 实际上是上帝的代名词,因此在音译 tau 后面加注 reason,是间接地沿用比附嫁接和假借的老套路,仍然是在用西方的基督教教义诠释老子的哲学思想,这样会在一定程度上限定读者的想象空间,无法将老子的哲学思想准确地传达给读者。再看理雅各的译文:

The Tao that can be trodden is not the enduring and unchanging Tao.

The name that can be named is not the enduring and unchanging name.

(Conceived of as) having no name,it is the Originator of heaven and earth;

(Conceived of as) having a name,it is the Mother of all things. (James Legge,1962)

在以上译文中,理雅各采用归化性策略,运用了目标语文化中易于被接受的表达法 the Originator 来翻译"天地之始"中的"始",很容易使不熟悉东方文化的译入语读者联想到西方救世主的形象,因为很多《圣经》英文版本如 *Lexham English Bible*(LEB)、*Mounce Reverse-Interlinear New Testament*(MOUNCE)、*Darby Translation*(DARBY)等都将耶稣称作 the originator/Originator of life。例如,*LEB* 的"Hebrews"12:2 "fixing our eyes on Jesus,the originator and perfecter of faith,who for the joy that was set before him endured the cross,disregarding the shame,and has sat down at the right hand of the throne of God. ",*MOUNCE* 的"Acts"3:15 "and you killed the Originator of life,whom God raised from the dead,of which we are witnesses. "。由此可见,the Originator 在西方已成为一个家喻户晓的含有基督意义的专有名词,选用这个词正是体现了译者基督文化的"本位性"。此外,以上译文中的 the Mother 用大写加定冠词的形式也很容易使西方读者将博大精深的老子之"道"同基督教中的"圣父圣母"形象联系起来,而影响其对老子哲学思想的正确理解。同样,理雅各将《道德经》第四章的"吾不知谁之子,象帝之先"中的"帝"译成 God,用加注的方式 the Great Tao(Way or Method)来译介第十八章的"大道废,有仁义"中的"大道"等,都带有浓厚的基督教色彩,会使西方读者在阅读其译作的时候联想到基督教教义,并且误以为中国人在耶稣诞生之前就已经皈依了基督教。

与理雅各不同的是,韦利并非出于传教的目的去译介《道德经》,但是由于在西方学术文化和宗教信仰的熏陶下成长,因此他在翻译《道德经》时也经常将原文放置到目标语的文化脉络和基督教的氛围中,而使其译本蒙上基督教色彩。例如:

The Way that can be told of is not an Unvarying Way;

The names that can ne named are not unvarying names.

It was from the Nameless that Heaven and Earth sprang;

The named is but the mother that rears the ten thousand creatures, each after its kind. (Arthur Waley,1934)

以上译文中,韦利和理雅各一样采用了归化性策略,用《圣经》中的"道"(way)来同化老子之"道"。这是国外很多学者青睐的做法。他们之所以喜欢用 Way 来译"道",主要的理据是"道"之本意为道路。这从《道德经》的很多章节,例如第四十一章、第五十三章等都可以看出。然而,以上译文用 Way 来译"道",显然不是单纯从"道"的本意考虑,应该还有一个深隐的理据——way 在《圣经》中具有神圣、崇高的含义。

可见,尽管这些汉学家在译介中国经典时对中国文化大都抱着肯定和尊重的态度,但是对中国文化的尊重并未影响到这些汉学家的思维本原。因为对于一个在西方学术文化和宗教信仰的熏陶下成长起来的学者来说,面对文化的差异,带着传教的动机,他更可能剖析、挑战一些深层的东西。他不会因为翻译中国的经典并追寻文化融合而改变自己的思想。(岳峰,2004:182-183)再看《道德经》第十二章。

原文:驰骋狩猎令人心发狂,难得之货令人行防。

译文:Thoughts weaken the mind.

Desires wither the heart. (Stephen Mitchell,1988)

以上译文出自美国畅销书作家及翻译家斯蒂芬·米歇尔（Stephen Mitchell)之手。从译文中可以看出,米歇尔采取了阐释性策略,对原文内容作出了一定的删减,舍弃了其中"驰骋狩猎"和"难得之货"等形象,采用更加简洁易懂的语言将原文思想传达给目标语读者,这样直达其意的阐释性策略能让读者对译文所要传达的内容和思想一目了然。《庄子·天道》里有这样一句话:"语之所贵者意也。"可见,译文贵在传达原文的精神与内涵,而非形式。正如米歇尔自己所说,他所做的是要透过文字的表面去翻译作品的思想而非文字本身(what he translates is the minds not the words by "sinking below the surface of the words"),要尽可能准确地传达作品的力度、强度和深度(to convey"the power and the intensity and the depth of this work as well as being as accurate as possible"),要将那些诗篇带到现代(I wanted to bring the psalms to present day)。(吴冰,2009:25-26)

为了实现这些目的,他在翻译中总是想方设法透过字面去挖掘句子的深意。再看米歇尔的《道德经》第四十六章的译文:

原文:天下有道,却走马以粪;天下无道,戎马生于郊。

译文:When a country is in harmony with the Tao,

the factories make trucks and tractors.

When a country goes counter to the Tao,

warheads are stockpiled outside the cities. (Stephen Mitchell, 1988)

原文的意思是"一个爱好和平的国家会让鞍马做搬运粪肥的普通活;相反,一个喜欢战争的国家在城郊饲养战马"。米歇尔从现代读者的角度出发,运用解构性策略,将原文中"战马""鞍马"等古代意象用现代读者熟悉的"工厂""卡车""拖拉机""弹头"等现代意象代替。这种译法与历史典籍的大部分直译本背道而驰,但是却从根本上紧扣老子所要传达的反战主题,同时也带给读者耳目一新的另类体验。实际上,这种大胆的突破在某种程度上体现了翻译的创造性,符合傅雷的"神似"标准说、钱锺书的"化境"标准说和辜鸿铭的"以整体把握和风格传神"标准说。

可见,译者作为社会的人、个体人的复杂性决定了其翻译目的的复杂性,而翻译目的的复杂性和差异性在很大程度上制约并影响了译者的翻译策略,最终导致译文文本的不同。

（二）读者接受

读者接受理论既是一种文学理论，也是一种美学理论，兴起于 20 世纪 60 年代后期，以德国文艺理论家兼美学家姚斯（Hans Robert Jauss，1921— ）、当代波兰现象学哲学家和美学家英伽登（Roman Ingarden，1893—1970）和德国康士坦茨学派的奠基人伊瑟尔（Wolfgang Iser，1926— ）等理论家为代表。与过去"以作者为中心"的文学理论不同的是，接受理论强调"读者中心论"，即把关注的重点从作者及其作品上面转向读者及其所读的文字上面，肯定读者在阅读活动过程中的主动地位。读者接受理论诞生的深远意义在于它首先把文学作品读者的感受放在了首要位置。对读者接受理论的研究首先影响了文学作品的创作，进而对翻译领域产生了深远的影响。翻译的目的是促进读者的理解，因此，读者的接受应当是翻译工作者在对两种文化背景下的文字进行翻译时应该注意的关键因素。（陈文，2009：Ⅱ）

纵观《道德经》英译史，不同译者在译介这部历史典籍时，通常会有不同的中心取向，有倾向于忠实原作的，也有注重读者接受的。但是总体上，大多数译者在翻译《道德经》时都选择了亦步亦趋地靠近原作的保守路线，即以原作和原作者为中心，追求译文对原作和原作者的忠实性，如理雅各、韦利、刘殿爵、林语堂等。与这些保守的学究型学者不同的是，美国畅销书作家及翻译家米歇尔在翻译这部作品时选择以读者和译文为中心。为了追求译文的可读性，米歇尔在忠于原文的基础上在译文中进行一定的改写，用现代词汇去翻译原文中一些具有明显历史和时代特征的意象（例如运用"工厂""卡车""拖拉机""弹头"等现代意象去替代原文中"战马""鞍马"等古代意象），从而对这部历史典籍进行了现代重构。这种特立独行的译法在某种程度上颠覆了典籍翻译学界一直以来所讲求的学究式的忠实性，在学术界和大众读者中引起巨大的反响和争议。有人认为这种"离经叛道"的做法实不可取，因为在他们看来，用现代词汇去替代那些具有明显时代特征的意象会导致这些历史典籍失去原有的意义和韵味，从而导致古代思想与意义的流失，而且存在一定的误导性；也有人认为对历史典籍进行现代重构是典籍翻译的一个全新视角，不仅不存在误导，而且会让更多普通的读者通过不同的方式去接触甚至了解中国博大精深的道家文化，何乐而不为。在米歇尔的《道德经》译本中现代化的元素几乎随处可见，例如：

原文：道常无名,朴虽小,天下莫能臣。(第三十二章)

译文：The Tao can't be perceived. /Smaller than an electron, /it contains uncountable galaxies. (Stephen Mitchell,1988)

原文：天下有道,却走马以粪;天下无道,戎马生于郊。(第四十六章)

译文：When a country is in harmony with the Tao, /the factories make trucks and tractors. /When a country goes counter to the Tao, /warheads are stockpiled outside the cities. (Stephen Mitchell, 1988)

原文：故立天子,置三公,虽有拱璧以先驷马,不如坐进此道。(第六十二章)

译文：Thus,when a new leader is chosen, /don't offer to help him/with your wealth or your expertise. /Offer instead/to teach him about the Tao. (Stephen Mitchell,1988)

原文：是以圣人执左契,而不责于人。有德司契,无德司彻。(第七十九章)

译文：Therefore the Master/fulfills her own obligations/and corrects her own mistakes. /She does what she needs to do/and demands nothing of others. (Stephen Mitchell,1988)

在上面这些例子中,"戎马"原指古代战场上的马匹;"天子"原指高高在上的九五之尊;"拱璧"原指无价的翡翠;"契"原指古代用来证明债务关系的被分成两半的木块或竹块,通常由债权人和债务人各执一半。这些充满浓厚的历史和时代特征的意象和文化负载词在米歇尔的译文中要么被充满现代色彩的意象替换,要么被直接省略。在译文中,现代人关于"电子"的科学概念被用来解释蕴意丰富的"道",古代"戎马"的意象被生产卡车和拖拉机的现代工厂所替代,古代九五之尊的"天子"被降级为现代社会的普通领导人,"拱璧"被财富、专业知识和技能替代;古代的"契"在最后一个例子中完全消失。通过变换或省略古代的意象和文化负载词,米歇尔在一定程度上对这部历史典籍进行了现代重构。

这部特立独行的现代化译本多次再版,第一个版本是名为 *Tao Te Ching—A New English Version*,*With Foreword and Notes* 的精装本,出版于 1988 年;第二个版本名为 *Tao Te Ching—An Illustrated Journey*,出版于 1999 年。此外,还有一个袖珍版和一个刻录在 CD 上的有声版。自问世以来,米歇尔的《道德经》译本在西方读者中一直颇受欢迎,这一点可以从

其数量可观的发行量看出来。根据《落基山新闻》(*Rocky Mountain News*)
1993 年 8 月 22 日的报道,"米歇尔的《道德经》译本销售量超过十三万册"。
随着不断被接触和阅读,这部畅销的《道德经》现代英译本产生了"一石激起
千层浪"的效果,读者纷纷发表自己的看法和意见。读者的评论涵盖很多方
面,包括对译者的资格、翻译态度、写作技巧与天赋、翻译策略及观点、译作
质量等方面。下文笔者试图从读者接受的角度,对亚马逊售书网站上 243
条关于米歇尔的《道德经》译本的读者评论进行分析,以研究米氏译本在读
者中的接受情况,进而考察历史典籍的现代重构的可行性。

　　为了更好地考察米歇尔的译本在读者当中的流行程度,笔者对亚马逊
书店官网上包括理雅各、韦利、林语堂等翻译界大家的译作在内的 25 个《道
德经》译本的读者评论进行收集和比对,发现米歇尔译本的读者评论数量远
远超过其他译本:米歇尔译本的读者评论达 300 多条,而其他译本的读者评论
数量均不超过 70 条。为了更好地了解读者对米歇尔的《道德经》译本的满意
程度,笔者对这些评论进行比对筛选,然后选取从 1997 年到 2013 年间的 243
条有效读者评论,对这些评论进行对比归纳,最后按照评论等级(从一星到五
星)将其中一些比较具有代表性的评论进行整理并制成图表(表 1-3)。

　　从表 1-3 的代表性评论可以看出,不同等级的读者的观点有所差别。
其中,前三个等级的读者评论的主要观点可以归纳为以下七点:(1)译者不
懂原作的语言和文化背景,所以不能胜任《道德经》的翻译;(2)译者对翻译
没有秉持严谨负责的学术态度,其译文不忠于原文;(3)米歇尔在翻译过程
中对原文做了一些简化、删减、增加、调整甚至用现代化元素去替换原文的
古代意象,因此其版本不能称作翻译,只能算作不严谨的松散阐释;(4)老子
的精髓在米歇尔的版本中缺失;(5)米歇尔十多年的"禅修"不能成为他不忠
于原文的合理借口;(6)米歇尔的版本可以作为读者阅读其他直译本之前的
指南;(7)米歇尔是个有才华的诗人和有经验的作家。

　　从后两个等级的读者评论来看,主要观点有:(1)尽管译者没有翻译原
文的字词,但是他译出了原文的意思、精髓和要旨;(2)米歇尔长达十四年的
"禅修"使他更具洞察力,并且能够在译文中自由驰骋;(3)他的译文不仅包
含现代元素,简单实用,直接易懂,而且行文优美,充满诗意,具有洞察力,能
够震撼心灵,启人深思;(4)他的译文抓住了"道"的核心;(5)他将《道德经》
这部古代书籍带给今天活着的人,做得非常好;(6)他的译文有些地方不太
忠实。

表 1-3　亚马逊网站上的代表性评论

评论等级	代表性评论
一星	About the translator: Mitchell's Zen influence is apparent throughout. Instead of trying to be true to Lao-Tzu's intent, Mitchell obviously delights in simply trying to make Lao-Tzu's teachings as mystical-sounding as possible. Mitchell can't read the original classical Chinese and isn't familiar with the cultural context of the text. Mitchell goes far beyond any reasonable definition of translation in a scholarly work and dives whole-heartedly into the realm of out-and-out interpretation. This is the height of academic irresponsible. Instead, he uses translations of other people to construct his own interpretation of the text. When he comes across chapters he doesn't agree with, he simply removes them and writes something totally new. Apparently he thinks some Zen training qualifies him to translate an ancient text, while being completely ignorant of its language or the tradition of Daoism. Mitchell did not even translate the *Tao Te Ching*, he basically read it and then re-wrote it in his own words. About the translation: It is a loose English paraphrase. The standard defense of a "version" like Mitchell's is that he has some special insight into the text that entitles him to interpret it. But the danger of an interpretation like Mitchell's is that it projects modern Western preconceptions onto the *Tao Te Ching* instead of allowing us to be challenged by the powerful, paradoxical, and even frightening original text. In fact, Mitchell projects Zen Buddhist and New Age ideas onto his "interpretation." It was tailored to sell in the West, catering to the prejudices and fantasies of the New Age crowd. Whatever value the book has, it's as a reflection of American pop-Daoism, and not as a fair or accurate interpretation of the fundamental text of a major religion. In many places, Mitchell's text is inspiring. But it's Mitchell's text, not Lao-Tzu's. Sweetly written. Purely subjective, PERSONAL, POLITICIZED interpretation of a revered and ancient work of wisdom. This is not so much a translation of the *Tao Te Ching* but rather a new-agish interpretation of such. By incorporating input from Buddhist and other traditions into his interpretation, Mr Mitchell misses the difference between the Way and the other forms of Eastern religions.

续表

评论等级	代表性评论
二星	About the translator： Stephen Mitchell is not a translator! He doesn't know any Chinese at all. Basically, any serious scholars of ancient Chinese texts regard Stephen Mitchell as at best a re-interpret poet（not a translator）, and at worst a charlatan getting money for something he didn't do. Mitchell has apparently given in to the "fast-food Chinese take-out" syndrome. While Mitchell may be a poet of sorts, and knows how to impart a fuzzy touchy-feely sensation to the reader, he has not shown any ability to transmit knowledge（let alone wisdom）to his readers. About the translation： There is no doubt Stephen Mitchell's translation is one of the most beautiful and fluent versions. The problems of this translation, however, lie in the author's view of *Tao Te Ching* as a religious/spiritual book, and his obvious personal love of Zen. *Tao Te Ching* is not a religious book, it is the basic philosophy of Chinese Taoism. The Taoism philosophy has been deeply inbedded in Chinese minds and culture. It is simply an everyday-life philosophy, and it's meant for every body. This beautifully worded translation unfortunately mystified *Tao Te Ching* as a spiritual guide, and somehow transformed it into a book full of Zen concepts. Does he think we are too stupid to understand the original, and so must be given a modernized and in my opinion somewhat "politically-correctified" version? I have one written in Italian, and it reveals secondary meaning and subtleties that are completely lost in this one. The language used by the translator is colloquial（not necessarily a bad thing, although the original is not written in a colloquial style）, very trite（a bad thing）and politically correct（the deity is inevitable female）. Based on my other translation of the *Tao Te Ching* and his footnotes, Mitchell has taken some liberties with the text. But, I think it makes it more accessible for the Western reader. Kind of like "The Message" translation of the Bible by Eugene Peterson. It's far from a literal translation. But, it puts the ancient text in a language that the modern reader can easily relate to. This "translation" is a good poetry and nice to read but as a translation of a book of wisdom it has lost most of his value. It is now a highly interpreted *Tao Te Ching*. It has lost its authenticity. What it is a highly personal, biased, American Zen interpretation of the *Tao Te Ching*.

续表

评论等级	代表性评论
三星	About the translator: The fact that Mitchell comes from a largely Zen background is emphatically not a disqualification. Taoism is 50% Zen, and coming from that perspective can, in theory, offer some new insight. Mitchell has created this as, I believe, a more accessible version of the *Tao Te Ching*, a easier-to-digest version for Westerners. Again, his intentions here are good, but somewhat misguided. Yes, if Lao-Tzu had been writing in the 20th century, he'd probable refer to warheads rather than warhorses. Then again, had he been writing in the 20th century, he'd have written a different book all together. By trying to make this more accessible to the West, I feel that Mitchell's done a disservice. This book is 2500 years old—of course it's not going to make immediate sense. It needs to be studied. Endlessly. A happy, palatable version is not going to prompt the endless inquiry that the *Tao Te Ching* requires. Stephen Mitchell has not translated this classic, but rather has paraphrased it—as he admits in the Foreword. But he is a Zen student of a couple of decades and has good insight into the Zen of the Tao (Zen Buddhism is Buddhism heavily dosed with Taoism). This translation is not from the original Chinese; rather Mitchell used several different existing translations and a word-for-word translation and then manipulated the text. Mitchell seeks to show the meaning of the text but has no qualms about taking liberties with it when he thinks this will aid comprehension. Stephen Mitchell has strung his own beads onto this old carcass, perhaps obscuring something else. Perhaps he has been injecting something into it to bring it alive again. About the translation: This is not a translation (as Mitchell readily admits), it's a paraphrase. Mitchell's paraphrases have a real beauty to them, a lyricism that I don't see in other, more faithful versions. This is a genuine pleasure to read. It is new-agey, and Mitchell enforces his own religious views upon one of the most ancient texts. But overall it is a good read, and Mitchell must be commended for opening the eyes of many people to this wonderful and enigmatic text. This version is too closely translated into Western language to appear as genuine. It is just too obvious. It is easy and it is accessible, but something is lacking. In addition to the logical problems of the book, it is false due to the truth of Christian truth. There is original sin (which is a state whereby all people are corrupted and fallen) and thus any system that affirms the basic goodness of man is false.

续表

评论等级	代表性评论
四星	About the translator: Mitchell does a fine job bringing the text to a human level. Because of the "beginner" guideline that he seems to be shooting for, I was surprised and disappointed that he didn't go a bit deeper into the history of the philosophy in the intro. Because he does not know Chinese, Mitchell acknowledges in the book's Foreword that, in addition to working from dozens of literal translations of Lao-Tzu's "Book of the Way," he completed "a fourteen-year-long course in Zen training," which brought him "face to face with Lao-Tzu" (p. x). Despite the fact that Mitchell has taken great liberties in paraphrasing, expanding, interpreting and reworking the text of Lao-Tzu's original, he has nevertheless created a Tao-inspired poem that stands on its own when read as such. "If I haven't always translated Lao-Tzu's words," Mitchell explains, "my intention has always been to translate his mind."(p. x) About the translation: The language is beautiful and poetic. Mitchell captures, in English, the essence of what Lao-Tzu was thinking and writing in Chinese centuries ago, at least from what I can tell. It is not Lao-Tzu's *Tao Te Ching*, and students seeking to become more familiar with that text bad best consult other, more literal translations. Comparison and contrast with Mitchell's work is highly recommended, however, because Mitchell's version is informed by a deep understanding, nurtured by years of spiritual practice and Zen training, and the author's own considerable skill as a poet. The versified translation is more a stylistic success than a faithful rendering of the text.
五星	About the translator: It's true that he hasn't given us a literal reading of Lao-Tzu's text, he's dropped bits here and there, and seems to have sneaked in a few bits of his own. But hey! Surely a guy who has survived fourteen years of torture, erh … training, has earned some rights? Stephen Mitchell, from his training in Korean Zen Buddhism, shows a slight influence of it in the text. This is okay because Taoism and Zen are closely linked together in thought. Mr Mitchell captures the heart of Taoism. Mitchell's come closest to the beauty which the *Tao Te Ching* is meant to convey. His gift is to bring the work alive in a way that touches the emotions as well as the mind. He inspires us because of his ability to reach us and bring us closer to our true nature. He has incredible spiritual insight for translating foreign language works.

续表

评论等级	代表性评论
五星	About the translation: In effect what Mitchell has done is to give us a stripped-down and modernized re-working of the *Tao Te Ching*. This strategy has led to some very real benefits. Many of the obscurer details, details that even have Chinese scholars scratching their heads, seem to have pretty well gone. Also gone is the wordiness of other translations. What remains is the essence, and it stands out clearly. Frankly I don't think you'll miss much of Lao-Tzu's message of peace, simplicity, patience, compassion, tolerance. No important notion seem to have been lost. And Mitchell's language has a wonderful simplicity and directness. Having spent my youth in Korea; being both Korean and Chinese with a twist of Japanese(Dad was born there and spent his childhood there); and having spent most of my life in America, I've enjoyed and found this translation of the *Tao Te Ching* to be enlightening. I've read other translations of the Tao (Dao). Even with my connections to the East, I've found reading other translations to be extremely difficult—they were all too literal. Stephen Mitchell has captured the essence of the Tao allowing the reader to get a broad, general understanding. Though it is not literal I do not find it to be in any way inconsistent with the spirit and wisdom of Lao-Tzu's teaching. The language, poetry and insight in this book as well as the utter simplicity make it a WONDERFUL read ... and the "liberties" help male Taoism more accessible to those not accustomed to interpreting the meaning of the literal translation and giving it modern application. This is a really beautifully done translation that is geared towards men and women. Out of all the translations, I recommend this one the highest. Stephen has translated not just the written words but the sense and meaning behind them. While it may seem modernized in some places, this is only right if these ideas are to be communicated effectively to modern minds. Lao-Tzu would surely have used different language if he were alive today! Mitchell, I believe, has rendered what Lao-Tzu (presumably) said in the most concise, straightforward, and aesthetic manner I have yet seen. To translate a work that has been translated so many times before—and so well—may seem almost an act of hubris. But as the English language continues to evolve, it is the duty of the translator to attempt to restate a classic for his or her generation, in a language that they can best understand. Stephen Mitchell, in *Tao Te Ching :A New English Version*, has done that for our generation. And to him we owe a debt of gratitude.

续表

评论等级	代表性评论
五星	Between the pages are rare treasures indeed. The original text of the Tao could never be translated directly to English without sacrificing it's inherent simplicity; Mitchell accomplishes this impossible task with ease. While other translations of this work appeal to the high intellect—and as such have different merit—this one speaks(quite simply) to the soul. Stephen Mitchell's beautiful, modern and accessible. Stephen Mitchell's book is a work of amazing beauty, whatever it lacks in artistry and cultural complexity, and for me it lacks none, it makes up for in it's honest and direct route to the spirit.

通过对比这几组不同的观点,我们可以得出下列结论:(1)读者普遍肯定米歇尔是一位合格的作家和诗人;(2)相比于这种一致的认同,读者对于米歇尔是否是合格的译者、米歇尔的"禅修"是否对他的翻译产生积极的影响、米歇尔是否抓住并传达了原文的精髓、他的翻译是否忠实有效等方面存在分歧。

其中,不同层次、不同需求的读者对译本的意见分歧较大,大体上分为两类:(1)第一类多为注重译本实用性的普通读者,他们认为米歇尔的译文启人深思,能够震撼心灵;(2)第二类是追求译作本意的考究的学术型读者,他们认为米氏译本随意篡改原文,并非严格意义上的翻译。

为了更好地考察米氏译本在读者中的接受情况,笔者将这 243 条有效读者评论,按照肯定、否定和否定中有肯定三种类型对读者评论数量进行统计并用图表加以说明(表 1-4)。

表 1-4　读者评论数量分类统计表

评论年份	肯定	否定	否定中有肯定	年度评论总数
1997	5	2	1	8
1998	11	5	0	16
1999	11	4	2	17
2000	15	0	0	15
2001	12	3	4	19

续表

评论 年份	肯定	否定	否定中有肯定	年度评论总数
2002	7	4	0	11
2003	8	2	1	11
2004	4	3	1	8
2005	8	3	2	13
2006	19	3	0	22
2007	11	1	0	12
2008	17	3	1	21
2009	8	2	0	10
2010	11	0	0	11
2011	11	1	1	13
2012	16	1	0	17
2013	17	3	1	21
总数	137	26	7	170

从上表可以看出,这 17 年间大部分读者对于米歇尔译本的态度都是肯定的,肯定性的评论占总评论的 78.6%,而否定性的评论仅占 16.5%。由此可见,米氏译本在大众读者中是很受欢迎和肯定的。

接下来通过以下柱形图考察这 17 年来米氏译本的肯定性评论的年比率变化情况(图 1-1):

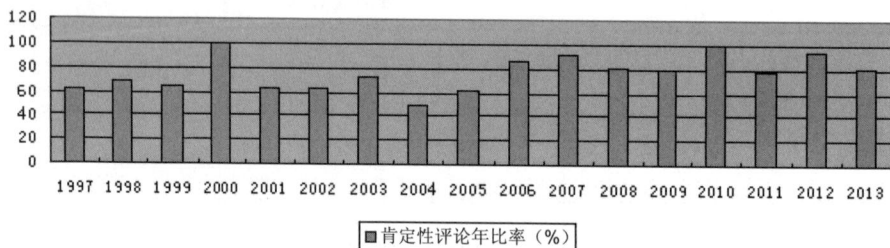

图 1-1　1997—2013 年米歇尔的《道德经》译本肯定性评论的年比率变化图

从上面的年比率变化图(图 1)可以清楚地看出,从 1997 年到 2013 年,读者对于米氏译本的评论基本都是肯定的,且肯定性评价的比率基本上呈现稳中有升的趋势。除了 2004 年读者的肯定性评论占该年度评论的 50%,其他年度肯定性评论的比率都超过 60%,其中 2000 和 2010 两个年度的肯定性评论比率甚至达到 100%,值得注意的是从 2006 年开始,读者的肯定性评论比率基本都在 80% 以上。由此可见,米氏译本相当受读者欢迎,而且受欢迎程度总体上呈上升趋势。

姚斯认为衡量一部作品的审美尺度取决于"对它的第一读者的期待视野是满足、超越、失望、反驳"(1987:31-36)。因此,从读者接受理论来考虑的话,米歇尔的译文是可以满足大部分读者的期待的。从读者的接受角度出发,为了关照读者的理解水平、想象力和审美疲劳,米歇尔对那些具有明显历史和时代特征的古代意象进行适当的变换,顺应了现代读者的接受方式。

作为人类的社会活动,翻译离不开人的主观意识的参与,因此对于同一事物必然存在不同的理解。这一点在典籍英译中尤为明显。历史典籍成书年代久远,用字简省,语言晦涩,内涵丰富,这决定了其解读空间的开放性。不同译者在译介同一部历史典籍时往往会根据自己的中心取向和偏重对特定的一个字、词、句作出不同的解读,"然后综合读者接受、译入语文化需求等各方面的因素,整合自身文化修养、语言能力,尽力将自认为最好的译文呈现给读者"[廖敏,2004(9):333-336]。因此典籍英译中必然存在"经无达诂"和"译无定法"两大特点。在翻译过程中,译者有时难免产生"仁者见仁"和"智者见智"之类现象,因而在表达上也随之而异,只要基本上符合原文精神,这在翻译原则或标准上来说是完全容许的。[刘重德,2001(3):62-63]翻译是一种具有历史性、主观性和创造性的重新建构行为,其文本目的是"要让不懂原文的读者通过译文知道、了解甚至欣赏原文的思想内容及其文体风格"(曹明伦,2007:146-176)。因此,在典籍英译中,译者可以根据自己的中心取向将读者带回中国古代,最大限度地保留作品的原汁原味,还原原作的本来面目,也可以选择将原文带到现代读者的世界,根据译入语文化需求和读者接受程度对原作进行现代重构。译者在翻译操作中对历史典籍进行现代重构不但会使原本晦涩深奥的内容通俗化,而且在一定程度上体现了翻译的创造性。

《道德经》距离今天已经两千多年,因此其学究式的直译本晦涩难懂,让大多数现代读者如坠云雾,不知所云。相比而言,米歇尔使用很多现代的意象对这部历史典籍进行现代重构,最终呈现给读者一部流畅清爽、通俗易懂的现代西化译本,这在一定程度上给这部道家经典注入了活力和生气,使得米氏译本更容易被那些不熟悉中国经典的西方普通读者所理解,这是米氏译本被大众读者接受甚至喜爱的一个重要原因。当然,翻译操作中的这种使历史译本现代化、西方化的做法有时候会令人产生误解,但是我们不能就此因噎废食。其实不管是学究式的直译本还是通俗化的现代译本,都有其存在的必然性和必要性。这两种译本之间不是矛盾对立的,而是各有长短,互为补充。"一种翻译,终究不过是一种解释。比方说,有人翻译一句《老子》,他就是对此句的意义作出自己的解释。但是这句译文只能传达一个意思,而在实际上,除了译者传达的这个意思,原文还可能含有许多别的意思。原文是富于暗示的,但译文则不是,也不可能是。所以译文把原文固有的丰富内容丢掉了许多。《老子》《论语》现在已经有多种译本。每个译者都觉得别人的翻译不能令人满意。但是无论译得多好,译本也一定比原本贫乏。需要把一切译本,包括把已经译出和其他尚未译出的,都结合起来,才能把《老子》《论语》原本的丰富内容显示出来。"(冯友兰,1996:13)

人类的审美趣味具有多样性,读者、译者具有多层次,翻译手法、译作风格、译作价值也势必多样化。(辜正坤,2003:30-341)有些大家之作如英国著名汉学家理雅各、韦利的《道德经》译本更多是针对那些对原作及其背景知识有相当了解的学者,因此只适合书斋里考究学者研究的需要。但是米氏译本早已走出书斋,使《道德经》这部"旧时王谢堂前燕"的历史典籍"飞入寻常百姓家"。所有的文学作品最终都必须面对读者,译作自然也不例外,否则便失去了原本的意义。因此在评价一部译作时,读者才是最有话语权的。任何忽略读者声音而试图将某部译本全盘否定的做法未免有"越俎代庖"的嫌疑。"对于历史上的翻译事实,我们不仅仅看它翻译质量的高低,更要看它在文化交流上发生的作用和影响。"(王克非,2000:6)在整理亚马逊售书网站上读者评论的过程中,笔者发现很多读者在评论米歇尔的《道德经》译本时都提到一点:"阅读米氏译本使我对《道德经》的原文和道教产生了兴趣,于是我开始去阅读别的译本、《道德经》原文甚至开始了解道教……"这恰恰说明,那些认为在译介历史典籍时对其进行现代重构会导致古代思想与意义流失的担心完全是杞人忧天。米歇尔对《道德经》这部历史典籍进行现代重构,不仅没有从根本上导致这部道家经典意义和内涵的流失，反而促使西方普通读者开始探索道教甚至中国文化，这大大有利于中国古代思想、智慧与文化在西方世界的扩散与传播。（何晓花，2014:366-369）

典籍英译工作是"采集中西文化精髓，架构古今文明桥梁"（黄中习，2009:3），意义重大。长久以来，学术界对于典籍英译的研究一直围绕着"重文"还是"尚质"，"直译"还是"意译"展开。对于历史典籍的翻译，我们不能只局限于传统层面上的文质之争和直译、意译之争，而应该以宏观的文化眼光、立体的思维和宽容的态度看待具体的翻译操作，放眼于每一次翻译操作背后的文化动机，放眼于译者的操作手段所要构建的新文化图景，在评判《道德经》译本时应该避免厚此薄彼和唯我独尊，只有这样才能从不同角度挖掘和传播中华文化精髓，使西方读者充分了解中国传统文化的魅力与价值。

作为中国传统文化的精粹，作为人类思想史中最迷人的一部奇书（威尔·杜兰，1998:456），区区五千言的《道德经》不断被世人解读、诠释和译介，乃至目前关于这部经典的注疏和译本呈现出"百花齐放、百家争鸣"的局面，但是由于其玄幻的语言和深邃的蕴义，这部道家典籍可供诠释的空间仍然很大，新的译本也会不断问世，目前已经出现的译本可能会成为以后的译者译介《道德经》的重要参考，因此，作为中国文化的研究者，笔者希望本书的研究能起到抛砖引玉的作用，希望译者在翻译操作时能够客观地评判和理性地借鉴前人的成果，吸取精华，剔除糟粕，创作出更好的译作，把长久以来被曲解的真正的老子文化，被篡改了的原有的精粹真理，呈现给西方读者，让他们真正领略到中国文化的博大精深。

第二章　宗教与历史典籍

第一节　中国宗教典籍在西方的传播

一般认为中国的传统宗教为儒、道、释三教。儒家学说奠定了中国传统文化的基石。道教是土生土长的中国宗教,以道家思想为依托。佛教虽是外来文化,但传入中国时,依附道术、玄学等学说,逐渐成为中国化的宗教。在历史长河中,儒、道、释三教思想相互影响、相互吸纳、功能互补,形成了"三教合流"的独特中国文化。儒家和道家的著作属于中国思想文化典籍的范畴,这里不做赘述,本文主要探讨佛教和道教典籍的外译。

早在16世纪,来华耶稣会士就已对中国的传统宗教做过研究。利玛窦的《天实主义》一书列举了儒家经典与《圣经》的相似概念,以儒释耶、援耶补儒,而对佛道进行了猛烈的批判。和利玛窦一样,之后的新教传教士也大多沿用"合儒"策略。他们倾心于对儒家和道家经典的翻译和探求,而把道教和佛教视为充满偶像崇拜和迷信的民间宗教。因而佛教和道教典籍的翻译起步较晚,直到19世纪初才有译本出现。

一、中国佛教典籍的西传

近代欧洲对佛教的系统研究是从巴利语和梵语典籍开始的。1826年布诺夫(Eugène Burnouf)和拉森(Christian Lassen)合著出版《论巴利语》(*Essai sur le Pali,ou Langue sacrée de la presqu'île au-delà du Gange*)奠定了佛教文献学研究的基础。当时的西方学者普遍认为南传佛教是"纯粹佛教",视巴利语佛典为正统。(李四龙,2012:26)他们集中研究、翻译巴利语和梵语典籍,而汉藏佛教的典籍则不受重视。

19世纪70年代,布诺夫的学生、牛津大学比较宗教学教授缪勒

(Friedrich Max Müller，1823—1900)出版《宗教学导论》(*Introduction to the Science of Religion*)，创立了比较宗教学，而后集结了一群优秀的东方学者，翻译印度教、佛教、儒教、道教、拜火教、耆那教以及伊斯兰教的经典文本。1879 年至 1910 年间，共出版《东方圣书》(*Sacred Books of the East*)50卷。其中有 10 卷是佛教典籍译本，仅有 1 卷是全卷译自中文佛典，即 1883年毕尔所译的《佛所行赞经》(*The Fo-Sho-Hing-Tsan-King*)。另外还有 1894 年第 49 卷第二部分第六节高楠顺次郎(Junjirō Takakusu)从汉译佛典中译出的《观无量寿经》(*The Amitayur-Dhyana-Sutra*)。其余几卷皆译自巴利文、梵文典籍。

(一)汉传佛教典籍的翻译

1.19 世纪的佛教典籍的译介

欧洲最早的中国佛教典籍译本出自专业汉学家之手。1814 年，法兰西学院设立欧洲首个汉学讲座，法国一跃成为欧洲的汉学研究中心。1836年，法兰西学院首任汉学教授雷慕沙(Jean-Pierre Abel-Rémusat)翻译出版了《佛国记》的法语译本，引起了欧洲东方学者对中国佛教典籍的注意。很快，在华英国传教士们也开始译介佛教典籍。1857 年 11 月 17 日，艾约瑟(Joseph Edkins，1823—1905)在上海文理学会(Shanghai Literary and Scientific Society)上宣读了《壹输卢迦论》的译文。

最开始，汉学家和传教士对高僧西行游记这类佛教传记文学颇感兴趣。20 世纪前，已出现 6 种《佛国记》英法译本(详见第二章第二节)。1851 年，儒莲(Stanislas Aignan Julien，1797—1873)译出《大慈恩寺三藏法师传》(*Histoire de la vie d Hiouen-Thsang*)第五卷，1857 年，又译出《大唐西域记》(*Mémoires sur les contrées de l'ouest*)。1884 年，英国佛学研究者毕尔(Samuel Beal，1825—1889)出版英译《大唐西域记》(*Si-Yu-Ki : Buddhist Records of the Western World*)，1888 年又译出《大慈恩寺三藏法师传》(*The Life of Hiuen-Tsiang*)全书。1895 年，沙畹(Édouard Chavannes，1866—1945)译《大唐西域求法高僧传》。1896 年，高楠顺次郎(Junjirō Takakusu)译《南海寄归内法传》(*A Record of the Buddhist Religion as Practised in India and in the Malay Archipelago*)。高僧行记的翻译对研究印度佛教史提供了重要的参考资料，辅助了欧洲人在印度及中亚各地的考古活动。

19 世纪后半叶,汉传佛教经、律、论三藏也逐渐得到研究和译介。其中成就最为突出的就是毕尔。和早期来华传教士普遍"排佛"的做法不同,毕尔对待中国佛教的态度更加开明自由。除翻译佛传文学外,他还在当时各种学术刊物、教会刊物上发表大量中国佛学研究的论文和译文,翻译了大量的佛教典籍。

19 世纪 60 年代,毕尔在《皇家亚洲学会杂志》(*Journal of the Royal Asiatic Society*)发表了一系列佛教典籍译文,包括《四十二章经》《摩诃般若波罗蜜多心经》《金刚经》《千手千眼大悲心忏》《阿弥陀经》以及唐代王勃的名篇《释迦如来成道记》。1871 年,他将这些译文辑入《汉译佛经系列》(*A Catena of Buddhist Scriptures from the Chinese*)出版。这部书是他多年研究中国佛教的成果,全书根据佛教发展周期的各个阶段共划分为五章,分别是:(1)神话传说;(2)作为宗教的佛教;(3)学派时期;(4)神秘时期;(5)衰退时期。每个阶段都有相应的佛教典籍译文。除《皇家亚洲学会杂志》(*Journal of the Royal Asiatic*)上已发表过的译文外,毕尔还翻译了《法界安立图》《小止观》《沙门日用》《摩诃般若波罗蜜经》《四分戒本》《大佛顶首楞严经》《首楞严咒注释本》《准提咒》《佛说阿弥陀经》《大云轮请雨经》《大般涅槃经》《妙法莲华经》《大字普门品》《净土文》《合集准提弥陀仪释集》等。(Beal,1871:xiii)

1873 年,毕尔从《佛本行集经》中选译了燃灯佛的传说,发表在《皇家亚洲学会杂志》上。两年后译出《佛本行集经》全书 60 卷,译本名为《释迦佛浪漫传奇》(*The Romantic Legend of the Sakya Buddha*)。1877 年,毕尔任伦敦大学学院(University College London)中文教授。1878 年译出《法句经》全 39 品。1880 年,在《印度文物工作者》(*Indian Antiquary*)杂志上发表《银色女经》译文,题为 *The Sūtra Called Ngan-Shih-Niu* , i. e. "Silver-White Woman"。1883 年,毕尔所译《佛说行藏经》被编入《东方圣书》出版。1888 年至 1889 年,《巴比伦与东方纪事》(*Babylonian and Oriental Record*)杂志分两期刊登了毕尔的《普曜经》译文,后一期付梓时,毕尔已去世。1892 年,毕尔遗作《龙树菩萨劝诫王颂》(*The Suhrillekha or Friendly Letter Addressed to King Sadvaha*)出版。

2. 日本学者对中国佛教典籍传播的促进

1876 年,日本僧人南条文雄(Bunyiu Nanjio,1849—1927)前往英国学习梵语,师从缪勒,1880 年开始英译《大明三藏圣教目录》(*A Catalogue of the Chinese Translation of the Buddhist Tripitaka*），俗称《南条目录》，于 1883 年出版。此书为欧洲学者研究中文佛教典籍提供了极大的便利。此后几十年间，《南条目录》成为西方汉学家频繁引用、参考的一部重要资料。例如，欧洲汉学泰斗沙畹于 1910 年至 1911 年间译成三卷本《寓言故事五百则》（*Cinq cents contes et apologues*）。其中卷一为六度集经、旧杂譬喻经的全译文。卷二包括众经撰杂譬喻、杂譬喻经、百喻经的全译文以及十诵律、摩诃僧祇律、弥沙塞部和醯五分律、四分律、根本说一切有部毗奈耶杂事、根本说一切有部毗奈耶破僧事、根本说一切有部毗奈耶药事、根本说一切有部毗奈耶的节译。卷三为杂宝藏经全译，生经、经律异相、大智度论、出曜经、法句譬喻经的节译以及佛说国王不梨先泥十梦经、佛说奈女祇域因缘经、太子须大拏经全译。在对每部典籍及其原著者或译者信息的注释中，沙畹都参考、对照了《南条目录》。

1890 年，高楠顺次郎经南条文雄介绍在缪勒门下学习印度佛学。期间正值缪勒编译《东方圣书》而苦于找不到《观无量寿经》的梵语文本。《观无量寿经》是净土三部经之一。高楠顺次郎向缪勒提出自己有中文译本并能胜任英译的工作。缪勒（1894：XX）认为此经风格简单，中文译者不会误读原文，因而中文译本是忠实可信的。1894 年，高楠顺次郎所译的《观无量寿经》，与缪勒由梵文所译的《大无量寿经》《阿弥陀经》《金刚经》《心经》等一同辑入《东方圣书》第 49 卷出版。此后，在缪勒的推荐下，高楠顺次郎又翻译了《南海寄归内法传》。

高楠顺次郎一生最重要的成就就是发起组织了《大正新修大藏经》的编辑出版工作。《大正新修大藏经》于日本大正年间开始修编，历经十余年，是在对校东京弘教书院刊行的《缩刷大藏经》以及宋本、元本、明本、高丽藏经的基础上，重新分类、编排而成的，也收录了日本佛教典籍。（任继愈，2002：119）1934 年出版的《大正新修大藏经》是当时收录佛典最多的一部大藏经，共 100 册，成为欧亚佛学研究界最重要的参考资料，颇受欢迎。

1982 年 1 月，日本佛教传道协会[Bukkyō Dendō Kyōkai（Society for the Promotion of Buddhism）]创始人沼田惠范（Yehan Numata）博士启动了一项宏大的翻译项目：英译《大正新修大藏经》。该项目第一期共选择了 139 种中、日、梵文典籍，约占《大正新修大藏经》的十分之一，预计发行 100 卷。第一期后还会继续推出第二、第三期，直到《大正新修大藏经》翻译完成。如今已有 69 件作品被翻译成英文,共集结成 41 卷出版。① 译者主要是来自数十个国家的佛教学者。例如,该系列中 1996 年的《大唐西域记》译本就出自我国著名佛教学者、翻译家李荣熙之手。

3. 禅宗的传播与中国佛教典籍翻译

1893 年,第一届万国宗教大会(World Parliament of Religions)在芝加哥召开。日本临济宗释宗演(Soyen Shaku,1860—1919)参加了会议,并发表《仲裁而不是战争》("Arbitration Instead of War")和《佛陀所教导的因果律》("The Law of Cause and Effect as Taught by the Buddha")两篇演说,打破了西方世界对佛教的刻板印象。(孔祥珍,2010:20)会后,释宗演又在美国巡回演讲,为禅宗向西方世界传播打开了一扇大门。此后,释宗演多次访美,并选派他的弟子驻扎在美国宣扬禅宗,并将佛教典籍翻译成英文出版。

释宗演参加万国宗教大会期间,由他的弟子铃木大拙(Daisetsu Teitaro Suzuki,1870—1966)担任翻译。铃木大拙经释宗演介绍,结识了保罗·卡洛斯(Paul Carus,1852—1919)。卡洛斯是美国著名学者,拥有一家名为敞院(Open Court Publishing Company)的出版社。万国宗教大会后,他成为促进宗教对话的先锋人物,积极将新思想介绍到西方,在铃木大拙的帮助下,将佛教和道教引入美国人的视野。

1900 年,敞院出版社出版了铃木大拙翻译的《大乘起信论》,译名为 *Açvaghosha's Discourse on the Awakening of Faith in the Mahâyâna*。《大乘起信论》梵文原本已佚,有两种汉译本,分别出自南朝印度僧人拘那罗陀和唐代译经家实叉难陀。前者的译本在中国和日本更为流行。铃木大拙以实叉难陀的汉译本为底本,译出首本英文《大乘起信论》。(Suzuki,1900:41)在译者前言中,铃木大拙认为西方世界对大乘佛教的误解和攻击主要因为和在巴利文中系统保存下来的小乘经典相比,大乘佛教典籍分散于亚洲各地不同的语言中,不少梵语原典丢失,而藏、蒙、汉译本没有得到充分研究,加上大乘系统复杂难解,容易令人不知所云。(Suzuki,1900:xi)《大乘起信论》的译本正是为消解西方公众对大乘佛教的不实指责而作。铃木大

---

① Anonymous. English Translation of the Buddhist Canon and Publication Projectlg [EB/OL]. [2017-3-19]. http://www. bdk. or. jp/english/english _ tripitaka/publication _ project. html.

拙一生致力于向西方推广禅宗,成为20世纪上半叶影响最大的禅宗学者。他的《大乘起信论》译本出版后获得了成功,在学界引起关注。

1910年,英国在华传教士李提摩太(Timothy Richard,1845—1919)出版的《高级佛教的新约》(*The New Testment of Higher Buddhism*)收录了《大乘起信论》和《妙法莲华经》的英文译本。李提摩太试图从这些大乘的重要典籍中找到佛教和基督教的共通之处,他认为铃木大拙的译本没有理解本书基本的真谛"真如"(Chen Jü)的含义,将其译作 Suchness,破坏了整体译文。(Richard,1910:3)李提摩太采取了他认为既忠实原义,又与基督教哲学相符的译法,根据不同语境译为 True Form、True Model、True Reality、Archetype 等。(Richard,1910:52)然而,李提摩太这种以耶释佛的翻译角度在学界引起了不少争议。

释宗演的另两位弟子释宗活(Sokatsu Shaku,1870—1954)和千崎如幻(Nyogen Senzaki,1876—1958),也在美国积极宣扬、传播佛教,创立禅学中心。千崎如幻翻译了禅宗经典《无门关》和《十牛图颂》。释宗活的弟子、美国佛教协会(Buddhist Society of America)创立者佐佐木指月(Sokei-an Sasaki)编译了"The Story of the Giant Disciples of Buddha, Ananda and Maha-Kasyapa from the Chinese Version of the Sutras of Buddhism"(《汉译佛经中佛大弟子阿难陀和摩诃迦叶的故事》)。

20世纪50年代以来,禅宗在欧美发展迅速,佛教研究中心和禅院陆续成立。佛教典籍译作层见叠出。匈牙利翻译家戴雷贝斯(Gábor Terebess)收集、整理了大量禅宗文学文献和相关研究论著,以及部分文献的匈牙利语、英语、法语译文,涵盖了灯录、高僧传、宋朝公案、禅院寺规及一些短文类禅宗文学作品,译文最多的《信心铭》共有6种匈牙利译文和25种英译文。① 匈牙利译本的主要贡献者除戴雷贝斯本人外,还有知名汉学家米白(Miklós Pál)、佛教人士新安(Dobosy Antal)等。英文译者有虚云和尚弟子陆宽昱(Charles Luk)、美国译者克利里(Thomas Cleary)以及日本佛教研究学者奥村正博(Shohaku Okumura)等。其中克利里贡献最大,有《碧岩录》《瀑泉集》《空谷集》《虚堂集》《禅门宝训》《参同契》等译文。

2001年起,于美国天普大学任教的马德伟博士(Marcus Bingenheimer)

① 见 Zen irodalom—Zen Literature(Index)[DB/OL],[2017-01-11]. http://terebess. hu/zen/textindex. html♯1.

在互联网上发布《中国佛教文献西译目录》(*Bibliography of Translations from the Chinese Buddhist Canon into Western Languages*),涉及《大正新修大藏经》中所载佛典及部分藏外佛典的翻译情况。据马德伟博士统计,截至 2017 年 3 月 5 日,被翻译的佛教文献共 512 种,产生译本 1067 种,其中全译本 696 种,选译本 361 种。英语译本共 771 种,法语 140 种,德语 119 种,俄语 13 种,意大利语 6 种,西班牙语 4 种,荷兰语 4 种,挪威语 1 种。①从译本年代上看,19 世纪仅有 35 种,而 20 世纪,尤其是 70 年代以来,随着佛教研究的迅速发展,每十年都有近百种译文问世,共有 736 种。20 世纪不到 20 年,已有 300 余种译文出现。

(二)藏传佛教典籍的翻译

早期西方对于藏传佛教的认识来自活跃于西藏地区的欧洲各国传教士。1624 年,葡萄牙耶稣会士安夺德(António de Andrade,1580—1634)进入西藏传教。18 世纪,意大利嘉布遣会(Capuchin)和意大利耶稣会在拉萨设立总部。嘉布遣会传教士班那(Francesco della Penna,1680—1745)钻研藏语,编写了藏语辞典并翻译了《菩提道次等广论》和《波罗提木叉经》,可惜译稿没有保存下来。(狄雍,1985:14)耶稣会士德希德里(Ippolito Desideri,1684—1733)在西藏寺庙跟随僧人、学者学习藏语和宗教知识,抄录了许多藏文典籍。德希德里对于藏传佛教的理解十分深刻,远超他所处的时代,他曾撰写一部西藏行记,其中也有《菩提道次等广论》的译文,但这部原稿直到 20 世纪 50 年代才完整出版。(狄雍,1985:15)

近代西方藏学的开端要从匈牙利东方学家乔玛(Alexander Csoma de Körös,1784—1842)算起。1823 年,乔玛开始辗转各个寺院学习藏语、藏文,发表了大量涉及藏学语言文字、宗教等方面的论著以及对藏文大藏经《甘珠尔》和《丹珠尔》的研究成果。19 世纪 30 年代,乔玛翻译了萨迦班智达的格言诗集《萨迦格言》。后因乔玛故去没有完成藏文部分的校对,几经周折,于 1855 年至 1856 年间,由《孟加拉亚洲学会杂志》(*Journal of the Asiatic Society of Bengal*)分两期编辑刊出藏英对照版,译出《萨迦格言》(共 454 条)中的前 234 条,题名为"A Brief Notice of the Subháshita Ratna

---

① Bingenheimer, Marcus. Bibliography of Translations [EB/OL]. [2017-03-?]. http://mbingenheimer.net/tools/bibls/transbibl.html.

Nidhi of Saskya Pandita, with Extracts and Translations by the Late M. A. Csoma de Körösi"。

1841年，布诺夫的学生之一法国藏学家富科（Philippe Édouard Foucaux, 1811—1894）翻译出版了藏文版大藏经《甘珠尔》中《神通游戏经》第七章的部分内容。1847年，富科翻译出《神通游戏经》全本的法文译本 Rgya tch'er Rol Pa ou Développement des Jeux contenant l'histoire du Bouddha sakyamouni。第一部分为藏语原文，第二部分为法语译文及注释。该译本此后又多次再版。此外，富科还出版过多种节译自《甘珠尔》的译著。1854年，他出版节译自《甘珠尔·妙法莲华经》第四章的《迷失的孩子的比喻》（"Parabole de L'Enfant egare"）。这个故事看起来与《圣经·路加福音》第十五章中《浪子的比喻》有几分相似。但在译本前言中，富科指出了两个故事的不同之处。布诺夫的继任者、法兰西学院梵语教授巴维（Théodore Pavie, 1811—1896）也曾指出，两个故事从一开始就截然不同。（Foucaux, 1854:20）1858年，富科选编的《良言宝库》（Le Trésor Des Belles Paroles）译出《萨迦格言》134条和《甘珠尔》中关于仁蚌巴家族诺布桑波的一首爱情悲歌。1872年，他在《法国东方协会报告》（Mémoires de L'Athénée oriental）上发表《甘珠尔》律部中一则故事的译文。

法国著名东方学家、富科在巴黎东方语言学院的继任者费厄（Léon Feer, 1830—1902）选译过《甘珠尔》，他的两篇译文分别于1873年和1883年发表在《国际东方学会议会刊》（Compte-rendu du congrès oriental）上。

费厄的学生、美国驻华外交官柔克义（William Woodville Rockhill, 1854—1914）是美国藏学的先锋者，翻译了一些藏传佛教典籍，如藏文《四十二章经》《法集要颂经》等，并从藏文《大藏经》中摘译出版了《佛传》（The Life of the Buddha）。在《佛传》书后附录中，有一篇瑞士印度学家琉曼（Ernst Leumann, 1859—1931）关于末伽黎·拘舍罗和尼干子·若提子的研究文章和一篇日本学僧南条文雄（Bunyiu Nanjio）对《沙门果经》两种汉译本中六师外道及其教理英语译文的研究文章。柔克义还曾将藏译《别解脱戒》翻译成法语。

意大利藏学家图齐（Giuseppe Tucci, 1894—1984）在他1929年出版的《汉藏译陈那之前的佛教论典》（Pre-Dinnaga Buddhist Texts on Logic from Chinese Sources）一书中，曾根据汉、藏译本将龙树的《回诤论》译为英文。

20 世纪对西方世界产生最深远影响的藏传佛教典籍当数《中阴闻教得度》(*Bardo Thodol*)。《中阴闻教得度》为莲花生遗作。1927 年,牛津大学出版社出版了其首部英译本,是由喇嘛卡孜·达瓦桑珠(Lama Kazi Dawa-samdup)英译,美国通神论学者温兹(Walter Yeeling Evans-Wentz)编辑,两人合作完成的译本。该译本名为《西藏度亡经》(*The Tibetan Book of the Dead*),是仿拟埃及著名的《亡灵书》(*The Book of the Dead*)而作。喇嘛卡孜·达瓦桑珠曾担任英文翻译的工作,能够以西方人理解的方式传达原书的概念。该译本一经推出就引起西方社会的广泛注意,更新了西方人对藏传佛教的认识。

这本中西合作的《西藏度亡经》得到了西方著名东方学家、心理学家和佛学研究者的多方认可,再版多次。1949 年,该书第二版由英国东方学家、密教学者伍德诺夫爵士(Sir John Woodroffe,1865—1936)作序出版。1957 年,第三版出版,除伍德诺夫的序外,还增加了世界知名心理学家荣格的心理学评论和德国喇嘛戈文达(Anagarika Govinda,1898—1985)的序言。

此外,西方很快就有其他语种的译本问世。1933 年,由拉富恩特(Marguerite La Fuente)转译,法国藏学家巴考(Jacques Bacot,1877—1965)作序出版了《西藏度亡经》的法语译本。1935 年,在瑞士出版了《西藏度亡经》的德语转译本,译者是神秘主义者葛吉夫(George Ivanovich Gurdjieff)的学生、秘书兼翻译马赫(Louise Göpfert-March)女士。1949 年,《西藏度亡经》首个意大利语译本由图齐从藏语原文译出。

20 世纪 50 年代起,在复杂的政治因素影响下,藏传佛教在欧美各国逐渐流行起来,《西藏度亡经》作为藏传佛教的重要文献,不断有新译本问世。1975 年,曲嘉仲巴(Chögyam Trungpa)和他的女弟子弗雷曼德尔(Francesca Fremantle)的英译本出版,定名为 *The Tibetan Book of the Dead：The Great Liberation through Hearing in the Bardo*(《西藏度亡经：中阴闻教得度》)。1994 年,苏格兰佛教学者多杰(Gyurme Dorje)博士译出《度亡经》的首部英文全译本。同年,美国著名佛教学者瑟曼(Robert Alexander Farrar Thurman)出版《度亡经》的研究译本,全书三大部分共八章,阐述了他对西藏的认识以及对西藏死亡科学和艺术的理解。该译本在美国学界引起一定争议,美国另一佛学研究学者洛佩兹(Donald Sewell Lopez Jr.)在《香格里拉的囚徒——藏传佛教与西方》(*Prisoners of*

Shangri-La：Tibetan Buddhism and the West）中批判瑟曼推动了藏传佛教的神话化。①

此外，《西藏度亡经》还被搬上银幕。1994 年，加拿大导演麦克列恩（Barrie McLean）将《西藏度亡经》拍成纪录片，加拿大知名歌手莱昂纳德·科恩（Leonard Cohen，1934—2016）为其旁白。2007 年 1 月 25 日，《历史频道》（"The History Channel"）播放了纪录片《西藏度亡经》，是该频道 2005 年至 2008 年间推出的《解码过去》（Decoding the Past）系列电视纪录片中的一部。

二、中国道教典籍的西传

（一）道教劝善书：《太上感应篇》和《文昌帝君阴骘文》

道家以外的道教文本，直到 19 世纪初才有译本，其中以《太上感应篇》为最。《太上感应篇》（以下简称《感应篇》）是道教的第一劝善书，始于宋，盛行于明清，不但官方提倡，在民间也广为流传，注解层出不穷，刊刻版本众多。《感应篇》流传至欧洲之后，也出现了诸多译本。

1816 年，雷慕沙的《感应篇》法文译本 Le livre des récompenses et des peines 在巴黎出版，这是《感应篇》第一次被译介到西方。雷慕沙翻译时所使用的注本不详，在译文后的注释中还翻译了原注本中的许多故事。雷慕沙的《感应篇》引起了欧洲学界对道教文本的关注，此后的一百年间，《感应篇》不断被重译。

克拉普罗特（Julius Heinrich von Klaproth）是著名的德国东方学学者，在当时的欧洲学界与雷慕沙齐名。1815 年，克拉普罗特移居巴黎，与雷慕沙、布诺夫等人一同创立了法国亚洲学会。除中文外，克拉普罗特还精通满语、蒙语、梵语等东方文字。1828 年，克拉普罗特将满语版《感应篇》译成法文，收录在他的《满洲文集》（Chrestomathie Mandchou）中。

1835 年，雷慕沙门下弟子儒莲也将《感应篇》译为法文。他使用的注本为 Tankoueï-tsié，正是从雷慕沙手中传下来的。（Julien，1835：iii）原书共 300 多页，除《感应篇》外，还有许多注释和故事。雷慕沙当年只是选译了其

---

① 沈卫荣.美国藏学界的正统之争［EB/OL］.［2017-03-05］.http://www.thepaper. cn/newsDetail_forward_1454212.

中部分内容,而儒莲将全本完整译出。此书前言中,儒莲提到,慕尼黑的诺依曼(Neuman)博士在《文学年鉴》(*Iahrbücher der Litteratur*)中引用了1830年《广东纪录报》(*Canton Register*)上的一篇《感应篇》译文——"Doctrine of Rewards and Punishments",只可惜没有找到,具体信息不详。(Julien,1835:iii)

儒莲的译本是在欧洲传播最广,影响最大的,并多次被其他学者引用或转译为英文。1841年,英国外交官兼汉学家德庇时(John Francis Davis,1795—1890)出版两卷本《中国见闻录》(*Sketches of China*)。第一卷的第八章中介绍了《感应篇》,并从儒莲译本中节译了部分文句和相应的故事。(Davis,1841:217)1872年,美国传教士卢公明在福州出版《英华萃林韵府》(*A Vocabulary and Handbook of the Chinese Language*),其中收录了《感应篇》的中、法、英三语对照版。法语版为儒莲译本,英语版为英国驻华领事倭妥玛(Thomas Watters,1879—1944)所译。(Doolittle,1872:247)1879年,伦敦国王学院汉语教授罗伯特·道格拉斯(Robert K.Douglas,1838—1913)出版汉学专著《儒与道》(*Confucianism and Taouism*)。其中道格拉斯介绍了《感应篇》并从儒莲的法文译文转译了部分内容。(Suzuki & Carus,1906:8)

1881年,《北华捷报》(*North-China Herald*)编辑、英国汉学家巴尔福(Frederic Henry Balfour,1846—1909)在《中国评论》发表多篇文章,介绍了部分道教文本,如《清静经》《胎息经》《阴符经》等。1884年,巴尔福翻译出版了《伦理、政治、思想上的道教文本》(*Taoist Texts:Ethical Political and Speculative*)。全书共十章,包括《道德经》《阴符经》《胎息经》《心印经》《大通经》《赤文洞》《清静经》《鸿烈传第一段》《素书》和《太上感应篇》的译文。每章译文前都有介绍性的导言,《道德经》为中英对照排版。

穆勒主编的50卷《东方圣书》中,1891年出版的第39、第40卷即理雅各翻译的两卷道教文本,正文包括《道德经》《庄子》和《感应篇》的译文,40卷的附录部分还收录《清静经》《阴符经》《玉枢经》以及《日用经》的译文。理雅各将道家和道教清楚地区分开来。在序言和介绍部分,他对老庄作品再三赞誉,反复地强调前两部作品应视为哲学思考,而非宗教,和《感应篇》风格迥然不同。之所以选译《感应篇》只因其在中国极为盛行,版本众多,注者无数。(Legge,1891:39)

1896年,铃木大拙和保罗·卡洛斯两人合译的英文版《感应篇》出版,

书名为 *T'sai-shang Kan-Ying P'in*，*Treatise of the Exalted One on Response and Retribution*。

1904 年，哈登(R. A. Hadden)在《亚东杂志》(*East of Asia*)第三卷第二期上发表《感应篇》英译本 *The Kan Ying Pien：The Tractate on Rewards and Punishments by the Great Exalted*。

1918 年，韦伯斯特(James Webster)在上海美华书馆出版了《感应篇》英译本 *The Kan Ying Pien：Book of Rewards and Punishments*。韦伯斯特的译本可以说是站在巨人的肩膀上，是一个划时代的总结。韦伯斯特说这一历时七年的研究成果，是他为比较宗教学所尽的绵薄之力。(Webster，1918：Pref.)

《文昌帝君阴骘文》(以下简称《阴骘文》)大约成书于元代，它和《感应篇》一样，也是明清时期流行于世的道教劝善书。1856 年，罗斯奈在巴黎出版了 6 页的名为 *Le Livre de la RéCompense des Bienfaits Secrets*(《阴骘文》秘密好处的回报之书)的译本，主要以直译为主，因为译者手头只有文本，而没有注释，个别字句显得难以理解。(Rosny，1856：3)因此，这个译本的注释信息也很少。

1906 年，铃木大拙和保罗·卡洛斯合译了《阴骘文》(*Yin Chih Wen：The Tract of the Quiet Way*)，详细讨论了"阴骘"二字的翻译，介绍了文昌帝君的身份、中文标题的含义以及《阴骘文》成书时间等重要信息，译文后除了少量译者注释外，还译出了中文集注者的释义。

(二)道教神仙故事的翻译

1831 年，法国亚洲协会(Société Asiatique)会刊《亚洲杂志》(*Le Journal Asiatique*)上转载了一篇名为"Légende de Yê sou，selon le Chin siân thoung kian"(《神仙通鉴所载耶稣故事》)的文章，译自徐道的《历代神仙通鉴》，故事原名为《玛利亚贞产耶稣》。(徐道，1995：480)此译文原载 1818 年马礼逊、米怜(William Milne，1785—1822)主编的《印中搜闻》(*Indo-Chinese Gleaner*)杂志 226)

《历代神仙通鉴》又名《三 熙年间，共二十二卷，文言小说体，主要收录从上古到 的各类神仙故事。有趣的是，卷九记录了耶稣降生、 的故事，并且内容和《圣经》新约大体一致。

然而对于这则译文,《亚洲杂志》的编者评论道,"透过翻译依然能认出中式专用的神圣词汇,不管是借自佛教还是借自孔子的教条……300 年的宣教只轮不返,仅令耶稣基督位列道教仙班,在老庄之下"。(Jacques,1831:226-227)显然西方人对道教故事中的偶像崇拜毫无兴趣,对文中所用"天主""天神"等佛道词汇也颇为不满。

1896 年,德国汉学家葛禄博(Wilhelm Grube,1855—1908)在柏林出版了《道教创世神话》(*Taoistischer Schöpfungsmythus*),译自《历代神仙通鉴》卷一第一节《太极判化生五老,三才立发育烝民》。文中充满大量道教术语,如无形、无极、太易、太初、太极、太始、太素、造化玄理等,葛禄博一般采用直译,并用括号标注出对应的汉字和发音,没有过多注解。又有专有名词,如尾闾、金母、昆仑等,则直接译成拼音,并附汉字。

《太极判化生五老,三才立发育烝民》中描绘的世界初始的"浑沦"状态与《圣经》创世故事中的"地是空虚混沌"极为相似。而后,20 世纪初译成的《官话和合本》新约《约翰福音》的开篇就译为"太初有道",明显借自道家的先天五太。而"圣父""圣母"这样原本属于道教的称呼,今天也成为常用的天主教词汇。这百年宗教交流中的语言流变,不得不引人注意。

《万历续道藏》中有六卷本《搜神记》,主要概述中国各类神祇生平。美国首位赴华传教士裨治文(Elijah Coleman Bridgman)创办的《中国丛报》上曾经刊登过多篇译自《搜神记》的神仙传记。

1841 年 2 月到 6 月间,美国传教士叔未士(Jehu Lewis Shuck)发表的译文《简述天妃或妈祖婆,中国渔民女神》(*Sketch of Teen Fe, or Matsoo Po, the Goddess of Chinese Seamen*),《简述观音,中国的慈悲女神》(*Sketch of Kwanyin, the Chinese Goddess of Mercy*)以及《简述玉皇上帝,中国神话至高尊神之一》(*Sketch of Yuhwang Shangte, One of the Highest Deities of the Chinese Mythology*),皆选译自《搜神记》。

1849 年 2 月,美国传教士汉学家卫三畏(Samuel Wells Williams)发表的《玄天上帝的神话,附中国人上帝崇拜实录》(*Mythological Account of Hiuen-tien Shangti, the High Ruler of the Sombre Heavens, with Notices of the Worship of Shangti among the Chinese*),同样译自《搜神记》。译文后,还摘选了苏格兰圣公会杂志《外国宣教日志》(*The Foreign Mission Chronicle*)中三则传教士所记录的"玉皇诞"等神仙诞辰庆典活动。

1850 年 6 月,裨治文的侄子美部会传教士裨雅各(James Granger

Bridgman，1820—1850）发表《中国神祇传说故事》（*Mythological Account of Some Chinese Deities*），主要翻译了《搜神记》中和自然元素有关的神仙故事，如雷神、电神、风神、雨神、海神、潮神等。

神治文创办的《中国丛报》主要面向在亚洲各地工作的传教士，本着真实严谨的态度，报道中国语言、文化、历史、风俗等多方面信息，也从侧面反映出当时西方人对于中国社会的认识。《中国丛报》的目的主要在于推动在华的宣教事业。在实际的传教过程中，中西方宗教的巨大差异，往往导致沟通不畅，使福音受阻。《中国丛报》上登载道教神仙志译文，正是为了向西方读者解释中国本土盛行的宗教活动和中国人信仰的内容，知己知彼，为宣教活动提供便利。

20 世纪道教神仙故事的译本主要出自对中国神话有着浓厚兴趣的专业汉学家之手。1916 年，英国汉学家叶慈（Walter Perceval Yetts，1878—1957）在《皇家亚洲学会杂志》上发表《八仙》（*The Eight Immortals*）一文，从刘向的《列仙传》中选译八仙传记。叶慈平素喜好收集这类神话传奇，1919 至 1920 年间又在《新中国评论》（*The New China Review*）上连载《道教故事》（*Taoist Tales*），选译自《列仙传》、干宝的《搜神记》、陶渊明的《搜神后记》和王世贞的《列仙全传》。叶慈介绍的神仙比较冷门，专选在翟理斯（*Herbert Allen Giles*，1845—1935）的《古今姓氏族谱》（*A Chinese Biographical Dictionary*）和梅辉立（*William Frederick Mayers*，1831—1878）的《中国辞汇》（*The Chinese Reader's Manual*）中没有涉猎的，比如琴高、陶安公、白石生、丁令威以及福州民间故事中的螺女等。叶慈在翻译中还得到好友翟林奈（Lionel Giles，1875—1958）的帮助。（Yetts，1919：12）

1953 年，法籍汉学家康德谟（Max Kaltenmark，1910—2002）出版了《列仙传》的法语全译注释本，名为 *Le Lie-Sien Tchouan，biographie legendaries des immortels taoistes de l'antiquite*（《列仙传：古代道教仙人传》）。康德谟是法国道教研究的领军人物，对不少道教经典都有研究，受葛兰言（Marcel Granet，1884—1940）影响，对中国神话颇感兴趣。

（三）因翻译而走红的道教内典：《太乙金华宗旨》

《太乙金华宗旨》是一部道教的内丹修炼典籍，蕴含道教养生原理，语言较为简明易懂。德国汉学家卫礼贤曾在中国接触到全真派的修炼方法。1929 年，卫礼贤将《太乙金华宗旨》译为德文，书名为 *Das Geheimnis der goldenen Blüte*, *ein chinesisches Lebensbuch*(《金花的秘密,中国生命之书》),卷首有其好友、著名心理学家卡尔·荣格撰写的长篇评论,在德国出版,引起极大反响,被译成多种语言,再版多次。1931 年,卡利·贝尼斯(Cary F. Baynes)将卫礼贤译本转译为英文。1991 年,美国译者托马斯·克利里根据中文原作重译《太乙金华宗旨》。克利里是独立学者,与学界交往甚少,曾经翻译过《孙子兵法》《易经》等中国经典,对中国文化颇有研究。他认为卫礼贤的译本不够完整、准确,故而重译此书。《太乙金华宗旨》不但在西方极为畅销,20 世纪 80 年代,日本学者汤浅泰雄和定方昭夫将其从德语译为日语,书名为"黄金の華の秘密",同样大受欢迎。而后,到了 90 年代,又从日文译回中文,在中国出版。(张其成,2005:3)

第二节 《佛国记》的翻译

东晋时期,佛教发展迅速,寺院林立,佛法兴盛,高僧众多。其中高僧法显一行前往海外寻求佛经,此举比玄奘西行求法要早二百多年。法显(约334—420),平阳郡武阳人。据南朝梁僧祐(445—518)所撰《出三藏记集》记载,释法显,本姓龚,三岁度为沙弥,二十受大戒,常常感慨现存经书有许多缺漏、错误之处,立誓寻求律藏。晋隆安三年(399 年),法显与慧景、道整、慧应、慧嵬等,从长安出发,踏上了取经之路。途中经历艰难险阻,行走三十余国,终于抵达北天竺。法显带回《摩诃僧祇律》《萨婆多律抄》《杂阿毗昙心綖经》《方等泥洹》等众多经书,在道场寺与佛大跋陀一起译出多卷经书。(释僧祐,1995:573-576)

法显的西行及翻译活动,对中国佛教的发展起到了促进作用。《佛国记》是法显归国后根据自身经历撰述的,记载了 5 世纪初法显一行五人从长安出发,经乾归、张掖、敦煌前往印度的所见所闻,反映了当时中亚、南亚和东南亚各地的宗教、风俗、地理及社会面貌。历代以来,《佛国记》在各类典籍中记载的名称众多。郦道元在《水经注》中曾多次引述此书,书名为《法显传》。《隋书·经籍志》记载作《法显行传》。《隋书·经籍志》(地理部)记载作《佛国记》。《大唐内典录》记载作《历游天竺记传》。《开元释教录》多卷皆有记载,名称不一,分别作《历游天竺记传》和《法显传》。杜佑的《通典》记载作《法明游天竺记》。《大藏经》中记载作《法显传》。(陈桥驿,1989:8-11)

《四库全书总目提要》(史部·地理类)记载作《佛国记》。总体来说,《佛国记》和《法显传》是比较通用的,也是译者最常采用的两个名字。

《佛国记》对后世的佛教研究、历史学和地理学研究而言,都具有极其重要的学术价值。书中所载各类佛教人物、事件,也为研究中国与亚洲各国的交通史及文化交流提供了重要资料,乃至 19 世纪的欧洲学者也对这本书给予了高度关注。

一、《佛国记》主要译本

(一)雷慕沙的法文译本

1836 年,《佛国记》的法语译本在巴黎出版,名为 *Foé Koué Ki,ou Relation des royaumes bouddhiques:Voyages dans la tartarie,dans l'Afghanistan et dans l'Inde*。

这个译本由法国著名汉学家雷慕沙翻译。雷慕沙为文中出现的佛教人名、地名及教义等做了长篇注释,比如第八章乌苌国的注释长达 14 页,通过多方引用,考证了乌苌国可能的地理位置、风土人情、佛教发展情况等。1832 年,雷慕沙因霍乱离世后,由德国语言学家、东方学学者克拉普罗特继续雷慕沙未完成的工作并监督出版。1835 年,克拉普罗特逝世,曾经在法兰西学院追随雷慕沙学习汉语的朗德雷斯(Ernest Augustin Xavier Clerc de Landresse)接力增订了新的注释并撰写长篇导言。(Landresse,1862:vi-vii)该译本最终于 1836 年由巴黎皇家印刷厂(Paris,L'Imprimerie Royale)出版。

英国驻华领事倭妥玛称其为欧洲佛学研究历史上的重要事件。欧洲的东方学学者们,如法国东方学家布诺夫、挪威-德国人拉森等都不同程度地受惠于这部作品。(Watters,1879a:107)雷慕沙的译本是欧洲当时最详尽的佛教研究著作,也是布诺夫了解中国佛教的来源。布诺夫于 1844 年出版的《印度佛教史导论》(*Introduction à l'histoire du bouddhisme indien*)中,引用最频繁的就是这个译本。(Burnour,2010:21)

然而雷慕沙译《佛国记》时,欧洲学者对中国佛教还未进行深入的研究,资料文献极其有限,因此译文和注解中不乏严重的错误。比如第二十章的"大爱道",被直译为 on y est très affectionné à la loi(热爱戒律),实际上大爱道是佛教人物,佛陀的姨母。(Beal,1869:23)

(二)雷德利的英文转译本

1848 年,雷慕沙的法语译本被转译成英文,由加尔各答的浸信会差会出版社(Baptist Mission Press)出版,书名为 *The Pilgrimage of Fa Hian: From the French Edition of the Foe Koue Ki of MM. Remusat, Klaproth, and Landresse, with Additional Notes and Illustrations*(《法显朝圣之旅,译自雷慕沙、克拉普罗特和朗德雷斯的法语版〈佛国记〉,附补充注释与插图》),没有写明译者。

译文前的公告中,此书编者提及为了不损害原作的价值,决定不仅保留雷慕沙、克拉普罗特、朗德雷斯的注释,还添加了拉森等人的指正意见以及自己的研究。在译文后的注释部分,雷慕沙、克拉普罗特和朗德雷斯的注释分别标注为 R.,Kl. 和 C.L.。(Laidlay,1848:vi)此外还有一部分注释出自 J. W. L.,时不时也能看见他在前人所做的注释中插入自己的评论,这位 J. W. L. 应该就是此书作者。

2005 年美国出版的《宗教百科全书》第二版法显词条下,显示该版本译者为雷德利(J. W. Laidley)。(Jones,2005:3011)而 1847 年《孟加拉亚洲学会会刊》上,一位名叫基托(M. Kittoe)的第 6 孟加拉本地步兵团上尉发表了《法显经行比哈尔路线考》(*On the Route of Fa-hian through Behar*)一文,文中提到,J. W. Laidlay 为他提供了雷慕沙译文的节选。(M. Kittoe,1847:953)英国考古学家康宁汉姆(Alexander Cunningham,1814—1893)1854 年所著《拉达克,兼论周边诸国》中提及《佛国记》英译者为 J. W. Laidlay。(Cunningham,1854:316)英国汉学家伟烈亚力在 1867 年《中国文献纪略》引言部分列举的中国典籍欧洲语言译本中,1848 版译者为 J. W. Laidlay。(Wylie,1867:xvii)倭妥玛 1869 年 6 月发表在《教务杂志》(*The Chinese Recorder and Missionary Journal*)上的《中国佛教》(*Buddhism in China*)一文的注释提及译者为 Laidlay。(Watters,1869:3)可见 Laidley 应该是 Laidlay 的误笔。

牛津大学出版社《地质学杂志》(*Geological Magazine*)1885 年 6 月刊中的一则讣闻为我们提供了雷德利的生平简介。雷德利(John Watson Laidlay),1808 年生于格拉斯哥,曾在法拉第门下学习实用化学,后去往伦敦跟随吉克瑞斯特(Gilchrist)博士学习印度斯坦语,1825 年前往印度工作。他极具语言天赋,热爱破解古建筑和硬币上的铭文,坚持化学研究。他的文章大多发表在《孟加拉亚洲学会会刊》上,曾任孟加拉皇家亚洲学会秘书,是《印度文库》(Bibliotheca Indica)的创始人,翻译了《法显朝圣之旅》。[①]

(三) 毕尔、翟理斯译《佛国记》

1869 年,英国佛学研究者毕尔翻译出版了《法显、宋云游记:从中国至印度的佛教朝圣之旅》[Travels of Fah-Hian and Sung-Yun, Buddhist Pilgrims from China to India(400 A. D. and 518 A. D.)]。毕尔曾任英国驻华海军牧师,对中国佛教及往天竺取经者很感兴趣。这部译作一开篇,毕尔就撰写了有关中国佛教源流及发展的长篇导言。毕尔的《佛国记》译文也附有注释,他在翻译时参考了儒莲的《大唐西域记》译本,罗伯特·斯宾塞·哈代(Robert Spence Hardy,1803—1868)的《佛教手册》(Manual of Buddhism)以及康宁汉姆的《印度考古调查》[Archaeological Surveys of India(1861—1865)]。(Beal,1869:xiii)毕尔在翻译部分佛教术语时直接借用了基督教特有的词汇,比如僧人 priests、比丘 ecclesiastic、精舍 chapel、外道 unbelievers,heretical schools 等。

几年后,英国汉学家翟理斯在《上海差报》(The Shanghai Courier)发表《佛国记》英译文,(Watters,1879a:107)并于 1877 年在剑桥大学出版社出版成册,书名为 The Travels of Fa-hsien(399-414 A. D.),or,Record of the Buddhistic Kingdoms。翟理斯对毕尔的译本并不满意,两人展开了翻译论战。

1877 年,汉学评论刊物《中国评论》(The China Review, or Notes & Queries on the Far East)的新书推介栏目转载了 1876 年至 1877 年间《华洋通闻》(Celestial Empire)上对翟理斯的《佛国记》译本的介绍。介绍者指出,虽然翟理斯精通中文,对中文词句理解准确,但翟理斯对佛教典籍和常识并不了解,仅仅参照来自中文的二手资料。在译文注释部分,翟理斯一一列举和强烈抨击了毕尔译本的失误。对此,介绍者认为,翟理斯的批评未免过于严苛。毕尔主要致力于佛教研究和考古,他的译本也是为这个目的服务的,逐字逐句的忠实直译并非其所追求的目标。毕尔译本发表以来,印度政府调查局和考古学家康宁汉姆根据法显的路线进行考古挖掘,找到了一

---

① Obituary John Watson Laidlay[J/OL]. Geological Magazine,1885,2(6):286-288. [2016-4-12]. http://Journals. cambridge. org.

部分佛塔、房舍的遗迹,与法显书中的描述完全一致。(佚名,1877:403)1878 年,《中国评论》刊出毕尔的《毕尔教授的评论者们》(Professor Bed and His Critics)一文,文中,毕尔对翟理斯作出了言辞激烈的回应。

　　1879 年至 1880 年间,倭妥玛在《中国评论》上,连续刊载了题为《法显与其英译者》(Fashien and His English Translators)的评论文。为了引出一个评注详细且忠实原文的译文,他对毕尔和翟理斯的译文进行详细的比较和评论,指出了其中的谬误,给出自己的修正意见。文中倭妥玛(1879a:108)写道,与雷慕沙的译文相比,毕尔和翟理斯的译文质量并没有多少提升,因为"毕尔对中文一知半解,而翟理斯对佛教一窍不通"。虽然现在看来,倭妥玛的文章也有不少错谬之处,但他对译本认真细致的对比研究,对后来的译者多有启发。理雅各认为倭妥玛的文章具有极高的学术价值,展现了他对中文的准确理解以及全面的佛教知识,可惜倭妥玛并没有给出自己的译本。(Legge,1965:viii)

　　1884 年,毕尔出版了《大唐西域记》译本,在导言部分附上了《佛国记》的重译版,题为 The Travels of Fa-Hian. Buddhist Country Records,译文比前一版本更为准确,注释要简短许多,可读性更强。

(四)理雅各的译本

　　1886 年,英国著名汉学家、伦敦布道会传教士理雅各的英译本在牛津克拉伦登出版社(Oxford Clarendon Press)出版,书名为 Fa-Hsien, A Record of the Buddhistic Kingdoms: Being an Account by the Chinese Monk Fa-Hien of His Travels in India and Ceylon(A. D. 399—414) in Search of the Buddhist Books of Discipline(《佛国记,中国僧人法显自述在印度和锡兰寻求佛经之旅(399—414 年)》)。相对而言,理雅各的《佛国记》译本流传最广,极具参考价值,研读者也最多。

(五)当代译本

　　1957 年,中国佛教协会印制了我国著名佛教学者、翻译家李荣熙的译本,书名为 A Record of the Buddhist Countries。(薛克翘,2003:60)《宗教百科全书》第二版将其评论为最易读的译本。(Jones,2005:3011)

　　2005 年,德国著名学术出版社哈拉索维茨出版社(Harrassowitz Verlag)出版了德译版《佛国记》,名为 Das Gaoseng-Faxian-Zhuan als reli-

gionsgeschichtliche Quelle. Der älteste Bericht eines chinesischen buddhistischen Pilgermönchs über seine Reise nach Indien mit Übersetzung des Textes（《作为宗教史料的高僧法显传及其译本：最古老的中国佛教朝圣者印度之旅记录》）。译者为当时在维也纳大学任教的宁梵夫（Max Deeg）教授。宁梵夫教授后为卡迪夫大学历史、考古和宗教学院院长，专门研究佛教史及印度佛教在中国、东亚的传播。这本书也是一部研究《法显传》的专著，融入了佛学、印度学、考古学等学科的最新研究成果。

2010 年，巴塞罗那自治大学东亚研究中心的学者贝莱林（Laureano Ramírez Bellerín）出版了《佛国记》的西班牙语译本，名为 *El viaje de Faxian. Relato del peregrinaje de un monje chino a los reinos budistas de Asia Central y la India en el siglo* V（《法显之旅，五世纪中国和尚前往中亚、印度诸国朝圣的故事》）。

2013 年，当代法国汉学家戴仁（Jean-Pierre Drège）出版了《佛国记》的法语译本，名为 *Faxian, Mémoire sur les pays bouddhiques*。

二、理雅各与《佛国记》

（一）翻译缘起——对佛教印象的转变

理雅各在自序中说到，他在香港长住期间，曾有好几次试图通读《法显传》。虽然法显对文中具体细节很感兴趣，然而对梵语词汇时而使用中文音译时而使用意译，这使阅读困难重重，加上他当时正忙于翻译出版《中国经典》，所以并没有成功。（Legge，1965：vii）

1873 年，理雅各结束在中国 30 年的传教士生涯回到英国。1876 年，牛津大学设立汉学讲座，理雅各出任首任汉语语言文学教授，讲授包括中国文字、典籍、宗教、历史等多方面的内容。在教学和开设讲座的同时，他持续不断地进行汉学研究和翻译。儒家经典是他一生主要的研究对象。在《东方圣书》第三部《中国圣书》的自序中，他甚至直言，翻译佛教典籍非他所志，也无须做过多论述。① 1880 年他发表了《中国的宗教——儒教和道教的评述及其和基督教的比较》（*The Religions of China：Confucianism and Taoism*

---

① Legge，James. The Shū King，Shih King and Hsiâo King[Z].［2016-04-08］. http://www.sacred-texts.com/cfu/sbe03/sbe03002.htm.

Described and Compared with Christianity），主要阐述中国两大本土宗教——儒教和道教，对佛教并没有深入、系统地探讨。在理雅各看来，儒教是中国最卓越的宗教，没有偶像崇拜，佛教是外来宗教，而道教在其发展形成过程中抄袭了佛教，是从中国古老的迷信传统中由佛教所"生"的。(Legge,1980:181-182,201)由此不难看出理雅各对儒教的认同和偏好，因为旧约十诫中提到上帝是忌邪的，基督教不允许偶像崇拜。

然而，随着理雅各汉学研究的深入，在缪勒的比较宗教学启发下，完成儒家经典的译介后他将视线转向了中国佛教，以更开放的视角来接纳和研究佛教典籍。1878 年，他与当时的德庇时汉语奖学金获得者及博登梵语奖学金获得者麦克唐纳(Arthur Anthony Macdonell,1854—1930)讲授《法显传》。其间，理雅各自得其乐地完成了近半本的翻译，但未全部译出。

1885 年年初，理雅各重讲《法显传》，开始了完全独立于上一译本的再次翻译。1885 年 11 月，在牛津大学的讲座中理雅各介绍了《法显传》。他认为几世纪以来，与同时期的传教士传扬福音一样，佛教的宣扬者们对佛教传播和佛教典籍的翻译充满热情。佛陀生平故事往往充满传奇色彩，因而必须借由研读这些典籍，才能对佛教作出评价。讲座中，他多处参照圣经故事，简要探讨了佛陀传奇与福音历史的相似性、两者生平故事以及两教崇拜的相似性，正是古伯察(Évariste Régis Huc,1813—1860)在其《鞑靼西藏旅行记》(*Souvenirs d'un voyage dans la Tartarie, le Thibet, et la Chine pendant les années* 1844,1845 *et* 1846)中所观察到的。(佚名,1885:359)

与早期新教传教士不同，此时的理雅各对待中国佛教的态度是尊重、亲和的，不是简单地将它归类为异教，而是希望通过对《佛国记》的翻译研究，更全面地了解它的风貌。

(二)忠于原文的翻译策略

忠于原文是理雅各翻译的一大特色。他的译文带有强烈的学术气息，注重对原文句式的还原和内在信息的传达，追求表达的准确性和最大限度地接近作者原意，强调保留异国文化因素。为此他的译文一般采用直译的翻译策略。理雅各知识渊博，对中文有着精准的理解，为将异域文化原汁原味地介绍给西方读者，他一丝不苟地传达每个细节。

《佛国记》的首要特征是简明写实。法显的语言朴实无华，没有华丽的藻饰，惜字如金，言简意赅，行文流畅，叙述生动明快。加上英汉语言结构上的客观差异，古汉语本身就字词凝练，内涵丰富，因而，与原文相比，译文往往显得较为冗长、笨重，似乎难以兼顾原文精练的风格。

原文：王笃信佛法，欲为众僧作新精舍。先设大会，饭食僧。供养已，乃选好上牛一双，金银宝物庄校角上，作好金犁。王自耕顷四边，然后割给民户、田宅，书以铁券。自是已后，代代相承，无敢废易。（章巽，1985：159）

译文：At that time the king, who was a sincere believer in the Law of Buddha and wished to build a new vihara for the monks, first convoked a great assembly. After giving the monks a meal of rice, and presenting his offerings(on the occasion), he selected a pair of first-rate oxen, the horns of which were grandly decorated with gold, silver, and the precious substances. A golden plough had been provided, and the king himself turned up a furrow on the four sides of the ground within which the building was supposed to be. He then endowed the community of the monks with the population, fields, and houses, writing the grant on plates of metal, (to the effect) that from that time onwards, from generation to generation, no one should venture to annul or alter it. (James Legge, 1965：108)

可以看出，原文的表达十分简练有力但信息量丰富，寥寥数语就将这位狮子国国王修建新佛寺的经过交代得一清二楚。虽然译文要长出原文数倍，但译文紧扣原文，从字、词入手，逐个对应，将原文含义分毫不差地传达给读者。对中文省略的主语、连接词等，用语法句式一一补足。译文总体语言朴素，句式灵活，文理通顺。这说明理雅各并非生硬地直译，忠实是他的第一要务，同时他也兼顾了译文的可读性。

原文：须臾息已，复问其腊数，……（章巽，1985：55）

译文：When(the stranger) has enjoyed a very brief rest, they further ask the number of years that he has been a monk. (James Legge, 1965：44)

原文：像长八丈，足趺八尺，……（章巽，1985：26）

译文：First and last, this was done three times, and then the image was completed, eighty cubits in height, and eight cubits at the base from knee to knee of the crossed legs. (James Legge, 1965：21)

以上两例中,理雅各对"腊数""足跌"的理解是相当精准的。"腊数"指的是出家的年数。"足跌"指的是"跌坐",即两腿交叠盘坐,这里指佛坐像底座的宽度。在翻译时,理雅各把这两个词详细地解释出来,不遗余力地将原文信息完整地保留下来,使译文最大限度地贴近原文。

(三)注释详尽——严谨的学术作风

作为汉学家的理雅各,在翻译《佛国记》时,也延续了他一贯严谨的学术风格。理雅各的翻译总是力求忠于原作,以直译为主,但他绝非止步于字面意义上的文字对应,而是热衷于挖掘原作所蕴含的文化、宗教、历史内涵。凡字面直译无法传达的信息,就辅以注释。理雅各在《佛国记》自序中谦虚地说,自己的注释主要是选编和节略他人的研究。注释的目的首先是解释文中需要向英语读者说明以便他们理解的内容。中文文本尤其佛教文本,对于当时的西方人而言是崭新的领域。"数百年来,成百上千的优秀欧洲学者为希腊语和拉丁语经典著作所做的,近 18 个世纪以来,成千上万的解经家和注释者为圣经所做的,正是我们要为中文文本所做的。"(Legge,1965:ix)其次,理雅各说注释的目的是自学历史和佛教教义,进而教授别人。就他自己学习的经历而言,比起阅读说教性的说明文字和议论类书籍,阅读《法显传》这样生动的叙述文,更见成效。(Legge,1965:ix)从译文后这些详尽的注释中,不难看出,理雅各查阅了大量资料,付出了惊人的努力。在牛津大学任教,使他得以方便地进出博德利图书馆和印度研究所,接触到一手的学术资源。同时,在雷慕沙译本出版 50 年后重译《佛国记》,时间的优势也让他能获取到更多的参考资料。

首先,19 世纪欧洲佛学的发展,为理雅各的研究提供了良好的学术环境。

19 世纪初期,匈牙利藏学家乔玛赴亚洲进行藏文研究,1826 年,布诺夫和拉森合作出版了《论巴利语》,标志着欧洲的佛教研究刚刚起步。在雷慕沙翻译《佛国记》时,所能依赖的文献著作十分稀少,中国佛教文学的领域还未有人涉足。

而到了 19 世纪 70—80 年代,欧洲的佛教研究已日渐成熟,出版了大量学术著作,涌现了一批从事巴利文和梵文整理与翻译的著名佛教研究学者。在英国,1832 年牛津大学设立博登梵语教授的教席。1860 年,威廉斯(Monier Monier-Williams,1819—1899)在竞选中击败缪勒出任博登梵语教授。而缪勒于 1868 年成为牛津大学比较哲学教授，创立了比较宗教学，并于 1876 年开始编辑《东方圣书》。1881 年，李斯·戴维斯（Thomas William Rhys Davids，1843—1922）成立巴利圣典协会。正是西方学者们半个世纪的努力和他们在佛学研究方面的成就，为理雅各再译《佛国记》创造了有利条件。《佛国记》译出后，李斯·戴维斯阅读了理雅各的译文和注释，并提出宝贵意见。

理雅各在《佛国记》译本的注释中详细标注了每一个引用的出处。比如，注释中常简写为 E. H. 的，就是 1870 年艾德（Ernst Johann Eitel，1838—1908）所著的《中国佛教学习手册》（*Handbook for the Student of Chinese Buddhism*），这为理雅各解决了中文音译的梵语词汇问题。注释中简写为 E. M. 的，是罗伯特·斯宾塞·哈代的《东方修行》（*Eastern Monachism*），简写为 M. B. 的是斯宾塞·哈代的《佛教手册》。他还参考了威廉斯 1872 年的《梵英大辞典》（*Sanskrit-English Dictionary*）和李斯·戴维斯 1878 年所著《佛教》（*Buddhism*）、1880 年译自巴利文《佛本生经》的《佛陀本生故事集》（*Buddhist Birth Stories*）、1881 年所著《赫伯特演讲录》（*Hibbert Lectures*）以及《东方圣书》第十一卷从巴利文译出的《佛经》（*Buddhist Suttas*）等。

其次，理雅各之前的几部译本，为他提供了重要参考。这些译本分别是 1836 年在巴黎出版的雷慕沙的法译本，1869 年毕尔的初译本以及附在 1884 年《大唐西域记》英译本导言里长达 60 页的重译本和 1877 年翟理斯的译本。除此之外，他还研读了 1879 年至 1880 年间倭妥玛的系列评论文《法显与其英译者》。

理雅各对前人作品进行仔细对比，有时在注释中也引用其他译者的观点，但他尽力回避了毕尔和翟理斯译本中的分歧，只是认真勤恳地钻研自己的译本。克拉普罗特将雷慕沙的译本划分为四十章，每章加了标题。理雅各认为这样有助于读者理解，因而除了三四处变动外，基本延续了这四十章的划分，并在译文后附的原文文本中相应用"○"号标出。

此外，理雅各还参阅了《高僧传》《二十四史：后汉书》《历代沿革表》等中文典籍。

(四)原文版本的选择

理雅各之前的译者所用的原文版本是较为残破的。翟理斯在翻译时也常提及文本的破损使他无能为力。(*The China Review*,1877:393)在自序中,理雅各说原先手上的两份《法显传》抄本,纸质、印刷质量都很差,又被翻得稀烂,破旧不堪,使他一时间提不起翻译的兴致。(Legge,1965:vii)

而理雅各此次翻译所使用的原文版本是他的朋友南条文雄从日本寄来的,比起之前的文本清晰了许多,让他翻译起来得心应手。南条文雄是净土真宗大谷派的学僧。1876 年,东本愿寺派遣他和笠原研寿一同来英国学习梵语。1879 年,南条文雄前往牛津,在缪勒的指导下,随麦克唐纳学习梵语。1880 年开始翻译《大明三藏圣教目录》,该书于 1883 年由牛津大学校印书局刊行。1884 年,南条文雄返回日本。他从日本寄来的《法显传》抄本是 1779 年于日本印制的,出自高丽再雕本《大藏经》。

理雅各在译文后附上了这版高丽藏《法显传》原文。原编印者在宋本、明本、高丽本以及和刻本这四个修订本中,选择重印高丽本,并标注了各版本间的差异。理雅各在重印原文时也使用脚注复制了这些标注,其中 S 表示宋本,M 表示明本,J 表示和刻本,R 表示正确,W 表示错误。

虽然各版本间有些许差异,但总体而言,这些差异对理解原文含义影响甚微。比如:"到一邑,名那毗伽,……亦有僧伽蓝,起塔。"高丽本作"亦皆起塔"。理雅各在翻译时,斟酌了各译本间的差异,如"忽于此玉像边见商人以晋地一白绢扇供养……",高丽本缺"晋地"二字,理雅各在译注中补充说明,白绢扇应该源自法显故乡。又如"寺北五十由延,有一寺,名火境","火境"高丽本作"大坟",理雅各按高丽本译为 The Great Heap,并在注释中解释他认为此处用高丽本更好。另外还有几处出入,理雅各选择了遵从高丽本原文,如"精舍处方四十步,虽复天震地裂,此处不动",高丽本作"三十步";"阿育王昔作小儿时,当道戏,遇释迦行乞食",高丽本作"迦叶佛"。

但是,也有少数几处由于原文本差异导致译文理解失误的例子。

原文:白净王故宫处,作太子母形像,乃太子乘白象入母胎时。太子出城东门,见病人回车还处,皆起塔。(章巽,1985:81)

译文:At the spot where stood the old palace of king śuddhodana there have been made images of the prince (his eldest son) and his mother; and at the places where that son appeared mounted on a white elephant when he entered his mother's womb, and where he turned his carriage round on seeing the sick man after he had

gone out of the city by the eastern gate, topes have been erected.
(James Legge,1965:64)

"白象"高丽本作"白马",理雅各查考了佛生故事,没有采用高丽本,依然译为白象。而"乃"字在高丽本中作"及",一字之差影响到理雅各对整句话的断句及理解。这句话应该指王宫的故址上有太子母塑像,是太子乘白象进入母腹时的形象。可以调整译为:"At the spot where stood the old palace of king Śuddhodana there has been made image of the prince's mother at the moment he entered her womb mounting on a white elephant. At the places where he went out of the city by the eastern gate and where he turned his carriage round on seeing the sick man, topes have been erected."。

原文:刘沈青州请法显一冬一夏。(章巽,1985:173)
译文:(But) when(Fa-hien) arrived at Ts'ing-chow,(the prefect there)
　　　begged him(to remain with him) for a winter and a summer.
(James Legge,1965:115)

此句高丽本作"到青州请法显一冬一夏",宋本作"刘法",明本作"留法"。日本学者足立喜六认为宋本的"法"为"沈"之误,"沈"即"充",指兖州。"充青州"是兖州、青州刺史刘道怜。(章巽,1985:175)此处可以译作 the governor of Yan-chow and Ts'ing-chow。这里源文本的错误给理雅各的理解造成了障碍,导致他在注释中问此人是否是前文提到过的长广郡太守李嶷,并且根据自己的猜测增译了 the prefect。

三、理雅各《佛国记》译本探析

(一)词语

1.专有名词的翻译

《佛国记》所涉及的地域范围极广,法显从长安出发,由河西走廊翻越帕米尔高原,一路经过巴基斯坦、尼泊尔、阿富汗、印度、斯里兰卡、印尼等中亚、南亚及东南亚 30 多个古国。而法显所记述的古代地名及人物,有些已难以核查。

在音译中文人名、地名时,理雅各采用了马礼逊的拼读法,而没有采用当时流行的北京官话发音。马礼逊认为所谓官话(mandarin dialect)是指江南和河南的语言,两地都曾有过朝廷,鉴于朝廷所使用的语言总是成为受教育者间通用的标准语,因而这两地的方言比起其他省份的方言更具优越性。他在编写《华英字典》时所创立的语音系统参照的是南京方言的发音。马礼逊将当时清潮统治者所使用的北京方言称为"鞑靼汉语"。(Morrison,1815:X)理雅各也认为虽然无法确切知道 1500 年前法显所处的时代是如何发音的,但南方官话肯定要比北京官话更接近古音,例如地名长安 Ch'ang-gan、张掖 Chang-yih、敦煌 T'un-hwan,人名慧景 Kwuy-king、道整 Tâo-ching、僧绍 Săng-shâo 等。

在翻译梵文地名、人名时,除了艾德的《中国佛教学习手册》,理雅各还参考了英国考古学家、首任印度考古调查员康宁汉姆 1871 年出版的《古印度地志》(*Ancient Geography of India*)和法国汉学家儒莲在 1861 年所著的《辨认梵文名称和用音标示它们的方法》(*Méthode pour déchiffrer et transcrire les noms Sanscrits*)。例如古代地名"毗舍离"Vaiśâlî、"摩竭提"Magadha、"耆阇崛"Gridhra-kûta,佛教人名"迦叶"Kaiśyapa、"罗云"Râhula、"阿难"Ânanda 等。

有时,为了更好地保留原文信息,理雅各同时使用了中文和梵文的音译。例如"乌苌国"在译文中音译为 Woochang,但在注释中给出其对应的梵文 Udyâna。"那竭"音译为 the country of Nâgara,在注释中补充说明其中文音译为 Na-k'eeh。又如,"阿育王太子拘那罗",《佛国记》中作"法益",理雅各仍然翻译为 Dharma-vivardhana,但在注释中补充说明,这是其梵语原名,对应原文的"法益"二字。

值得注意的是,理雅各并不是简单地采用音译法翻译地名、人名,而是逐一进行了详细的考证,并利用注释加以说明。一些在学者间存在争议、无法确定具体位置的地名使用中文音译,例如"宿呵多国"the country of Soo-ho-to、"乌夷"Woo-e、"陀历"T'o-leih 等,并在注释中引用了欧德理等人的考证,给出了大致方位。不仅如此,有些地名甚至注释出了十分具体的位置信息。例如"酰罗城"the city He-lo,注释为"白沙瓦以西,贾拉拉巴德以南约五英里处"。(Legge,1965:36)又如"弗楼沙国"Purushapura,注释为"现今白沙瓦,位处北纬 34 度 8 分,东经 71 度 30 分"。(Legge,1965:33)法显所记载的许多古地名,理雅各也都一一还原了。例如"新头河",应该是当时的音译,即现在的印度河,译文中为 the Indus,并在注释中给出其古称 the Sindhu,向读者解释说"新头"是印度河近似的音译。此外,为了让读者更加充分准确地了解法显经行轨迹,理雅各甚至在译文前绘制了一张"法显旅行路线图"。理雅各所做的这些严谨细密的考证,为后世的研究提供了有效的参考。

2. 佛经名称的翻译

法显西行的最终目的是寻求佛教典籍。《佛国记》中记载了法显所求得的经书名称,大多是由梵语音译的。在佛教经书名称的翻译上,理雅各得益于在牛津大学缪勒教授门下学习梵语的南条文雄。

南条文雄是真宗学者,在父亲和长兄的教导下,自幼精通汉语,受东本愿寺差派来英国学习英语和梵语。在印度事务大臣(Secretary of State for India)的请求下,他翻译了《大明三藏圣教目录》。(Müller,1884:187)这部译著包含 1662 部独立的经书,还原了每部经书对应的梵语题目,南条文雄将它们翻译成英语,并做了简要介绍,比如经书的页数或卷数、译成中文的时间、译者等,这对于研究梵语语言和文学,有重要的参考价值。

理雅各逐一查考了南条文雄的目录,找出了法显所记经书的梵语原名,比如,《首楞严》[śûrângama(Sûtra)],《杂阿毗昙心》[Saṃyuktâbhi-dharma-hṛidaya-(śâstra)],《方等般泥洹经》(Parinir-vâṇa-vaipulya Sûtra),《摩诃僧祇阿毗昙》(Mahâsân-ghikâḥ Abhidharma),《弥沙塞律藏本》[Vinaya-piṭaka of the Mahîśâsakâh(school)]等。

3. 佛教术语的翻译

《佛国记》中有许多的佛教术语,对作为基督教传教士的理雅各来说是十分陌生的。在翻译这些术语的时候,理雅各通常采用加注的方式,在注释中如实地引用他查阅到的资料,让对佛教一无所知的西方读者从中获取新知。

对于有些佛教术语,他采用了梵语直译加注的方式,梵语直译保留了原文的异域风格,注释提供了丰富的佛教信息。比如"檀越"译为dânapati,注释中引用了艾德的《中国佛教学习手册》,补充说明这是对佛教布施者的尊称;"菩萨"译为 Bodhisattva,注释中指明其原意并补充说明该词在汉语中泛指偶像;"诸天"译为 devas,注释中除解释佛教"诸天"外还延伸介绍了汉语中"天"字的含义。可以说每一条注释都体现了理雅各认真考证和思辨的过程,耐人寻味。但对于一般读者来说,无疑增加了阅读难度,因为需要时常中断阅读对照注释才能理解译文。

　　有时理雅各也采用意译加注的方式来翻译佛教术语。例如原文中频繁出现的"夏坐"一词,理雅各就意译为 summer retreat,注释中给出由梵语直译而来的名称并引用《中国佛教学习手册》中的词条。又如"慧应在佛钵寺无常",理雅各根据上下文将"无常"意译为 came to his end,但在注释中也不忘给出"无常"的本意;"国王精进"被灵活意译为 its king was a strenuous follower of our Law,注释中指出此处"精进"是佛教词汇,并解释其具体内涵。意译保证了行文的流畅性和可读性,注释使读者仍然可以学习到相应的佛教知识。

　　理雅各在翻译佛教术语时,参考了多方资料,也对比了在他之前的译文。比如"居士长者",雷德利译为 the grandees and the principal officers (Laidlay,1848:84),显然意义偏差较大。翟理斯译为 the scholars and elders(Watters,1880:225),毕尔译为 the chief men and nobles 以及 householders and elder-men(Beal,1985:xxxiv)。倭妥玛在《法显与其英译者》中,对翟理斯和毕尔的译文做了评论,认为都不够确切。理雅各最终译为 the chiefs of the Vaisyas,the heads of the Vaisyas,或 Vaisya elders。居士、长者的意思一样,居士来自梵语,原来是指印度第三等级吠舍种姓中的富人,或指在家修行之士。这两个词在汉语中指长者、一家之主。可见理雅各的译文是最忠实的,也是对佛教语汇挖掘得最透彻的,但也不免让人觉得略为死板,反而毕尔的译文读起来更为通顺。

　　许多佛教术语在英文中很难找到完全对应的词汇。在理雅各之前的译者,往往选择借用基督教词汇进行翻译。例如,佛教的"僧",雷德利译为 ecclesiastics,这个词专指基督教的神职人员,毕尔译为 priests,取自《圣经》中的祭司。雷慕沙译为 religieux,原指天主教的修道士,从两者的生活方式来看,和佛教的僧侣较为对等。作为传教士的理雅各在翻译时,仔细权衡比较了基督教和佛教概念的异同,选择用天主教的修道士 monk 来翻译佛教的"僧",并在注释中给出了理由。在《圣经》中,priest 一词有特殊的含义,祭司是特别拣选出来侍奉上帝的,从某种意义上说,基督徒都是上帝的祭司。理雅各认为,除此特定含义以外,任何宗派或教会的牧师自称祭司都不合适,用来指称佛教的僧侣更不适合,因为佛教没有上帝,没有灵魂论,也没有祷告和献祭。(Legge,1965:13)由此可见,理雅各对佛教词汇的翻译是基于他对佛教的理解,是十分谨慎的。又如"取桃腊佛"的"腊"字,雷慕沙、毕尔、翟理斯译为 sacrifice(献祭),理雅各认为佛教徒并不向佛"献祭","献

祭"是祭司用语,不宜用在佛事仪式上,译为 present 更为合理。(Legge, 1965:114)

　　原文:彼国人民星居,家家门前皆起小塔。(章巽,1985:13)

　　译文:Throughout the country the houses of the people stand apart like (separate) stars, and each family has a small tope reared in front of its door. (James Legge, 1965:17)

　　原文:又有佛一齿。其国中人为佛齿起塔。(章巽,1985:21)

　　译文:There is also a tooth of Buddha, for which the people have reared a tope. (James Legge, 1965:23)

　　原文:佛在世时有剪发爪作塔。(章巽,1985:62)

　　译文:At the places where Buddha, when he was in the world, cut his hair and nails, topes are erected. (James Legge, 1965:51)

　　《佛国记》中法显记载了许多塔,有为纪念各种佛迹而起的,也有为供奉佛舍利而起的。这里的塔不同于西方的塔楼(tower),也有别于东亚中国、日本等地常见的佛塔(pagoda)。它是梵语的窣堵波(stupa),是古代佛教特有的一种建筑,外形似圆冢。在雷慕沙、雷德利、毕尔的译文注释中可以看出他们都对这种塔的独特性有所了解,但都仍把它译成 tower。理雅各则选择译为 tope。tope 一词由康宁汉姆首创。康宁汉姆在他 1854年出版的《毗尔萨佛塔》(*The Bhilsa Topes*)一书中,详细介绍了其用途、类型,甚至绘制了几种主要的佛塔样式。理雅各认为 tope 常被康宁汉姆和其他考古学家使用,为人熟知,故而没有译为 stupa。可见理雅各对于佛教词汇的译文选择是一丝不苟,经过深思熟虑的。他密切关注学界进展,与最新动态保持一致。可惜 tope 终究没有流行起来,这里的塔译为 stupa 足矣。

　　4. 佛教术语误译

　　总体而言,理雅各借助翻译《佛国记》的机会,对佛教进行深入的研究。大部分的佛教术语,他都能辨识出来,并通过查阅资料加以注解,译文的正确性极高。但是,偶尔也会出现因对佛教术语不熟悉而误译的情况。比如"庄严供具"被译作 everything was done to promote the dignity of the occasion,这一理解有误,"供具"指的是供佛的物品;"沙门法用"被译作 the rules observed by the Sramans,也有偏差,"法用"是佛教法会所需的物品。又如:

原文:众僧受岁竟,长者、居士、婆罗门等,各持种种衣物沙门所须以布施僧。(章巽,1985:55)

> 译文:When the monks have done receiving their annual tribute(from the harvests), the Heads of the Vaisyas and all the Brahmans bring clothes and other such articles as the monks require for use,and distribute among them. (James Legge,1965:33)

这里理雅各将"受岁"误解为僧人每年得到一部分当年收获的庄稼作为供养。实际上,受岁是佛教用语,指的是僧人每年夏坐结束时,增加一个法腊。可以译为 when the monks have passed the summer retreat of that year。

5. 中文词汇误译

除了佛教术语之外,古汉语词汇也是译者遇到的一大困难。理雅各虽然精通中文,但也难免有理解失误的地方。

原文:僧亦有四千余人。皆小乘学,法则齐整。秦土沙门至彼都,不预其僧例。(章巽,1985:9)

> 译文:In this also there were more than four thousand monks,all students of the hinayana. They were very strict in their rules,so that sramans from the territory of Ts'in were all unprepared for their regulations. (James Legge,1965:15)

理雅各对"预"字的理解出现偏差,把它理解为"预先",进而把整句话解释为"他们的戒律十分严格,以致秦土沙门对此毫无准备"。这里"预"作动词用,意思是参与。"不预其僧例"就是说信奉大乘佛法的中国僧人不能参加他们的僧团,不能与此地的僧人一样同受供养。可以译为:"They were very strict in their rules. Sramans from the territory of Ts'in couldn't join their congregation."。

原文:其城门上张大帏幕,事事严饰。王及夫人、婇女,皆住其中。(章巽,1985:13)

> 译文:Over the city gate they pitch a large tent,grandly adorned in all possible ways,in which the king and queen,with their ladies brilliantly arrayed,take up their residence(for the time). (James Legge,1965:17)

有时理雅各过于在意字眼,对意思没有把握的词进行字对字直译,比如这里将"媅女"逐字译为 ladies brilliantly arrayed。他在注释中提到,翟理斯将"媅女"译为 maids of honour,然而他并不认同,认为"媅"字另有他解。实际上,翟理斯的理解十分准确,"媅女"指的就是宫女。

原文:九译所记,汉之张骞甘英皆不至此。(章巽,1985:26)

译文:The(place and arrangements) are to be found in the Records of the Nine Interpreters,but neither Chang K'een nor Kan Ying had reached the spot. (James Legge,1965:26)

理雅各注释中解释说他认为"九译"可能是汉朝出征西域时随军翻译人员的通称,故而译为 Nine Interpreters。实际上,"九译"原指外国及少数民族的语言,要经过多次辗转翻译才能明白。(郭鹏,1995:19)这里用来指边远地区,可以译为 remote areas。

(二)句式

现代译者在译古文时,有时需要借助今译文来翻译,句式结构上会有较大变动。而理雅各的译文都是直接由古文翻译而来,句式、词序上更加接近原文。

1. 增译

古文凝练,常有省略之处,为了尽量与原文一致,同时又能让西方读者理解、看懂译文,理雅各采用增译的方式,将原文缺少的句子成分根据上下文补充出来,并用括号标注,以示分别。

原文:行十七日,计可千五百里,得至鄯善国。(章巽,1985:7)

译文:After travelling for seventeen days,a distance we may calculate of about 1500 le,(the pilgrims) reached the kingdom of Shen-shen,a country rugged and hilly,with a thin and barren soil. (James Legge,1965:12)

主语省略是中文句法精练的一个表现。在一定的语境内,确保不产生歧义的情况下,往往会承前或蒙后省略主语。这里很明显主语是法显一行人,故而原句中不再重复出现。而英文十分依赖句法结构,只有在特定句式中才能省略主语。在翻译时,理雅各需要根据语境增补主语。但增补出来的信息,他往往用括号标出,力求与原文结构一致。

原文:王闻已,则诣精舍,以华、香供养。供养已,次第顶戴而去。(章巽,1985:46)

译文：When the king hears them, he goes to the vihara, and makes his offerings of flowers and incense. When he has done this, he(and his attendants) in order, one after another, (raise the bone), place it(for a moment) on the top of their heads, and then depart, going out by the door on the west as they entered by that on the east. (James Legge, 1965:37)

这里法显叙述了酰罗城国王对佛顶骨的朝拜。中文十分简略，"次第顶戴而去"前缺少主语，前文的主语只有"王"，理雅各准确根据上下文增译了"他的随从们"，用括号标出，表明这是原文没有的信息。文中"顶戴"的对象是佛顶骨，理雅各也相应增补出宾语。可惜的是，他对"顶戴"的理解有所偏差。"顶戴"指的是顶礼膜拜，是礼佛的常见动作，可以调整译为 fall down and worship the bone。

原文：阿夷相太子处，与难陀等扑象、掷、射处，……（章巽，1985:81）

译文：The places(were also pointed out) where(the rishi) A-e inspected the marks(of Buddhaship on the body) of the heir-apparent(when an infant); where, when he was in company with Nanda and others, on the elephant being struck down and drawn to one side, he tossed it away; where he shot an arrow to the south-east; ... (James Legge, 1965:65)

这里法显记述了在迦维罗卫城参观过的释迦牟尼曾经去过的各个地方。前文中提到释迦牟尼做太子时，"出城东门，见病人回东还处，皆起塔"。法显的语言较为口语化，接下来这几个句子缺少谓语。理雅各认为法显并未提及在这几处地方有塔，因而增译出"指明"（were also pointed out）而不是"起塔"。

用括号标注增译内容的做法，在《佛国记》译文中可以找到大量的例子。可见理雅各十分在意保留原文的句式结构，体现了他作为语言学者一丝不苟的钻研精神。但对一般读者而言，频现的括号还是比较影响阅读体验的。而且有时这种不愿放过原文任何信息的完美主义，会导致不必要的增译，也增加了译文的长度，显得略为冗长。

原文：度河便到乌苌国……佛法甚盛。（章巽，1985:33）

译文：After crossing the river, (the travellers) immediately came to the kingdom of Woochang ... The Law of Buddha is very

— 94 —

(flourishing in Woo-chang). (James Legge,1965:28)

原文:然出家人皆习天竺书、天竺语。(章巽,1985:8)

译文:(The monks),however,who had(given up the worldly life) and quitted their families,were all students of Indian books and the Indian language. (James Legge,1965:14)

前一例中"佛法甚盛"译为 the Law of Buddha is very flourishing 已经足够准确,可以不必添加括号。后一例中,"出家人"的译文虽然传达了"出家"的含义,但放在这里显得十分烦琐。原文中强调"出家"这一信息,只是一个简单的称谓,直接译为 the monks 即可。

2.句式灵活

中文是意合的语言,意思直接通过字、词传达,《佛国记》更是如此。法显的叙述偏口语化,多短句,虚词少,少有繁复的句式结构。在翻译时,理雅各化零为整,善用英文各种句式和修饰成分,使译文逻辑清晰,层次分明,语言流畅。

原文:敦煌太守李浩供给。度沙河。沙河中多有恶鬼、热风。(章巽,1985:3)

译文:Le Hao,the prefect of T'un-hwang,had supplied them with the means of crossing the desert(before them),in which there are many evil demons and hot winds. (James Legge,1965:12)

原文有三个意义独立的短句,主语各不一致。译文用介词短语和定语从句,整合译成一句,主次分明,意思准确,结构合理,符合英语行文习惯。

原文:后迦腻色迦王出世,出行游观时,天帝释欲开发其意,化作牧牛小儿,当道起塔。王问言:"汝作何等?"(章巽,1985:39)

译文:This Kanishka was afterwards born into the world;and(once), when he had gone forth to look about him,Sakra,Ruler of Devas,wishing to excite the idea in his mind,assumed the appearance of a little herdboy,and was making a tope right in the way(of the king),who asked what sort of thing he was making. (James Legge,1965:33)

原文这几个短句构成一个完整的故事,理雅各用并列句和各种关系从句,将其译为一个长句。原文中几个短句的主语都不一致,也有省略的情况,容易产生歧义。比如译者可能很难判断出"出行游观时"的主语是"腻迦王"还是"天帝释"。如果根据蒙后省略主语的规则判断,应该是天帝释出行游观时。但是根据故事情境,应该是指天帝释想要激发迦腻色迦王,因而在迦腻色迦王出游经过的路上当道起塔。而理雅各能够做到判断准确、译文流畅,实属不易。

有时理雅各为了表意清晰,也不拘泥于原文的语序,做了灵活调整,但是这种情况比较少见,例如:

原文:从此西行,所经诸国,类皆如是,唯国国胡语不同。(章巽,1985:8)

译文:So(the travellers) found it in all the kingdoms through which they went on their way from this to the west,only that each had its own peculiar barbarous speech. (James Legge,1965:14)

这里理雅各调整了前三个短句的顺序,通过介词短语和定语从句翻译"从此西行,所经诸国",译文流畅。

3. 句子误译

中文的词性、句式与英文差异很大。有时对字、词的理解错误甚至断句的错误,都能影响对整个句子意思的理解。而不以中文为母语的译者更难准确把握原文,导致译文错误。理雅各一生大部分时间都献给了中文研究及翻译工作,经验丰富,译文大体是正确的,但也有少数误译的情况。

原文:俗人衣服粗与汉地同,但以毡褐为异。(章巽,1985:8)

译文:The clothes of the common people are coarse,and like those worn in our land of Han,some wearing felt and others coarse serge or cloth of hair;—this was the only difference seen among them. (James Legge,1965:14)

汉语中一词多义的现象十分普遍。比如"粗"字,理雅各理解为"不精致""粗糙",实际这里是"大致""粗略"的意思。句子是说俗人衣服和汉地大致一样,不一样的只是他们用毡褐为衣料。可以改译为"The clothes of the common people are largely the same as those worn in our land of Han,only that they are made from felt."。

原文:亦复求福,于旷路侧立福德舍,屋宇、床卧、饮食,供给行路人及出家人、来去客,但所期异耳。(章巽,1985:74)

译文:They also,moreover,seek(to acquire) the blessing(of good deeds) on unfrequented ways,setting up on the road-side houses of charity,where rooms,couches,beds,and food and drink are supplied to travellers, and also to monks, coming and going as guests, the only difference being in the time (for which those parties remain). (James Legge, 1965:42)

　　这里法显介绍了中天竺九十六种外道的基本情况。"期"字是多义词。理雅各将它理解为名词，将"但所期异耳"理解成只是行路人及出家人、来去客停留的时间不同。实际上，"期"在句中是动词，表示期望、要求。句子的意思是外道也求福，只是他们所求的各自不同。译文可以改为"However, the blessings they seek are varied."。

　　原文：三千僧共犍槌食。……净人益食，不得相唤，但以手指麾。（章巽，1985:14）

　　译文：Attached to it there are three thousand monks, who are called to their meals by the sound of a bell ... When any of these pure men require food, they are not allowed to call out (to the attendants) for it, but only make signs with their hands. (James Legge, 1965:18)

　　法显描述了于阗国僧人进食时安静庄重、戒律齐整的场面。理雅各在注释中提到，他不认同翟理斯的译法 the menials that attend on the monks。他认为"净人"是僧人的别称，上述翻译有误。实际上，翟理斯是对的，"净人"是指寺院里的杂役。毕尔对这句话的理解也十分准确。可以参考"When the attendants (pure men) give more food, they are not allowed to speak to one another, but only to make signs with the hand."(Beal, 1884: xxvi)。

　　原文：其地山寒，不生余谷，唯熟麦耳。众僧受岁已，其晨辄霜，故其王每请众僧令麦熟然后受岁。（章巽，1985:20）

　　译文：The country, being among the hills and cold, does not produce the other cereals, and only the wheat gets ripe. After the monks have received their annual (portion of this), the mornings suddenly show the hoar-frost, and on this account the king always begs the monks to make the wheat ripen before they receive their portion. (James Legge, 1965:20)

　　这里描写的是竭叉国僧人受岁的情况。包括理雅各在内的多位译者都没有准确传达"受岁"的含义，对这句话的理解都有错误。倭妥玛在《法显与其英译者》中探讨了这个句子,他认为由这个句子可以看出竭叉国的僧人具有控制天气的能力,因而毕尔译为 allow all the wheat to ripen,显然抹杀了这一有趣的发现,翟理斯译为 make the wheat ripen 更为准确。(Watters,1879b:140)理雅各在注释中引用了倭妥玛的评论,他的译文很可能是受此影响。实际上"受岁"是指僧人结束夏坐,这个句子想表达的是竭叉国十分寒冷,只有麦子能熟,僧人受岁日早上常有霜,因而国王请众僧等到麦熟后受岁。译文可改为:"There is frost on the morning even after the monks have finished the summer retreat. Therefore the king always asks the monks to end the summer retreat after the wheat ripens."。

(三)对宗教、文化的解读

理雅各来华传教三十多年,是上帝敬虔的仆人,即使他的身份从传教士转变为汉学家,这一点也从未变过。在 1880 年《中国的宗教:儒教和道教的评述及其和基督教的比较》一书的末尾,理雅各写道:"我长期在中国生活,学会了比大多数英国人要更尊重中国人,尊重他们的道德品质和知识能力。然而,他们在美德上的最高造诣还是比不过基督学校里驯良的学习者。"(Legge,1880:308)可见他始终以基督教为正统,认为基督教的世界观是最优秀的。但从译文和注释中也可以看出,他看待异国宗教文化的态度是开放的,面对东西方文化巨大的差异,不是严苛地批评与贬低,而是客观地评价与对比,欣然地包容与接纳。这与早期传教士的狭隘截然不同。

对于不熟悉亚洲文化的西方读者来说,理雅各忠实严谨的译文是陌生而异化的,过于严肃、庄重。但他对译文做的注释,却十分生动有趣、耐人寻味。比如在对"巴连弗邑"的注释中,理雅各提到"巴连弗邑"在梵语中的意思是"花之城",是印度的佛罗伦萨。又如在对"阿育王子法益"的注释中,理雅各说阿育王是佛教世界的君士坦丁大帝,甚至提到阿育王的祖父旃陀罗笈多(月护王)与亚历山大大帝和塞琉古一世的过往。这些注释一下拉近了西方读者与异域文化的距离。

1.熟知佛教典故

《佛国记》详细记录了许多佛教遗迹和人物故事,比如释迦牟尼的诞生、与外道的辩论、四处说法及般泥洹,佛为菩萨时割肉贸鸽、以头施人、投身饲虎的传说以及迦叶、阿难、阿育王、腻迦王等著名佛教人物的故事等。法显的叙述十分简略,译者如果不熟悉佛教,恐怕难以准确理解原文。在这方面,理雅各做了大量研究,通过阅读当时著名的佛教研究者,如欧德理、斯宾塞·哈代、李斯·戴维斯等人的词典、专著,对每一处佛教典故加以注释,准确传达了原文的宗教信息。

原文:可容二斗许,杂色而黑多,四际分明。（章巽,1985:40）

译文:It may contain rather more than two pecks,and is of various colours, black predominating, with the seams that show its fourfold composition distinctly marked. (James Legge,1965:35)

这里,法显描述了佛钵的样子。如果不知道佛钵的典故,很难明白"四际分明"的含义。四大天王各自拿着一个石钵,要献给佛陀。为了不让他们任何一人感到遗憾,佛陀接受了这四个石钵,把它们叠在一起,按压成一个。"四际分明"就是指石钵边缘的四道痕迹。从译文可以看出,理雅各对佛教典故十分熟悉,在注释中他还引用了《中国佛教学习手册》中佛钵的故事加以印证。

在注释中,还可以看到理雅各对佛教故事的思考和评论。比如,法显叙述佛般泥洹后,五百罗汉结集时,阿难在门外不得入内。理雅各不太理解,在注释中问道:"阿难无法进入如此庄重的聚会,是否有人故意设计?"《佛国记》中,法显如实记录了旅途中的见闻,有一些事件不是他的亲身经历,只是在当地听到的传闻,因而故事情节奇异,带有神秘的宗教色彩。理雅各通过注释表达了自己对这些故事的看法。比如"放弓仗塔"名称的由来,说的是有个王妃生下一个肉胎,里面有一千个王子。理雅各说这个故事在斯宾塞·哈代的《佛教手册》中有不同的叙述,但是也很荒诞。还有一个故事讲述的是一位比丘通过自杀最终证得罗汉果。理雅各质疑道:在19世纪的人看来,这个比丘无疑是疯了。可是他却因此获得福报,说明这是好行为吗?然而佛教肯定不止于此,否则不会有这样大的魅力。（Legge,1965:86）

理雅各对佛教的了解,很大程度上受限于当时佛教研究的成果。尽管19世纪欧洲佛学研究氛围浓厚,学者们勤奋严谨,但有些佛教典故还没有被诠释,或是有时学者们的意见分歧较大,都会影响到译文的准确性。

原文:乃孙陀利杀身谤佛处。（章巽,1985:73）

译文:Here was the place where Sundari murdered a person and then falsely charged Buddha(with the crime). (James Legge,1965:59)

关于孙陀利的身份,理雅各参考的资料意见不一。在艾德的《中国佛教学习手册》中,孙陀利是诬陷释迦牟尼杀人的婆罗门。(Eitel,1870:136)儒莲的《大唐西域记》译本中,玄奘没有给出杀人者的姓名,而毕尔的《大唐西域记》译本中孙陀利是被杀害的妓女。理雅各认为按毕尔的说法,此处文本解释不通,没有采纳。(Legge,1965:59)实际上,如毕尔所言,孙陀利是受婆罗门利用来诽谤释迦牟尼的妓女,后被婆罗门谋杀,嫁祸释迦牟尼。译文可以改为:"Here was the place where Sundari was murdered and then Buddha was falsely charged with the crime."。

2. 东方经历与见闻

在注释里,理雅各不仅有严谨治学的一面,也有感性的一面。他常常联想到自己在东方生活的经历和旅途的见闻。比如,在翻译"佛顶骨精舍"一词时,一开始理雅各把"精舍"译为 shrine 或 shrine-house,他认为法显所说的精舍多与舍利供奉有关,但最后选择译为梵语 vihara。注释中提到他由此想到第一次见到舍利塔,是在福州附近一间寺院的大殿里,有金箔装饰。(Legge,1965:37)又如,在翻译"众僧大会"时,理雅各注释道:他曾经在大阪见过佛寺讲经的场面,让他联想到卡莱尔笔下克伦威尔的铁骑军。(Legge,1965:45)在翻译"观世音"时,理雅各保留了中文音译,在注释中,他说这个名字是对梵语 Avalokiteśvra 的误译,"观世音"一开始是男性的形象,在大乘佛教中是智慧的典范,但后来如何转变为女性,成为慈悲的化身,他无法给出满意的解释。然而有一次,他和一位睿智的中国绅士谈及这个问题,对方反问:"你们欧洲拜玛利亚,不也是这样?"(Legge,1965:47)注释中这些生动有趣的回忆,展现了理雅各学者以外生活化的一面,同时帮助读者更好地理解原文所传达的意象。

有时,理雅各的经历使他形成对东方社会的刻板印象,影响到他对原文的理解,导致译文错误。当然这样的情况并不多见。

原文:本有五百盲人,依精舍住此。(章巽,1985:72)

译文:Formerly there were five hundred blind men,who lived here in order that they might be near the vihara.(James Legge,1965:58)

理雅各认为盲人住在此处是为了靠近精舍。注释中说到他回想起早年在香港做礼拜时,总有乞丐蹲在教堂外希望听道的人大发善心,以致通往教堂的道路都拥堵了,不得不叫来警察帮忙。而且他在北京有名的寺庙和泰山的登山道上也见过不少乞丐。(Legge,1965:58)可见这段经历影响到理雅各对译文的理解,他理所当然地认为这五百盲人靠近寺庙居住是另有所图。但是文中并没有这一层含义,应该改译为:"Formerly there were five hundred blind men,who lived near the vihara. "。

3.宗教对比

19世纪中后期,自由主义意识形态兴起,基督教神学传统的绝对权威受到前所未有的挑战。缪勒用语言学的分类方法创建了比较宗教学,用平等、理性的态度进行研究,宗教学成为独立于神学的学科,这对理雅各产生了很大影响。《中国的宗教》是理雅各唯一一部有关中国宗教传统的长篇综合论述。在书中,他运用缪勒式的科学比较来理解儒教和道教。这部作品代表了在宗教学萌芽之初,"新教范式"掌控下的19世纪阐释修辞最重要的纲领。(Girardot,2001:28)虽然理雅各始终没有对中国佛教做过完整的讨论,但在《佛国记》的注释中,可以看到多处提及《圣经》中的故事用以对比的例子。

比如,法显讲到弗楼沙国供奉佛钵的情形时,说到穷人投入很少的花就可以装满佛钵,而富人即便投入许多,也不能装满。而《路加福音》21章1至4节,讲到财主和穷寡妇的十一奉献时,寡妇只投了两个小钱,耶稣却说她所投的比众人还多。

又如有关"放弓仗"名称由来的故事,王后将妃子所生的肉胎放在木盒里,扔进恒河,被下游的国王捡到,抚养起来。不禁让人想到《出埃及记》中摩西的身世。为了躲避法老的迫害,摩西出生后,被他母亲放在箱子里搁在河边,最终被法老的女儿发现并收养。

还有一个故事,讲到祇洹精舍对面,有座名叫"影覆"的外道寺院,每天夜里,天神就将外道寺院供养的灯移到祇洹精舍里,婆罗门因此知道佛陀神通广大,皈依佛教。而在《撒母耳记》(上)第5章中,非利士人将上帝的约柜抬到亚实突的大衮神庙中,次日去看,大衮像扑倒在约柜前。从此,大衮的祭司和亚实突拜偶像的人,再也不敢进大衮庙。

除了对比佛教典故和《圣经》故事外,理雅各甚至发现了两教用语的类似之处。

原文:自余十八部各有师资,大归不异,于小小不同,或用开塞。(章巽,1985:141)

译文:As to the other eighteen schools,each one has the views and
　　　decisions of its own masters. Those agree(with this)in the

general meaning, but they have small and trivial differences, as
when one opens and another shuts. (James Legge, 1965:98)

"开塞"就是开遮,是佛教的戒律用语。"开"是允许,"遮"是禁止。句子
的意思是这十八部大体相同,细微处有点区别,有的在开、遮方面不同。理
雅各用字面的 open 和 shut 来直译,在注释中补充说明这和新约中提到的
"捆绑"(binding)和"释放"(loosing)是一样的。(Legge,1965:99)

"捆绑"和"释放"见《马太福音》16 章 19 节以及 18 章 18 节,来自犹太拉
比的律法术语,"捆绑"表示禁止,"释放"表示准许。从这层含义上来说,这
两套术语是极其相似的。但是不能用这两个词来翻译"开塞",因为它们的
外延意义不完全对等。律法属于旧约时代,而在新约的语境中指的是教会
被赋予的捆绑和释放的权柄。

概括而言,《佛国记》是理雅各所译的唯一一部中国佛教经典,是兼具福
音派新教徒和汉学家双重身份的理雅各对中国佛教的理解与阐释。译本产
生于 19 世纪中后期特定的宗教、学术环境,体现了他忠实的翻译风格、严谨
的治学态度和开放的文化取向。相较于其他译本而言,理雅各的译文准确
可靠,注释信息丰富,对佛教和宗教的比较研究,极具参考价值。

第三节　浩如烟海的史籍与翻译

在中华民族五千年的历史长河中,浩如烟海的历史典籍犹如散落在长
河中的明珠,熠熠生辉。这一部部鸿篇巨制记录着这个泱泱大国旷古悠久
的辉煌历史,将中国历代史实忠实而客观地展现在世人面前,故成为学者们
研究中国历史的重要凭证,同时又为研究中国古代政治、军事、文学、艺术、
科技等提供了重要文献来源。因此,卷帙浩繁的史书,不仅是国内史学家们
殚尽毕生精力研究的对象,也深得国外汉学家们的青睐,争相译介,为中国
史学的对外传播做出了重要的贡献。中国史籍的外译,不仅能够向外界传
播中华文明的核心价值,而且也能够使这一价值具有真正世界性的意义。

一、中国通史的译介

最早译编中国史料并向欧洲人介绍中国历史知识的,迄今所知却是未
曾来华的西班牙奥斯定会会士、汉学家门多萨(Juan Gonzalesz de

Mendoza,1545—1618)。门多萨应罗马教皇之命,编写一部"关于中华王国已知诸物的书籍"。虽门多萨因故未能踏上中国的土地,也不通晓汉语,但他历时两年对前人的使华报告、文件、信札、著作以及中国史料进行收罗与整理,如克鲁兹(Gaspaar Dda Cruz)的《中国情况记》、艾斯卡兰特(B. de Esaclante)的《葡萄牙人航行世界东方及中国记》及自己得自菲律宾的资料。此外,北宋司马光的《资治通鉴纪要》4册20卷,《新刊按鉴汉谱三国志传绘像大全》,7部含有中国古代史与远古神话传说内容的中文方志也为门多萨提供了重要的文献来源。(黎难秋,2006:622)经过2年的研究加工,门多萨编撰的《中华大帝国史》(*Historia del Gran Reino de la China*)于1585年付梓印行了。

《中华大帝国史》共分两大部分:第一部分是对中国国情的综述。该部分共分三卷,第一卷下列十章,重点介绍了中国疆域、地理概貌、气候、土壤分类、省级建制、城镇区划等概况;第二卷下列二十四章,主要涉及中国古代帝王的世系、贡赋、军队、司法、科举以及自然科学等概况。16世纪末的欧洲人主要是通过这一部分来认识中国的。该书第二部分由三篇旅行记构成,向西方国家展示中国的自然景观及风土人情。门多萨在《中华大帝国史》中,把16世纪的中国较为真实地介绍给了欧洲,而当时的欧洲国家也基本是以此为出发点来制定他们的对华政策的。《中华大帝国史》虽不算是我国史书的翻译,却是最早系统介绍中国历史和地理的书,在社会上引起了很大的反响。五年内,意大利文、法文、英文、拉丁文、德文译本在欧洲各地印行多版,使欧洲人从通过充满神秘色彩的传闻来想象中国,跨入了通过中国的现实来认识中国的时代。在《中华大帝国史》问世400年以后,该书已由何高济先生译成中文并由中华书局在2013年出版,这可以说是中外关系史学界的一件盛事。

1645年,葡萄牙传教士曾德昭在巴黎出版了葡萄牙语译著《中国通史》(*Relacao da Grande Monarquia da China*),向欧洲国家介绍中国的历史和文化,后被转译为多种文字,影响颇大。1658年,意大利传教士、汉学家卫匡国在慕尼黑出版了编年体历史著作《中国史卷》(*Sinicae Historix Decas Prima*),次年又以拉丁文在阿姆斯特丹再版。该著作介绍了从西周初年一直到公元前1年的历史,将传统的中国历史引入欧洲史学的体系。此外,该书最早向欧洲介绍了中国的《易经》及其卦图,在中西文化交流史上具有重要意义。当代史学家分析,该书所著年代与我国历史年表相当吻合,很有可能是依据朱熹的《通鉴纲目》译编的,成为欧洲人了解公元前中国古代史的重要来源。1667年,图文并茂的拉丁文手册《中国》(*China Illustrata*)在阿姆斯特丹出版,乃安塔纳西·基尔契(Athanasius Kircher,1602—1680)所撰,后被译为法文和德文,成为当时欧洲知识界了解中国的钥匙。(马祖毅,任荣珍,2003:115)英国传教士麦嘉温(John Macgowan,1726—1780)精通汉学,所编译的《中国通史》(*A History of China, from the Earliest Days Down to the Present*)于1897年首版,1906年再版时易名为《中华帝国史》(*Imperial History of China*),具有很高的史学价值。

19世纪八九十年代,英国著名汉学家理雅各译撰的《中国编年史》,1902年,德国汉学家花之安译撰的《中国编年史手册》(*Chronological Handbook of the History of China*)都是西方汉学家译撰中国编年通史的经典之作,体现出两位汉学家深厚的史学造诣。此外,一些汉学家也致力于我国少数民族地区的历史研究,如法国汉学家沙畹编撰有《西突厥史料》[*Documents sur les Tou-kiue (Turcs) occidentaux*],法国传教士张诚(Gerbillon Jean Franois,1654—1707)著有《大鞑靼之历史研究》(*Observations Historiques sur la Grande Tartarie*),葡萄牙传教士刘应著有《鞑靼史》(*Histoire de la Grande Tartarie*)等,这些著作为研究我国古代少数民族的历史提供了重要的参考文献。然以上所列举的史籍,均属于编译,无从考查其出处。下面介绍我国通史文献的外译情况。

由北宋著名史学家、政治家司马光主编的《资治通鉴》(常简称《通鉴》)是我国第一部编年体通史,在中国官修史书中占有极其重要的地位。《资治通鉴》共294卷,是编年体通史巨制,涵盖16朝1362年的历史,具有极高的文学价值。自其成书以来,历代帝王将相、文人骚客、政界要人都争相传诵,奉为经典。哈佛大学汉语言文学系教授方志彤(Achilles Fang,1910—1995)对《资治通鉴》69—78卷进行了英译和注释,题为《〈资治通鉴〉中的三国编年(魏纪)》(*The Chronicle of the Three Kingdoms*),共分两册,由美国洛克菲勒基金会(Rockefeller Foundation)资助这一项目。此外,德国汉学家奥托·福兰阁(Otto Franke,1863—1946)和澳大利亚人文学院研究员张磊夫(Rafe de Crespigny,1936—)也展开了对《资治通鉴》的研究,选译了《资治通鉴》的部分章节,这些译作都扩大了《资治通鉴》在海外的影响。

南宋理学家朱熹根据《资治通鉴》《举要历》及胡安国的《举要补遗》等

书,撰著了《通鉴纲目》一书,全书 59 卷,创造了一种新的史书体裁——纲目体,旨在"辩名分,正纲常",以巩固封建统治,在史学领域具有一定的影响。清朝初年,通晓汉语诗文和历史的法国传教士冯秉正(Joseph A. M. de Mailla,1669—1748)于康熙四十二年(1703 年)来华,主要从事中国历朝兴亡史的研究。他受命将《通鉴纲目》译为法文,同时又翻译了明朝商辂的《续通鉴纲目》,补充了宋末、元、明的史实。他又博采了其他史书的精华,历时 6 年终于将《中国通史》编译完成。然而好事多磨,这部书稿由于种种原因,在里昂学院图书馆沉寂了 30 年。最终于 1777—1783 年间在巴黎付样出版,同年该书又被翻译成意大利文,这一巨著奠定了冯秉正作为"法国汉学家奠基者"的历史地位,同时又为欧洲人研究中国提供了重要的参考文献。法国汉学家戴遂良(Leon Wieger,1856—1933)、亨利·考狄(Henri Cordier,1849—1925)和勒内·格鲁塞(René Grousset,1885—1952)教授等在从事著述和研究的时候,都从这部著作中受益匪浅。戴遂良以《中国通史》的史料为蓝本,编写了《历史文选》(*Texteshistoriques*),考狄所著的《中国通史》(*Histoire Generale de la Chine*)和勒内·格鲁塞的《远东史》也都引用了冯秉正的译本。(马祖毅,任荣珍,2006:125)

法国巴黎外方传教会的艾嘉略(Louis Charles Delamarre,1810—1877)将《御撰通鉴纲目》的"明季三篇"移译为法文(*Histoire de la dynastie des Ming*),于 1865 年在巴黎出版,成为冯秉正《中国通史》的补编。前文所提到的德国汉学家福兰阁对《资治通鉴》和《通鉴纲目》进行了比较研究,在其撰写的《资治通鉴与通鉴纲目》(Das Tse tschi T'ung Kien, und das T'ung Kien Kang Mu)一文中对这两部史书进行了评述,大胆指出其中的纰漏与不足,体现出严谨的治学精神。另沙皇俄国汉学家科夫列维奇·比丘林致力于中国边疆史地和传统文化的研究,他编译的《元史和通鉴纲目》(*Istoriya pervykh tshetyrokh khanu iz doma Tsingissova*)中有大量关于蒙古历史的资料,对研究蒙古民族的起源具有重要的价值。

美国汉学的"开山祖师"卫三畏教授 1833 年来华,潜心研究汉语与日语,曾协助裨治文编《中国丛报》。他所编撰的《中国总论》(*The Middle Kingdom*)是美国汉学的奠基之作,1848 年在纽约出版,1883 年与 1899 年两次再版,是 19 世纪一部全面研究中国的著作。全书共 2 卷,26 章,囊括了中国地理、人口、法律、语言、文学、建筑、饮食等方方面面,对西方人全面了解中国发挥了重要作用。这部著作不仅是介绍中国的百科全书,也是一部 19 世纪国际汉学的集成之作,具有很高的学术成就。

成书于 1882 年的《历史上的中国及其他概述》(*Historic China and Other Sketches*)是由英国汉学家翟理斯编译的关于中国史的专著,全书共分三个部分:朝代概述、法律概述及其他概述(主要论及中国教育、姓氏、博弈等),当叙述中国的历史时,还谈及中国文学,并节译了部分内容。该书成为英国人了解中国的重要窗口。另一位英国汉学家道格拉斯以外交人员的身份来华,著有不少关于中国的书籍,如《中国的语言和文化》(*The Language and Literature of China*,1875)、《中国的社会》(*Society in China*,1894)、《华语鉴》(*A Chinese Manual, Comprising a Condensed Grammar with Idiomatic Phrases and Dialogues*,1889)等。他编译的有关中国历史的书籍《中国》(*China*)对研究中国历史的西方学者很有参考价值。

自 20 世纪以来,美国汉学界出版了不少中国通史性的著作,如历史学家赖德烈(Kenneth Scott Latourette,1884—1968)编撰的《中国人:他们的历史与文化》(*The Chinese : Their History and Culture*)、汉学家欧文·拉铁摩尔(Owen Lattimore,1900—1989)所著的《现代中国形成简史》(*The Making of Modern China : A Short History*)、美国中国近现代史研究领域的泰斗费正清(John King Fairbank,1907—1991)所著的《剑桥中国史系列》(*The Cambridge History of China*)等都是经典代表。在这些著作中,美国汉学家傅路德(Luther Carrington Goodrich,1894—1986)所译撰的《中华民族简史》(*A Short History of the Chinese People*)是最具国际影响力的一部关于中国通史的文献,1943 年在纽约出版,直至今日仍多次被翻印,并被转译为西班牙语、瑞典语、泰语等多国语言。与其他中国通史著作不同,傅路德在其《中华民族简史》中,将重点从具体史实偏移到中国物质文化进展的介绍,从而成功地再现了真实而富有动感的中华民族及其文明的历史。此外,傅路德对中外关系史着墨甚多,详细介绍中西方在物质文化及精神文化方面的交流与传播。毫无疑问,此书对于西方人理解中国具有非常重要的价值。胡适赞誉《中华民族简史》为"西方语言最优秀的中国史著",杨联陞亦称赞此书是"对近代以来西方学者研究发现和贡献的一种出色的综合"。英国《皇家亚洲学会杂志》评论该著:"所有对中国历史、语言、文学、艺术和考古感兴趣的人都将感激于这本书,它在相对少的篇幅里准确而富有见解地解释了中国从最早时代一直到今天",这足以证明该著作不可替代的史学价值。

二、各时期史学文献的译介

1.先秦时期

先秦时期是中国史学的开端,是中国古代史学蓬勃发展的渊源。中国古代史学的兴旺发达,历代官方史学活动之绵延不废,追本溯源,都可归根于先秦时期中国社会文化被植入的思想根基。这一时期所保留下来的史书是中国史籍的雏形,为后世编写文献提供了极为宝贵的史料。

《尚书》(又称《书》或《书经》)是我国第一部古典文集和最早的历史文献,涉及先秦时期的天文、地理、政治、军事、哲学思想、教育、刑法和典章制度等各个方面,是研究上古史和整个古代政治、思想、文化、学术史的重要参考文献和依据,而且还开了我国正史和史书的先例,"史家之初祖,实在《尚书》"(《文史通义·书教》),也因此引起了西方学者尤其是历史学家对《尚书》的关注。

法国耶稣会教士宋君荣于 1739 年对《书经》进行了翻译,并做了注释(*Le Chou-King,un des Livres Sacrés des Chinois*)。在他去世后 20 年,即 1770 年在巴黎出版。在翻译《书经》时,他主要以《尚书》的满文译本为蓝本,再以汉文原文进行核定。法国汉学家吉尼(Joseph De. Guignes,1721—1800)高度赞扬了该译著:"《书经》文字是中国典籍中最难理解的,宋氏用字的确切和中国色彩的浓厚,都极为难得。"(黎难秋,2006:587)英国传教士、汉学家麦都思所译的《书经》于 1846 年由墨海书馆出版。麦都思对中国经典一向怀着敬畏之心,他高度赞扬了《书经》的价值,本着极为严谨的治学态度进行翻译。他尊重原著,选择直译的翻译方法,必要时辅以注释,舍文求质。"他努力使译文不论从字数上,还是文字排列上都与原文相似,这使得他的译文有些生硬"(容新霞,李新德,2011:70),但译本几乎保留了原貌,这赋予麦氏译本很高的研究价值。

《书经》最通行的英译本是英国汉学家理雅各的译本和瑞典汉学家高本汉(Bernhard,1889—1978)的译本。理雅各认为"在翻译像《尚书》这种古典著作时,只有通过直译才能传达原文的内容、形式和风格,才能实现译文对原文的忠实并做到译文的准确"(郑丽钦,2006),因为理氏的译本最大限度地贴近原文,一直以来被奉为儒经翻译的"标准译本"。当然,受时代限制,理氏译本也存在一些纰漏,如对经文和旧注的误读,因接受中国传统注释中的错误而造成的错译等。但不可否认，理氏译本在西方汉学研究中具有里程碑式的意义。要把包括《书经》在内的经典史籍成功推介到海外去，理氏译本绝对是值得借鉴的范本。高本汉长期潜心于对《书经》的研究，他学贯东西，造诣深厚，尤其是对语言学的研究，为他注释《书经》提供了稳固的基础。他编撰的《书经注释》两次分别刊于《远东博物馆馆刊》(*Bulletin of the Museum of Far Eastern Antiquities*)第 20 期和第 21 期，另高本汉的《英译书经》(*The Book of Documents*)对《书经》做了完整的逐句连缀诠释，颇具学术价值。(李伟荣，李林，2014:80)

法国著名汉学家马伯乐(Henri Maspero，1883—1945)所著的《书经中的神话》(*Legendes Mythologigues daus le Chou King*)以客观科学的视角对《书经》中的神话传说进行研究评述，被视作研究《书经》的先导，同时也堪称神话研究的经典之作。参加驻北京第十届传道团的沙俄修士大司祭西维洛夫亦翻译了《书经》中的五篇，分别收入《东方古代史文选》(1963 年)和《缪斯》1976 年的第四期。(马祖毅，任荣珍，2003:49)

此外，法国汉学家马若瑟节译了《书经》，刊发于 1735 年巴黎出版的《中国通志》(*The General History of China*)；传教士蒋友仁将《书经》译为拉丁文，译稿题为《中国最古之年鉴》，后将译稿寄往了莫斯科，最终惜未付梓，原稿存 Kazan 图书馆；美国传教士裨治文亦在刊物上发表过《书经》(*Chinese Sacrifices*)译文，受到广泛赞誉；法国顾赛芬的《书经》译本，自 1897 年起多次在巴黎出版。顾氏通常用法语和拉丁语对原文进行译释，译文流畅，忠实于原文，对于翻译《书经》这样艰涩难懂的经典，实属不易。而另一位法国传教士刘应所译的拉丁文《书经》4 卷 6 册，尚收藏于梵蒂冈图书馆。

国内方面，我国学者罗志野也翻译了《书经》，于 1997 年由湖南出版社出版。罗志野教授长期从事英语语言文学研究及英汉翻译工作，译著成果颇丰。他独立英译的《书经》是目前国内译者完成的首部《书经》英译本，对《书经》的海外传播起到了重要的作用。

孔子所修的《春秋》是这一时期又一部著名的史学经典，是目前所知的首部私人撰写的历史著作，也是中国史学上现存最早的编年体史书，被后世奉为"儒家派的经典之一"。著名汉学家理雅各计划以《中国经典》(*The Chinese Classics*)为名，出版一部集儒家经典及其他中国文化经典之大成的七卷本译著(后只出了五卷)。1872 年，《中国经典》第五卷付梓出版，其中就包括《春秋》译本。王韬佐、理雅各翻译《春秋》，撰《春秋左氏传集释》60

卷为翻译之参考,还另撰论文五篇,其中两篇由理雅各收入译本《春秋》书首之序言中。(马祖毅,任荣珍,2003:55)理雅各的《中国经典·春秋》以康熙六十年(1721年)《钦定春秋传说汇纂》为底本,于1960年由香港大学出版社再版。

　　另一部儒家经典《左传》是为《春秋》做注解的一部史书,也是我国第一部叙事详尽的编年史著作,共35卷,与《春秋公羊传》《春秋谷梁传》并称"春秋三传"。《左传》既是一部史学名著,又是一部文学名著,历来研究者常把它与《史记》并称,是先秦散文"叙事之最",尊为"历史散文之祖"。前文提到的理雅各编著的《中国经典》,其第五卷便有理雅各翻译的《左传》(The Tso Chuen)译本。理氏对《左传》给予了充分肯定,认为"左氏著作中的记述最为可靠"。理氏的《左传》英译本虽存在一些误译,但作为迄今为止唯一的英文全译本,向来是西方汉学家从事中国先秦史书研究的极为重要的参考依据。理氏翻译《左传》时,并非每句译文紧贴原文,而是以《春秋》的条目为顺序,涉及哪一条《春秋》经文,就附上有关的《左传》译文,有传无经者则在有关地方附上此段译文。由于理氏把《左传》当作解经的文字来处理,所以《左传》的译文常与有关的解释相糅合。(刘家和,2013:194)从整体上评价,理雅各的译文还是相当成功的,较为完整地表达了原文的含义,清晰流畅,且译文便于目标语读者的理解,至今仍具有重要的学术价值。

　　高本汉在其撰著的《左传注释》(Glosses on Tso-chuan)一书中对《左传》里出现的疑难字句进行了细致的诠释与研究。高氏的注释不主一家之言,而是在对各家说法进行对比分析、辩证考证的基础上作出审慎的判断。该书对《左传》的研究具有十分重要的参考价值。此外,奥地利汉学家菲茨迈耶(August Plizmaier,1808—1887)也多次选译了《左传》(DWAW/PH,1850;SWAW/PH,1854;AMAW/PH,1854;SWAW/PH,1855),引起了广泛的反响。顾赛芬翻译了《〈春秋〉和〈左传〉》(T'chouen-t'sion et Tso-tchouan)共3卷,于1914年在巴黎出版,足见他对中国经、史书籍的研究兴趣。

　　中国当代翻译家胡志挥(1931—　)于20世纪90年代英译了《左传》,由湖南人民出版社于1997年出版。胡氏译本中的注释相当少,他更加倾向于将自己对原著的见解直接介绍给读者,轻松明快,使读者对《左传》有更透彻的理解,因此深受读者喜欢。

　　此外,法国的哈雷兹(C. de Harlez)选译了左丘明的《国语》;毕瓯

(Edouard Biot,1803—1850)、理雅各翻译了战国后期的编年史《竹书纪年》等,这些都是西方学者对我国先秦时期重要史书译介的突出成果,为西方国家了解我国先秦时期的历史提供了重要的素材。

2.秦汉时期

秦汉时期是我国史学的成长时期。"它的童年过去了,它长大成人并且走向成熟。"(白寿彝,2004:27)这一时期涌现了一批著名的史学家及史学作品。司马迁的《史记》、班固的《汉书》、刘向的《说苑》等都是其重要代表,也为后世史学研究开创了很好的范例。

《史记》是西汉著名史学家司马迁所著的一部纪传体史书,是我国历史上第一部纪传体通史,被列为二十四史之首,与其后的《汉书》《后汉书》《三国志》合称"前四史"。《史记》这部鸿篇巨制在中国史学和文学领域都独领风骚,无出其右,其显著成就在国际上都产生了极其深远的影响,激发了历代汉学家、史学家们生生不息的研究兴趣,对《史记》的译介在中国典籍外译活动中可谓一枝独秀。

西方学者对《史记》的研究由来已久,早在 19 世纪就开始了对《史记》的译介活动。从最初对《史记》个别章节的译介,到《史记》的节译本,再到后来《史记》的全译本,前后历时百年有余。(李小霞,2015:32)20 世纪以来,越来越多西方汉学界的学者投入到《史记》的译介与研究工作中来,使其呈现出蓬勃发展的态势,这足以佐证这部史学巅峰之作在国际上的影响力。

19 世纪中期,奥地利汉学家菲茨迈耶选译了《史记》的多个章节,零散地发表在《维也纳科学院会议报告》(*Sitzungsberichte der Wiener Akademie der Wissenschaften*)上。这是《史记》最早的德语译本。后来,德国慕尼黑大学的海尼诗(Erich Haenisch,1880—1966)在《亚洲专刊》(*Asia Major*)上发表了其翻译的《史记·陈涉世家》(*Der Aufstand von Ch'en She im Jahre 209v. Chr.*)译文;1962 年,他翻译的《史记》第 75 至 78 卷,刊发在《东方文化论丛》(*Abhandlungen fur die kunde des*)第 34 期上;1965 年,他的译著《信陵君:〈战国策〉和〈史记》中的记载》(*Der Herr von Sin-ling, Reden aus dem Chan-kuo ts'e und Biographien aus dem Shi-ki*)出版,受到了广泛的关注。德国汉学家费雷兹·杰格(Fritz Jaeger,1866—1957)翻译了《史记》82 卷,载入莱比锡《中日研究:安德烈·韦德迈尔诞生 80 周年纪念文集》(*Sino-Japonica, Festschrift Andre Wedemeyer zum 80 Geburtstag*)。但总体而言,《史记》的德译本都相对松散,并没有自成体系。

　　法译本较之德译本显得系统全面得多。其中法国汉学家沙畹的《史记》译本被认为是最具影响力的。1889 年,24 岁的沙畹以法国使团自由随员的身份来到北京,3 年的在华时间使他能专注于《史记》的译介和研究工作。来华一年即出版了《史记·封禅书》(*Le Traite sur les sacrifices Fong et Chan de Sseu-ma Ts'ien*)的译文,随后还翻译了无评语的《史记》初稿。遗憾的是,该书稿最终未能成型出版,现仍保存在纪梅(Guimet)博物馆。沙畹回巴黎后,于 1895—1905 年间出版全部译稿的三分之一,共五卷,包括《史记》中的 47 篇(*Les Memoires Historiques de Se-ma Tsien*),并附有一篇前言、一篇评论和一些附录,该译作被视为西方学界整理中国史部要籍的第一部严谨、精审之作。巴黎梅森内夫出版社(Adrien Maisonneuve)于 1969 年又再版了沙畹的《史记》译本,再版中附有补充的 1 卷。新版译本包括《史记》卷 1 至卷 52,有沙畹去世后遗留的三篇译文(《史记》卷 48 至卷 50)以及他的学生康德谟翻译的第 51、52 卷,戴密微(Paul Demieville,1894—1979)撰写的导言,一个总索引及一个由鲍格洛(Timoteus Pokora,1928—1985)撰写的自 1805 年以来的《〈史记〉译文目录》(*Bibliographies des Traductions du Cheki*)。(李秀英,2006:304)主持法国汉学研究所的吴德明教授(Yves Hervouet,1921—1999)所撰的《〈史记〉卷 117·司马相如列传译注》(*Le Chapitre 117 du Che-ki*,*Biographie de Sseu-ma Siang-jou*)由巴黎法兰西大学联合出版社(Presses Universitaires de France)出版。该译注吸收了中国传统注疏、文学和语文学研究的成果,译文典雅,译风严谨。知名汉学家雅克·班巴诺(Jacques Pimpaneau)同样深受《史记》在中国史学及文学领域非凡价值的启迪,致力于《史记》的续译工作。他在讲述《史记》的翻译心得时,强调"不读司马迁经典的《史记》,吾等的知识就是片面和不完整的",班巴诺教授最终在沙畹之后续译完《史记》的"列传"部分,弥补了无《史记》法文全译本的缺憾。在巴黎友丰书店创办人潘立辉先生(Kim Hun)的主持下,法文版《史记》(*Les Memoires Historiques de Se-ma Ts'ien*)终于完整问世。这一巨著全译本的问世,在传播中国传统经典文化方面功不可没。

　　在英译本方面,《史记》的英文译介更为成熟和全面,且翻译与研究并重,为推进《史记》在西方国家的传播做出了重要的贡献。首次对《史记》进行大规模英译工作的,当属美国汉学家、翻译家华兹生(Burton Watson,1925—2017),他从 20 世纪 50 年代就开始致力于《史记》的翻译工作。1960

年,华兹生以《司马迁:历史学家的神圣职责》(*Ssu-ma Ch'ien:The Sacred Duty of the Historian*)及《历史学家的撰史方式》(*Methods of the Historian*)为题,翻译了《太史公自序》《报任安书》《三代世表》的序以及《大宛列传》等篇,广受好评,并被收录进《亚洲文明导论》(*Introduction to Asian Civilizations*)丛书。1961年,哥伦比亚大学出版社(Clumbia University Press)出版了华兹生翻译的《史记》(*Records of the Grand Historian of China*),该译本被列入联合国教科文组织的《联合国代表性著作选集·中国系列》(*UNESCO Collection of Representative Works:Chinese Series*)。1969年,华兹生又补译了5卷《史记》,主要为先秦时期的人物列传,如《伯夷叔齐列传》《伍子胥列传》《吕不韦列传》等,并从1961年版的《史记》译本中选出与汉朝相关的13卷和一个节选译文,于1969年由哥伦比亚大学出版社出版,修订本于1993年出版,并被列入香港中文大学翻译研究中心的《译丛》(*Renditions*)。(李秀英,2006:304)1993年,香港中文大学出版社和哥伦比亚大学出版社联合出版了华兹生翻译的《史记·秦朝》(*Records of the Grand Historian:Qin Dynasty*),包括《秦本纪》《秦始皇本纪》及秦朝其他十位历史人物的传记。迄今为止,华兹生已翻译了《史记》130卷中的80卷,他的译本被公认为《史记》最为完整的英译本。华兹生的译本贴合读者的阅读品味,兼具学术性和可读性,堪称《史记》译本的典范,得到绝大多数汉学家的赞誉。

另一位对《史记》的传播有突出贡献的美国汉学家是倪豪士(William H. Nienhauser Jr. 1943—)教授,他长期致力于中国古典文学的研究,著述颇丰,影响弥深。从20世纪80年代末起,倪氏便率领他的团队开始了《史记》的英译工作。1994年,美国印第安纳大学出版社(Indiana University Press)出版了倪氏等人翻译的英文版《史记》第1、7卷(*The Grand Scribe's Records Vol.1,Vol.7*),其中第1卷的内容包括:《五帝本纪》《夏本纪》《殷本纪》《周本纪》《秦本纪》《秦始皇本纪和项羽本纪》,第7卷为汉朝之前的列传1-28;2002年,该社又出版了倪氏等人翻译的《史记》第2卷(*The Grand Scribe's Records Vol.2*),主要涵盖《高祖本纪》《吕太后本纪》《孝文本纪》《孝景本纪》《孝武本纪》等;2006年4月出版了第5卷(上)(*The Grand Scribe's Records:The Hereditary Houses of Pre-han China*)。倪氏认为《史记》的英译工作意义重大,并希望在有生之年能译完整部《史记》。倪豪士的《史记》英译本经过了歧义释义的考证,并提供了中日及西方学者的翻

译和研究成果,具有典型的史学研究特征。(李秀英,2006:305)

在美国,1974 年杜为廉(William Dolby)和约翰·司考特(John Scott)翻译了《史记》第 65 至 78、86、126 卷,合编为《司马迁笔下的军阀及其他人物》(*Sima Qian:Warlords,Translated with Twelve Stories from His Historical Records*),由爱丁堡南边出版公司(Southside)出版。1994 年,雷蒙·道森(Raymond Dawson)译注了《司马迁〈史记〉》,节译了第 6、7、28、29、48、85 及第 88 卷,该书作为"世界经典系列丛书"("World's Classics")之一由牛津大学出版社(Oxford University Press)出版。

中国翻译界泰斗杨宪益及戴乃迭夫妇合译了《史记选》(*Selections from Records of the Historian*),收录进《大中华文库》中,该译著选取了《史记》中经典的 24 个章节,译文流畅通俗,面向广大读者群,成为《史记》的经典译本。此外还有不少零星的《史记》英译本,如 1894 年,赫伯特·艾伦(H. J. Allen)在《皇家亚洲学会杂志》发表了《史记卷 1:五帝的起源》(*Historical Records. Chapter 1:Original Record of the Five Gods*)译文;1917 年,夏德(Friederich Hirth,1845—1927)在《美国东方学会会刊》(*Journal of the American Oriental Society*)上发表了《张骞的故事,中国在西亚的开拓者:〈史记〉卷 123》(*The Story of Chang K'ien,China's Pioneer in Western Asia,translated from ch. 123 of Shi-ki*)英译本;1947 年,德弗朗西斯(John DeFrancis,1911—2009)英译了《史记·淮阴侯列传》(*Biography of the Marquis of Huaiyin*),刊登在《哈佛亚洲研究》(*Harvard Journal of Asiatic Studies*)第 10 期;1962 年,鲁道夫(Richard C. Rudolph,1909—2003)在《远东》(*The Far East*)第 9 期上发表了《史记·伍子胥传》(*The Shih chi Biography of Wu Tzu-hsu*)译文。

除了主要的法、德、英译本,《史记》在俄国也产生了深远的影响,不同时期都有汉学家们投身于《史记》的译介和研究队伍中。早在沙俄时期,被后世誉为"俄罗斯汉学的奠基人"的比丘林率使团来华 14 年,在华期间研读、翻译了包括《史记》在内的大量史籍,并撰写了《历史笔记·史记》一文对《史记》加以介绍,该文载入《古代中亚各民族历史资料集》(*Собрание сведений о народах,обитавших в Средней Азии в древние времена*),同书第二卷还译介了《史记》卷 110《匈奴列传》和卷 123《大宛列传》,赢得了很高的赞誉。苏联时期,东方学研究所的阿列克谢耶夫院士(Vasiliy Mihaylovich Aleksyev,1881—1951)率领其团队展开对《史记》的翻译工作。阿列克谢耶夫的《史记》译稿包括《报任少卿书》《太史公自序》《屈原列传》《孔子世家传》《五帝本纪赞》《外戚世家》《管晏列传》等 17 篇，并被多次出版。二战后，中国文学俄译在苏联迎来了新的高潮，一批优秀的汉学家、翻译家，如帕纳秀克（В. А. Панасюк）、越特金（Р. В. Вяткин）、塔斯金（Taskin）、高辟天（А. М. Карапетьянц）、克罗尔（Кролъ，Юрий Львович）、尼基季娜（М. И. Никитина）等都曾节译或译注过《史记》。具体是：帕纳秀克节译了《史记》(45)中包括"列传"在内的 17 种；越特金译了《史记》注释本至第六卷；斯塔金编译了《司马迁〈史记〉》；高辟天分别于 1996 年和 2002 年协助推出《史记》俄译注释本第七卷和第八卷，至此《史记》前 110 篇俄译得以问世；2010年越特金百年诞辰之际，俄译《史记》注释本第九卷问世，宣告第一本俄译《史记》全译本的诞生。后克罗尔、尼基季娜对《史记》俄译注释本加以修订，使之愈加完善。这些俄译本面向普通读者，可读性强，注重再现《史记》的艺术价值。

另外，匈牙利著名汉学家、哲学家、文学理论家杜克义院士（Tokei Ference,1930— ）曾编译过《司马迁史记：李斯列传、伯夷列传、货殖列传、游侠列传、太史公自叙》一书；(马祖毅,任荣珍,2006:118)丹麦奥胡斯大学的古诺·斯万教授（Gunnar O. Svane）凭借着对中文的热爱和坚定的毅力，历时十年将《史记》翻译为丹麦语。

除了日臻繁荣的《史记》译介活动，对《史记》的研究更是呈现出百花齐放、百家争鸣的态势。学者们著书立说，从不同的视角对《史记》展开研究探讨，如 1962 年弗兰克·克尔曼（Frank A. Kierman Jr.）撰写的《从四种战国后期的传记看司马迁的撰史态度》（*Ssu-ma Ch'ien's Historiographical Attitude as Reflected in Four Late Warring States Biographies*）一书，深刻分析司马迁撰著《史记》的思想渊源、政治立场及资料来源等；1978 年巴黎法国东方学出版社（Publications Orientalistes de France）出版的历史学家左景权的《司马迁于中国史学》（*Sseu-ma Ts'ien et l'historiographie chinoise*）一书，对司马迁的生平及创作展开了系统性的探讨；高本汉所撰的《司马迁语言拾零》（*Sidelights on Sima Ts'ien's Language*,1970）、约瑟夫·艾伦所撰的《〈史记〉叙事结构初探》（*Introductory Study of Narrative Structure in the Shiji*,1981）、侯德睿发表的《司马迁〈史记〉的形式与叙事》（*Form and Narrative in Ssu-ma Ch'ien's Shih Chi*,1992）等，则是对《史记》的文学性展开评析；1986 年美国学者杜润德（Stephen W. Durrant）发表

《处于传统交叉点上的自我：司马迁的自传体著作》(*Self as the Intersection of Traditions：The Autobiographical Writing of Ssu-ma Ch'ien*)则对司马迁的哲学思想进行剖析……由此可见，《史记》在西方的传播，已从最初的译介逐渐向纵深的专题研究发展。(李秀英，2006：307)这些学者们在《史记》的外传中发挥着至关重要的作用，他们用自己辛勤的汗水，让世界上更多的人分享到这部伟大的史学巨著。

　　成书于 80 年的《汉书》是继《史记》之后的又一部史学经典力作，由东汉时期著名的历史学家班固编撰而成。《汉书》开创了纪传体史书的新格局，在我国文学和史学上占据着极为突出的地位，堪称后世传记文学的典范。《汉书》在西方国家也备受学者的青睐。早在一百年前，西方学者就开始了对《汉书》的译介与研究工作。西方的道格拉斯、鲍格洛、鲁惟一(Michael Loewe，1922—)，我国的马祖毅、任荣珍、李秀英等学者都曾介绍过关于《汉书》的译介与研究情况。最具影响力的英文译本有英国汉学家伟烈亚力、美国汉学家德效骞(Homer Hasenpflug Dubs，1892—1969)和美国汉学家华兹生的译本。伟烈亚力编译的《汉匈关系史》(《汉书》卷 94)(*History of the Heung-Noo in Their Relations with China，translated from the Ts'een HanShoo，Book 94*)英译本连载于《上海晚邮》(*Shanghai Evening Courier*)上，还编译了《〈汉书〉中的民族信息》(*Ethnological Data from the Annals of the Elder Han*)一书，于 1874 年出版。1880 年，伟烈亚力选译了《汉书》卷 95 的《西南夷与朝鲜的历史》(*History of the South-Western Barbarians and Chaou-Seën，translated from the Ts'een Han Shoo，Book 95*)及《汉书》卷 64 的《严助传》(*Memoir of Yen Tsoo，translated from the Ts'een Han Shoo，Book 64*)，发表于《皇家人类学院院刊》(*The Journal of the Anthropological Institute*)第 9 卷上。伟氏选译的《汉书》卷 96 的《西域传》(*Notes on the Western Regions*)第一、二部分译文分别刊发于《皇家人类学院院刊》1881 年第 10 卷和 1882 年第 11 卷上。

　　美国汉学家德效骞译注的《〈汉书〉注释》(*The History of the Former Han Dynasty：A Critical Translation with Annotations*)，选自本纪部分，共分 3 卷，分别于 1938、1944、1955 年由马里兰州巴尔的摩的韦弗利出版社(Waverley Press)出版。该英译本由成立于 1919 年的美国学会协会(American Council of Learned Society)资助出版。中国人任泰、潘乐知协助翻译，荷兰人戴文达(J. Duyvendak)和范德龙(P. Van Der Loon)为之矫

正润色,是西方选译《汉书》篇目较多的英译本。(李秀英,2007:457)

前文提到的美国汉学家、著名译者华兹生也选译了《汉书》,即《古代中国的朝臣与庶民:班固〈汉书〉选译》(*Courtier and Commoner in Ancient China:Selections from the History of the Former Han by Pan Ku*),该译本包括《汉书》卷 54《李广苏建传》、卷 63《武五子传》、卷 65《东方朔传》、卷 67《杨胡梅云传》、卷 68《霍光金日磾传》、卷 71《外戚传》等,1974 年由哥伦比亚大学出版社出版。华兹生的译本秉承了他一贯流畅自然的翻译风格,未采用直译,且较少加注,注重译文的可读性,再现原著精髓,颇受读者的欢迎。

在德译本方面,德国学者菲茨迈耶、斯坦各(O. H. Stange)等人都选译了《汉书》的部分章节;俄国也重视对《汉书》的翻译,比丘林撰写过《前汉书》的介绍文章,载入《古代中亚各民族历史资料集》,他翻译的《匈奴列传》(《前汉书》第 94 卷上、下)也载入其中。此外,比丘林的《前汉书选》和《朝鲜列传》、波兹德捏耶娃的《前汉书选》及斯捷普金娜的《前汉书选》都是俄译本的典范。

南朝宋时期的历史学家范晔所编撰的《后汉书》周详地记述了东汉时期的历史,是后世研究东汉社会的珍贵史料。这部不朽的史学专著在西方也颇受学者的关注。英国汉学家伟烈亚力也潜心于东汉时期民族史的研究,他节译了《后汉书》中《东夷列传》《南蛮西南夷列传》及《西羌传》等章节,发表在 1882 年的《远东杂志》(*Revue de l'Extrême Orient*)上;法国著名汉学家沙畹选译了《后汉书·西域传》,向西方国家读者介绍班超出使西域大获成功时派遣甘英出使大秦这一历史外交活动,发表在 1907 年的《通报》(*T'oung Pao*)上。

成书于前 17 年的《说苑》是西汉史学家刘向所纂辑,记述了春秋战国至汉代的逸闻轶事,是一部富有文学意味的重要历史文献。德国汉学家卫德明(Hellmut Wilhelm,1906—1990)选译了《说苑》的部分章节("Schriften und Fragmente zur Entwicklung der Staatsrechtlichen Theorie in der Chou Zeit"),1947 年发表在北京的刊物《华裔学志》(*Monumenta Serica*)上。刘向之子刘歆也是西汉时期的著名学者,古文经学的开创者。他所编著的《西京杂记》是一部颇有影响力的古代汉族历史笔记小说集。美国汉学家德效骞对该著作进行了译介,译风严谨,较好地传达了原著的思想性和艺术性,由巴尔的摩的韦弗利出版社于 1938 年出版。

3. 魏晋南北朝、隋唐时期

这一时期是中国封建社会的发展时期,也是中国史学成长并发展的时期。此时史书在数量和种类上都大大超越了前代,史家人才辈出,私人撰史蔚然成风,涌现出许多脍炙人口的史学专著。

《三国志》是魏晋南北朝时期的史家代表作,由西晋著名史学家陈寿所著。这是唯一兼记魏、蜀、吴三国史实而又保存至今的著作,是后世研究三国时期历史的重要文献。作为一部具有世界影响力的史籍,其自然深得西方学者的垂青。早在 19 世纪,西方学者的研究触角就已延伸至《三国志》的译介领域。1834 年,西班牙塞格博士(Padre Segui)的《三国志》(San Kouo tche)西语译本正式出版,开创了《三国志》外译的先河。1886 年,法国著名的东方文化学者莱昂·德·罗斯尼(Leon de Rosny)所翻译的《三国志》(Les Peuples Orientaux Connus des Anciens Chinois)正式出版,成为《三国志》法文版的典范。英国汉学家庄延龄(Edward Harper Parker,1849—1926)对《三国志》给予了高度关注,曾选了《三国志·乌桓传》(The History of the Wu-wan or Wu-hwan Tunguses of the First Century),发表在 1892—1893 年的《中国评论》上。法国汉学家沙畹选译了《三国志》的部分内容,刊登在 1905 年的《通报》及 1906 年的《法国远东学院院刊》(Bulletin de l'Ecole Francaise d'Extreme-Orient)上。德国著名学者阿恩德(Carl Arendt,1838—1902)所选译的《三国志》(Parallels in Greek and Chinese Literature)部分章节刊发在 1886 年的《北京东方学刊》(Journal of the Peking Oriental Society)第 1 期上。

魏晋南北朝时期修史之风极盛,几近潮流,史书的数量和种类都有很大的发展。西方学者的目光也纷纷投向了这一时期的史籍。奥地利汉学家菲茨迈耶、艾士宏(Eichhorn Werner,1899—1991)、汉弥恪(Horst Hammitzsch)等都曾选译过《晋书》,菲茨迈耶还节译了《宋书》《陈书》《南齐书》《北齐书》的部分章节,为西方历史学家研究我国南北朝时期的历史,提供了宝贵的素材。美国东方学家劳费尔(Berthold Laufer,1874—1934)选译了《梁书》(其中两篇译文先后发表于 1915 年的《通报》)和《南史》(发表于 1931 年的《美国东方学会会刊》),这是当时美国为数不多的研究中国南北朝时期历史的文献材料。剑桥大学的高德瑞施教授(又名顾传习,Chauncey Shefter Goodwich)选译了《周书·苏绰传》(Biography of Su Ch'o),由加利福尼亚大学出版社(University of California Press)出版。德国史学家赫尔曼（Albert Herrmann，1886—1945）和瑞典探险家斯文·赫定（Sven Hedin，1865—1952）合译了《北史》（*The Ts'ung-ling Mountains*），1922 年在斯德哥尔摩出版。匹兹堡大学的王伊同教授（Wang Yi-t'ung）也选译了《北史》（*Slaves and Other Comparable Social Groups during the Northern Dynasties*），发表在 1953 年的《哈佛亚洲研究》学报上。

　　隋唐时期，我国的修史水平达到一个新的高度，在我国史学史上具有划时代的意义，《隋书》是现存最早的隋史专著，也是二十五史中修史水平较高的史籍之一。奥地利汉学家菲茨迈耶曾多次节译《隋书》的章节，于 1880、1881、1882 年发表在（*Denkschr. der Akad*）刊物上。荷兰汉学家高延（Jan Jakob Maria de Groot，1854—1921）将《隋书》的部分章节译为法文，刊发在 1886 年的（*Annales du Musee Guimei*）刊物上。德国汉学家白乐日（Etienne Balaze，1905—1963）翻译《隋书·食货志》（*Le traite economique du "Soueichou"*），曾获法国巴黎科学院的"儒莲奖"，所译的《隋书·刑法志》（*Le traite juridique du "Soueichou"*）也得到史学界的认可与好评。（马祖毅，任荣珍，2006：128）

　　成书于 945 年的《旧唐书》虽遭后世贬责颇多，但仍存在着不可抹杀的史学价值。该书史料丰富，史实可靠，叙事翔实，保存了不少研究唐史的一手资料，因而还是受到中外史学家的重视。英国传教士、汉学家艾约瑟选译了《旧唐书·郭子仪》（*Kwo Tsi Yi*），发表在 1903—1904 年的《亚洲文会北华分会年刊》（*Journal of the North-China Branch of the Royal Asiatic Society*）上。法国汉学家伯希和（Paul Pelliot，1878—1945）曾师从沙畹，致力于中国史学的研究。他负责主编《通报》，其大部分译文发表在该期刊上。他选译的《旧唐书》（*Notes sur Quelques Artistes des Six Dynasties et des T'ang*）发表于 1923 年的《通报》上，影响力较大。法国汉学家戴遂良在献县生活期间，选译了《旧唐书》（*Textes Historiques*，Ⅱ）；德国汉学家赫尔德（Alexandra Herder）和莱辛（Ferdinand Lessing）都曾选译过《旧唐书》章节，分别发表在 1930 年和 1934 年的（*Sinica*）；澳大利亚的汉学开创者莱德敖（J. K. Rideout）翻译了《旧唐书》中关于"宦官制度"的章节（*The Rise of Eunuchs during the T'ang Dynasty* Ⅱ），刊登在 1952 年的《亚洲专刊》上；荷兰汉学研究者克拉梅尔斯（Robert Paul Kramers）博士从事有关孔子和儒学的系统研究，在 1955 年的《东方文化》（*Journal of Oriental Studies*）上发表了其翻译的《旧唐书》中关于"儒学的保护与传承"的内容

（*Conservatism and the Transmission of the Confucian Canon*）；美籍语言学家李方桂（Fang Kuei-Li，1902—1987）所著的《唐蕃会盟碑（821—822）考释》（*The Inscription of the Sino-Tibetan Treaty of 821-822*）取材于《旧唐书》，对研究汉藏关系的历史提供了极有价值的参考文献。

相比于《旧唐书》，《新唐书》在体例、剪裁、文采等各方面都有所完善，是我国正史体裁史书的一大开创，也被许多汉学家们译介为多国文字。菲茨迈耶选译了《新唐书》的多个章节，发表在 *Denkschr. der Akad* 期刊上；英国汉学家庄延龄热衷于道教研究，选译了《新唐书》中的《中国早期的道教》（*The Early Laos and China*），发表在 1890—1891 年的《中国评论》上；法国汉学家伯希和所翻译的《新唐书》中的《交广印度两道考》（*Deux itineraires de Chine en Inde*），探讨了南诏史上的一些问题，发表在 1904 年的《东方与非洲研究学院通报》（*Bulletin of the School of Oriental and African Studies*）第四期上，是研究南诏历史的重要文献；沙畹选译了《新唐书》中的《从博宁拓片到中亚十件汉文碑铭》（*Dix Inscriptions Chinoises de l'Asie Centrale*），发表于 1902 年的巴黎，另选译了《西突厥史料补注》（*Notes additionnells sur les Tou-Kiue Occidentaux*），对研究西域文化十分具有参考价值。此外，美国东方学者、藏学家劳费尔在其翻译的《吐蕃的鸟卜》（*Bird Divination among the Tibetans*）中介绍了吐蕃地区特殊的占卜文化，取材于《新唐书》，发表在 1914 年的《通报》上。奥地利学者李华德（Walter Liebenthal，1886—1982）于 1947 年发表的《云南楚文铭刻和重要的塔的建立年代》（*Sanskrit Inscriptions from Yunnan*，Ⅰ）一文，载辅仁大学《华裔学志》（*Monumenta Serica*）第七卷；美国哥伦比亚大学语言与文化系教授、著名学者狄培理（William Theodore de Bary，1919—2017）所编撰的《新儒学的重估》（*A Reappraisal of Neo-Confucianism*）一文，均选材于《新唐书》。他们的译作成为向西方介绍唐代思想史、民族史、地方史的有力载体。

英国东方学家卜士礼（Stephen Wootton Bushell，1844—1908）选译了《新旧唐书合钞》中有关吐蕃早年历史的章节（"The Early History of Tibet"），刊登在 1880 年的《皇家亚洲学会杂志》第十二卷上。美国学者宾板桥（Woodbridge Bingham，1901—?）曾选译了《隋书》《新唐书》与《旧唐书》。在此基础上对隋唐历史进行研究，并译撰了《唐朝的建立——隋亡唐兴初探》（1941 年）。（黎难秋，2006：624）俄国东方学家布莱资奈德（E. V. Bretschneider，1833—1901）对中西交通史的研究较为关注，曾选译了《新旧唐书合钞》中有关中国古地名研究的章节,发表在 1870 年的《中国与日本问题解答》(*Notes and Queries on China and Japan*)刊物上,次年在伦敦出版了其编译的《中国古代阿拉伯人所拥有的知识》(*On the Knowledge Possessed by the Ancient Chinese of the Arabs*),也取材于《新旧唐书合钞》。

4. 宋元时期

这一时期由于政治经济及民族关系的发展,史学也得到了更进一步的发展。史书的编撰和历史文献的整理研究,都取得了新的成就。不论从史书的体裁、体例,还是从史书的内容、取材上讲,这些文献都各具特色,呈现出多姿多彩的风貌。(白寿彝,2004:163)许多西方汉学家纷纷把目光投向了宋元时期的中国史书,译介成果令人欣慰。

巴黎大学高等研究实验学校经济和社会科学部为纪念法国著名汉学家白乐日,从 1970 年起出版两套宋史研究丛书,由弗朗索瓦·奥本(Francoise Aubin)编辑。两套丛书的名称分别是《历史和制度》与《文明》,分卷出版。(马祖毅,任荣珍,2006:128-129)美国的东方学者埃文斯(E. Evans)选译了《南宋史》(*History of the Southern Sung*),发表在《教务杂志》上。美国东方学家魏特夫(Karl August Wittfogel,1896—1988)1935 年来华,与胡适、陶希圣结识,潜心研究中国的社会与历史,颇有建树。他曾与我国著名学者冯家升合作,在选译《新唐史》与《新五代史》的基础上,撰写了《中国社会史——辽(907—1125)》(*History of Chinese Society,Liao*,907—1125)一书,于 1949 年出版。美国哈佛大学教授、元代史研究专家弗兰茨·舒尔曼(Herbert Franz Schurmann,1926—2010)选译了《元史》中的《元代经济结构》(《元史》第 93、94 卷译文),载入《哈佛-燕京学社研究》(*Harvard-Yenching Institute Studies*)第 16 卷,于 1956 年出版。

法国著名汉学家宋君荣在华期间,致力于中国文化与科技的研究。他是法国研究元史的先驱者之一。他的首部译著是《中国征服者成吉思汗、蒙古五朝及元诸帝史》(*Histore de Geulchiscan et de toute la dyannastie des Mongon,ses Successeurs,conquerants de la Chine*),该译著是根据官修的《元史》及《续弘简录》等文献编译的,1739 年出版于法国巴黎。这部译著客观再现了历史问题的真实性,让更多西方国家了解中国的元代历史。出版者评论说:"著作显示了他(宋君荣)的才能,从中我们感受到作者对中国历史和著作的全部兴趣,一种自然质朴的兴趣。"(马祖毅,任荣珍,2006:133)

沙俄时代汉学家罗拉第(O. Palladius,1817—1878)为传播满蒙文化做出了突出的贡献。19世纪60年代后期,他选译了《元朝秘史》《皇元圣武亲征录》《蒙古游牧记》等著作,为西方史学家研究元代历史提供了不可多得的参考文献。苏联蒙古学家、东方学者潘克拉多(或译为潘克甫 Панкратов, Б. И. 1892—1979)于1922—1929年对《元朝秘史》的初稿进行翻译,1962年出版。此外,法、德、意、美等国家的学者也加入到《元朝秘史》的译介研究队伍中。德国汉学家、蒙古学家伯希和教授多年搜集研究《元朝秘史》各种抄本,其对元史研究最突出的贡献是对《元朝秘史》蒙文本的复原及卷1~6的法译本,于1949年在巴黎出版。艾里赫·海捏什,德国蒙古学及满学的先驱者,多年潜心于《元朝秘史》的译介研究,1941年出版了《元朝秘史》(Yuan-Ch'ao pi-sh)拉丁文标音、德文译注本。意大利著名蒙古学及元史学家罗依果(Lgor de Rachewiltz,1929—?)多年悉心于《元朝秘史》的整理工作,从20世纪70年代到80年代中期的十年间,以连载的形式陆续发表了这部13世纪著名元朝史籍的全部英译文。美国蒙古学的开山鼻祖费·柯立甫(Francis Woodman Cleaves,1911—1995)是资深的蒙古佛教确立史、元代史籍及《元朝秘史》(The Secret History of the Mongols)的英译者。柯立甫是美国哈佛大学的功勋教授,他对蒙古史研究的卓越贡献使哈佛大学在20世纪五六十年代成为举世瞩目的蒙元史研究中心。此外,匈牙利、捷克、土耳其等国家的学者,也都有《元朝秘史》的研究成果存世。

　　另外值得一提的是,由萨囊彻辰所编撰的《蒙古源流》提供了元末至清初蒙古大汗的完整系谱,是反映蒙元时期历史的重要史书。《蒙古源流》的版本之多、流传之广,是其他蒙文史籍所不及的,是中外学者继《元朝秘史》之后的另一个研究热点。前文所提到的德国蒙古学家海捏什也将研究目光聚焦在《蒙古源流》上,他以博士论文《汉文版〈蒙古源流〉与蒙古原文的比较》(Die Chinesische Redaktion des Sanang Setsen,Geschichte der Ostmongolen,im Vergleiche mit dem mongolischen Urtexte)奠定了后来主要研究方向的基础。汉学家施密特(Issac. J. Schmidt,1779—1847)选译了《蒙古源流》(Geschichte der Ost-Mongolen und ihres Furstenhauses verfasst von Ssanang Ssetsen Chungtaidschi der Ordus),其德文译注完成的时间早,为西方学者认识《蒙古源流》创造了条件。

　　苏联汉学家王西里院士(V. P. Vasiliev,1818—1900)翻译的《蒙鞑备录》、传教士比丘林翻译的《元史和通鉴纲目》、法国汉学家微席叶(A. Vissiere,1858—1930)选译的《元记》、沙畹在《通报》上发表的译文《元代碑文及圣谕》等,亦是西方研究元代历史的重要史料。

5. 明清时期

明清时期是我国封建社会的最后阶段。随着思想领域的不断活跃,这一时期的史学发展也日趋多元化。文化普及、出版业的发达,史学思潮、启蒙思想的发展,促进了史学的发展。实录的广泛传播、明清朝代的更替,则促进了当代史编纂的繁荣。

《明史》是二十四史最后一部,其修撰时间之久、用力之勤、记述之完善大大超过了前代诸史,为后世史学家广为赞誉,也被不少西方汉学家所译介。华裔德籍汉学家刘奋明(Foon Ming Liew)博士以中国明朝历史为自己的研究方向。1984 年以《明代的屯田》获博士学位,1992 年以《明代兵志译注》获教授资格,并致力于《明史》的翻译。(马祖毅,任荣珍,2006:128)波鸿大学东亚学院(Fakultät für Ostasienwissenschaften, Ruhr-Universität Bochum)高级讲师赫尔策尔(Rudorf Herzer)主修明代历史,他所翻译的《明史·礼乐志》对于西方国家研究中国明代的礼乐史实具有重要的史学价值。俄国对中国明代史学的研究也较早。1823 年,利波菲索夫(E. Lipofzoff)的俄译本《明史》(*History of the Ming Dynasty*)于 1823 年在圣彼得堡出版,在俄国史学界引起了很大的反响。

众所周知,郑和下西洋是明朝初年震撼世界的大事件。苏州人黄省曾所撰的《西洋朝贡典录》是记录这次航海活动的重要著作。该书对马欢的《瀛涯胜揽》、费信的《星槎胜揽》进行了校正与补充。《西洋朝贡典录》问世后,被不少欧美人士翻译出版。英国学者梅耶斯(W. F. Mayers,1839—1876)将《西洋朝贡典录》以《十五世纪印度洋上的中国探险队》(*Chinese Explorations of the Indian Ocean during 15th Century*)为题译成英文。法国汉学家伯希和也对包括《西洋朝贡典录》在内的四本文献(另外三本为《岛夷志略》《瀛涯胜揽》《星槎胜揽》)进行志书学的考证工作,并对译文重新加注。该论述题为《十五世纪初年中国人的大规模航海》(*Les grands voyages maritimes chinois au début du 15ème siècle*),发表在《通报》1933 年第 30 期上。历史学家冯承钧对该译文进行了翻译,另起标题为《郑和下西洋考》(*Les grond voyages maritimes chinois an dé but du xve siecle*),成为研究郑和下西洋这一重大航海活动的重要史料,为史学界所重视。

清史虽生存在古代史和近代史的夹缝之中,却具有与历代史学研究同等重要的地位,因为它为西方国家了解我国封建社会晚期的社会状况提供了极为宝贵的参考文献,因此这些史籍文献在西方史学界也被广为推崇。

德国学者郝爱礼(Erich Hauer,1878—1936)将清代官修编年体史书《皇清开图方略》译为德文(*Huang ts'ing kai kuo fang lüeh*),1926 年在柏林与莱比锡同时出版。这是记叙清朝建国史实的史书,对了解清朝初期历史具有一定的价值。俄国汉学家奠基人梁捷夫(又译阿列克谢·列昂季耶维奇)于 1743 年作为俄国东正教第三届驻北京传教士团学员来华学习满汉语言。他凭借出色的语言天赋,很快进入理藩院任满语通译工作。1757年,梁捷夫受命协助另一位卓越的汉学家罗索欣翻译 16 卷本《八旗通志》,罗索欣去世后,梁捷夫继续完成了余下的 11 卷翻译工作,并编辑了第 17卷——注释卷。1784 年,代表 18 世纪俄国对华研究最高水平的《八旗通志》正式出版。同时他还译过《大清律》《大清会典》《雍正朱批谕旨》等文献,为俄国研究中国清史提供了宝贵的资料。

俄国汉学研究泰斗比丘林在华期间翻译了《大清一统志》,回国后又译过《大清会典》《蒙古律例》等清史文献,其史学价值为中西清史研究学者所称道。法文版的《大清会典》则由法国汉学家鲍狄埃(Guillaume Pauthier,1801—1873)所译,1841 年在巴黎出版。英译的《八旗通志》和《大清一统志》曾载于 1883 年在广州发行的英文期刊《中国丛报》上。美国公理会教士、汉学家恒慕义(Hummel Arthur William,1884—1975)主编了《清代名人传略》(*An Introduction of Eminent Chinese of the Ching Period*),收录清代近 300 年间约 800 名著名人物,该著于 1943—1944 年在华盛顿出版,1964 年在台北再版。全书集当时国内外研究之大成,并引用不少外文史料,弥补了汉满文史料不足之处。出版后在国际学术界产生了较大反响,一直被列为研究清史的重要参考书。

翻译清帝圣谕者也不在少数。德国伟大的科学家和思想家莱布尼茨(G. G. Leibniz,1646—1716)极力推崇中国的历史、思想与文化,他于 1697年编著过《中国近事》一书,将康熙皇帝在 1692 年颁布的准予西洋人在华传教的上谕译成了拉丁文,一定程度上推动了中西在宗教和文化上的交流互补。《圣谕广训》是雍正二年(1724 年)出版的官修典籍,该典籍源于康熙皇帝的《圣谕十六条》,雍正帝加以推衍解释,为清代国教。《圣谕广训》曾被译介为多种文字:俄译本有列昂季诺夫(L. Leontiev,1716—1786)译本(1778年)、阿历克赛·阿加芬诺夫译本(1788 年);法译本有格拉蒙特(J. de Grammont)译本(1799 年)和帛黎(A. T. Piry)译本(1879 年);英译本有米怜译本(1817 年)、威妥玛译本(1859 年)、鲍康宁(F. W. Baller)译本(1892 年)及翟理斯节译本(1923 年);德译本有卫礼贤译本(1904 年);意大利译本主要是莫尼耶(Successori Le Monnier)译本(1880—1883 年);葡译本为伯多禄(Pedro Nolasco Silva)译本(1903 年)。而在以上诸多外文译本中,通行较广且影响较大的主要是米怜译本与鲍康宁译本。然米怜译本只是单纯翻译,注释甚少,而鲍译本对《圣谕广训》(The Sacred Edict)进行编译,已然成为西方人士学习汉语的读本。

又如美国藏学专家塞缪尔·特纳(Samuel Turner,1749—1802)、英国来华使者托马斯·当东(George Thomas Staunton,1781—1859)、法国在华传教区司库郭弼恩(Charles Le Gobien,1653—1708)翻译了《乾隆皇帝圣谕》;英国传教士马礼逊翻译了《圣谕广训(嘉庆帝)》(Testament of Kiakhing);西班牙耶稣会士管宜穆(Jerorme Tobar,1855—1917)曾将光绪与慈禧的《上谕》(Serie d'Orient)译为法文;法国领事花芬嫩(Fernand Roy)翻译了宣统帝的《上谕》(Siuan-t'ong),长达 142 页,于 1912 年出版。这些译本普遍通俗易懂,流传较广,便于西方传教士的理解和阅读,成为他们在华学习汉语的教材。

6. 近代时期

中国近代史是一部中国人民救亡图强、实现自由民主的探索史;是一部中华民族抵御外侮,打倒帝国主义以实现民族解放,打倒封建主义以实现人民富强的斗争史。因此这一时期,史坛上出现了一批与民族命运密切相关的史著,体现了该时期史学界强烈的时代感与使命感。与此同时,我国近代史史料被译介为西文的也不少,足见西方史学界对我国近代史的关注。

由清代思想家、历史学家和文学家魏源所著的《圣武记》通过对清政府的一些重大军政活动的记录与评述,表明魏源御侮图强的思想,具有近代史学的意义。美国公理会教士裨治文在 1850 年 5 月号的《中国丛报》上发表了关于《圣武记》的介绍文章;法国学者于雅尔(Camille Imbault Haurt,1857—1897)多次选译了《圣武记》,分别于 1878、1889 年发表在期刊《亚洲杂志》上;英国汉学家庄延龄也曾选译过《圣武记》中的部分章节,刊发在 1887—1888 年的《亚洲文会北华分会年刊》上的《1842 之前中国的军事机构》(The Military Organization of China Prior to 1842)以及《中国人论鸦片战争》(Chinese Account of the Opium War),于 1888 年由别发印书局(Kelly & Walsh)出版;法国学者冉默德(Maurice Jametel,1856—1889)选译了《圣武记》中的《国朝绥服西藏记》（*Histoire de la Pacification du Tibet sous le Régne de I'Empereur Kien-long*），刊发在 1882 年的《远东杂志》上；德国汉满学家海尼士也曾在 1913 年第三期的《通报》上刊发其选译的《圣武记》章节（*Bruchstücke aus der Geschichte Chinas unter der Mandsch-Dynastie*），让更多欧洲学者认识到该文献的史学价值。

《庚子西狩丛谈》是由吴永口述、刘昆笔录而成的历史文献，讲述 1900 年八国联军侵华时慈禧太后和光绪帝被迫出逃的经过。其间对一些政变要闻、宫廷内幕、权臣钩心斗角记录甚详，"中外推崇，视为信史"。美国南浸传道会女教士蒲爱德（Ida Pruitt，1888—1985）将《庚子西狩丛谈》译为英文，书名为 *The Flight of an Empress*，1936 年由耶鲁大学出版社（Yale University Press）出版。

西方一些学者和传教士将关注的焦点投向了"太平天国"，对太平天国的一些文件进行译介。英国著名汉学家麦都思之子麦华陀（Sir Walt Henry Medhurst，1823—1885）1839 年来华，曾任翻译和领事。在华期间，他将太平天国的诸多文件，如《太平天国谕旨》《太平天国告示》《太平天国南京公告》《太平天国原道救世歌》《原道醒世训》《原道觉世训》等译介为英文，连续刊载于《北华捷报》1853 年 4—8 月各期上。正是他对太平天国的关注，后才受派访问太平天国的首都天京。英国驻华使馆李华达（Walter Thurlow Lay，1840—1917）英译了《忠王自传》（*The Autobiography of the Chung-Wang*），1865 年由上海美华书馆出版，这些译稿对西方读者了解太平天国起了良好的作用。

历史学家梁敬錞（1893—1984）对中国近现代史研究卓有成就。他将其所著的《辛亥革命》（*The Chinese Revolution of 1911*）一书译为英文，由圣约翰大学出版社（St. John's University Press）于 1962 年出版。法国汉学家戴遂良所编著的《现代中国》（*China Mordeme*，1921—1932）向读者展示了一部有关辛亥革命资料的编年史。美国传教士、汉学家毕范宇（Francis Wilson Price，1895—1974）于 1929 年英译了孙中山先生的《三民主义》（*Sun Yat-sen's Three Principles of the People*），由商务印书馆出版。德国研究孙中山的专家席尔奈尔（H. Scherner）翻译出版了《孙逸仙文集》（*Sun Yatsen，Reden und Schriften*），撰写过不少关于孙中山先生的文章，如《论孙逸仙的历史观》《孙逸仙与十月革命》《孙逸仙的政治思想中的传统与革新》等。（马祖毅，任荣珍，2006：145）中国译者韦荣翻译了《孙文学说》（*The

Cult of Dr. Sun；*Sun Wen Hsueh Shu*），1931 年发表于上海的《独立周报》
（*The Independent Weekly*）。万燦德译了孙中山民族主义方面的论说，于
1927 年在柏林以书名 *Die Drei Natioanlen Grundlehren* 出版。（黎难秋，
2006：612）著名社会学家许仕廉编译了《吾志所向：孙中山的政治社会理
想》，该书几乎囊括了孙中山先生政治生涯中所有具有里程碑意义的经典著
述和演讲，是 20 世纪 30 年代国民政府向国际社会宣传孙中山思想的官方
版本。这些史料对于西方学者研究辛亥革命具有极为重要的参考价值。

　　这一时期一些官方报纸也颇具影响力，成为外国人接触和了解中国社
会状况的重要渠道。这其中，北洋政府时期的《京报》堪称京城名报，其销量
之广、影响力之大，在当时报界无出其右。以在华传教士为代表的译者群体
在广泛阅读《京报》的基础上，摘译或节译部分文本，并融合自己的评论，从
而成为外国人借《京报》以了解中国社会，进而展开外事活动和文化交流的
惯常做法。（王海，王乐，2014：32）

　　英国传教士马礼逊开创了对《京报》进行译介和分析的先河。其译文发
表在《印中搜闻》、《广东记录报》、《华人差报与广东钞报》（*Chinese Courier
and Canton Gazette*）、《广州杂志》（*The Canton Miscellany*）、《中国丛报》等
英文报刊上。此外，他还出版了《京报》英译合集《中国风》（*Horace
Sinicae*），旨在揭开中国封建帝国的神秘面纱。马礼逊之子马儒翰（John
Robert Morrison，1814—1843）也通过翻译《京报》来获悉大量有关清朝政
府的信息。英格利斯（Robert Inglis）、威妥玛、托马斯（P. P. Thomas）、梅辉
立、卫三畏等都曾节译或编译过《京报》，麦都思还将所翻译的《京报》文本合
集出版——《京报节译》（*Excerpts from Peking Gazettes*，1853—1856）。

　　实际上，在 19 世纪 20 年代，《京报》译文就已经进入英国民众的视野，
一些颇具影响力的报刊，如《大不列颠及爱尔兰皇家亚洲学会会刊》
（*Transactions of the Royal Asiatic Society of Great Britain and Ireland*）
和《泰晤士报》（*The Times*）等都刊载了《京报》译文，便于外国人了解中国
的国情和信息。而 30 年代以后有关《京报》的评论及译文多集中在《中国丛
报》《北华捷报》《字林西报》（*North China Daily News*）等报刊及其《京报〉
摘译》栏目上。这其中，由美国传教士裨治文在广州创办的"百科全书"式英
文月刊《中国丛报》刊登了一系列《京报》译文，这些译文或节译或编译，如有
特殊需要，也会将《京报》的内容完整地翻译出来。（尹文娟，2005：75）《中国
丛报》中许多关于中国的时政报道，皆源于《京报》。这为后世考察《京报》的

外译活动提供了系统的语料。

另外,《申报》《北洋公报》《民立报》《时报》《庸言杂志》等一批具有广泛影响力的报刊也被编译成英、法、俄等多国文字,刊登在《中国评论》《国家评论》(*The National Review*)等汉学期刊上,为在华外国人提供了解中国社会、研究中国问题的珍贵素材,也是西方国家获取中国信息的重要渠道及开展外事活动的有力凭证。

华夏文明在其漫长的历史长河中,留给世人浩如烟海的历史典籍。历史在以文史哲为宗的中国思想文化中具有突出的地位,中国历史典籍的对外翻译是中国文化"走出去"、凸显中西文化大融合的重要途径。在"东学西渐"的进程中,一批汉学家、宗教人士与有力焉。他们将中国各个历史时期的典籍文献译介为多国文字,让世界更多的读者了解这个泱泱大国的过去与今朝,共享中华民族的文化精华,与世界同此凉热。千余年来的史书之外译,受到史学界、翻译界、学术界的共同关注,并得到各界的大力支持。这些外译的史籍不胜枚举,自然在本章节中无法一一详述,涓滴不漏。但从选取的材料不难看出,我国历史典籍已引起了西方学术界的高度关注,译介与研究状况日益兴盛,令人欣慰。今后也将有越来越多的国内外专家学者投身于中国史书的译介与研究工作,让更多人共享这一宝贵的精神财富。

第四节 《史记》译本评析

一、《史记》、作者司马迁及译本简介

(一)作者生平及《史记》主要内容

《史记》,又称《太史公记》,是司马迁撰写的史学名著,成书于公元前104年至公元前91年。《史记》被列为"二十四史"之首——中国古代各朝撰写的二十四部史书的总称,上起传说中的黄帝(约公元前2550年),止于明朝崇祯十七年(1644年),计3,213卷,约4,000万字,被历朝历代纳为正

统的史书①——在中国历史界、文学界均占据着举足轻重的地位。

《史记》作者司马迁为中国西汉时期伟大的史学家。他出生于史学世家，其父司马谈在汉武帝在位时期任太史令，主掌史事的记载、史书的编写，兼管国家典籍、天文历法、祭祀等②。在父亲的影响下，司马迁十岁便能诵习古文。他还是著名儒家学者孔安国及董仲舒的学生。司马迁二十岁时开始游历天下，在此期间收集到许多日后他撰写《史记》用到的宝贵一手资料。

公元前110年，司马谈病重。弥留之际，他嘱咐司马迁将自己未完成的史学编撰计划继续下去。受父嘱托，司马迁于公元前104年开始了《史记》的撰写工作。不幸的是，公元前99年，司马迁被卷入李陵事件。为了完成自己太史公的使命，司马迁毅然选择了以腐刑赎身死，在坚忍与屈辱中更加投入地继续《史记》的书写。

公元前91年，司马迁终于完成了《史记》。全书包括十二本纪（记叙帝王生平与政绩）、三十世家（记载诸侯史迹，尤以春秋战国时期为主）、七十列传（记载历史名人事迹、周边民族及彼时与汉朝交往的国外民族的情况）、十表（大事年表）、八书（记载诸如礼仪、音乐、天文、宗教、经济等），共一百三十篇，计五十二万六千五百余字。③，司马迁创立了史书新体例"纪传体"，即以为人物立传的方式，按时间顺序记叙史实。《史记》中人物传记的排列以时间为序，同时兼顾各传记之间的内在联系，遵循"以类相从"的原则，若同一件事涉及好几个人物，便集中一处详叙，在别处略而不叙，有时以"语在某某事中"注明。这种"互见法"既避免了重复，又突出了人物的主要性格④。

虽然司马迁时任朝廷史官，《史记》却并不体现汉武帝之意志，书中所记载的并非仅有王公贵族，也有很多中下层人物的事迹，被视为对当朝统治黑暗面的如实记述。《史记》反映了司马迁先进的史学观以及对社会现实的公正批判，主要体现在以下四个方面：对封建统治阶级，尤其是汉朝最高统治阶级的揭露；对人民反抗封建专制的同情；对社会中下层人民的颂扬；以及对众多爱国英雄事迹的记叙。

---

① 二十四史. [2017-01-01]. http://baike. baidu. com.
② 太史令. [2017-01-01]. http://baike. baidu. com.
③ 《史记》简介. [2017-01-01]. http://www. cssn. cn.
④ 史记. [2017-01-01]. http://baike. baidu. com.

（二）《史记》在历史和文学上的重要意义

在《史记》之前，史书都以编年体著成，而《史记》通过"本纪""列传""书"这样的编排分类，首创了纪传体编史方法，对后世的史书编纂影响深远。司马迁纂通史的思路也启发了如郑樵（著有《通史》）、司马光（著有《资治通鉴》）等史学家。

同时，《史记》还是一部优秀的文学著作，具有很高的文学价值，被尊为传记文学的范本，亦是全世界研究中国古典名著的"教科书"。在唐宋新古典运动时期，司马迁的这一著作成了各类散文的典范，颇受追捧。其出色的人物刻画及情节铺叙还对古代小说——尤其是唐朝至明朝时期古典短篇小说及白话小说的创作产生了深刻影响①。司马迁对人物的塑造尤为精湛，善用史实突出人物性格特征，刻画出众多特色鲜明、形象饱满的历史人物。他既纂史，又写人，将历史事件与人物事迹巧妙融合，常以某一矛盾尖锐的困境为背景，对人物当时当境的所言所行展开描述。《史记》中普遍运用对话描写，更进一步渲染了氛围，使叙述更加生动、真实。

《史记》叙事简洁，用词精练，风格简朴，言语浅白。着笔时而幽默，时而悲壮，时而嘲讽，时而愤懑，既是对现实的揭露，也寄托着作者本人的爱憎情感。鲁迅曾赞《史记》为"史家之绝唱，无韵之离骚"，此可谓对其精确、全面的评价。

《史记》还为后世留下了无数生动的故事和著名的成语典故。"鸿门宴""荆轲刺秦王""将相和""完璧归赵""霸王别姬"等故事在中国可谓家喻户晓，而"负荆请罪""破釜沉舟""刎颈之交""纸上谈兵""图穷匕见""明修栈道，暗度陈仓""指鹿为马""桃李不言，下自成蹊""四面楚歌""不鸣则已，一鸣惊人"等成语和典故更是脍炙人口。

（三）《史记》的传播

突出的历史文学成就使得《史记》被翻译成多种语言在世界范围内传播。主要有德语、法语、俄语、匈牙利语、英语及日语译本。就英语来说，目前有三个影响比较大的版本：一是伯顿·华兹生（Burton Watson）的译本

---

① Sima Qian.［2017-01-01］. http://en. wikipedia. org.

《史记》(又译《太史公记》,*Records of the Grand Historian*),二是杨宪益、戴乃迭的译本《史记节选》(*Selections from Records of the Historian*),三是由威廉·倪豪士(William H. Nienhauser, Jr.)主编、若干名翻译家共同执笔的《史记》(*The Grand Scribe's Records*)。(李秀英,2006a:303-305)

　　西方学者对《史记》及其作者司马迁也有多方面的研究。主要的研究领域包括:司马迁史学态度,司马迁哲学思想,《史记》记载的秦史,《史记》部分内容可靠性的质疑,《史记》文学性等。(李秀英,2006a:305-307)

　　(四)对《史记》翻译的相关研究

　　《史记》在中国历史文学中占据着毋庸置疑的重要地位,《史记》的翻译也层出不穷。然而,对《史记》翻译的相关研究却相对有限。倪豪士对《史记》的翻译进行过一些研究,但只有对《史记》现代译本情况的概述、对《史记》翻译状况的总结、对主要译本的介绍以及对《史记》翻译的述评。(李秀英,2006a:303)当前《史记》研究多集中在《史记》注释及其可靠性、文学性(文体、结构、记叙方式、人物塑造等)、意识形态、考古学证据、作者司马迁生平等方面,而对其翻译——翻译技巧及策略等——展开的研究却相对匮乏。造成这种结果的主要原因当然是由于《史记》篇幅长、文风古、内容丰富且文化内涵深,以致要对《史记》译本进行系统全面的研究分析几乎是不可能的。然而,只有对译本进行分析研究,才能更好地赏析这部著作并使其更好地传播。我们可以对译本本身进行有效的分析,试着找出其中规律性的模式。而对译本中难免存在的误译,也应考究并探索造成误译的原因。另外,我们还应当指出译本的不足之处,并对作者有意采取的翻译策略做出评判。

　　二、《史记》英文译本纵览

　　(一)《史记》主要英文译本一览

　　如上所述,《史记》英文译本主要有以下三部:伯顿·华兹生(以下简称华兹生)的译本《史记》,二是杨宪益、戴乃迭(以下简称杨)的译本《史记节选》,三是由威廉·倪豪士(William H. Nienhauser, Jr.)主编的《史记》。这三部译本中,华兹生和杨的译本都是节选翻译,而倪豪士的译本是全本翻译。(李秀英,2006a:303-305)

　　华兹生早在20世纪50年代就开始了《史记》的翻译工作,目前他已完成全书 130 卷中 80 卷的翻译(李秀英,2006a:304)。华兹生对《史记》的文学价值表现出极大的兴趣,因此,他翻译的多为能反映司马迁时期历史特色、人物品性且富有文学色彩并对之后的文学发展有深远影响的部分。而对于其中涉及医学的一些章节,以及专业化性质比较突出的"书""表"等,他无意涉猎。(李秀英,2006b:53;Watson,1995:199-206)值得一提的是,华兹生的译本是目前已出版的《史记》英译本中最完整的,且被收录在联合国教科文组织(United Nations Educational,Scientific and Cultural Organization,简称 UNESCO)的"中国翻译系列丛书"(Chinese Translation Series)中。

杨宪益对《史记》的翻译同样开始于 20 世纪 50 年代。他和戴乃迭选取了《史记》原著中他们认为最有趣、故事性最强、最能体现人物特色且最富修辞色彩的部分进行翻译,如《项羽本纪》《陈涉世家》《留侯世家》《孙子吴起列传》等。杨还翻译了一些人物列传,如《刺客列传》《游侠列传》《滑稽列传》等。(William H. Nienhauser,Jr. ,1991:35-39;1996:1-51)

1994 年,倪豪士出版了《史记》的卷一(Vol. 1: The Basic Annals of Pre-Han China)及卷七(Vol. 7: The Memoirs of Pre-Han China),标志着《史记》全本翻译工作的展开。2002 年,The Grand Scribe's Records 的卷二(Vol. 2: The Basic Annals of Han China)出版;2006 年。卷五(上)[Vol. 5(Ⅰ): The Hereditary Houses of Pre-Han China]出版。第一卷(Vol. 1. The Basic Anndals of Pre-Han China)译介内容分别是《五帝本纪》《夏本纪》《殷本纪》《周本纪》《秦本纪》《秦始皇本纪》《项羽本纪》,第七卷(Vol. 7 The Memoirs of Pre-Han China)为汉朝以前的列传 1 至 28;第二卷(Vol. 2 The Basic Annals of Han China)为《高祖本纪》("The Exalted Emperor,Basic Annals 8")、《吕太后本纪》("Empress Dowager Lü,Basic Annals 9")、《孝文本纪》["The Filial and Cultured (Emperor),Basic Annals 10"]、《孝景本纪》["The Filial and Luminous (Emperor),Basic Annals 11"]、《孝武本纪》["The Filial and Martial (Emperor),Basic Annals 12"]等;第五卷(上)[Vol. 5(I) The Hereditary Houses of Pre-Han China]主要内容是汉以前的世家(李秀英,2006a:305)。2008 年,《卷八:汉朝列传》(Vol. 8 The Memoirs of Han China)出版。翻译工作当前仍在继续。

（二）华兹生对《史记》的翻译

1. 华兹生《史记》翻译的主要阶段

华兹生对《史记》的翻译工作总体可分为四个阶段。第一阶段是从1951 年英译《游侠列传》获得硕士学位到 1956 年完成博士论文《中国伟大的历史学家：司马迁》（"Ssu-ma Ch'ien, Grand Historian of China"）而获得博士学位。该论文于 1958 年由哥伦比亚大学出版社（Columbia University Press）出版。在这个时期，他的翻译工作是与对中国历史文化的研究相结合的。第二阶段是从他获得博士学位到 1961 年哥伦比亚大学出版社正式出版他的主要译作《太史公记：司马迁的史记选译》（Records of the Grand Historian of China：Translated from the Shih Chi of Ssu-ma Ch'ien）。该译本内容主要涉及汉朝。第三阶段是此后一直到 1969 年哥伦比亚大学出版社出版他的另外一个译本《太史公记：司马迁的史记选卷》（Records of the Historian：Chapters from the Shih Chi of Ssu-ma Ch'ien）。该译本是从 1961 年版本中选取与汉朝相关的 13 卷译文、一个节选译文，和 5 卷新的译文合成的。第四阶段是 20 世纪 90 年代初，华兹生重新修订 1961 年版的译本，1993 年由哥伦比亚大学出版社和香港中文大学出版社（The Chinese University of Hong Kong）联合出版该书的修订本《史记·汉朝（上，下）》（修订本）［Records of the Grand Historian：Han Dynasty Ⅰ & Ⅱ (revised edition)］。同时出版的还有华兹生的新译本，《史记·秦朝》（Records of the Grand Historian：Qin Dynasty）。（李秀英，2006b：53；Watson，1995：199-206）

1995 年 12 月，华兹生在《中国文学》（Chinese Literature）第 17 期上发表了《〈史记〉与我》（Shih Chi and I）一文，回顾了他翻译《史记》的整个过程，以及他翻译该书的意图、定位以及在翻译中采取的策略。（李秀英，2006a：304；Watson，1995）

2. 华兹生英译本的结构及风格

华兹生在翻译《史记》时采取了全新的结构。他打破了原著中本纪、世家、列传的框架，根据情节发展重新安排了角色出场的顺序。叙事从陈涉起义开始，叙述了失败者项羽、胜利者高祖，从而架构起故事展开的总体时间框架。为了更准确地把握人物性格特征，展现其历史地位，华兹生将人物进行了分类，如功勋卓著的大臣、反叛的人物、忠实的臣子、历代帝王、外戚、豪门世家、诸侯、显赫的官吏等,构成了比较典型的历史叙事小说的结构模式。（李秀英,2006b:54;Watson,1960,1982,1995）

换言之,尽管华兹生保留了本纪、世家、列传的叫法,如《项羽本纪》《陈涉世家》《张耳陈馀列传》等名称皆与原著相同,但华兹生的英译本在结构上与司马迁的原著是有显著区别的。另外,在每一卷译文的开头,华兹生都把《史记·太史公自序》中的相关说明性材料作为引言,使得故事情节更加趋于完整。（李秀英,2006b:54;Watson,1993:1;Watson,1995:199-206）

而若简单形容华兹生翻译的风格,可说是"可读性强",这也是 20 世纪40 年代之后美国翻译界的趋势。（Baker,2004:310-312）华兹生英译本的目标群体是普通读者,华兹生也意在将《史记》以文学作品的形态展现,因而他在翻译中尽可能地减少注释与导入性介绍,在确保可理解性的基础上让读者阅读顺畅。（Watson,1995:199-206）下面这段话引自华兹生《史记·引言》（"General Introduction of *Records of the Grand Historian*"）部分:

> 比起忠实原文,我更看重可读性……我知道这种做法可能让一些视《史记》为珍贵史料的专家们不满,毕竟他们并非将该书看作是一部文学作品。然而,我感到,如果想要尝试让所有读者——专业读者或是普通读者——都满意,那结果只能是弄巧成拙,反倒让所有读者都不满。（Watson,1993:xviii-xix）（原文:I have sacrificed strict fidelity to readability ... I am aware that some of these practices may render the translation unsatisfactory to specialists who are interested in the *Shiji* as a source for historical data,rather than a unified work of literature. Yet any attempt to please all readers,specialists and non-specialists alike,would almost certainly end by pleasing none.）

华兹生的语言简洁、流畅、优雅。（Goodrich C. S. ,1962:190-202）整部译本读来犹如现代英语散文,堪称文学名作。华兹生的译本在传播《史记》的文学价值上可说起了至关重要的作用。（李秀英,2006b:55;William H. Nienhauser,Jr. & Cheng Tsai-fa,1994:xviii,iii-iv）

3. 华兹生英译本的重要性

1961 年,哥伦比亚大学出版社出版了华兹生译《史记》（*Records of the Grand Historian of China*）,该译本被列入联合国教科文组织的"中国翻译系列丛书"（"Chinese Translation Series"）。修订本于 1993 年由哥伦比亚大学出版社和香港中文大学出版社联合出版,列入香港中文大学翻译研究中心《译丛》(Renditions)。1969 年,华兹生又新译《史记》5 卷,内容涉及周、先秦时期的人物列传,如《伯夷叔齐列传》《伍子胥列传》《田单列传》《吕不韦列传》《刺客列传》等,并从 1961 年版的《史记》译本中选出与汉朝相关的 13 卷和一个节选译文于 1969 年由哥伦比亚大学出版社出版,书名为《太史公记:司马迁的史记选卷》(Records of the Historian:Chapters from the Shih chi of Ssu-ma Ch'ien)。1995 年,该译本被收入 Mark A. Kishlansky 编辑的《世界史资料》(卷 1)(Sources of World History,Vol. 1),由纽约哈珀柯林斯大学出版社(Harper Collins College Publishers)出版。1993 年,香港中文大学出版社和哥伦比亚大学出版社联合出版华兹生新译《史记·秦朝》(Records of the Grand Historian:Qin Dynasty),包括《秦本纪》《秦始皇本纪》及秦朝其他 10 个历史人物传记,也属《译丛》之一。(李秀英,2006a:304)

如前所述,华兹生的译本是目前已出版的译本中最完整的(William H. Nienhauser,Jr. ,1991:35-39; 1996:1-51),它不仅对《史记》的传播做出了重大贡献,也为中国文化和中国历史、文学在西方的引入起到了重要的作用。倪豪士曾说,华兹生的译本是 40 年来研究《史记》最重要的材料。(William H. Nienhauser,Jr. ,1991:35-39)

三、华兹生英译《史记》的语言学分析

对《史记》的翻译是一种互时翻译(intertemporal translation),即对早期写成的文本进行翻译。(Vladova,1993:15-16)斯坦纳指出,所有的翻译,除了同声传译(simultaneous interpreting),都带有互时的因素。(Steiner,1975/1992:351)尽管通常这样的因素小到可以忽略不计,但一旦涉及古籍的翻译,其原文完成时间与对其进行翻译的时间间隔往往很长,因而不可避免会存在巨大的语言、文化和认知差异。(Bassnett,1980/1991:83)而这样的差异无疑将加大翻译的难度,也会大大增加误译的可能性。在下文中,笔者将会分别从语音、词汇和句法层次对华兹生的英译本进行分析,探究华兹生的误译及造成误译的可能原因。

(一)语音层次

语音层次上,主要分析一些专有名词的误译。

许多中国古代表地名的字已在现代汉语中消失。还有一些汉字在做专

有名词使用时,其发音与日常使用中的发音是不同的。这两个原因造成了华兹生在英译专有名词时出现许多失误。比如:

原文:……攻铚、酂、苦、柘、谯皆下之。(韩兆琦,2004:788)

译文:... attacked Zhi, **Zan**, Ku, Zhe, and Qiao, all of which submitted. (Watson,1993:3)

华兹生将"酂"译为 Zan,而这个字在这里的发音应为 Cuo。不过,要弄清楚这个字的准确发音确实不易。"酂"是古代的县名,但有两个县都用这个字,发音却一个念作"zàn",一个念作"cuó"。其中,念作"zàn"的酂县是萧何分封的地方,萧何也因此被称为"酂候"。酂(zàn)县现今在湖北省老河口市附近,而酂(cuó)县现位于河南省永城以西。(王力,2007:484)这两个县距离虽远,但要搞清楚到底这里指的是哪一个县却要费一番思量。我们可以从"铚、酂、苦、柘、谯"这五个地点都在现河南和安徽省附近推测,"酂"在这里指的应当是靠近河南省的酂(cuó)县。因而,这里对"酂"的翻译应为 Cuo。

在这个句子中还有一个地名"苦",这个算是日常用字,常念做"kǔ",但在这里它是秦朝的一个地名,现位于河南省鹿邑(韩兆琦,2004:790),念为"hù"。因此,华兹生将"苦"译为 Ku 是错误的。

原文:沛公还军**亢父**,……(韩兆琦,2004:199)

译文:The governor of Pei returned and camped in the district of **Kangfu**,... (Watson,1993:56)

"亢父"是一个古代县名,现位于山东省济宁以南。"亢"这个字通常读作"kàng",但作此地名时念为"gāng"。因此,"亢父"应当译为 Gangfu,而非 Kangfu。

原文:……,王黄军**曲逆**,张春渡河击聊城。(韩兆琦,2004:216)

译文:... while Wang Huang camped at **Quni** and Zhang Chun crossed the Yellow River and attacked Liaocheng.(Watson,1993:81)

"曲逆"作为地名时,"逆"字的发音与日常发音不同。"曲逆"指的是现位于河北省完县东南的一处地方,"逆"此处应念作"yù"。(韩兆琦,2004:220)"逆"的这种发音在现代汉语中已经消失,这大概是华兹生出现误译的原因。值得一提的是,古代中国还有一个地名,发音也作"Quyu",中文写作"曲遇"。虽然这两个地方发音相同,但指的却是截然不同的两地,"曲遇"位于现河南省中牟县境内。(韩兆琦,2004:203)这也可以证明"逆"在这里并不是"遇"的通假字,而是本身具有独特的发音。

原文:十二年,十月,高祖已击布军会甀,……(韩兆琦,2004:216)

译文:In the tenth month of the twelfth year(195 BC)Gaozu had already attacked Qing Bu's army at **Guizhui**,…(Watson,1993:81)

"会甀"现位于安徽省宿县东南,但这个地名早已消失。它的正确发音应为"kuài chuí",而不是华兹生理解的 Guizhui。不知何故,华兹生将"会"这个字译为了 Gui;"会"字有两种发音:huì 和 kuài,但从没有"Gui"这个发音。而"甀"字也并没有读作"zhui"的情况。

原文:七年冬,上自往击,破信军铜鞮,……(韩兆琦,2004:1293)

译文:In the winter of the seventh year the emperor in person led an attack and defeated Hann Xin's army at **Tongdi**,…(Watson,1993:187)

"鞮"这个字通常念作"dī"(王力,2007:76),但当其指代地名时,则念作"tí"。"铜鞮"现位于山西省沁县以南,翻译时应译作 Tongti,而非 Tongdi。

原文:秋,匈奴冒顿大围信,……(韩兆琦,2004:1293)

译文:In the autumn the Xiongnu chief **Maodun** surrounded Hann Xin with a large force.(Watson,1993:187)

"冒顿"是秦汉时期一位匈奴首领的名字。由于是一个少数民族人名,"冒顿"的发音很特殊。"冒"读作"mò",而不是通常的发音"mào"。"顿"则读作"dú",而非"dùn"。(韩兆琦,2004:1294)因而,"冒顿"的音译应为 Modu,而不是 Maodun。

原文:高帝用陈平奇计,使单于阏氏,……(韩兆琦,2004:875)

译文:Emperor Gaozu,following an ingenious plan suggested by Chen Ping,sent an envoy to the consort of the **Shanyu.**(Watson,1993:122)

"单于"是匈奴首领的称号。当"单"字作为一个姓氏时,它的发音与"善"字同,念作"shàn",但如果指代匈奴的首领,"单"就不是念为"shàn",而要念为"chán"。(王力,2007:70)因此,"单于"在这里的正确音译应为 Chanyu,而不是 Shanyu。

中国汉字独有的复杂结构也是造成华兹生对部分专有名词产生误译的原因。我们知道,中国汉字有所谓的"声旁"和"形旁"。"声旁"在许多情况

下决定了一个汉字的读音,如"梅"这个字中的"每","涧"这个字中的"间";
而"形旁"则通常跟汉字的意义有关,比如"辉"这个字中的"光","船"这个字
中的"舟"。但是,也有的时候,看似声旁的偏旁不仅不能提示汉字的读音,
反而会让人产生误解。比如说,在"珏"这个字中,"玉"看起来像个声旁,于
是很多人倾向于将这个字读为"yù",然而它的正确读音实际上是"jué"。还
有时候,一个声旁可能会有两种不同的发音,比如"胚"这个字和"邳"这个
字,都有"丕"这个声旁,但前者读为"pēi",而后者则要读作"pī"。

原文:梁父即楚将项燕,为秦将**王翦**所戮者也。(韩兆琦,2004:172)

译文:Xiang Liang's father,Xiang Yan,was a general of Chu who was
driven to suicide by the Qin general **Wang Qian.** (Watson,1993:
17)

"翦"这个汉字中,"前"看起来很像是个声旁,因而很容易让人误以为这
个字读作"qián",但实际上它的读音应为 Jian。

原文:凡六七万人,军**下邳**。(韩兆琦,2004:173)

译文:In all he had a force of 60,000 or 70,000 men, which he
encamped at **Xiapei.** (Watson,1993:20)

"下邳"是秦朝一个地名,现位于江苏省睢宁西北。(韩兆琦,2004:177)
如前所述,"丕"这个声旁在组成"邳"这个字时,读作"pī",而不是像在"胚"
这个字中一样读作"pēi"。所以"下邳"的正确音译应为 Xiapi。

原文:洛阳东有成皋,西有**崤**、**渑**,……(韩兆琦,2004:865)

译文:Luoyang ... was protected by Chenggao on the east and **Mt. Yao**
and **the Min Lake** on the west,... (Watson,1993:108)

"崤"和"渑"这两个汉字都有声旁,即"崤"字中的"肴",和"渑"字中的
"黾"。"肴"读作"yáo",而"黾"读作"mǐn",因而华兹生将"崤"和"渑"这两
个汉字误译作 Yao 和 Min。"崤"是一座山的名字,现位于河南省洛宁西
北,正确的发音是"xiáo"。(王力,2007:420)而"渑"指代现流经河南省宜阳
的渑池水,读音为"miǎn"。(王力,2007:263)因此,"崤、渑"应分别译为 Mt.
Xiao 及 the Mian Lake。

除此之外,在汉语中有时候两个汉字非常相像,很容易让人以为是同一
个字而产生误解。比如:

原文:田荣立田儋子**市**为齐王。(韩兆琦,2004:174)

译文:Tian Rong set up **Shi**,the son of Tian Dan,as king of Qi.

（Watson,1993:21）

"市"这个字看起来和"巿"这个字非常相像,只是笔画有细微差别。然而,这两个汉字的发音是全然不同的。"巿"读音为"fú",而"市"读音为"shì"。"田巿"是田儋的儿子,他的名字应当念作 Tián Fú。(王立群,2008a:76)这里,华兹生出现误译大约是由于没有留意到这两个汉字的细微差别。

原文:项羽乃与期洹水南殷虚上。(韩兆琦,2004:176)

译文:... Xiang Yu set a date for a meeting with Zhang Han at the site of the old capital of Yin south of **the Yuan River.**（Watson,1993:27）

"洹水"现为河南省安阳市以北的安阳河,应当译为 the Huan River。(韩兆琦,2004:179)"洹"这个字和"垣"这个字看起来很像,只有偏旁的不同,而"垣"读作"yuán",可能因为这个原因,华兹生误将与之相像的"洹"译作了 Yuan。

原文:四人前对,各言名姓,曰东园公,**角里先生**,绮里季,夏黄公。(韩兆琦,2004:866)

译文:... each of them came forward and announced his name:"Master Dongyuan","**Scholar Jiaoli**","Qi Liji","Master Xiahuang".（Watson,1993:111）

"角"这个字看起来和"角"非常相似。"角里"实际上是一个姓氏,"角"在这里读作"lù"。因此,"角里先生"的正确翻译应为 Scholar Luli。

原文:甲午,乃即皇帝位氾水之阳。(韩兆琦,2004:210)

译文:On the day *jiawu*(28,Feb. 202 BC) he assumed the position of Supreme Emperor on the north banks of **the Si River.**（Watson,1993:75）

"氾水"是古代一条河流的名字,现已消失。"氾水"的原河道在现山东省曹县以北。(韩兆琦,2004:214)"氾"的读音为"fàn"。但大约是因为这个字和"泗"这个字很相似,而后者读作"sì",因此华兹生误将"氾水"译成了 the Si River。不过,泗水也确实存在,它位于河南省境内。也许这也是让华兹生产生误解的原因之一。

原文:八月庚申,旦,平阳侯窋行御史大夫事,……(韩兆琦,2004:231)

译文：At dawn on the day *gengshen* of the ninth month（26 Sept. 180 BC）**Cao Zhuo** , the marquis of Pingyang , who was performing the duties of imperial secretary , ... （Watson, 1993 : 280）

"窋"是一个人名，即"曹窋"，是曹参的儿子。曹参是继萧何之后的汉朝丞相，关于曹参的事迹可参见《史记·曹相国世家》。"窋"这个字和"茁"颇为相似，后者读作"zhuó"，可能由于这个原因，华兹生误将"窋"译成了"Zhuo"。事实上，"窋"的正确读法应为"zhú"（韩兆琦，2004：233），"曹窋"应当译为 Cao Zhu。

原文：……，乃请**蕲**狱掾曹咎书抵栎阳狱掾司马欣，……（韩兆琦，2004：172）

译文：... obtaining a letter on his behalf from the prison warden of Ji , Cao Jiu , he presented it to Sima Xin , the prison warden of Yueyang , ... （Watson, 1993 : 17）

原文：故立荼为燕王，都**蓟**。（韩兆琦，2004：182）

译文：... so Xiang Yu made him（Zang Tu）（臧荼）king of Yan , his capital at **Ji.** （Watson, 1993 : 34）

"蕲"和"蓟"这两个字颇为形似。"蕲"读作"qí"，是一个地名，现位于安徽省宿县以南。（韩兆琦，2004：172）"蓟"也是一个地名，现位于北京市西南，读作"jì"。（韩兆琦，2004：185）也许是误将它们当成了同一个字，华兹生把它们都译成了"Ji"。实际上，在（6）这个例子中，"蕲"应当译作 Qi，而在（7）这个例子中，"蓟"译作 Ji。

（二）词汇层次

古汉语中有许多词汇和表达，其实际意义与字面上的意思大相径庭。即便是汉语读者，也极容易误解。在翻译《史记》时，华兹生当然也会碰到很多这样的词汇和表达，因此产生了不少误译。请看下面的例子：

原文：项王曰："赐之**彘肩**。"则与一生**彘肩**。（韩兆琦，2004：181）

译文："Give him **a shoulder of pork**," ordered Xiang Yu , and he was given a piece of parboiled **pork shoulder.** （Watson, 1993 : 31）

"彘"指的是"猪"，而"肩"，从字面上看来指的是"肩膀"，但在古文中它实际上指的是腿。（韩兆琦，2004：184）因此，"彘肩"的英文应当是 pork leg（杨宪益，2004：31），而非 pork shoulder。

原文：高祖为人，隆准而**龙颜**，……（韩兆琦，2004：196）

译文：Gaozu had a prominent nose and **a dragon-like face** ...（Waston，1993：51）

"颜"在多数情况下指人的脸，但在此处指的是人的前额。（王力，2007：441）而"龙"在这里指的不是通常所说的神兽，而是指前额的形状，"龙颜"说的是前额突起，而不是说脸长得像龙一样或者有王者风范。（韩兆琦，2004：197）因此，"龙颜"比较恰当的翻译应为 a protuberant forehead，而不是华兹生理解的 a dragon-like face。

原文：张良**多病**，未尝特将也，……（韩兆琦，2004：859）

译文：Zhang Liang himself **suffered from frequent illness** and could not take part in any expeditions.（Watson，1993：104）

"多病"这个词实际上只是说一个人身体孱弱，并非真的指总是生病的意思。因此，华兹生对"多病"的翻译 suffered from frequent illness 不甚准确，还容易让人产生误解，以为张良是个病人，而事实上他只是比较文弱而已。建议可将上文这个句子翻译成："Zhang Liang's health was poor, and could not take part in any expeditions."（杨宪益，2004：99）。

原文：**逐北至蓝田**，再战，秦兵竟败，……（韩兆琦，2004：858）

译文：**Pursuing them northward** he once more engaged them in battle at Lantian until the Qin army agreed to a final surrender.（Watson，1993：102）

"北"通常情况下指的是方向，但在这里，"北"通"背"，指的是被打败而逃离战场（韩兆琦，2004：861）。因此，"逐北"说的不是向北追击，而是说追击败军，翻译为 pursuing the defeated 才对。

原文：休马**华山之阳**，示以无所为。（韩兆琦，2004：860）

译文：He loosed his war horses on **the sunny side of Mt. Hua** to show he had no further use for them.（Watson，1993：106）

在古汉语中，"阳"有时候并非指"阳光"，而是用来指代地理位置，即，山的南面，水的北面。（王力，2007：445）同样的，"阴"有时也不是指"阴影"，而是指代山的北面，水的南面。（王力，2007：461）在"休马华山之阳"这个句子中，"阳"就不是指"阳光"，而是用来指地理位置，即山的南面。因此，"华山之阳"应当译为 south of Mt. Hua 更为准确。（杨宪益，2004：101）下文中有一处"桃林之阴",华兹生也误译为 the shade of the Tao forest(华兹生,1993:106)①,准确的翻译应为 north of Taolin(杨宪益,2004:103)。

原文:巴、蜀道险,秦之迁人皆居蜀。(韩兆琦,2004:182)

译文:The area of Ba and Shu is cut off by mountains and inhabited largely by **settlers** sent by Qin. (Watson,1993:33)

"迁"许多情况下是指"移动、搬迁、迁居、移居",但有时它的意思是"驱逐"或"流放"。(王力,2007:304)在"迁人"这个词中,"迁"就用作后意。换句话说,"迁人"这个词指的是那些因为犯了错而被流放的人(韩兆琦,2004:184)。在《史记》的白话文版本中,"迁人"也译作"流放之人"。(台静农,2007:108)实际上,秦朝时期,巴、蜀两地由于路险难行,被当作犯人的聚集地。(王立群,2008a:70)而华兹生根据字面上的理解,将"迁人"译为了 settlers,这使得它失去了贬义的内涵。杨宪益将"迁人"译为 exiles sent by Qin,则抓住了这层意思。(杨宪益,2004:37)

原文:高祖在邯郸诛豨等未毕,豨将侯敞将万馀人**游行**,……(韩兆琦,2004:216)

译文:… Gaozu was still in Handan engaged in putting down the revolt of Chen Xi and his followers, one of Chen's generals, Hou Chang, with a band of some 10,000 men **roamed from place to place**,… (Watson,1993:81)

"游行"这个词是由两个汉字组成的,分别为"游"和"行"。"游"在这里是一个形容词,形容不稳定、移动的状态。"行"并非常用的"走路"的意思,而是用来指代一种特定的活动。要确定"行"在这里的确切所指,还需要结合上下文考虑。本句出自《史记·高祖本纪》,通过阅读前文可知,陈豨在代地造反,高祖(即刘邦)征伐陈豨。侯敞是陈豨的将领,他拒绝投降,并展开了游击战。因此,"游行"在这里翻译为 roamed from place to place(四处游荡)是不妥的,译为 carrying out guerilla battles(游击作战)才对。(韩兆琦,2004:220)

原文:沛公拜勃为**虎贲令**,……(韩兆琦,2004:882)

---

①　这里华兹生把"桃林"翻译为"Tao forest",也就是说,他把"林"当作"森林"来理解。实际上,"桃林"只是一个单纯的地名,也称作"桃林塞",位置大约在河南省灵宝以西,陕西省潼关以东(韩兆琦,2004:863-864)。因此,杨宪益把"桃林"译作"Taolin"更为恰当。

译文:The governor in turn appointed Zhou Bo as **magistrate of Hubi**. (Watson,1993:370)

华兹生时常将"虎贲令"翻译为 an official in the place Hubi(虎贲的官员)。因为"令"这个字,在大多数情况下,是一种地方官阶名。然而,"虎贲"①并非一个地名,而是一种勇士的称号,意思是勇猛无比,可以奔逐猛虎。(韩兆琦,2004:883)而"令"在此处并非指地方官阶,是用来表明一种类似队长或指挥官的身份。因此,华兹生将"虎贲令"译为 magistrate of Hubi 容易让人产生误解,以为周勃(即文中"勃",指的是绛侯周勃)是一个地方的什么官,而实际上这只是一个类似所谓"卫队长"的称号。(韩兆琦,2004:883)更恰当的翻译可以为:Commander with the warrior's title "Tiger Chaser"。

原文:陵少文任气,好直言。(韩兆琦, 2004:878)

译文:Wang Ling **had little education but was high spirited** and fond of speaking his mind. (Watson, 1993:124)

华兹生从字面上理解"少文",将其翻译为 had little education。实际上"少文"并不是说(王陵)没受过什么教育,而是说他这个人不注意繁文缛节。"任气"也不是说精力充沛,而是重视感情、骨气的意思。(韩兆琦,2004:879)王陵晚期任右丞相时,这样的性格可谓充分展示。(详见《史记·陈丞相世家》的记载)因此,确切的翻译应为"Wang Ling was unconventional and impulsive."。(杨宪益,2004:137)

还有一些词,如不仔细查阅字典,读者恐怕很难琢磨出其确切意思。华兹生在翻译《史记》过程中,似乎也在这些词上犯难,最后得出一些似是而非的翻译。比如:

原文:张良多病,未尝**特将**也,……(韩兆琦,2004:859)

译文:Zhang Liang himself suffered from frequent illness and could not **take part in any expeditions.** (Watson,1993:104)

"特将"意为单独领兵,独当一面。(韩兆琦,2004:863)"特"在这里意同"独",即全靠自己的意思。而华兹生没有领会"特将"的确切意思,将其翻译为 take part in any expeditions(参与征伐),更为准确的翻译应为

---

① "虎贲"里的"贲"音同"奔",故"虎贲"如作音译应为 Huben,而不是华兹生所译的 Hubi。

commanding an army by himself。（杨宪益，2004：99）

原文：高帝不怿。（韩兆琦，2004：843）

译文：The emperor was **deeply perplexed** ，…（Watson，1993：97）

"怿（yì）"是一个古文字，现在基本不再使用，意思是"高兴、喜悦"。（王力，2007：457）但华兹生将其误译为了 deeply perplexed(很困惑)。

原文：良尝闲从容步游下邳圯上，……（韩兆琦，2004：857）

译文：Zhang Liang was once strolling idly along an **embankment** in Xiapei …（Watson，1993：100）

"圯（yí）"的意思是桥梁（王力，2007：452），而非路堤。此句正确的翻译应为 along a bridge in Xiapi。（杨宪益，2004：89）①

原文：良为他人言，皆不省。（韩兆琦，2004：858）

译文：… when Zhang Liang discussed the book［*The Patriarch Lu Shang's Art of War*（《太公兵法》）］②with other men they refused to **pay him any heed.**（Watson，1993：101）

"省"在汉语中是个多音字，有"shěng"和"xǐng"两种发音。（王力，2007：343）在此处，它读作后者，意思是"明白、领悟"。（韩兆琦，2004：860）而华兹生的翻译 pay him any heed，意为"毫不在意，不放在心上"。这一句在文中其实是用来强调张良对《太公兵法》的议论只有刘邦能听得明白，因此也才有了张良的感叹："沛公殆天授。"（此语可见《史记·留侯世家》的记载）该句的翻译可修改如下："… when Zhang Liang discussed the book with other men，they could not understand him."或者"… when Zhang Liang discussed the book with other men，they could not understand the strategies in the book."（杨宪益，2004：93）。

原文：……而韩诸公子横阳君成贤，可立为王，益树党。（韩兆琦，2004：858）

译文：… Cheng，the lord of Hengyang，who is a descendant of the royal house of Hann，is also a worthy man. If you were to set him up as a king you would **greatly increase** the strength of your party.

---

① 华兹生对"下邳"的音译是错误的，详见本文"对华兹生英译《史记》的语言学分析"中"语音层次"的论述。

② 出自杨宪益的翻译。

（Watson，1993：101）

"益"在这里作副词，意思是"更加，愈加"（韩兆琦，2004：861），不是华兹生所理解的"大大地"。因此，"益树党"的翻译应为"you would further increase the strength of your party"。

原文：汉军荥阳，筑甬道**属**之河，……（韩兆琦，2004：186）

译文：The king camped at Xingyang and constructed a walled supply road **along** the banks of the Yellow River ... （Watson，1993：39）

"属"在这里的发音是"zhǔ"（王力，2007：355），用作动词，意思是连接。"属之河"的意思是（甬道）一路（从荥阳）一直通到黄河边上（韩兆琦，2004：192），而不是说"顺着"黄河来建。因此，华兹生译为"... constructed a walled supply road along the banks of the Yellow River ... "不正确，可改为 "The king camped at Xingyang and constructed a walled supply road to the Yellow River. "。（杨宪益，2004：49）

原文：陈王以硃房为中正，胡武为**司**过，**主司**群臣。（韩兆琦，2004：794）

译文：Chen She appointed Zhu Fang as rectifier and Hu Wu as director of faults[①]，putting them **in charge of** his other ministers and officials. （Watson，1993：9）

"司"通常作"掌管，主管"解。但在这里，"司"通"伺"，意思是"暗中窥察"。（韩兆琦，2004：795）华兹生对"司"的理解显然是不对的。可将该句的翻译改为"Chen She appointed Zhu Fang as rectifier and Hu Wu as director of faults，making them to keep watch over his other ministers and officials. "。

（三）句法层次

句法层次上所产生的误译大多因没有领会原文句子的正确意思而造成。有时候，译者因为没有理解一个词的意思而对整个句子产生误解。也有的时候，由于古文的句子结构与现代汉语大为不同，且比较含糊，对译者的理解产生干扰。还有的误解是由于对上下文理解不清造成的。

原文：良曰："**沛公殆天授**。"（韩兆琦，2004：858）

---

① 华兹生对"中正"和"司过"的翻译都不对。详细分析可见本文"三、对华兹生英译《史记》的文化层次分析"中"2. 与官职有关的翻译"。

译文:" The government of Pei will soon be chosen by Heaven," he (Zhang Liang) said,... (Watson,1993:101)

在"沛公殆天授"这个句子中,有两个字值得注意,即"殆"和"授"。"殆"在古汉语中有"几乎,近于"之意(王力,2007:69),但在这里它作为副词,意思是"恐怕,大概"。(韩兆琦,2004:860)而"授"的意思为"授给","给予"。(王力,2007:352)华兹生对这两个字的理解显然都是错误的,可将该句的翻译改为"The government of Pei might well be a gift from Heaven"或"The government of Pei might well be bestowed by Heaven."。

原文:愿沛公且留壁,使人先行,**为五万人具食**,······(韩兆琦,2004:858)

译文:I would advise you(the governor of Pei) to remain here and build defense walls, sending someone ahead **with a force of 50,000 men and the necessary provisions**,... (Watson,1993:101)

华兹生对"为五万人具食"的翻译换句话说就是"preparing a force of 50000 men and providing necessary provisions",即"召集五万人的军队并准备了供五万人吃喝的粮饷"。不过,如果我们仔细审阅上下文,会发现事情并非如此。这里,张良建议沛公停止前进,扎下大营(留壁),然后一方面派人"为疑兵",另一方面派郦食其(食其,音 yìjī;郦食其是刘邦的谋士,以口才闻名)"持重宝啖秦将"[啖(音 dàn):意为引诱]。而"为五万人具食"实际上是准备五万人的伙食"以备不时奋击之饷"。(韩兆琦,2004:861)换句话说,刘邦(即沛公)当时其实并没有五万人的军队,也没准备真的召集五万人的军队,张良不过建议他准备够五万人吃的伙食而已(台静农,2007:553)。华兹生的理解还是与原文有出入的。杨宪益的翻译更可取:"... send a force ahead with provisions for fifty thousand,... "(杨宪益,2004:93)。

原文:留侯谏,不听,**因疾不视事**。(韩兆琦,2004:866)

译文:Zhang Liang counseled him against this,but he refused to listen and, **because of his grave condition** ,ceased to attend to matters of state. (Watson,1993:111)

在"因疾不视事"这个句子中,我们要搞清楚以下几个问题:是谁"因疾"而"不视事"? 是刘邦,还是留侯张良? "因"在这里是什么意思? 是表示"因为"还是"凭借"? 在华兹生的英译中,"因疾不视事"的人是刘邦,而他之所以"不视事"是"因为"他身体差。但若我们仔细阅读并推敲汉语原文,会发现并非如此。

从《史记·留侯世家》中我们可以知道事情的前文是这样的:刘邦因为宠爱戚夫人而欲改立戚夫人的儿子为继承人。但依照惯例,继承人应当由嫡长子担当。因而,众大臣和吕后都反对刘邦改立继承人的意向。张良也是反对者之一,并曾劝阻过刘邦,但刘邦不听从张良的劝诫。这才有了"留侯谏,不听,因疾不视事"这句话。刘邦此时的确身体抱恙,但他作为君主,总不能不理国政。而张良一直为人谨慎,"求稳"是他始终恪守的准则。也正因为他的谨慎低调,才使得他不致像韩信一样,步其所谓"狡兔死,良狗烹;高鸟尽,良弓藏;敌国破,谋臣亡"的前路。张良眼见刘邦更替继承人的心意已决,且不听从劝诫,他也唯有置身事外一个选择了。而他一向不好的健康状况在此时便成了一个绝佳的开脱借口。

如上所述,在这里,"因疾不视事"的人是张良,而非刘邦,且张良"不视事"用的借口是"疾"。(王立群,2008b:72)"因"在这里的意思是"以……为借口",而不是"因为"。这一句话的翻译可参考杨宪益的译本:"When Zhang Liang's advice against this was disregarded,he retired on the pretext of illness. "(杨宪益,2004:113)。

原文:**汉易与耳,今释弗取,後必悔之。**(韩兆琦,2004:186)

译文:It is easy enough to make concessions to Han ,but if you let him go this time and do not seize him,you are bound to regret it later!(Watson,1993:39)

这句话出自项羽唯一的谋士——范增之口。从《史记·项羽本纪》中,我们可知前文是这样的:刘邦被楚军包围,困在荥阳,其补给路线被断,军中粮草殆尽。刘邦惶恐请和,承诺割荥阳以西为汉。(韩兆琦,2004:186)项羽想要接受刘邦的请求,而范增反对,由此说了"汉易与耳,今释弗取,后必悔之"这句话。在这里,"汉易于耳"颇有争议。华兹生认为"汉易于耳"的意思是要对汉做出让步很容易,"与"的意思是"让步"或"妥协"。之后的译文意思是说,虽然对汉做出让步很容易,但最好是抓住机会灭掉汉。然而,原文并没有转折的意思,"耳"在文中仅是一个语气助词,表达肯定的语气。(王力,2007:95)而"与"的意思是"处理"或"对付"。(韩兆琦,2004:192)也就是说,范增此话意在劝说项羽,刘邦此时很容易消灭,项羽不应放过这等良机,否则以后一定会后悔的。因此,这句话的译文应为:"The Han army is easy to crush. If you let them go this time,you are bound to regret it later. "。

（杨宪益，2004：49）

原文：其所不善者，弗下吏，辄自治之。（韩兆琦，2004：794）

译文：If any fault was found in their behaviour，their case was not submitted to the lesser officials for trial，but was summarily by Zhu Fang and Hu Wu themselves.（Watson，1993：9）

"其所不善者"中，"其"这个指示代词指的到底是砠房和胡武，还是诸将？而"善"又是什么意思？华兹生认为，"其"指的是诸将，"善"意为"行为恰当"。但原文的白话文却非如此。"其"实际指的是砠房和胡武，而"善"的意思是"友好，亲善"（王力，2007：335），"其所不善者"意为"被他们（即砠房、胡武）不喜欢的人"，英译可作："those people who are disliked by them（Zhu Fang and Hu Wu）."。

原文：陈平既多以金纵反间于楚军，**宣言诸将钟离眛等为项王将，功多矣，然而终不得裂地而王，欲与汉为一，以灭项氏而分王其地。**（韩兆琦，2004：873）

译文：Chen Ping used a large part of the money to create dissension within the Chu army，sending a message to Zhongli Mo and the various other generals pointing out that，though they had won great merit in the service of Xiang Yu，they had in the end never been awarded grants of territory or become kings. He urged them to join forces with the Han to overthrow the Xiang family and divide up its territory among themselves.（Watson，1993：120）

上文见于《陈丞相世家》中记载，说的是陈平在敌军间散播谣言，成功离间了项羽与多位忠诚敢言的臣子，如范增、钟离眛、龙且和周殷之间的信任。陈平的方法是用钱在楚军中行反间计，散播钟离眛及其他几位臣子的谣言，说他们不满没得封地，没封王，因而准备投奔刘邦，助刘邦攻楚，瓜分楚地。可是从华兹生的英译看来，事情就变成了这样：陈平给钟离眛及几位臣子传信，劝说他们效忠项羽无益，还不如转而投汉。这与原文意思相去甚远。或许是华兹生对原文解读有误吧。这里的翻译可以为："Chen Ping used most of this gold to sow dissension in the Chu army. Word was spread that generals like Zhongli Mo，who had served Xiang Yu well yet never been granted fiefs or made princes，meant to join Han to destroy Xiang Yu and divide up his land. "（杨宪益,2004:129）

原文：太后独有孝惠,今崩,哭不悲,**君知其解乎？**（韩兆琦,2004:225）

译文：The empress dowager had only this one son, Emperor Hui. Yet now that he has passed away, her lamentations are without real grief. **Can you solve this riddle, my lord?**（Watson,1993:270）

在"君知其解乎?"这个句子中,"解"是何意？一般来说,"解"意为"解决",但在这里,它用作名词,意为"原因,缘故"。（韩兆琦,2004:228）因此,华兹生的译文有问题,应当译为"Do you know the reason?"更合适。

翻译理论家苏姗·巴斯奈特（Susan Bassnett）曾将语言比作文化有机体中的心脏。（Bassnett,1980/1991；包惠南,2001:12）普遍认为,语言是特定文化中重要的一部分,而文化对特定语言的影响是本质且必不可少的。（胡壮麟,2001:223）奈达曾说道："Since culture is defined succinctly as 'the totality of beliefs and practices of a society', nothing is of greater strategic importance than the language through which its beliefs are expressed and transmitted and by which the interaction of its members takes place. "（Nida,2001:78）。大意是说,文化可简单定义为"社会信仰与惯例"的总和,而正是通过语言,才能将一个社会的信仰传达出来,也才能让社会成员产生互动。语言不仅能反映某一国家的特征,也能反映一个时代的特征。《史记》中的古汉语带有古代中国的特征,在许多方面与现代汉语不同——语音上、词汇上、句法上、语用上等等,而这都增添了用英语翻译它的难度。上文通过诸多实例,具体分析,尽可能地归类,对华兹生的《史记》英译本进行了研究,考查了各种误译并探究了造成误译的原因。一般来说,误译多是由不熟悉古汉语或者对原文意思理解有误造成。通过查古汉语字典、读《史记》的白话文译本、翻阅注释以及查阅相关记载等方式明晰上下文,应可以避免误译的产生。

四、华兹生英译《史记》的文化层次分析

翻译不仅涉及语言间的转换,更是文化间的沟通。所有的语言文本都不能脱离文化背景而存在。语言和文化是不可分割的。每种语言都包含其所处文化的特征,每种文本都是特定文化的反映,文本创作与反馈的惯例因文化的不同而不同。（Koller,1979/1992:59-60）正如奈达所说,成功的翻译

不单要考虑两种语言的不同,更要考虑两种文化的差异,因为词语只有在特定的文化背景下才能表达内涵。(Nida,2001:82)在不同国家的发展历程中,由于其地理环境与社会环境的差异,演变出不同的意识形态、风俗人情、社会制度、条例规章等等。(包惠南,2001:22)但同时,国家间经济、政治与文化的交流又使得国与国之间虽存异但有同。前者造成了跨文化交际的困难,但后者又使得跨文化交际和互相理解成为可能。

《史记》中含有大量带有文化特征的词汇,且有很多文化特异现象,这使得其翻译困难重重。在翻译过程中,译者不可避免会遇到许多打着文化烙印的词句。华兹生专长于东方文化研究,对中国历史和文学抱有浓厚的兴趣,在开始《史记》的翻译之前,他做过大量相关领域的研究,并做了充分的准备。在下文中,笔者将对各种有文化特征的词汇进行分类,考察华兹生如何巧妙地翻译这些典型的文化词汇。

(一)与器物有关的翻译

不同区域间使用的器物的不同是文化差异的一种反映。《史记》中包含大量古代中国特有的器物,这些器物在西方文化中并不存在,甚至在现代中国也已消失。在翻译这些器物时,华兹生根据上下文,对不同种类的器物采取了不同的翻译策略。

最常用的翻译策略是变通(adaptation)。当源语中的某种现象在目标文化中不存在,或者即使存在,其所指内涵也与源语不同的时候,便可以使用变通的译法。在大部分情况下,当某种器物是中国文化中特有的,且这种器物在上下文中并非十分重要,华兹生在翻译时便会做一些改动或者简化,以避免使用冗长复杂又不易理解的注释,影响读者体验。

原文:项羽乃悉引兵渡河,皆沉船,破**釜甑**,烧庐舍,……(韩兆琦,2004:175)

译文:... Xiang Yu led his entire force across the river. Once across, he sank all his boats, smashed **the cooking pots and vessels**, and set fire to his huts,... (Watson,1993:25)

"釜甑"是一套用来煮饭的器物。"釜"似锅,它的用途相当于一种叫作甗(音 yǎn)的炊具的下层。甗是用来蒸饭的,有上下两层,下层用来盛水,烧火煮水使水蒸气蒸腾到上层,把饭蒸熟。(王力,2008:246)"甑"似盆,底部有细孔,放在釜上,相当于甗的上层。(王力,2008:246)因为"釜"和"甑"

经常放在一起煮饭，所以在古文中常常两者并提，用来指代炊具。（王力，2008：246）在这句话中，"釜甑"也是并举用来表示一般炊具，而非特指这两种器物。读者不需要非常明确这两个东西的样貌和用途才能理解上下文。因此，华兹生没有用烦琐的注释详细说明这两样东西，而只是将它们简化翻译成了 the cooking pots and vessels。这样的处理方法不仅不会影响读者的阅读与理解，也不会降低阅读的趣味。

原文：横绝四海，当可奈何！ 虽有**矰缴**，尚安所施！（韩兆琦，2004：866）

译文：He who spans the four seas——

Ah, what can we do?

Though we bear **stringed arrows** to down him, Whereto should we aim them?（Watson，1993：112）

"矰"是一种射鸟的短箭，"缴"是系在箭后的丝绳。"矰缴"放在一起使用泛指射具。华兹生没有详述这两种器物的具体用途，而是简化译作 stringed arrows。

原文：纪信乘黄屋车，傅左**纛**，……（韩兆琦，2004：187）

译文：Ji Xin then rode forth in the yellow-canopied royal carriage with its **plumes** attached to the left side …（Watson，1993：40）

"纛"（音 dào）是一种通常用于皇家车马上的装饰物，用牦牛尾做成，状如拂尘。（韩兆琦，2004：192）plume 这个词其实无法表达"纛"的内涵，因为任何用羽毛做成、当作装饰物的东西都可以叫作 plume。"纛"这个字的文化内涵被舍弃了。但因为"纛"在上下文中并不起关键作用，也不影响读者的理解，所以华兹生摈弃其内涵，译作 plume 也很恰当。

原文：酒酣，高祖击**筑**，自为歌诗曰……（韩兆琦，2004：216）

译文：… when the feast was at its height, Gaozu struck the **lute** and sang a song which he had composed …（Watson，1993：81）

"筑"是一种中国文化中特有的乐器，已失传许久，它状似瑟，但比瑟小。瑟是一种形状似琴的乐器，有 25 根弦，有点类似古筝，也是一种中国特有的乐器（瑟，http://baike.baidu.com）；"筑"也有弦，弹奏起来时用竹子敲击（泷川资言，水泽利忠，1986：251）。在翻译这个句子时，华兹生没有将其音译为 zhu 并加注释来解释它具体为何，而是将之译为 lute，这实际上与"筑"的形貌相去甚远。不过，"筑"究竟为何物并不影响读者阅读，只要知道它是某种乐器也就够了，因此华兹生采取的策略也是合理的。

原文：于是使使持节赦绛侯，……（韩兆琦，2004：888）

译文：He then sent a messenger bearing **the imperial credentials** to pardon Zhou Bo … (Watson，1993：374)

"节"，又称为"符节"，中国古代朝廷传达命令、征调兵将以及用于各项事务的一种凭证。用金、铜、玉、角、竹、木、铅等不同原料制成。用时双方各执一半，合之以验真假，如兵符、虎符等（符节，http://baike.baidu.com）。在翻译这一中国文化中特有的器物时，华兹生着重译出了它的作用，而弱化了其具体形象。

原文：汉王为**太牢具**，举进。（韩兆琦，2004：874）

译文：The king of Han had **a meal of all sorts of fancy dishes** prepared and brought in … (Watson，1993：120)

"太牢具"是牛羊豕三牲皆备的饭食，在古时，这是待客的最高礼数。（韩兆琦，2004：876）古人以牛羊豕为三牲，牛最珍贵，只有统治阶级吃得起，祭祀时三牲齐全叫"太牢"，只用羊豕不用牛叫"少牢"。（王力，2008：194）在翻译"太牢具"时，华兹生舍弃了其相对复杂的文化内涵，而只保留了其作为一顿盛宴的含义。

原文：有雉登**鼎**耳雊，……（韩兆琦，2004：387）

译文：Once a pheasant came and climbed up on the ear of the emperor's sacrificial **cauldron** and crowed. (Watson，1993 Ⅱ：6-7)

"鼎"是古代烹煮用的器物，多用青铜制成，有圆形三足两耳，也有方形四足的。（王力，2007：84）华兹生并没有描述鼎具体长什么样子，而仅保留了它作为烹煮器物的含义，将之译为 cauldron。

有时，虽然某种器物在目标文化中并不存在，但即便照字面意思直译，目标读者也容易理解。

原文：……狱吏乃书**牍**背示之，……（韩兆琦，2004：887）

译文：The warden then wrote on the back of his **wooden writing tablet** ,… (Watson，1993：374)

"牍"又称作"木简"，是古代中国用来书写的一种木条。华兹生将其直译为 wooden writing tablet，但即便这样，西方读者也不难理解。

原文：……，而与功臣剖**符**定封。（韩兆琦，2004：874）

译文：It was at this time that he awarded his meritorious ministers **the**

split tallies of formal enfeoffment and settled their grants of
territory. (Watson,1993:122)

"符"以金属、玉或竹木制成,是古代朝廷传达命令或征调兵将用的凭
证,双方各执一半,以验真假(王力,2007:111)。今天的"符合"一词,便是由
此而来。华兹生将"符"译作 the split tallies,这对于西方读者来说不难
理解。

原文:勃以织**薄曲**为生,……(韩兆琦,2004:882)

译文:Zhou Bo made a living by weaving **racks for silkworms out of
rushes**;…(Watson,1993:369)

"薄曲"是一种用竹篾或苇篾编成的养蚕用具。(韩兆琦,2004:883)

原文:纪信乘**黄屋车**,……(韩兆琦,2004:187)

译文:Ji Xin then rode forth in **the yellow-canopied royal carriage**…
(Watson,1993:39)

"黄屋车"是古代王者乘坐的车,以黄缯为篷盖。(韩兆琦,2004:192)

原文:尚书曰,舜在**璇玑玉衡**,以齐七政。(韩兆琦,2004:387)

译文:In the *Book of Documents* we read:Emperor Shun,holding **the
jeweled astronomical instruments**,checked the movements of the
Seven Ruling Bodies. (Watson,1993Ⅱ:4)

"璇玑玉衡"是用美玉制作的观测天文星象的仪器。"璇玑"是仪器上的
旋转部分,"玉衡"是管状的观测镜。(韩兆琦,2004:390)

原文:前堂罗钟鼓,立曲**旃**;(韩兆琦,2004:1451)

译文:In his front hall he hung bells and drums,with pennants on
curved flagstaffs,…(Watson,1993Ⅱ:95)

"旃"(音 zhān)是指赤色的曲柄旗。(王力,2007:489)"曲旃"是曲柄长
伞,伞面用整幅绣帛制成。帝王用之以招徕贤能。(韩兆琦,2004:1453)

(二)与官名有关的翻译

《史记》一书中有不计其数的官名。这些官名不仅因为使用时间不同而
不同,而且根据使用国家不同也有区别。举秦朝末年的几个官名为例:"丞
相""令尹""上柱国"这三个官名承担的都是"相"的职责,但在不同的地方叫
法不同。"司徒"和"申徒"也是相同的官职,仅叫法不同。这些五花八门的
汉语官名翻译成英文自然颇有难度。华兹生的处理方法是,如果地位和职

能相同,那就采取相似或者相同的翻译。再以"丞相""令尹""上柱国"为例,"令尹"是战国时期楚国对"丞相"或"相国"的称呼,且"令尹"的职能与"丞相"或"相国"是一样的。因此,华兹生对这三个官名的翻译都是 prime minister。"上柱国"也是战国时期楚国的官职。一开始它授予的是那些在战场上败敌制胜或者杀过将军的人,身份十分尊贵。后来这一官职逐渐变成了荣誉职位,并无实权,但身份上依旧和"丞相"平起平坐。(韩兆琦,2004:177)华兹生将"上柱国"译为 chief minister,以此与"丞相"的翻译prime minister 加以区别。

不过,太过复杂的官名有时也会对译者造成困扰,而导致同一官名前后翻译不一的情况。比如前文提到过的"司徒"和"申徒"。华兹生在《留侯世家》("The Hereditary House of the Marquis of Liu")中将"申徒"译作minister of instruction,而在《高祖本纪》("The Basic Annals of Emperor Gaozu")中将其译为了 minister of works。

对官名"郎中令"的翻译也是一例。"郎中令"位列九卿,掌守卫宫殿门户及内庭事宜。这一官职离权力中心很近,是很重要的职位。华兹生在《吕太后本纪》("The Basic Annals of Empress Lü")将其译为 palace secretary,在《陈丞相世家》("The Hereditary House of Prime Minister Chen")中却译作 palace attendant。

华兹生对"廷尉"的翻译也不止一种。廷尉在汉朝时位列九卿,是主管司法的最高官吏。在《萧相国世家》("The Hereditary House of Prime Minister Xiao")中,华兹生将廷尉译作 law official,而在《陈丞相世家》("The Hereditary House of Prime Minister Chen")和《绛侯周勃世家》("The Hereditary House of Zhou Bo, the Marquis of Jiang")中,华兹生对廷尉的翻译是 commandant of justice。

古代官名有一个特点,那就是大部分情况下,其职责和主管的范围从官名很难看出来。在翻译官名时,华兹生基本都对其进行了"解释",也就是译出其职责,而弱化称呼本身。请看以下例子:

少府——又称为"少府令",秦代位列九卿。"少府"和"大司农"都掌管财货。区别在于"大司农"管国家财货,而"少府"管皇帝的供养(马植杰,2004:376)——the privy treasurer

涓人——又称为"中涓",古代宫中担任洒扫清洁职责的人——the master of purification

大司马——周朝官职,负责国内军务——the grand marshal

谒者——春秋战国时在国君左右掌传达等事的近侍——the master of guests

侍中——侍从皇帝左右,出入宫廷,与闻朝政,类似皇帝的顾问或者策士——the page

太尉——秦汉时期位列三公,中央掌军事的最高官员——the grand commandant

卫尉——汉朝时九卿之一,统率卫士、守卫宫禁之官——the colonel of the palace guards

中尉——指挥禁卫军,负责京师保安与诸侯国安定的高级军官,汉武帝时改称为"执金吾"——the military commander

御史大夫——汉朝时三公之一,负责监察百官,代表皇帝接受百官奏事——the imperial secretary

太仆——秦汉时主管皇帝车辆、马匹之官,汉朝时九卿之一——the master of carriage

也有一些官名叫法形象,从字面上就能看出其主要职责,这种情况下,华兹生一般采用直译。如以下各例:

宫门令——主管宫门的官吏——the gatekeeper

亭长——秦、汉时在乡村每十里设一亭,十亭为一乡。亭长类似于今天的乡长,主管民事调停、征兵、纳粮等——the village head

主吏——又称作"主吏掾"或"功曹掾",主管群吏的官职——the director of officials

求盗——秦时亭长属员,负责逐捕盗贼——the thief-seeker

内史——汉朝时期掌管"大内"之官——the internal secretary

厩将——主管军队马匹的官吏——the cavalry general

参乘——古时通常与君王同车,坐在车右担任警卫的人——the carriage attendant

典护军——监督检阅军中士兵与将领的官职——the superintendent

治粟内吏——后来也称作"大司农"或"太农令"(马植杰,2004:375),九卿之一,类似今天的农业部部长——the secretary in charge of grain

治粟都尉——掌管军队粮草供给的官吏——the commissary colonel

宗正——汉朝时九卿之一,掌管皇帝亲族或外戚勋贵等有关事务之

官——the director of the imperial clan

在翻译各种官名时，华兹生也有翻译不到位的情况，多是由于没有充分了解官名的内涵、职责与功能而造成的。有时候，某种官职的职能可能与其官名看上去的意思并不一致。请看以下的例子：

中正——掌管官员的考查、升迁及罢免—— * the rectifier

司过——有点类似后来的"监察御史"，负责监督和弹劾官员—— * the director of fault

典客——又称作"大行"，掌管诸侯及少数民族事务，后来称作"大鸿胪"—— * the director of guests

护军中尉——又称为"护军都尉"，主要工作是派遣将领，部署军队—— * the colonel of the guard

连敖——主管仓库与给粮的小官—— * the attendant to guests

三老——古代掌教化的乡官—— * the village heads（《陈涉世家》，"The Hereditary House of Chen She"）（Watson，1993：4）；* the elders（《高祖本纪》，"The Basic Annals of Emperor Gaozu"）（Watson，1993：67）（加 *部分表示华兹生不到位的翻译）

在《高祖本纪》中，华兹生为"三老"加了一段脚注，内容如下：

> The "elders" or *sanlao* were distinguished men over fifty chosen from among the common people to act as consultants to government officials. （Watson，1993：67）

实际上，"三老"仅仅是普通官职，与年龄无关，是县的下一级官员，类似乡长。前文说到汉时在乡村每十里设一亭，十亭为一乡。"三老"是乡一级的官员，就像"亭长"是亭一级的官吏一样。

中大谒者—— * the palace master of guests

前文提过"谒者"，在皇帝左右负责接收文件、传达诏命、接待宾客等事宜。这一职位通常是由阉人来担任的。官号中凡加"中"字的，多为阉人（韩兆琦，2004：230），但华兹生将"中"理解为"内"，即"宫内"之意，因此将其译为 the palace master of guests。

官名承载着浓厚的历史与国别色彩。虽然华兹生根据具体情况，巧妙地采用了最贴切的翻译方法，但仍然无法完全传达出原本的文化内涵。这种内涵的缺失，很大程度上是因为某种官职的具体职责很难体现在官名的译名中，除非加大量的注释来说明。翻译的过程也难免造成"中国味"的流失。甚至有时候,官名的翻译与其实际指代的官职有所出入。

(三)与风俗有关的翻译

中国存在许多独特的风俗,对西方读者来说可能很陌生。这些风俗有些与法律成规有关,有些乃是传统所致,还有些只有中国才有。由于许多风俗在西方并不存在,西方人可能很难理解。正因为如此,华兹生在英译《史记》时,碰到一些礼俗也不免犯难。请看以下例子:

原文:坐**酎金**不善,元鼎五年,有罪,国除。(韩兆琦,2004:892)

译文:In the fifth year of the era *yuanding*(112 BC),however,he was accused of having sent in a poor grade of gold as his **"wine tribute" money** and because of this offence his territory was taken away from him.(Watson,1993:380)

"酎"指的是多次酿成的醇酒,用于向宗庙或祭坛献祭。不过,"酎金"所指却未必与酒有关。它指的是祭祀宗庙时,由诸侯奉献的供品,因此这里译成"wine tribute" money 是不对的。

原文:项羽**晨朝**上将军宋义,即其帐中斩宋义头,……(韩兆琦,2004:175)

译文:Early the next day Xiang Yu went to **make his morning report** to the supreme general,Song Yi,and,when he had entered the tent,he cut off Song Yi's head.(Watson,1993:24)

"晨朝"在古时是一个很常见的礼仪。每天早晨,不管是在宫里还是在军营当中,下属都要向上级朝拜请安,因此这个词译为"went to pay his respects to the supreme general"(杨宪益,2004:17)更恰当。

原文:沛公奉卮酒为寿,**约为婚姻**,……(韩兆琦,2004:180)

译文:… the governor of Pei … offered him a cup of wine and drank to his long life,**swearing an oath of friendship.**(Watson,1993:29)

在古时中国,婚姻通常由长辈安排,有时甚至会被利用来达成某种目的。在《项羽本纪》("The Basic Annals of Xiang Yu" of *Records of the Grand Historian*)中就发生了这种情况。项伯趁夜奔赴刘邦(即文中"沛公")阵营,想警告他项羽即将发起进攻的事。刘邦惊恐,便想尽力讨好亲近项伯,以免日后受苦。这时,婚姻便成了很好的维系双方良好关系的手段。事实证明,在第二天的鸿门宴中,这场婚姻的确为刘邦带来了不少好处。鸿门宴上,项庄舞剑,意在沛公,而项伯则起身用身体掩护沛公。毕竟,沛公如今也算他的亲家了。在华兹生的译文中,"约为婚姻"被译为了 swearing an oath of friendship,这与原意相去甚远,婚姻与友谊肯定不是一回事。这里按照杨宪益的译法 pledging to link their families by marriage(杨宪益,2004:27)为好。

在《留侯世家》("The Hereditary House of the Marquis of Liu")中,华兹生对这段故事的描述依旧出现了误译:

原文:沛公与饮为寿,**结宾婚**。(韩兆琦,2004:859)

译文:… the governor drank a toast with him and **they swore to be friends.** (Watson,1993:103)

"结宾婚"中,"宾"指代友谊,"婚"指代姻缘。(韩兆琦,2004:862)因此这句话包含两层意思,一是结成友谊,二是约为婚姻。但在华兹生的翻译中,很明显只有结成友谊这层含义,而约为婚姻的意义完全丢失了。恰当的翻译可以是:"the governor drank a toast with him and they swore to be friends and to link their families by marriage."

原文:秦传留至咸阳,**车裂留以徇**。(韩兆琦,2004:792)

译文:The Qin government had him(Song Liu) brought back to the capital by relay carriage,where he **was tied to two carts and torn apart** to serve as a warning to the populace. (Watson,1993:8)

"车裂"是古时一种酷刑,是用绳子捆住受刑者的头和四肢,另一头分别系在五匹马身上。行刑的时候,同时鞭策五马,分裂犯人的身体(有分裂死尸和活人两种)。(易中天,2009:144)在西方并不存在这种酷刑,因而华兹生大约是从字面理解,将"车裂"译为了"用两驾马车撕开"(tie a person to two carts and tear apart)。实际上,"车裂"应当译为 torn limb from limb by chariots(杨宪益,2004:83)。

还有些礼俗对西方读者来说完全不熟悉,便有必要进行补充说明或是增加注释。

原文:项王、项伯**东向**坐。亚父**南向**坐。亚父者,范增也。(韩兆琦,2004:180)

译文:Xiang Yu and Xiang Bo **as hosts sat facing east.** Fan Zeng, whom Xiang Yu honoured as a father, **took the place of honour facing south.** (Watson,1993:30)

古时在宴席上,座位的坐法是十分讲究和严肃的。主人和宾客都有各自的席位,除非情况特殊,否则不能随便换席。一般来说,主位面东,尊者面南。(泷川资言,水泽利忠,1986:208)因此作为东家,项羽和项伯朝东坐,而备受项羽尊敬的"亚父"范增则面南而席。当然,西方读者并不知道在古代中国,请客吃饭要讲究座位的朝向,因此,华兹生在译文中增添了简单的说明 as host 和 take the place of honour 来为西方读者解释这一中国古时特有的礼仪。

原文:饮酒酣,武安起为寿,坐皆**避席**伏。已魏其侯为寿,独故人**避席**耳,馀半**膝席**。(韩兆琦,2004:1456)

译文:When the drinking had reached its height, Tian Fen arose and proposed a toast, whereupon all the guests **moved off their mats** and bowed. This over, Dou Ying proposed a toast, but only his old friends **moved off their mats**, the rest of the company simply **kneeling where they were.** [Watson,1993:(Ⅱ)100]

"避席"在古时中国也是很常见的礼仪。古代的中国人坐在铺在地上的席子上。要举行会议或者宴席时,席子会事先铺好,每个人的位置也就事先定好了。这也就是今天"席位"这个词的来由。在会议或宴席上,主人、长者或是贵客来敬酒时,客人就要"避席"——离开自己的座位——来表示尊敬。(易中天,2006:41-42)如果有人没有离开席位,而只是直起身,做跪坐状,这就叫作"膝席",相比"避席"来说是不敬重的做法。

这一礼仪大概中国人家喻户晓,但西方人却不了解,因此华兹生增添了注释。他这么做也因为,"避席"和"膝席"的区别对于理解上下文是很关键的。因为这两种姿态的不同显示了人们对丞相田蚡和前丞相窦婴的不同态度,也正是这种态度的差异惹怒了灌夫,这才有了他之后的大闹宴席。据《魏其武安侯列传》("The Biographies of the Marquises of Weiqi and Wu'an" of *Records of the Grand Historian*)的记录,灌夫随后被抓了起来,而窦婴为救灌夫,为阴谋所害,最后被灭族。对待敬酒时的姿势差别看似不起眼,却导致了后面种种事态的演变,可见这两个姿态的重要性,华兹生为此加上注释很有必要。

原文:秦王子婴**素车白马,系颈以组**,……(韩兆琦,2004:202)

译文:Ziying, the king of Qin, came in **a plain carriage drawn by white horses, wearing a rope around his neck**,...(Watson,1993:62)

在译"素车白马，系颈以组"时，华兹生加了个脚注："White is the colour of mourning，while the rope indicated total submission. … "（Watson，1993：62）。古代在投降时，战败者要穿素服，如果战败者有一定的地位，那么他还可以乘坐白马拉的素车。而若是君王，向人投降时表示自己服罪请罪的样子，还要用丝绦系着脖子。这种规矩在西方并不存在。为向西方读者解释这一中国特有的现象，华兹生便加了脚注，特别说明了"白色"和"组"这两个词的文化内涵。

原文：九年，赵相贯高等事发觉，**夷三族**。（韩兆琦，2004：215）

译文：Ninth year（198 BC）：The plot of Guan Gao and others to assassinate the emperor came to light，and they were **executed along with their three sets of relatives.**（Watson，1993：79）

华兹生为"三族"加了如下说明：

There is disagreement of the exact meaning of the term "three sets of relatives"，but it is certain that，because of the principle of corporate responsibility recognized in Chinese law，the parents and the other members of a criminal's immediate family were executed along with him. One reason was to prevent the possibility of blood revenge.（Watson，1993：79）

"夷三族"这一刑罚在中国商朝时期便有了，而后就一直保留了下来。虽然不同时期，"三族"涵盖的范围并不一样，但大体来说有两种所指：父、子、孙或父族、母族、妻族。（三族，http://baike. baidu. com）这种刑罚残酷，为彼时中国律法所特有，因而有必要加解释，以让西方读者了解。

原文：……其以沛为朕**汤沐邑**，……（韩兆琦，2004：216）

译文：It is my wish that Pei become my **bath-town.**（Watson，1993：82）

华兹生对"汤沐邑"加注为："A mark of special honour. "，随后他又加了以下注释：

Such estates were not required to pay taxes to the government，their revenues going instead to provide "bath-water"，i. e. ，private funds for the holder. In later chapters we shall often find "bath-towns" being assigned to princesses.（Watson，1993：82）

"汤沐邑"这个词语源于周代的制度，是指诸侯朝见天子，天子赐以王畿以内的、供住宿和斋戒沐浴的封邑。后指国君、皇后、公主等受封者收取赋税的私邑。（汤沐邑，http://baike. baidu. com）这一中国文化中特有的产物,有必要用注释加以说明。

原文:于是乃令萧何,赐带剑履上殿,入朝不趋。(韩兆琦,2004:841)

译文:The emperor ... granted Xiao He the privilege of **wearing his sword and shoes when he ascended to the audience chamber**,and **absolved him from the duty of hurrying when he entered court.** (Watson,1993:94)

华兹生为"剑履上殿,入朝不趋"加了以下注释:

Chinese etiquette forbade ministers to wear their swords or shoes when they entered the emperor's presence. In addition,they were required to scurry into court instead of walking at a normal pace. By excepting him from these requirements the emperor was conferring upon Xiao He the marks of extreme honour. (Watson,1993:94)

汉朝的统治者依照秦朝的制度,规定臣子上朝时不得穿鞋(履),也不能携带武器(剑)。"趋"是中国古代一种很普遍的礼仪,在长辈或者君王面前,人们应当小步疾行以示尊敬。如果一个人被赐予可以穿鞋、佩剑上朝,且在君王面前不用"趋"的特权,那在当时是对他无上的尊重。从《萧相国世家》("The Hereditary House of Prime Minister Xiao" of *Records of the Grand Historian*)的记载中可以看出,萧何是刘邦时期一等一的功臣,他被赐予"剑履上殿,入朝不趋"的殊荣可谓实至名归。由于这一礼仪在西方也是不存在的,为了向读者说明萧何的特殊地位,华兹生加上了注释。

原文:自古受命帝王,曷尝不封禅?(韩兆琦,2004:387)

译文:Among the emperors and kings who from ancient times have received the mandate of Heaven to rule,why are there some who did not perform **the Feng and Shan sacrifices?** (Watson,1993 Ⅱ:3)

"封禅"是古时非常具有中国特色的仪式。华兹生在"封禅"的注释里如此写道:

The Feng and Shan were sacrifices of the greatest solemnity, performed by the emperor at Mt. Tai and addressed to Heaven and Earth respectively. Though apparently of fairly late origin,the Han scholars maintained that they had been preformed by all the great saga rulers of antiquity. (Watson,1993 Ⅱ:3)

在泰山上筑土为坛以祭天,报天之功,是曰"封";在泰山下小山上空出一块地来,报地之功,是为"禅"。(韩兆琦,2004:389)这一庄重的大型典礼,只有在太平盛世或天降祥瑞之时,古代帝王才能举行。(封禅,http://baike.baidu.com)这一具有代表性的文化现象,华兹生也通过注释展现给了西方读者。

(四)与建筑有关的翻译

文化不同,时代不同,国别不同,建筑也各不相同。西方多石头建筑,以城堡与钟楼为典型;而东方的建筑多为木建,多殿宇和庙堂。中国古代有许多独特的建筑物,它们的独特性给译者的翻译带来了不少难度。根据文中所提及建筑物在上下文中的地位,以及它们在具体语境中所起的作用,华兹生用了不同的翻译方法,旨在恰当地为西方读者展现东方古代建筑的神韵。

原文:……,章邯军其南,筑甬道而输之粟。(韩兆琦,2004:174)

译文:Zhang Han ... camped to the south and constructed **a walled road** along which to transport supplies of grain.(Watson,1993:22)

"甬道"是一种两边都筑墙的通道。建筑甬道是为了运输粮饷,同时避免敌人的掠夺。在实际的使用中可能有不同的目的。因此华兹生在翻译时,根据"甬道"在具体情况下的实际用途采用了不同的译法,比如:

原文:其后,楚急攻,绝汉甬道,围汉王于荥阳城。(韩兆琦,2004:873)

译文:Later Xiang Yu pressed his attack on the king of Han,cutting off the Han **walled supply road** and encircling the king in the city of Xingyang.(Watson,1993:119)

原文:汉之三年,项王数侵夺汉甬道,汉王食乏,……(韩兆琦,2004:186)

译文:In the third year of Han(204 BC)Xiang Yu several times attacked and cut off the Han **supply road** so that the king of Han grew short of provisions.(Watson,1993:39)

原文:萧丞相营作未央宫,立东阙、北阙、前殿、武库、太仓。(韩兆琦,2004:215)

译文:The prime minister Xiao He had been put in charge of the building of the Eternal Palace,constructing **eastern and northern gate towers**,a front hall,an arsenal,and a great storehouse. (Watson,1993:79)

"阙"是中国古时典型建筑物之一,通常建于宫门前,左右各一座,筑起高台,台上有楼观。因两台之间有空缺,所以称为"阙"。(韩兆琦,2004:219)华兹生译之为 gate towers,虽然表达出了大概的意思,但要尽显"阙"的内涵恐怕还是有所不足。不过,这个建筑物在上下文中不起什么关键作用,因此简单地译出它的意思也就够了。

有时,因为不熟悉中国古代建筑物,华兹生的译文也会出现一些误译。比如以下这个例子:

原文:……,独守丞与战谯门中。(韩兆琦,2004:789)

译文:Only one of the governor's aides was present,who engaged them in battle at the **Qiao Gate** ... (Watson,1993:4)

"谯门"并非地名,而是中国古代的一种建筑,是指上有谯楼的城门。(韩兆琦,2004:790)至于"谯楼",也叫作"望楼",是建在城门上的瞭望塔。(王力,2007:309)把"谯门"译为 Qiao Gate 恐怕不太恰当,因为这样的翻译听起来像是个地名,把它译为 City gate(杨宪益,2004:75)会更好。

也有的时候,华兹生有必要为某个建筑物加注释。这通常是因为这种建筑物在理解上下文中有一定作用,不搞清楚这种建筑物是什么样子可能会令读者困惑。请看以下的例子:

原文:上在洛阳南宫,从**复道**望见诸将往往相与坐沙中语。(韩兆琦,2004:864)

译文:When the emperor was residing at the Southern Palace in Luoyang,he looked down one day from **a covered walk** (Note: *These elevated walks were built to connect various buildings in the palace grounds and allowed the emperor to pass over the upper level undisturbed while lesser officials and lackeys went about their business in the courtyard below, thus saving time and bother for all concerned.*) and saw his followers walking restlessly about the courtyard and sitting on the ground talking together. (Watson,1993:107)

"复道",又称为"阁道",是楼阁间的空中通道。(韩兆琦,2004:867)据华兹生对"复道"的解释,它还有助于让君王无障碍地通行。"复道"是中国的特色建筑,华兹生因此为它加了注释。另外,《高祖本纪》("The Basic

Annals of Emperor Gaozu" of *Records of the Grand Historian*)的记述会让我们发现,华兹生之所以加注还有另一个原因。那就是因为复道建在空中,且为君王所行,刘邦——也就是当时的君主,才可能站在这个空中的复道上俯瞰下方臣子的言行。换句话说,只有搞清楚复道是何种建筑,读者才能理解上下文。否则读者可能会疑惑,刘邦站在一条普通的路上,怎么能一览地上人们的举动呢?

原文:去辄烧绝**栈道**,以备诸侯盗兵袭之,……(韩兆琦,2004:205)

译文:As he proceeded,he burned and destroyed **the wooden roadway** (Note:*Built out over the steep side of the gorge.*) behind him in order to prevent bandit troops of the other feudal lords from attacking him … (Watson,1993:65)

"栈道"是在悬崖绝壁上凿孔架木而成的窄路,在中国建筑中很常见。(栈道,http://baike.baidu.com)中国读者对此自然很熟悉,西方读者可就未必。另外,"栈道"在此处会影响读者对上下文的理解。由于栈道是在险绝处傍山架木而成的一种道路,一旦遭到破坏,人们就只能绕路,甚至可能完全无法前进。读者只有了解栈道的特殊作用,才能理解为何刘邦要烧掉它以防止兵袭,并且向项羽显示他已无意向东(原文:去辄烧绝栈道,以备诸侯盗兵袭之,亦示项羽无东意)。(韩兆琦,2004:205)故事的详文可见《高祖本纪》("The Basic Annals of Emperor Gaozu" of *Records of the Grand Historian*)。

(五)与典故有关的翻译

写文章总难免引经据典,尤其是《史记》这样的历史文学巨献,不可避免有大量的典故。前车为鉴,评古论今,以达到史为镜、论有据的目的。不过,这些典故要翻译起来可非易事。西方读者并不了解中国历史典故,就算是中国读者,有时也要看注解才能明白某个典故的来由。搞不清这些典故的来龙去脉不仅会影响对上下文的理解,也会影响读者赏析《史记》的古风与历史性。

在翻译《史记》中涉及的典故时,华兹生会根据具体情况采取不同的翻译策略。一般来说,他会尽量保留原文的风格,向读者引荐文中涉及的历史因素。他最常用的方法是在原文后加上一个简单明了的注释。请看以下例子:

原文：今始入秦，即安其乐，此所谓"**助桀为虐**"。（韩兆琦，2004：858）

译文：Having just entered the capital of Qin, if you were now to indulge yourself in its pleasures, this would be "**helping the tyrant Jie to work his violence**". (Watson, 1993：102)

"桀"是夏朝最后一位君主，历史上有名的暴君。中国读者几乎是只要看到这个字，脑海里就能马上联想到一个暴虐残酷的君主形象。因而"桀"后来成为暴君的典型，且常被用来告诫现任君主切不可如"桀"一般凶残无道。对于不熟悉中国历史的西方读者来说，肯定不知道"桀"是谁，因而华兹生加了个简单的 the tyrant 来帮助西方读者明白这个名字的所指。

原文：命乃在天，虽**扁鹊**何益！（韩兆琦，2004：217）

译文：My fate lies with Heaven. Even **Bian Que**, the most famous doctor of antiquity, could do nothing for me! (Watson, 1993：83)

"扁鹊"是中国战国时期的名医，后来人们常用他的名字来指代医生，尤其是医术高明的医生。华兹生在翻译"扁鹊"时，加上了"the most famous doctor of antiquity"这一说明，让西方读者一目了然，知晓扁鹊的身份。

原文：祠黄帝，祭**蚩尤**于沛庭，……（韩兆琦，2004：199）

译文：He then performed sacrifices to the Yellow Emperor and to **the ancient warrior Chi You** in the district office of Pei ... (Watson, 1993：56)

蚩尤是中国神话传说中上古时代九黎族首领，骁勇善战，被奉为战神。祭祀蚩尤便是祭祀战神，意在通过这种祭祀在战争中取胜。在翻译"蚩尤"时，华兹生加了 the ancient warrior 这一说明，读者便能明白为何开战前需要对他行祭祀之典了。

原文：位冠群臣，声施后世，与**闳夭**、**散宜生**等争烈矣。（韩兆琦，2004：845）

译文：First among the ranks of officials, renowned in later ages, his fame rivals that of **the ancient ministers Hong Yao and San Yi**! (Watson, 1993：98)

"闳夭"和"散宜生"都是助周武王伐纣的开朝功臣。在这句话中，司马迁对萧何进行评价，把他比作周朝时的这两位功臣，意思是说萧何在助刘邦立汉的过程中功绩可与"闳夭"和"散宜生"比肩。从某种意义上来说,汉朝的建立与周朝有着相似之处,它们都是为了推翻前朝的暴虐统治,因此司马迁用"闳夭"和"散宜生"来比喻萧何,这样的类比是很有代表性的。然而,如果读者不知道"闳夭"和"散宜生"是谁,那么这两个名字就完全没有任何意义。华兹生的译本面对的是普通读者而非专家,他自己也说过"希望尽可能地减少脚注"(原文:to "avoid footnotes wherever possible")(华兹生,1993:xix),因此他不太可能对"闳夭"和"散宜生"下笔墨大加解释,一个简单扼要的 the ancient ministers 就足以说明他们的身份了。

原文:虽**伊尹**、**周公**,何以加哉!(韩兆琦,2004:893)

译文:Even **the great ministers of antiquity Yi Yin and the duke of Zhou** could have done no better! (Watson,1993:380)

"伊尹"为中国商朝初年著名丞相,他辅助商汤灭夏朝,为商朝建立立下汗马功劳。"周公"姓姬名旦,是周文王姬昌第四子,周武王姬发的弟弟,曾助周武王灭商建国,后又辅佐周成王治理天下。"伊尹"和"周公"被后世称为名臣的代表,被儒家称为圣人。(韩兆琦,2004:893)就像上文翻译"闳夭"和"散宜生"一样,华兹生也为"伊尹"和"周公"加了简单的说明 the great ministers of antiquity 来解释他们的身份。

原文:亚夫之用兵,持威重,执坚刃,**穰苴**曷有加焉!(韩兆琦,2004:893)

译文:In the use of arms Zhou Yafu displayed a might and endurance which **the famous general Rangju of old** could hardly have surpassed. (Watson,1993:380)

"穰苴",又称司马穰苴,春秋末期齐国人,是继姜尚之后一位承上启下的著名军事家,曾留下一部兵书,名为《司马穰苴兵法》(*The Art of War by Sima Rangju*)。在评价平定了七国之乱的功臣周亚夫时,司马迁肯定了周亚夫的成就,并把他比作司马穰苴。华兹生在翻译时为"穰苴"加了原文没有的说明 the famous general Rangju of old 来表明司马穰苴的身份。

原文:夫**种**、**蠡**无一罪,身死亡;……(韩兆琦,2004:1294)

译文:In former times **Zhong**[①] **and Fan Li**,the ministers of Yue,were

---

① "种"的全名是"Wen Zhong"(文种)。华兹生在翻译"种"时不知为何只译了他的名,没有像范蠡一样译出全名。

guilty of no offences, and yet they were forced to flee or face death. (Watson,1993:188)

"范蠡"和"文种"都是春秋时期有名的谋士,他们是越王勾践的谋臣,在勾践打败吴王夫差的过程中起了举足轻重的作用。在助越王兴国后,范蠡选择了退隐;而和范蠡一起,为勾践最终打败吴王夫差立下赫赫功勋的文种自觉功高,不听从范蠡劝告留了下来,尔后被勾践赐死。① 这里司马迁引用这两个人的名字,是说这两人并无任何罪过,却都没有好下场。这里范蠡和文种的功绩是次要的,华兹生认为只要明确他们的身份就够了,因为他重在说明两人"无罪"而逃亡或身死。所以他的翻译加上了 the ministers of Yue 的说明。

(六)与地名有关的翻译

在阅读《史记》的时候,搞清楚繁多的地名是个大难题。大部分情况下,司马迁认定他的目标读者对当时的地理很熟悉,所以并未对地名做过多的解释。《史记》成文简洁,司马迁的焦点放在历史事迹上,自然也不会在地理方面过多着墨。毕竟,《史记》是历史文学名著,而非地理志。

但这里产生的问题就是,对于今天的普通读者来说,搞清楚《史记》中谈及的地名变成了很困难的事。如果没有解释说明,就算是中国读者,恐怕也时常被那些地名搞得晕头转向,对完全不熟悉中国地理的西方读者来说就更是摸不清东西南北了。华兹生在翻译《史记》时,遇到这些林林总总的地名也难免犯难,因而有不少误译。产生误译多是由于误解了地名,根据字面直译,而造成了含糊或者错误的译文。

原文:秦二世二年,陈涉之将周章军西至戏而还。(韩兆琦,2004:199)

译文:In the second year of the Second Emperor(208 BC) Chen She's general Zhou Wen②marched west with his army as far as **Xi** and then returned. (Watson,1993:56)

华兹生将"戏"直译为 Xi,这看起来像是城镇或郡县的地名,但实际上"戏"是水名,其源于骊山,流经今陕西临潼东,入于渭水。(韩兆琦,2004:

---

① 文种.[2017-05-08]. http://baike. baidu. com.

② "周文"和"周章"实为同一人,"文""章"二字相应,一为其名,一为其字,就像项籍和项羽也是一个人的名字一样。(韩兆琦,2004:793)

202)因此,翻译时把"戏"翻译为 the Xi River 更为合适。

译文:秦**泗川**监平将兵围丰,……(韩兆琦,2004:199)

译文:Qin's overseer in **the province of Si River**,a man named Ping,led a force of troops and surrounded Feng ... (Watson,1993:56)

虽然"泗川"中有个"川"字,"川"字通常指河流,但这里的"泗川"其实并不是一条河,而是秦朝的一个郡,到了汉朝,这个地名被换成了"沛"。此地现位于安徽省濉溪西北。华兹生将其译为 the province of Si River,这不太恰当,如译为 Sichuan Province 会更好。

原文:秦王子婴素车白马,……,降**轵道**旁。(韩兆琦,2004:202)

译文:Ziying,the king of Qin,came in a plain carriage drawn by white horses,... surrendered ... by the side of **Chi Road**. [①](Watson, 1993:62)

华兹生认为"轵道"是一条道路,因为有"道"这个字。实际上,"轵道"并非一条路,而是一个亭子。它的全名是"轵道亭",现位于陕西省西安市东北。

原文:下**河内**,虏殷王,……(韩兆琦,2004:206)

译文:He conquered **Henei** and took Sima Ang, the king of Yin, prisoner,... (Watson,1993:67)

"河内"在这里并非一个城或者一个郡县,而是指今河南省黄河以北地区。(韩兆琦,2004:212)也就是说,"河内"是一片区域,而不是一个郡。根据《高祖本纪》的记载,刘邦占领了这一地区,并随后建立起一个名为"河内"的郡,但在这里它指的还是地区。因此,"河内"译为 Henei 不甚妥当,因为这样看起来像是某个地名,应当译为 the area north to the Yellow River。

原文:汉王乃令张耳与韩信遂东下**井陉**击赵,……(韩兆琦,2004:207)

译文:He(The king of Han) ordered Zhang Er and Han Xin to proceed east down **the Jing Gorge** and attack Zhao,... (Watson,1993:69)

"陉"(音 xíng),通常指的是山脉中断的地方(王力,2007:427)。也许因为这样,华兹生将"井陉"译为 the Jing Gorge。但实际上"井陉"并非一个山

---

① 华兹生把"轵"音译为 chi,这个字实际应读为"zhǐ"。(泷川资言,水泽利忠, 1986:239)

脉或者峡谷,而是一个关塞名,也就是井陉关(Jingxing Pass),又被称为土门关,现位于河北省井陉北井陉山上。(韩兆琦,2004:212)

原文:十三年孺子见我**济北**,谷城山下黄石即我矣。(韩兆琦,2004:856)

译文:Thirteen years from now you will see me again. A yellow stone at the foot of Mt. Gucheng in **Jibei**—that will be me.(Watson, 1993:100)

华兹生对"济北"的翻译是 Jibei,看起来像是一个地名。但"济北"在这里其实指的是一个地区,即济水之北。当时的济水,其流经山东的部分与今黄河河道基本相当(韩兆琦,2004:857)。华兹生的译文会让人产生误解,改译为 at the foot of Mt. Gucheng north of the Ji River(杨宪益,2004:91)更准确。

原文:沛公欲以兵二万人击秦**峣**下军,……(韩兆琦,2004:858)

译文:The governor of Pei wanted to take a force of 20000 men and attack the Qin army encamped at the foot of **Mt. Yao**,…(Watson,1993:101)

华兹生认为"峣"是一座山,所以译为 Mt. Yao。实际上,"峣"在这里是关塞名,现位于陕西省蓝田东南,称为"峣关",又名"蓝田关",是连接长安地区及河南以南的重要通道。这里把"峣下"译为 at the foot of the Yao Pass(杨宪益,2004:93)更好。

五、小结

本章对华兹生的《史记》英译本 *Records of the Grand Historian* 进行了文本分析,通过大量的例子从不同层次、不同方面、不同分类对华兹生的翻译展开了研究。分析主要从语言和文化两方面展开。其中,语言方面的研究主要考察了华兹生在语音、词汇和句法层次上产生的误译,探索了可能的原因,并尽可能提出更恰当的译法。具体说来,语音层次上的误译大多是由于汉语言的发展造成,比如,《史记》里面使用的许多汉字随着时间的推移,今时的读音已与往日不同;汉字复杂的文字结构以及汉字间细微的差异也是造成误译的原因之一。词汇层次上,词语字面意思与内涵意思的不同导致译者误译。句法层次上,首先,古汉语句子结构与现代汉语不同。《史记》行文简洁,惜字如金,其中许多句式可能连中国读者读来也要费一番功夫,英语国家的译者更难免有所困惑因而产生误译。其次,中文与英语的句法结构不同,这也是翻译过程中一大障碍。最后,复杂的历史文化背景也为译者着手翻译增加了难度。针对以上的各层次误译,通过查阅古汉语词典、参考中外学者对《史记》做的大量注释以及反复阅读原文上下文,笔者给出了参考翻译。

对《史记》英译文化层次的研究主要考查了文化词汇的翻译,包括与器物有关的词汇、与官名有关的词汇、与礼俗有关的词汇、与建筑有关的词汇、与典故有关的词汇以及与地名有关的词汇。这一部分既考察了华兹生在翻译不同类别的文化词汇时采取的翻译策略,也摘录分析了一些误译。华兹生说过,他翻译《史记》本着"尽可能地减少注释以使得阅读流畅"的目的(Watson,1995:199-206),因此,当遇到对理解上下文不起关键作用的词汇时,哪怕它是中国文化特有的,华兹生的译文也会采取变通的译法,让读者读起来更容易。对于那些虽在西方文化中不存在,但从字面来看并不难理解的文化词汇,华兹生便采取直译,尽可能保留原文的古风貌,以促进跨文化交流。有时候,读者必须具备一定的历史文化背景知识才能理解某些词汇,华兹生便会根据具体情况加注。不过,由于文化差异和对某些文化背景的不熟悉,华兹生的译文也难免出现一些误译,尤其是在文化相关现象和古代中国的地名方面。对于这些误译,笔者也尽量给出了更合适的参考翻译。

华兹生的译本是最有影响力的《史记》英译本之一,毫无疑问,它的出版对于《史记》的流传产生了巨大的作用,同时,其翻译也给中国历史文化典籍的翻译提供了许多有用的参考。华兹生在翻译过程中,根据具体情况所采取的各种巧妙的翻译策略令人赞叹,也是对翻译类似体裁文章有益的启发。而对他产生的一些误译进行分析也可以帮助我们今后在同领域的翻译中尽力避免这样的错误。

今后,进一步的研究可以从跨专业的角度展开,如历史学、地理学、文化学等;也很有必要比较不同版本的英译本,进行深入的比较分析。当然,这一切都要在熟悉中国古汉语和中国文化,特别是古代文化常识的基础上进行。

第三章　文学与艺术文献

第一节　文学作品的传播

中国文学作品在西方的翻译发轫于 18 世纪上半叶,此时正值中西文化交流史上的高潮。来华传教士对中国作品的译介,在欧洲掀起一股"中国文化热"。1735 年,法国汉学家杜赫德(Jean-Baptiste du Halde)整理收集各国耶稣会士传回的大量资料,于巴黎出版了四卷本《中华帝国全志》(*Description géographique*, *historique*, *chronologique*, *politique*, *et physique de l'empire de la Chine et de la Tartarie chinoise*),很快在欧洲传播开来,1736 年即被翻译为英文版,之后德译本和俄译本也相继问世。其中第三卷收录了法国耶稣会士殷宏绪(Pere d' Entrecolles)译自《今古奇观》的四则故事,以及由法国耶稣会传教士马若瑟(Joseph de Premare)所译《赵氏孤儿》,译名为 *Tchao Chi Cou Eulh*, *ou le petit orphelin de la Maison de Tchao*。这是首部翻译传播到欧洲的中国古典戏剧(马祖毅,1997:164),也是对欧洲戏剧造成最大影响的译本。根据马若瑟译本,18 世纪下半叶欧洲出现了四种《赵氏孤儿》改写本,其中包括 1741 年英国剧作家哈切特(William Hatchett)的《历史悲剧〈中国孤儿〉》(*The Chinese Orphan*: *A Historical Tragedy*)和 1755 年法国作家伏尔泰的《中国孤儿》(*L'Orphelin de la Chine*),伏尔泰的改写本于 1755 年 8 月在巴黎上演,引起了极大的轰动。(黄鸣奋,1997:238)

一、19 世纪——西方中国文学典籍译介活动的兴盛

法国汉学家考狄(Henri Cordier)分别于 1878 年、1885 年和 1895 年在巴黎出版《中国书目》(*Bibliotheca sinica*: *Dictionnaire bibliographique des ouvrages relatifs à l'Empire Chinois*）两卷及补遗卷，后又于 1904 年至 1924 年间出版《中国书目》第二版四卷本及补遗卷。第二版《中国书目》收录了从西方最早对中国的记载到 1921 年间他所能收集到的汉学研究论著，其中包括大量中国古代文化典籍译本。（张西平，2015：83）其中所载译本多出自十九世纪。

《中国书目》第二版第三卷、第四卷补遗部分及补遗卷的文学部分以欧洲出版情况为主，共收录单本译著、合集及散见于各类杂志的才子书、小说故事、戏剧、诗歌几大门类的译作共 419 种，除了译文数量最多的英语、法语、德语之外，还涉及拉丁语、意大利语、荷兰语、丹麦语、俄语、西班牙语、马来语等。

才子书是《中国书目》中介绍的第一类中国文学作品，汇集元明清三代小说精粹。《中国书目》中所列十大才子书分别是《三国志》《好逑传》《玉娇梨》《平山冷燕》《水浒传》《西厢记》《琵琶记》《花笺记》《平鬼传》《三合剑》。（Henri Cordier，1906—1907：1753-1754）除《平鬼传》《三合剑》没有译文外，前八大才子书共有 49 种译文。最受西方关注的是《好逑传》，共有 13 种译文，《玉娇梨》12 种译文，《三国志》7 种译文。

《好逑传》被普遍认为是最早译入西方的一部中国古典小说。（汪榕培，王宏，2009）据《中国书目》记载，《好逑传》最早的译本于 1761 年在伦敦出版，这个四卷本译本名为 *Hau Kiou Choaan or the Pleasing History*，*a Translation from the Chinese Language* 的四卷本译本，译者不详。伟烈亚力（Alexander Wylie）在《中国文献提要》（*Notes on Chinese Literature*）中介绍道，译文手稿是在一位旅居广东的汉学生威尔金森（Wilkinson）的卷宗里发现的，文件的日期是 1719 年，前三卷为英译文，第四卷为葡译本。（Cordier，1906—1907：1755）德罗莫尔主教托马斯·帕西（Thomas Percy）将第四卷译为英文，编辑后出版。四卷本中第三卷由于译文篇幅较短（Percy，1761：180），帕西在译文后另附中国谚语、格言合集，第四卷译文后另附 20 首中国诗歌选编，大多出自《尚书》《诗经》和唐诗。

小说故事类译文共有 186 种，被翻译得最多的是《今古奇观》，40 卷中有 29 卷有译文，共计 68 种，其中单《庄子休鼓盆成大道》一卷就有英、法、德译文 8 种。《聊斋志异》有译文 27 种，其中贺敬瞻（Hoa King-chan）共译 19 篇，于 1921 年至 1922 年间发表于法文月刊《中国》（*La Chine*）。（王丽娜，1988：222）此外，经西方学者译介，在国外产生广泛影响的还有《十二楼》《龙图公案》《红楼梦》《白蛇精记》《二度梅》《金瓶梅》等。可见当时为了透过作品进一步了解中国社会文化,西方译者对中国古代小说的翻译热点主要集中于时代较近的明清短篇小说,题材方面多选择社会人情、才子佳人或志怪类小说。这样的选择一方面符合西方小说的传统评价标准,另一方面也满足了西方读者对于中国社会美好形象的心理期待。

戏剧类共有译文 55 种,以元杂剧为主。19 世纪二三十年代戏剧翻译活动最为频繁。同一时期,四大悲剧中有三部得到译介,分别是德庇时(John Francis Davis)的英译版《汉宫秋》(1829)、儒莲(Stanislas Julien)的法译版《赵氏孤儿》(1834)和巴赞(Antoine Bazin)的法译版《窦娥冤》(1837)。此外,《元人百种曲》《老生儿》《合汗衫》《灰阑记》《㑇梅香》等经典剧作均有译本。

诗歌类译文共有 129 种,翻译最多的是屈原的《离骚》以及陶渊明、白居易、李白等人的诗作,主要局限在古体诗和唐诗的翻译上,宋词、元曲、新诗方面存在明显空缺。中国古典诗歌体裁的独特性,大大增加了翻译的难度,因此许多西方译者在翻译的同时,也会对其音律、对仗等进行研究,如德庇时的《汉文诗解》(*The Poetry of the Chinese*)就是一部全面、系统介绍中国古典诗歌的著作。

19 世纪中国古代文学典籍的翻译以西方译者为主力,如法国汉学家雷慕沙、儒莲、巴赞、德理文(Marquis d'Hervey de Saint-Denys),英国汉学家阿瑟·韦利(Arthur Waley),德国汉学家佛尔克(Alfred Forke)、阿恩德(Carl Arendt),奥地利汉学家普菲茨迈尔(August Pfizmaier),荷兰汉学家施古德(Gustaaf Schlegel)等。鸦片战争后,中国国门敞开,在商业、政治领域与西方的往来更为频繁,不少西方译者都有在中国生活的经历,其中一类是怀抱宗教热忱来到中国的传教士,如马若瑟、理雅各,另一类是派驻中国的外交官,如《花笺记》的译者之一、第四任港督宝宁爵士(又译包令,John Bowring);《红楼梦》的译者之一、英国驻澳门副领事裘里(Henry Bencraft Joly)等。许多人结束在华工作回国后全身心投入汉学研究,直接促进了西方汉学的发展。第二任港督德庇时回国后设立德庇时中文奖学金,鼓励青年学者学习汉学。还有不少人回国后执教于各个大学的汉学系,从事专门的汉学研究,如庄延龄(Edward Harper Parker)、翟理斯(Herbert Allen Giles)等。

除单行本译著外,19 世纪刊行的近代英文杂志也对中国文学作品的传播起到推波助澜的作用。《中国书目》中常见的近代英文杂志,有在国外刊行面向国外文人、学者的,如东印度公司印制的《亚洲杂志》(*The Asiatic Journal and Monthly Miscellany*,1816—1845)、英国皇家亚洲学会学术刊物《皇家亚洲学会杂志》和 1877 年创刊于英国的文学月刊《十九世纪》(*The Nineteenth Century*)。有在中国刊行,面向传教士、外交官、汉学家及对中国感兴趣的西方读者的专业学术杂志,如在广东刊行,以译介语言文学为主的《中国丛报》(*Chinese Repository*,1832—1851),在香港创刊的汉学评论刊物《中国评论》(*The China Review*,1872—1901),学术团体创办的《北京东方学会杂志》(*Journal of the Peking Oriental Society Journal*),华北捷报社的《亚东杂志》(*The East of Asia Magazine*,1902—1906)等。也有英国商人在华创办,旨在服务在华外侨的刊物,如上海第一家英文报刊《北华捷报》(*North-China Herald*,1850 年代—1940 年代)。

二、20 世纪上半叶——中国译者的兴起

20 世纪初的中国文学典籍英译活动处于酝酿时期,海外译著屈指可数,直到二十年代出版数量和规模才有明显提升,迎来小高潮,30 年代至 50 年代进入平稳发展期。(刘晓晖,2015:99)

华裔目录学家袁同礼在北平图书馆任馆长期间汇集的《西文汉学书目》记录了 1921 年至 1957 年间出版的英语、法语、德语汉学著作,其中共载诗歌、戏剧、小说、短篇故事译本 400 多种。从这份目录可以大致窥见 20 世纪上半叶中国文学典籍的译介情况。

诗歌共有译本 162 种,主要是诗歌选集,也有主要作家的专门译集。19 世纪译介过的经典作家的作品被不断重译,唐朝诗人仍是译介重点,如李白诗的译作有 12 种,杜甫有 9 种,白居易 7 种,但译介范围更广,孟浩然、韩愈、范成大、陆游等唐宋诗人的作品也有相关译作出版。更重要的是,随着海外中国诗歌研究的深入以及许多学养深厚、精通外语的中国文人的加入,各个朝代主要词人的作品也得到译介,如李煜、苏轼、纳兰性德等。

值得注意的是,在这一时期,接近 30% 的诗歌译作在美国出版,有不少是高水平的大学出版社,如哈佛大学出版社、加州大学出版社、斯坦福大学出版社、芝加哥大学出版社等。美国汉学虽然起步较欧洲要晚许多,但如日升月恒,发展迅速。有些美国译者长期在中国生活,有着浓厚的中国情结。美国牧师来会理(David Willard Lyon)出生于浙江的长老会传教士家

庭，……1895 年，在天津创立基督教青年会，在中华基督教青年会全国协会任职近三十年。① 他的唐诗译集《月亮门内，中国诗选》（*Inside the Moon Gate，Poems Translated from the Chinese*）由后人汇编，陈受颐作序，于1951 年在加州克莱蒙特（Claremont，California）出版。美国女诗人、翻译家，著名杜诗译者艾思柯（Florence Ayscough）出生于上海，在美国完成学业后回到上海，对中国语言文化萌生兴趣，在上海安家三十余年，一生研究、传播中国文化。

20 世纪初，在庚款留学、高等教育西化等潮流的助推下，中西方文化交流倍增，外国学者来华任教屡见不鲜，中国学子接连赶欧赴美，博闻强记、学贯东西的大家才俊层出不穷，如徐仲年、罗大冈、初大告等。同时，中西文人间的交流日渐频繁，演绎无数译坛佳话。1929 年，包贵思教授（Grace M. Boynton）翻译出版了她在燕京大学的得意弟子冰心的代表诗集《春水》。同年，林文庆完成《离骚》英译，由翟理斯、泰戈尔（Rabindranath Tagore）和陈焕章作序出版。1930 年，梁宗岱将《陶潜诗选》译成法文出版，法国象征主义诗人瓦雷里（Paul Valéry）为其作序。李高洁（Cyril Drummond Le Gros Clark）于 1935 年再版的《苏东坡赋》特请发文评论过其第一版译文的钱钟书作序。

此外，中外合作翻译模式也在悄然兴起。美国女诗人安德伍德（Edna Worthley Underwood）与中国人朱其璜合作出版了《三部中国名著》（*Three Chinese Masterpieces*，1927）、《杜甫歌七首》（*The Book of Seven Songs by Tu Fu*，1928）以及《华夏月光下的吟游诗人》（*Tu Fu，Wanderer and Minstrel Under Moons of Cathay*，1929）。1933 年，英国作家、美学家艾克敦（Harold Acton）受温源宁之邀来北大授课，1936 年与陈世骧合作翻译《中国现代诗歌选》（*Modern Chinese Poetry*）。1948 年刘翼凌因国际政局遽变，由印度转赴巴基斯坦，②与诗人、文艺评论家、外交官沙希德·苏拉瓦底（Hassan Shaheed Suhrawardy）合译《李后主选集》（*Poems of Lee Houchu*），1948 年在加尔各答出版。

---

① Anonymous. MRL6：David Willard Lyon Papers［EB/OL］.［2017-2-10］. http://library. columbia. edu/content/dam/libraryweb/locations/burke/fa/mrl/ldpd_8588930. pdf.

② 刘翼凌. 大罪人蒙恩记［J/OL］.［2017-2-10］. https://www. cclifefl. org/View/Article/1758.

　　小说及短篇故事共有译作 268 种,德语译本最多,其次是英语。德语译者中贡献最大的是库恩(Franz Walther Kuhn),他翻译了《红楼梦》《三国演义》《水浒传》《金瓶梅》等十几部长篇小说和大量短篇小说,他的部分德文译本还被转译成其他语言。

　　古典小说中,译作最多的是《今古奇观》《水浒传》《聊斋志异》《红楼梦》等经典作品,几经重译,译本众多。其他经典,如《西游记》《醒世恒言》以及批判现实主义作品《老残游记》和《儒林外史》也开始受到关注,有多种译本。时间较近的清代小说是翻译的热门,但也不囿于此,并且题材五花八门,如才子佳人小说《二度梅》、公案小说《狄公案》、武侠言情小说《儿女英雄传》、笔记小说《浮生六记》以及唐传奇小说《古镜记》等。然而西人译介的许多作品并非经典,并不具备文学价值,如《义山杂纂》,传为李商隐所作,但非名篇名作,内容鄙俗琐细,《新唐书》中都没有收录。有些甚至是难登大雅之堂的艳情小说,在禁毁小说书目上赫赫有名,如《金瓶梅》《隔帘花影》《春梦琐言》《玉蜻蜓》。其中《金瓶梅》译本有 8 种之多。可见在选择文本时,译者带有较重的猎奇心理,并不完全以文学、美学、社会价值等观念进行选择。

　　现代作品共有译文 178 种,涉及 70 余位作家,被译介最多的是林语堂、鲁迅和老舍的作品。短篇故事集不少出自中国译者,如葛传椝、辜鸿铭、杨宪益、袁嘉骅、伍鹤鸣、初大告等。

　　相比诗歌和小说,戏剧的译作要少得多,仅 39 种,译本最多的仍是元剧,如《西厢记》和《灰阑记》。但从 20 世纪二三十年代起,西方学界涌现出大量中国戏剧研究著作,涉及 20 世纪京剧、昆曲,甚至皮影戏等,还有梅兰芳的专题介绍。译者对文本的选择更加多元化,涵盖明清剧作和不同种类的近代戏剧。德国汉学家洪涛生(Vincenz Hundhausen)翻译了《琵琶记》《西厢记》《牡丹亭》。50 年代杨宪益夫妇翻译了《长生殿》以及京剧《打渔杀家》和川剧《柳荫记》(《梁山伯与祝英台》)。而现代剧则主要局限于 50 年代国内译者翻译的一批以抗争、解放以及歌颂社会主义新中国为题材的作品,带有鲜明的时代特色,如杨宪益夫妇译贺敬之的《白毛女》、郭沫若的《屈原》,唐笙译胡可的《战斗里成长》,廖鸿英译老舍的《龙须沟》等。

　　20 世纪前叶,曾经叱咤海外、红极一时的中国戏剧翻译作品出自熊式一。在国内任教时,熊式一已出版《萧伯纳全集》《巴雷全集》等译作。虽然翻译成就斐然,又有郑振铎、徐志摩等人推荐,但由于没有国外大学文凭,按规定无法晋升正教授。1932 年,熊式一前往伦敦大学攻读文学博士学位,得到英国著名作家威尔斯、萧伯纳等人赏识,后将京剧传统剧目《红鬃烈马》改译为喜剧《王宝川》。因"钏"字难译,改用"川",英文题名 *Lady Precious Stream*。英国诗人亚柏康贝(Lascelles Abercrombie)为其作序,1934 年由麦勋书局(Methuen)出版。同年在伦敦演出,皇室成员纷纷前来观剧。之后又在多个欧洲国家巡演,并于 1936 年登陆纽约百老汇,特邀梅兰芳监督指导。尽管熊式一的剧本为迎合商业舞台而作,遭到国内文人的斥责,但不可否认的是,这仍然是一次将中国文学成功推向世界的改译。

三、20 世纪下半叶——文学作品"走出去"的种种尝试

(一)国家机构介入的中国文学对外输出

中华人民共和国成立前,我国的文学典籍外译主要以个体译者为主,译介活动较为分散,译文选择多反映译者个人的兴趣,不成系统。中华人民共和国成立后,国家开始有组织有计划地大规模对外译介中国文学典籍,其中最重要的成就是《中国文学》(*Chinese Literature*)和"熊猫丛书"。

《中国文学》是一份专门对外翻译中国文学作品的官方期刊,"分为英、法两个文版,共出版 590 期,译介文学作品 3,000 多篇,介绍古今作家和艺术家 2,000 多人次,发行到世界 159 个国家和地区"(郑晔,2012:7)。

《中国文学》旨在向外国读者介绍中国文学,对外展示中国自我形象,早期在题材的选择上,以符合各时期意识形态和主流思潮的当代作品为主,如中华人民共和国成立后十七年间,《中国文学》译介最多的是工农兵题材的作品,其次为反抗、战争题材的作品。又如"文革"时期,受国内形势影响全面停止译介古典作品。(郑晔,2012:76)80 年代后,《中国文学》开始以艺术审美标准选择翻译对象,题材多样化,主流意识形态之外的古代、现当代作家得到译介,女性作家也有专门译介。体裁丰富,以短篇小说、长篇小说为主,兼顾诗歌、散文、戏剧、文论等其他体裁。80 年代中期,《中国文学》达到巅峰,欧美订阅人数增多,成为"海外中国文学研究者、文学爱好者以及所有对中国文学艺术有兴趣的人士必读的出版物"(吴自选,2012:86)。

1981 年,"熊猫丛书"由《中国文学》杂志社翻译出版,从一开始结集出版杂志上刊载过的译作,到组织专人翻译,"熊猫丛书"在海外的读者数量逐渐增长,扩大了中国文学的世界影响力。80 年代中期,"熊猫丛书"在海外

销量良好,获得较好的经济效益,也为一些作家赢得了国际声誉,如古华、高晓声、茹志鹃、陆文夫等。(金介甫,2006:73)那时,《中国文学》和"熊猫丛书"的成功,很大程度上得益于译者的水平和翻译质量。从最初的杨宪益、戴乃迭夫妇及沙博理三人开始,这支翻译队伍不断壮大,不仅培养了大批国内优秀译者,如王明杰、唐笙、熊振儒、胡志挥、刘士聪等,也集结了众多海外译者,如《正红旗下》译者科恩(Don J. Cohn)、《丁玲小说选》译者詹纳(W. J. F. Jenner)、《茅盾作品选》译者约翰斯通(Simon Johnstone)、《黑骏马》译者弗莱明(Stephen Fleming)以及《萧红小说选》译者、美国著名汉学家葛浩文(Howard Goldblatt)等。

然而90年代,"熊猫丛书"却出现出版量、销售量下滑的趋势,长期亏损,继而中国文学出版社被撤销,《中国文学》停刊,持续半个多世纪对外系统译介中国文学的努力黯然收场。究其原因,人才流失是其中一个很重要的因素。(徐慎贵,2007:49)缺少合格的译者,"熊猫丛书"的翻译质量严重下滑,译文粗糙,美国汉学家金介甫(Jeffrey C. Kinkley)甚至评论说:"好几部熊猫版译本都是马马虎虎的意译,而不是文学翻译"(金介甫,2006:74)。

至2009年底,"熊猫丛书"共出版"英文版图书149种,法文版图书66种,日文版图书2种,德文版图书1种及中、英、法、日四文对照版1种,共计200余种"(耿强,2010:46)。尽管成果丰硕,但实际上,这套丛书中的大部分译作没有在英美读者中产生太大影响。

(二)学术依托下的中国文学译介探索

香港中文大学翻译研究中心主办的《译丛》(*Renditions*),是1973年由宋淇和高克毅(George Kao)创立的一本中国文学英译的国际前沿刊物。创立之初,就致力于通过翻译将中国作品推介给西方读者,使其洞见中式生活和思想,并讨论及举证翻译的艺术。(Kao,1975:4)很快,《译丛》就成为一些国外大学中国文学相关课程的补充读物,由此也确立了基本的阅读群体。除了为学术研究、大学课程提供有力补充外,通俗易懂、生动有趣的译文也吸引了一批普通读者。40多年来,每半年一期的《译丛》期刊从未间断,截至目前(2017年2月)共出版《译丛》丛书14本,《译丛》文库31本,译介中国作家600多人,涵盖古典诗歌、散文、小说、戏剧作品乃至各类现当代作品,涉及大陆、香港、台湾及海外作家。

《译丛》在选材上有一定系统性和主题性,除常规的栏目外,还时常推出专号,对特定主题进行集中译介,比如 1982 年的《清代至民初言情小说》(*Chinese Middlebrow Fiction*)、1990 年的《古典散文》(*Classical Pros*)、1996 年的《张爱玲》(*Eileen Chang*)、2000 年的《国人西方印象》(*Chinese Impressions of the West*)、2007 年的《大跃进》(*The Great Leap Forward*)、2014 年的《中国科幻小说》(*Chinese Science Fiction*)等。《译丛》文库共有香港文学、女性作家、当代小说、现代诗歌、古典诗歌五个系列,数量不多但很精致,每个类别都选取各种流派、题材、时代和地域最具代表性的作家作品。当代小说系列中有香港作家也斯的《剪纸》(*Paper Cuts*)、台湾乡土文学作家黄春明的中短篇故事集,有海派作家张爱玲的《留情》(*Traces of Love and Other Stories*),有遇罗锦的伤痕小说《一个冬天的童话》(*A Chinese Winter's Tales*)和刘心武的《黑墙》(*Black Walls and Other Stories*),有韩少功的寻根派小说《归来去》(*Homecoming and Other Stories*)和莫言的《爆炸》(*Explosions and Other Stories*),有刘索拉的现代派小说《蓝天绿海》(*Blue Sky Green Sea and Other Stories*),有社会分析小说茅盾的《动摇》(*Wavering*),还有王安忆的爱情题材小说《小城之恋》(*Love in a Small Town*)和《荒山之恋》(*Love on a Barren Mountain*)。

《译丛》成功的背后是一个强大的专家团队,编委会、顾问和译者中,不乏享誉海内外的知名诗人、学者、翻译家,如夏志清(C. T. Hsia)、马悦然(Goran Malmqvist)、宇文所安(Stephen Owen)、卜立德(David Pollard)、白杰明(Geremie Barmé)、闵福德(John Minford)、葛浩文(Howard Goldblatt)等。《译丛》也大量接收外部投稿,不管译者是否资历深厚,每一篇最终定稿的译文都凝聚着集体的努力,必须经过编辑们字斟句酌的反复推敲和修改,需要耗费大量的时间和精力。如此这般,出品的译文才能地道精湛,征服西方读者。

中国文学典籍浩如烟海,但总体而言,被成功翻译并为西人熟知的作家作品,只在少数。收藏在国外大学图书馆的译本,面向的读者群体有限,以专业学习者和学术研究者为主。中国文学典籍走向世界任重道远。

进入 21 世纪以来,随着中国当代文学逐渐成熟化和多元化,在多方译介者的经年努力下,中国作家的作品逐渐在国际上斩获名声,被国外知名出版社看中,通过商业运作,进入线上、线下各种流通渠道,出现在普通读者的视线中,如姜戎的《狼图腾》、余华的《兄弟》等。另外,也有部分符合西方流行取向的类型文学,借助译者的推荐或是影视作品的引介,取得了不错的市场销量,如麦家的谍战小说《解密》、刘慈欣的科幻小说《三体》等。不管渠道如何,一部作品要被读者接受,还要看翻译本身的质量。因此,为译本寻找合适的译者尤为重要。

第二节　老舍《离婚》两个英译本评析

一、老舍作品简介

老舍(1899—1966),原名舒庆春,是 20 世纪著名的中国作家。作为一位作品丰富、才思敏捷的作家,他涉猎文学作品的多个领域,并且享誉国内外。老舍作品英译的起源可以追溯到 1938 年。此后,他的作品曾被译成 28 种语言,在中国现代作家中名列前茅。

(一)老舍及其作品介绍

1.老舍成长经历

老舍出生在一个满族家庭。其父亲在与八国联军作战中阵亡,当时老舍仅八岁。他的母亲靠替人浆洗衣裳勉强维持生计。老舍曾多次在文章中提及母亲,并对她表达感激、赞颂和怀念之情。1913 年,老舍被北京师范学校录取,并于 1918 年夏天毕业。毕业后,他到方家胡同小学当校长。1924年,老舍远赴英国,受聘于伦敦大学当讲师。在英国任教的四年里,老舍阅读了从古至今跨越千年的文学作品,如《荷马史诗》、古希腊的喜剧和悲剧、文艺复兴时期的作品以及现代的英法小说。这些作品点燃了他的创作热情。在英国,他完成了第一部长篇小说——《老张的哲学》。当他回国时,老舍已经是小有名气的小说家。众多评论家和学者致力于老舍作品的研究。最早关于老舍作品的评论文章出现在 1929 年,由朱自清撰笔,发表在当时极具影响力的《大公报》上。(石兴泽,2008)此后关于老舍文章的评论源源不断。老舍于 1966 年自杀后,人们仍用对其作品的研究来表达对他的敬仰之情。首部长篇小说《老张的哲学》以连载的形式发表于 1926 年。第一本小说成功诞生后,他又接二连三地写出了《赵子曰》和《二马》。这些小说赢得了一些国内作家的瞩目。他们高度评价这位文坛新秀独树一帜的写作风格以及鲜明的人物特点。郑振铎就曾经写了一篇文章专门介绍《赵子说》。老舍的许多著名作品,诸如《骆驼祥子》《离婚》《四世同堂》以及《茶馆》等都蜚声国内外。读者们流连于那朴实无华但又幽默风趣的语言,也流连忘返于栩栩如生的北京小人物的生活之间。老舍未满14岁便离开家乡,但是对故土的思念之情从未停止。他让故乡的记忆在他的作品中生根发芽。"北平是我的老家,一想起这两个字就立刻有几百尺'故都景象'在心中开映。"(舒乙,2012:31)

2. 老舍作品研究

1939年,高克毅发表了《论老舍小说》("The Novels of Lao Sheh"),介绍老舍和他的作品,这是老舍在美国文学圈里首次亮相。五年后,哥伦比亚大学出版社出版了《当代中国小说选》(*Contemporary Chinese Stories*),其中收录了老舍创作的五篇短篇小说。但老舍在世界文坛里享有盛誉是始于《骆驼祥子》(*Rickshaw Boy*)英译本的出版。1945年,伊文·金(Evan King)翻译了《骆驼祥子》。译本发行后立刻引起较大反响,得到专业人士的好评,甚至被颇有影响力的"每月读书俱乐部"推选为当月畅销书。享受到成功的喜悦后,伊文·金又开始着手翻译老舍的另一部长篇小说《离婚》(*Divorce*),同样也受到许多美国读者的追捧。除这两部小说之外,老舍的其他作品也被翻译成许多种语言,流传到不同的国家去。研究老舍作品的学者来自世界各地:美国、日本、新加坡、波兰和俄国等。在当时,他们对老舍的研究甚至比国内的学者还要有深度。从20世纪60年代末到70年代末的十年中,由于政治因素的影响,国内学者对老舍的研究热度骤降,而国外学者的研究却在不断发展中。1966年,波兰学者斯禄普斯基(Slupski)发表了他关于老舍研究的博士论文《一个中国现代作家的发展之路》("The Evolution of a Modern Chinese Writer");1976年和1977年,普鲁登斯·瑞宁(Sui-ning Prudence)和穆尼奥(S. R. Munio)分别完成了他们的博士论文,即《老舍:一个中国现代知识分子的角色和困境》("An Intellectual's Role and Dilemma in Modern China")以及《老舍作品的讽刺功能》("The Function of Satire in the Works of Lao Sheh")。直到1978年,国内的老舍研究才逐渐复苏。1982年,首届"老舍国内学术研讨会"于山东大学举行,60多位学者参加了这一研讨会。他们讨论了老舍思想的发展,并对老舍的经典作品发表了许多新看法。首届"老舍国际学术研讨会"于1992年在北京举行,30多位国外学者参加了会议。至今,"老舍国际学术研讨会"已经顺利举行了七次,贡献出不少老舍研究的新成果。

3. 老舍和《离婚》

在 1933 年的那个夏天,济南的许多人死于酷热,老舍不惧酷暑,坚持小说创作。早晨 7 点到 9 点是他的黄金时间,他每天要写大约两千字。9 点之后,空气就开始变得闷热无比,简直让人无法顺畅呼吸。老舍一般会躺在椅子上休息,并构思第二天写些什么。因此每每提起笔,他便文思泉涌。仅仅七十多天,老舍就顺利地完成了《离婚》。

虽名为《离婚》,但讽刺的是,小说中的人物无一能够离婚。主人公老李是北平政府的一名普通公职人员,在当时是凤毛麟角的大学生。作为一位知识分子,老李不满于社会现状,终日幻想着过一种浪漫美好的生活。这样的老李和自私自利、安于现状的同事格格不入。在感情上,老李也并不幸福。老婆来自乡下家里,孩子和老婆一同住在乡下,他鲜少感受到家庭的温馨和爱情的甜蜜。对社会的不满、工作上的失落以及家庭生活的远离导致老李非常“苦闷”(老李的原话)。小说中另一个重要角色是张大哥。张大哥50 岁,北平人,是一个老派的人物。他心心念念的就是“旧日的方式”。(Suining Prudence Chou) 张大哥是邻里的红人儿,私下里他会为人做媒办事。所有的难事到了张大哥那里都能被云淡风轻地处理好。见到老李终日苦闷,他断定将家眷接到城里便可以解决任何问题。然而,老李仍然郁郁寡欢。直到他寄情于房东老太太的儿媳马太太,他的浪漫生活才似乎站在了不远处。他甚至多次想到离婚,以追求自己的幸福。但是当马太太私奔的丈夫回来时,老李所有的幻想变得支离破碎,连生活的最后一丝玫瑰色都无影无踪。最后,老李对同事的虚伪和生活的空虚感到厌倦,带着一家老小回到了乡下,远离北平的乌烟瘴气。

几乎每个主要人物都厌倦了婚姻生活,并提到了离婚。吴太极的妻子肥胖粗鲁,他迫不及待地想找个情人当妾;邱先生的妻子是一位强势的大学毕业生,身材干瘦,纸片人儿似的,在妻子的高傲和镇压之下,邱先生生活得很不痛快。两位妻子都曾威胁如果丈夫找情人,她们就要离婚。可笑的是,当面对残酷的现实时,曾经豪气冲天的她们都没有勇气真的说出“离婚”二字。老李、吴太极和邱先生也或多或少对婚姻生活感到失望,但是没人敢踏出那一步。最后,所有人都屈服于社会现实,压制着内心的躁动。

在《离婚》之前,老舍发表了小说《猫城》,但他直言不讳地称这是一个失败品。因此,在写《离婚》前,他下定决心要回归幽默,独树一帜的幽默感使《离婚》获得读者的喜爱。“匀净是《离婚》的好处,假如没有别的可说的。我立意要它幽默，可是我这回把幽默看住了，不准它把我带了走。"（老舍，2012:32）《离婚》的成功标志着老舍确立了幽默、讽刺的写作风格。尽管这本小说并不如《骆驼祥子》耀眼瞩目，但它却是老舍最喜爱的作品，不少学者和评论家对其赞不绝口。

（二）《离婚》的两个英译本

1946 年，伊文·金着手翻译《离婚》，并于 1948 年由他自己的出版社出版。该译本一发行就获得了成功，并被"每月读书俱乐部"推选为当月畅销书。从销量和发行量上看，该译本无可挑剔。但老舍看完译本后勃然大怒，因为伊文·金的翻译偏离轨道，将原著改得面目全非。伊文·金有改写原著的习惯，在翻译《骆驼祥子》(*Rickshaw Boy*)时，他就将悲剧结尾改成皆大欢喜的结局，但这并不影响美国读者对《骆驼祥子》英译版的喜爱。"每日读书俱乐部"的主席甚至认为，很难区分到底是译本还是原著使老舍获得了美国读者的掌声。《骆驼祥子》英译本的成功让译者沾沾自喜，并在翻译《离婚》时使用了同一翻译策略。这一次，他改写了更多情节，并真正惹怒了原作者老舍。老舍将译者告上了法庭，以求公正。判决的结果是，伊文·金只能在自己的书店里出售他的英译本。不久之后，老舍邀请郭镜秋女士操刀，重新翻译这本小说，以此来捍卫自己的心血。他们将译本名字改成《老李对爱情的追求》(*The Quest for Love of Lao Lee*)，于同年出版。

1.《离婚》和《老李对爱情的追求》

伊文·金的英译本（以下简称金译本）受到美国读者的追捧，但是遭到了原作者老舍的冷遇。老舍极其不满他对小说的改写。和原著相比，金的英译本在以下方面进行了篡改：改变人物角色的命运、渲染情爱关系、大幅度的增译以及减译。

在原著中，许多人物对婚姻备感厌倦，蠢蠢欲动地想着赶新潮离婚，但是谁都没有勇气摆脱社会的传统和偏见，最终的离婚事件成为一场场闹剧。但是在译文中，伊文·金却让他们成功离婚，并且乱点鸳鸯谱，重新组合，最后过上幸福美满的生活。多愁善感的老李最终如愿以偿与马太太比翼双飞，并且找到了一份报社里的工作，感情和事业上都实现了自己的愿望。老李的妻子和原著中软弱无能的丁二爷一起重拾了幸福。老舍写出老李之类的知识分子对社会的妥协，但是伊文·金却让他们挣脱枷锁，勇敢追寻幸福。此外，在金译本中，女性的行为在当时的中国可称得上伤风败俗，放荡不羁。当马太太和老李第一次见面时,两人就发生了性关系。译者在情爱的描写上不吝笔墨:"当门刚掩上时,老李就急不可耐地将马太太搂在怀中,一遍又一遍地亲吻着她的唇"(伊文·金,1948:226)。而原著中传统守旧的李太太,竟然搔首弄姿地勾引丁二爷。译者露骨地描写道:"'难道你不想和我睡觉吗?'她带着酒气用嘶哑的声音低吟着"(伊文·金,1948:430)。赤裸的两性描写是为了迎合美国文化,但联系到20世纪30年代中国妇女的传统观念,就显得荒诞无比。

为了改变老李、李太太、丁二爷和马太太的爱情以及命运,译者进行了详细的描写,因此增幅不少。他解释道:"这些情感经历不可避免地改变了人物的生活以及命运"(伊文·金,前言Ⅶ)。此外,译者在当时的社会背景中增加了南北战争。他多次提及南方的部队将要打入北平。增译的目的是添加美国社会背景,将故事情节和人物性格美国化,以迎合美国读者的喜好。译者认为此举实属无奈,自己不得不去编造一些原文中隐晦的情景甚至根本不存在的情节(伊文·金,前言Ⅵ)。同时,译者减译了许多老李的内心独白,以淡化人物对现实的无奈和苦闷。老舍细腻地刻画老李遇事左思右想,苦闷犹疑的内心独白,是立体地塑造其形象的重要之笔,可译者却觉得这些描写对美国读者来说"过于沉闷",并且"无碍于故事的发展和情节的完整性",因而全都抹去了。(钱念孙,1989:87)

老舍被伊文·金惹怒后,为了捍卫自己的原著,邀请了郭镜秋女士重新翻译《离婚》(以下简称郭译本),并亲自参与翻译过程。为了与金译本区别,他们将译名进行了修改。但是结果却大失所望,译本的销量远无法和金译本相提并论。显而易见,虽然金译本歪曲原著,但是更能受到目标受众的欢迎。而尽管郭译本忠实于原著,却并没有得到美国读者的青睐。老舍和郭镜秋将译本更名成《老李对爱情的追求》后,小说的主线出现了细小的变化。译者弱化了其他人物的形象,突出了老李的内心独白。

2.《离婚》以及两个译本的相关研究

老舍在七十多天的时间里完成了《离婚》的写作。他对自己的杰作称赞不已:"那个热天实在是最可喜的。能写入了迷是一种幸福……"(老舍,2012:33)对老舍而言,最可喜的是他确立了独树一帜的幽默风格。早在这本小说之前,老舍就明确表示要在《大明湖》和《猫城记》中展现幽默手法,但是他的成品并没能得到国内外学者们的认可。

国内的学者孙先庆对老舍的幽默风格颇有研究,他从小说的整体构思、人物塑造以及幽默语言三方面入手，深入挖掘了《离婚》带给人们的欢笑与泪水。他认为作者"通过几个家庭的闹而不离，人物的苟且偷生，读者心理期望的突然扑空，产生出强烈的幽默韵味"。他将老舍的幽默定义为"含泪的笑"（孙先庆，1994：87）。一些学者对老舍写《离婚》的风格起源非常感兴趣，他们通过不断的研究和对比，认为詹姆斯·乔伊斯的《都柏林人》很可能是老舍写这本书的灵感来源。成梅从人物、情节、语言以及哲理多个角度给予渊源论证。她认为《离婚》将外国文学和本土创作结合，给中国现代文学注入一股新鲜的气息。（成梅，1998：9）老舍在英国执教五年，阅读了大量的英国文学作品，虽未从老舍的阅读笔记中找到相关记录，但并不排除他受到《都柏林人》潜移默化影响的可能性。

此外，虽然译本受到流通限制，但是这并不能阻挡人们的研究热情。有的学者义愤填膺，对伊文·金的译文非常不满。比如舒悦列举了多个佐证，批评译者的语言技巧以及缺乏对中国文化的了解。她甚至认为译者彻底毁了老舍的这本杰作。（舒悦，1986：42）夏志清（C. T. Hsia）同样不喜欢金译本，认为他并不能如实地传达中国文化。而有的学者则较中立。钱念孙先不客气地指出伊文·金将原著改得面目全非，而后话锋一转，认为纵横中外翻译史，都可以找出不少擅自修改原著的译者。在我国，林纾"在翻译外国文学时的'讹错'之多，简直与其数量之多一样；苏曼殊翻译雨果的《悲惨世界》，雨果的作品整个地改头换面了，在故事与思想方面，尤与原著不同"。从翻译的角度而言，郭镜秋忠实原著的翻译态度值得提倡。译者虽相当于传话者，但却不能更改传话的内容；可是从文学交流的角度看，翻译需要考虑受众的文化背景，要尽可能被受众所接受。（钱念孙，1989：89）李越认为译者的改写体现了译者的自主性。此外，她将郭译本销量不佳的结果归咎于出版社市场定位的不当。而对于金译本，她认为读者们应该客观地评价这一译本，不要忽视了译本的意义和价值。（李越，2013：159）

二、从文化负载词看《离婚》两个英译本

苏珊·巴斯奈特（Susan Bassnett）坚信要把握一种语言的精髓，就一定要从语言单位和语言结构进行深层次的解析。而语言可以使用的最小单位就是词汇。（Bolinger and Sears，1968：43）老舍是著名的语言大师，能够娴熟使用语言，特别是北京方言。毋庸置疑，能将老舍别具一格的语言风格翻译出来就是译作成功的体现。因此要将《离婚》两个英译本分出伯仲，首先

要探析译者对于文化负载词的翻译和处理。

(一)俗语和惯用语的翻译

苏珊·巴斯奈特认为俗语翻译带领人们更深层次地思考俗语潜藏的意思和翻译方法。因为俗语和双关语一样,都和文化因素息息相关,密不可分。(Bassnett,2002:30)

虽然由词语组成,但是俗语的意思不能简单地从字面理解。在它的背后是一扇通往文化的大门。要取得不同凡响的翻译效果,译者必须透彻地理解当地俗语,才能获取这把钥匙,然后带着读者探寻异国风采。莫娜·贝克(Mona Baker)认为俗语和惯用语是翻译中最难处理的部分。因为首先正确理解俗语就存在难度,其次要将俗语或惯用语的错层意思翻译成目标语言更是难上加难。(Baker,2000:65)在这一点上,尤金·A.奈达(Nida)与贝克不谋而合。他坚信翻译的困难之处就是寻找文化负载词的功能对等词。译者可以选择直白地翻译出俗语等,但是语言原有的魅力就不可避免地消失殆尽。为了解决这一难题,贝克提出了以下策略:(1)用相同意思和结构的俗语代替;(2)选择意思相同但是结构不同的俗语代替;(3)使用意译;(4)忽略不译。

1.四字成语的翻译

中国文学作品喜欢使用四字成语,《离婚》也是如此。伊文·金和郭镜秋采取什么翻译方法,可以从对比中窥见一斑。

原文:一见老李没言语,张大哥就趁热打铁。(老舍,2008:22)

译文一:The moment he saw that Old Li was driven to silence,Elder Brother Chang began hammering hard on the metal while it was hot.(King,1948:41)

译文二:When he noticed that Old Li was silent,Big Brother Chang made use of the opportunity.(Kuo,1948:23)

显然,伊文·金和郭镜秋在这一翻译上方法迥异。很巧合地,英语中可以找到意思和结构都对等的俗语,即"strike when it is hot"。这个表达的起源来自1386年乔叟所著的《坎特伯雷故事集》。(Chaucer,2000:36)金译本的翻译与莫娜·贝克的第一个建议相契合,他使用了目标语中功能和意义相对等的俗语,因此读者容易找到共鸣。而郭镜秋意译成make use of the opportunity,舍弃了俗语对等的文化色彩。

原文：不该鼓舞小孩狼吞虎咽。（老舍，2008：50）

译文一：You should never encourage a child to gulp his food like a wolf and swallow it down whole like a tiger. (King,1948:88)

译文二：He shouldn't have encouraged the children to eat so fast. (Kuo,1948:49)

"狼吞虎咽"形容吃东西像狼和虎一样又猛又急。金译本使用动词 gulp 和 swallow 勾勒出形象生动的过程。此外，引入"狼"和"虎"的形象，使得画面栩栩如生。尽管英语中吃东西的表达和这两个动物形象沾不上边，但是读者还是能够将"gulp"和狼联系，将"swallow"与老虎对应，不费吹灰之力地理解这句俗语。而郭译本仅仅只是用"eat too fast"一句带过，不留下俗语的一点痕迹。显而易见，伊文·金致力于用原著的语言特色来吸引读者，而郭镜秋只求表达顺畅，不在乎语言是否带有原著的特色。

原文：大嫂把认干女儿的经过，从头到尾，有枝添叶的讲演了一番。（老舍，2008：68）

金译本：Auntie released to him the circumstances,from head to tail,in which she had recognized her foster-daughter. The fullness of Auntie's tongue was such that the tree of fact grew twigs and the twigs sprouted big green leaves, before the very eyes of her audience. (King,1948:126)

郭译本：Mrs. Chang told him with much animation about her adopting Ling as her daughter. (Kuo,1948:74)

"有枝添叶"的字面意思是"在树干上添上些枝叶"，比喻叙述事情或转述别人的话，为了夸大，添上原来没有的内容。金译本中将张大嫂的舌头比喻成一棵树。当张大嫂滔滔不绝时，她的舌头就像树似的长出枝干，枝干又吐着新芽长出绿叶。sprout 这个词将张大嫂的形象活灵活现地带到读者面前。伊文·金的翻译即有趣又幽默，将老舍幽默的写作风格表达得淋漓尽致。而郭镜秋则一如既往地简洁、直白。她没有使用过多的修辞装饰译文。和金译本相比，郭译本简洁有余，趣味不足。

原文：科员与家长是天造地设的一对。（老舍，2008：53）

译文一：This juncture in one person of the functionary and the family head must have been created by Heaven and established by the Earth, so perfect was the combination. (King,1948:94)

译文二：A man in a steady job and the head of a family were a perfectly matched pair. (Kuo,1948:54)

原文：再说，一裱糊，又是<u>天翻地覆</u>，……(老舍，2008:45)

译文一：the moment you paper the place，<u>the Heavens will be upside down and the Earth will be turned over</u> another time. (king,1948:77)

译文二：Besides，everything <u>will be topsy-turvy</u> once you start putting on new wallpaper. (Kuo,1948:42)

"天造地设"指事物的行程秉承自然，非常理想，一般用于形容男女非常匹配；而"天翻地覆"形容变化巨大，天和地都被翻来覆去。金译本留下了"天"和"地"的形象，并翻译成"created by Heaven and established by the Earth，so perfect was the combination"以及"the Heavens will be upside down and the Earth will be turned over"。"天造地设"的翻译是直译和意译的结合，"天翻地覆"则选取直译，保留了汉语成语的语言特色。郭译本中将两个成语译成 a perfectly matched pair 和 be topsy-turvy，通俗易懂，简单明了。总而言之，郭镜秋更加侧重文本的流畅性和完整性，而非中国文化的展示。

原文：这些经常费外，还有不言不语，<u>先斩后奏</u>的临时费。(老舍，2008:81)

译文一：Aside from these regular and ordinary expenses，there were other occasional and extraordinary expenditures，<u>of which it was Heavenly Truth's practice to say nothing in advance；with reference to them，he followed the custom made immortal by the great viceroys under the Empire，who would first cut off the man's head and then report to the throne the crime which he was alleged to have committed，begging that the accused criminal—now already dead—be sentenced to death and duly executed. By analogy，Heavenly Truth would first purchase the thing he desired，and then with grim determination keep forcing the bill on his family.</u> (King,1948:156)

译文二：Besides these regular expenditures there were <u>emergency extravagances.</u> (Kuo,1948:93)

"先斩后奏"这个成语可以追溯到五代时期（公元 907—960 年），指先把人处决了，再向皇帝报告。伊文·金用 77 个词介绍了这个成语的背景故事,读者因此可以接触到中国语言背后的历史起源和文化背景,这对于对中国文化感兴趣的美国读者而言,可谓正中下怀。但是这样的翻译是一把双刃剑,一方面迎合了美国读者的兴趣,另一方面却破坏了原作的流畅性,显得略为生硬。为了避免这一冲突,郭镜秋如同莫娜·贝克所说,索性跳过"先斩后奏"的翻译。然而,特有的文化色彩却荡然无存。如何一箭双雕,既保证行文流畅又保存原著的文化呢? 或许我们可以通过增加脚注来解决这个问题。如下:There is a custom in the ancient time that some Generals would cut off the criminal's head first and report to the Emperor afterwards. By analogy, Heavenly Truth would first purchase the thing he desired and report the bills afterwards. ①

原文:所长有件十万火急的公事要顿时办好。(老舍,2008:99)

译文一:The Chief had before him an official matter the urgency of which was of the ten thousandths power multiplied by a thousand. (King,1948:197)

译文二:The chief had a very important document which needed to be drawn up immediately. (Kuo,1948:116)

原文:……在沙盘上龙飞凤舞地写了四个大字——晨星不明。(老舍,2008:134)

译文一:... the unseen hands of the Spirits had begun to write on the table of smooth sand:flying with the fleet strength of a dragon and dancing with the grace of phoenix. (King,1948:268)

译文二:... the chart read four words ... (Kuo,1948:161)

"十万火急"形容事情紧急,需立刻处理。"十万"是一个抽象的概念,用以突出事情的紧急程度。"龙飞凤舞"在这里描述写字的动作像龙在飞腾,像凤在欢舞。由于英语中没有相对等的表达,因此郭镜秋省略不译;而伊文·金不愿舍去,但是由于对原著理解错误,导致翻译不当。原著中"龙飞凤舞"用以形容写字的姿势和动作,但是伊文·金理解成写出的四个大字是"龙飞凤舞"。莫娜·贝克一语成谶,正确理解原著的俗语意思确实是对译

① If there was a crime in the army,some generals would cut off the criminal's head and then report to the king the crime which he was alleged to have committed,begging that the accused criminal—now already dead—be sentenced to death and duly executed.

者的极大挑战。

从对成语的翻译对比中,我们可以得知:伊文·金倾向于选择直译,尽己所能保留中国文化。如果需要时,他会介绍成语的来源和故事背景,以便美国读者了解中国文化。而相反的是,郭镜秋采用意译来保证行文的流畅和准确。当成语在目标语中找不到对等的词汇时,她会选择省略不译。

2.俗语的翻译

中国文学中出现的各类俗语琳琅满目,《离婚》也不例外。老舍擅长使用浅白但雅致的俗语构成文学的巨章。丰富多样的俗语给译者的工作带来困难。正如莫娜·贝克所说,源语词汇可能在目标语文化中根本找不到相同意思的表达。在翻译以下的俗语中,伊文·金和郭镜秋都面临不小的挑战。

原文:老李是光绪末年那拨子<u>姥姥不疼舅舅不爱</u>的孩子们中的一位。(老舍,2008:5)

译文一:Old Li was now in his thirties,having been one of that batch of children born in the last year of Kuang Hsu for whom their grandmothers had no feeling and their uncles no love.(King,1948:11)

译文二:Old Li was <u>one of the lost generation—those unhappy people born in one era,the Manchu Dynasty,and destined to grow up in another,the present Republic.</u>(Kuo,1948:7)

很显然,"姥姥不疼舅舅不爱"有其独特的中国文化。中国人很注重亲戚之间的关系和感情,因此有关亲戚的词语分类得非常细致。例如"姥姥"和"舅舅"专指母亲的母亲和兄弟。但是在英语中并没有相应的分类。莫娜·贝克建议遇到这种情况就使用一个意义更广的词,即上义词来代替。"语言中常见的问题是有上义词但是可能会缺少与另一种语言相对应的下义词。因为每种语言对于词汇的分类都和其独特的文化背景相关联。"(Baker,2000:23)在翻译这句俗语中,两位译者似乎都采用了同一种处理方法。伊文·金用 grandmothers 和 uncles 来统称"姥姥"和"舅舅";郭镜秋则使用"满族王朝"来代替"光绪",因为美国读者对于光绪皇帝并不熟悉,但是用"王朝"来指代,读者却能够理解。一般来说,在中国社会,孩子都会受到母亲那一边亲人的喜爱。如果一个孩子没有亲戚疼爱,那么大家就普遍认为他的生活较孤苦。"光绪末年那拨子"指出生在封建王朝末年的人们,这批人生活在一个尴尬的境地里,既不维新也不守旧,就像是被时代遗弃的一拨人。作者投射的是那个时代的知识分子。郭镜秋将"老李"比作"迷失的一代",将视野拉到美国的社会现状。读者会将自己的背景文化带入阅读当中。郭镜秋倾向于让原作走向目标受众,而伊文·金则带着目标受众走进原作的文化中去。

原文:希望母亲也来看看菱的新衣裳,虽然新衣裳还<u>八字没一撇</u>。(老舍,2008:63)

译文一:Old Li hoped that her mother would also come around to admire Ling in her new clothes, <u>in spite of the fact when it came to providing this new garment, he had made no more progress than the student who had not yet written the first stroke in the first character of the essay which in his dreams has already been awarded the prize.</u> (King,1948:177)

译文二:略

原文:知子莫若父。(老舍,2008:80)

译文一:For three thousand years it has been proverbial that no one knows a son as well as does the father. (King,1948:153)

译文二:No one should understand the son better than his father. (Kuo,1948:92)

"八字没一撇"是指事物还未成形,不能下定论。老李想象着他的女儿穿着新买的衣服可爱无比,尽管他连衣服都还没有买。伊文·金在翻译时增加了"学生"这个人物形象,将老李类比成一个学生,尽管还没下笔,就已经开始想象文章获奖的情形。伊文·金将直译和意译相结合,增加类比,以让读者能够理解中国的这句古话。此外,和郭镜秋略去这句俗语的翻译策略不同,他选择将中国语言风格传达给读者,但同时尽量贴近美国读者的思维。

至于"知子莫若父",两位译者的表达如出一辙。但是金译本在翻译前增加了解释"for three thousand years it has been proverbial",即"有一句流传了三千年的古话"。他并非盲目地增加这句说明,其目的是想突出中国的神秘性以及其几千年的文化背景。这样的神秘感足以捕获美国读者对中国的极大好奇心。

原文:愣拆七座庙,不破一门婚。(老舍,2008:22)

译文一:Tear down seven temples if you have to,but never splinter one single marriage door. (King,1948:40)

译文二:I would rather be shot dead than break up a marriage. (Kuo,1948:22)

通常人们在使用一种语言时并没有注意到一个词语的语义复杂性,但当将其翻译到另一种语言,特别是在目标语言中找不到对等的词语时,我们就会开始意识到语言背后的意义。"一门婚"在汉语中是司空见惯的表达,但是如果直译成 one single marriage door 就有些不知所云。伊文·金急于向读者展示中国元素,因此不假思索地进行逐字翻译。郭译本则前半句采用意译,改变了原著使用的"七座庙"形象,而后半句使用直译。郭译本将直译和意译相结合,相比于金译本,更能让人理解与接受。笔者认为,如果将金译本和郭译本的翻译相结合,结果会更加精彩,如下:"Tear down seven temples if you have to,but never break up a marriage."。

原文:老李偷眼看着太太,心中老有点"刘姥姥入大观园"的恐怖。(老舍,2008:73)

译文一:Old Li,with almost as much apprehension in his heart as the storied Grandma Liu is said to have felt as she entered the zoo,threw a cautious side-wise glance at his wife. (King,1948:137)

译文二:Old Li stole a glance at his wife. He was constantly fearful lest she behave like a country bumpkin and embarrass him. (Kuo,1948:82)

原文:"……咱小赵是有恩的报恩,有仇的报仇,男子汉大丈夫! 就拿你说,老李,自从我一和你见面,心里就说,这是个朋友:惺惺惜惺惺,好汉爱好汉!……"(老舍,2008:150)

译文一:"... We're Small Jao,we're the kind of a person who repays a kindness with kindness,and enmity enmity! A tough fellow and a regular guy! Just to take you as an example,Old Li—from the very first time I met you,my heart said inside of me,'This is a friend!A monkey feels for a monkey,and a regular fellow loves a regular fellow!'..."(King,1948:301)

译文二:"... I'm the kind of person who returns favor for favor,evil for evil. That's me. I'm a real man. Take you, for instance, Old Li. The minute I saw you, I told myself, 'Here's a friend because a friend cares for a friend and a man appreciates a real man!'"(Kuo,1948:185)

金译本将老李比成"刘姥姥",而郭译本将李太太比成"刘姥姥"。到底孰是孰非,应该从原著中寻找答案。这句俗语来自中国四大名著之一《红楼梦》,指村妇刘姥姥来到贾府的大观园中,被园中壮丽的景色所震惊,可用来挪揄那些见识短浅、孤陋寡闻的人。原著中的李太太和未见过世面的刘姥姥一样,从小乡村来到大都市,一举一动都让老李感到不安,生怕其在大庭广众之下丢脸。伊文·金误将老李比喻成刘姥姥。相比之下,熟谙中国文化的郭镜秋则是正确的。此外,金译本还将"大观园"误译成"动物园",这样的错误体现译者对中国文化背景是一知半解的。

"有恩的报恩,有仇的报仇"在英语中有相对应的表达,即郭译本中的翻译:favor for favor,evil for evil.但"惺惺惜惺惺,好汉爱好汉"在英语中找不到相应的类比。两位译者都采用了直译的方法。但是伊文·金的翻译错误不断,因为他误将"惺惺"理解成"猩猩",因此他的翻译显得莫名其妙,让人忍俊不禁。伊文·金曾经抱怨过,中文的复杂常让他无法顺利进行翻译工作。"汉语的文字背后有着独树一帜的语言意义,表面的象征身后藏着难以想象的语言价值,但是我却无法翻译出它的全部味道。"(King,1948:Ⅵ)

原文:"大妹妹可真是个俏式小媳妇,头是头,脚是脚,又安稳,又老实!"(老舍,2008:68)

译文一:"And it's a fact that Younger Sister is really a smart looking well-proportioned little wife! Her head is her head and her feet are her feet; she's firm and stable and at the same time she's honest and trustworthy!"(King,1948:127)

译文二:"Your wife is certainly a charming little woman—solid and honest."(Kuo,1948:74)

原文:再遇上他们的时候,我告诉您,大妹妹,不管三七二十一,和他们嘴是嘴,眼是眼,一点别饶人,他们管保不闹了。(老舍,2008:94)

译文一:When you come up against them again, I tell you Sister, don't pay any attention to three sevens making twenty-one; just match your mouth against theirs, your glare against their glares; don't let them get away with anything and don't forgive anything they do! (King,1948:190)

译文二：Next time when you see them,just show them what you are and look them straight in the face. Don't ever let them get the upper hand of you … (Kuo,1948:111)

"头是头,脚是脚"是在称赞一个人的外表端正;"不管三七二十一"描述一个人做事毫不犹豫,不顾结果;"和他们嘴是嘴,眼是眼"则是张大哥用来劝李太太不用对老李的同事们客气。伊文·金全部使用直译的方式将异国的语言和文化呈现给读者。尽管表达不够顺畅,读来有些费解,但是却能让读者感受到浓郁的异国特质。郭译本则显得平淡无奇,无法吸引读者的眼球。

原文：……孙先生也没敢宣传生育节制的实验法,只乘着机会练习了些北平的俗语,如"猪八戒照镜子,里外不是人"之类。(老舍,2008:105)

译文一：Mr. Sun himself had evidently entirely given up his propaganda for birth control; he did not mention it,whereas normally he would by now have given a minute description, with diagrams,of precisely how to go about the business of carrying out one's normal functions without falling into the trap of getting the woman with child. All that Mr. Sun found to do now was to try and practice a little Pekinese; Elder Brother was teaching him a few of the typical sayings of the old capital,such as:"A pig may stare into a mirror as long as he may, please but the thing that he will see there will still be the snoot of a pig. "(King,1948:211)

译文二：Nor did Mr. Sun dare to propagandize his experiments in birth control. He only made use of the opportunity to practice a little of his Mandarin.(Kuo,1948:124)

原文："几时请客? 吾来作陪呀,压根儿的。猪八戒掉在泔水桶里,得吃得喝"! (老舍,2008:155)

译文一：" When will you be inviting us all to dinner? I'll be there to keep the host company and to help out,when you come right down to it. 'A pig falls into a hogshead of rice water,and is obliged to both eat and drink!'"(King,1948:310)

译文二:"When are you going to invite us to dinner to celebrate? I shall certainly come to keep you company. I shall. This is certainly an occasion to eat, drink, and be merry when you get a promotion."(Kuo,1948:192)

为了准确表达出趣味性,金译本用了122个词译出"猪八戒照镜子,里外不是人",而郭译本仅用了26个词。鲜明的反差说明伊文·金对于汉语俗语翻译的重视。他将这句俗语译成一首诗,提升译本的趣味性,增加形式的多样性。而郭镜秋只求翻译出含义即可,如蜻蜓点水般,让读者浅尝辄止。

综上所述,伊文·金主要采取直译加注释的翻译方法,而郭镜秋则选择意译,施莱尔马赫(Friedrich Daniel Ernest Schleiermacher)曾经说过,"(翻译方法)只有两种,要么给作者以宁静,让读者走近作者;要么不要打扰读者,将作者带到他身旁"。(Lefevere,1977:74)韦努蒂(Laurence Venuti)将施莱尔马赫的理论进一步概括,将这两种情况命名为"异化"和"归化"。施莱尔马赫认为翻译永远难以使译文和他国语言文化完全贴合,因此译者可以选择归化或者异化的方法。(Venuti,2004:20)那么相应地,郭镜秋选择将作者带到读者身边,而伊文·金则是将读者推向作者,即郭镜秋选择归化,而伊文·金选择异化的翻译方法。

3. 北京方言的翻译

方言是一种语言变体,和当地的历史、文化、地域等都有关系。由于北京独特的政治文化地位以及悠长的历史,其方言具有生动、鲜活、简洁和明快的鲜明特点。要将《离婚》翻译得漂亮,就必须过了北京方言这一关。

原文:汽车可霸道,撞丧哪,连我都眼晕,不用说孩子们!……刚入冬,天气贼滑的呢,忽冷忽热……(老舍,2008:51)

译文一:They follow the way of violence,and in disregard of all reason have seized the road,ruling over it in complete disregard for the rights of any one less strong than themselves. The way they'll knock you into your grave! I tell you,it makes me dizzy,let alone a little child! ... The weather has just gone into winter and the times are like a tricky thief; suddenly it's cold,and as suddenly it's hot again ...(King,1948:89)

译文二：There are so many cars and carriages in the streets. The autos especially. They go swishing by so fast that they make me dizzy. You can just imagine what they could do to the children … This is the beginning of the winter and the weather is as changeable as a cunning burglar. Warm one moment and cold another. (Kuo,1948:51)

原文：自己当了半辈子媒人,要是自己娶个窝窝头样的儿媳妇,那才叫一跤摔到西山去呢!(老舍,2008:79)

译文一：… if now he should himself bring into his own home a cabbage-headed daughter-in-law, his face would slip all the way from Peking to the Western Hills,and still be sliding! (King,1948:151)

译文二：… since he had been matchmaker for other people's sons and daughters,should he pick an ugly and stupid wife for his own son he would be the laughing stock of all Peiping. (Kuo,1948:91)

"撞丧"用来咒骂人瞎跑、乱撞。伊文·金将"撞丧"译成 the way they'll knock you into your grave,而郭镜秋的翻译找不到北京方言的一丝痕迹,即go swishing by so fast。金译本的表达无论在结构还是在幽默效果上,都和原著旗鼓相当。"贼"在北京方言中使用的频率很高,有两层含义:一是作名词使用,指代小偷;一是做副词使用,有"非常""相当"之意。为了凸显"贼"的特征,两位译者都将这里的副词改成名词。

"窝窝头样的"指其貌不扬,长相不佳。郭镜秋了解该文化负载词的准确含义,因此她的翻译虽不出彩但却是正确的。伊文·金选择 cabbage-headed 来替换这个词语,无论从含义还是表达效果上都无可挑剔。正如莫娜·贝克所建议的,译者在翻译时要善于使用文化替代词。因为"这样的翻译方法是在用目标语言替换文化负载词或者短语,虽然没有相同的意思,但是在表达上却能取得一样的效果。主要的优势在于读者可以通过熟知且有吸引力的表达去理解原著"。(莫娜·贝克,2000:31)

尽管在目标语言中很难找到对等的词汇,但是金译本在处理以上方言时,却非常娴熟和成功。

原文：至于张大哥呢,长长的脸,并不驴脸瓜搭,笑意常把脸往扁处纵上

些。(老舍,2008:6)

> 译文一:As for Elder Brother Chang, his face was long, but his head did not <u>hang laxly like that of some stupid mule</u> ...(King, 1948:13)

> 译文二:Big Brother Chang had a long oval face and was not at all <u>bad-looking</u>.(Kuo,1948:9)

> 原文:我就提心吊胆,就怕出了<u>蘑菇</u>。(老舍,2008:17)

> 译文一:My heart has been hung from a thread and my gall-bladder has been suspended in mid-air, <u>for fear he would end up by sprouting some mushroom like this</u>(King,1948:31)

译文二:略

"驴脸瓜搭",是在形容一个人脸长且板着,脸色阴沉且不高兴。这里形容张大哥时常微笑,人情做得好,和后面"笑意常把脸往扁处纵上些"相呼应。伊文·金根据字面意思形容张大哥不像笨驴一般,而郭镜秋则误解成作者描述张大哥长得并不难看。"怕出了蘑菇"是北京的方言,形容会有出乎意料的坏事发生。金译本中只按照字面意思翻译成"生出蘑菇",在非汉语环境和文化中,这样的解释让人有些丈二和尚摸不着头脑。而郭镜秋索性删去不译。由此可见,方言的翻译对两位译者而言都是挑战。通过方言翻译的对比,我们可以发现两位译者的翻译方法和特点。

表 3-1　金译本和郭译本方言翻译方法比较

原著	金译本	郭译本
咱们老娘们(老舍:28)	a couple of women(King:65)	we honest women(Kuo:70)
老东(老舍:28)	the old thing(King:65)	省略不译
丫头片子(老舍:30)	that sliver of a slave-girl(King:51)	little girl(Kuo:74)
老姑奶奶(老舍:30)	old married woman(King:51)	省略不译
瞎掰(老舍:27)	no better than a blind muddler (King:47)	省略不译

续表

原著	金译本	郭译本
成个人（老舍：119）	... become a man again（King：239）	... make a man of myself again（Kuo：143）
不硬气（老舍：21）	not positive（King：40）	lack of determination（Kuo：22）
把公事卷巴卷巴当废纸用（老舍：119）	Official papers I <u>rolled up</u> and burnt to use as matches（King：239）	I <u>used</u> the official documents to light the fire（Kuo：143）
那个老梆子（老舍：131）	That old cudgel!（King：262）	That old woman（Kuo：157）
女儿出了阁（老舍：131）	The girl left her virginal apartment to go out of her family into marriage（King：124）	The daughter got married（Kuo：72）
李太太给英一个脖儿拐（老舍：131）	... Mrs. Li gave Ying <u>a sharp crack on the back of the neck</u>（King：183）	Mrs. Lee gave Ying <u>a slap on the face</u>（Kuo：72）
已被邱先生给关了钉儿（老舍：91）	Mr. Chiu had already <u>hooked him on this nail</u>（King：182）	... now that Mr. Chiu <u>had mentioned it</u>（Kuo：106）
你可少和吴先生在一块打联联（老舍：91）	... don't go making so many treaties of alliance with him（King：212）	You'd better not see him too often（Kuo：125）
……不知哪辈子造下的孽（老舍：67）	... I don't know in what generation of my previous reincarnations I could have sinned so horribly ...（King：125）	... I don't know what I've done to deserve this（Kuo：73）
你们男人都没好心眼（老舍：316）	There isn't one of you men who has <u>an honest eye in his heart</u>!（King：316）	... all men are heartless（Kuo：196）

　　"社会方言中承载着很多超乎意料的信息。有时源语的文章可能都是用社会方言组成的,译者面临的困难就是要在目标语中找到适合的对等词。"(Nida,1994:12)郭镜秋省略了很多信息,如"老娘们""老姑奶奶""瞎掰"等,她以简短、便捷的方式处理北京方言。如,她将"出了阁"简单译成"The daughter got married",即女孩结婚了。而伊文·金则费尽心思地解释为:少女离开了她的闺房,走入婚姻的殿堂。再例如郭镜秋将"已被邱先生给关了钉儿"意译成 now that Mr. Chiu had mentioned it,即邱先生提到了这件事。虽然大意明了,但是总令人觉得少了些味道,显得直白。而伊文·金译成"Mr. Chiu had already hooked him on this nail",突出方言中使用的形象——钉子,新颖独特的表达能够吸引读者的兴趣。此外,伊文·金对于"你可少和吴先生在一起打联联"中"打联联"的解释也略胜一筹,将其翻译成"结成联盟"既是原文的本意,也贴切易懂。

　　在翻译方言时,郭镜秋依然采用意译,而伊文·金则用直译的方法,往往通过逐字翻译的方式处理方言。详细的对比不仅让我们发现译者不同的翻译方法,也可以察觉到他们各自的翻译意图。郭镜秋翻译《离婚》的目的是为了以示正听,即如实表达原著的内容,因此译者更重视译文整体的正确和流畅。而伊文·金是为了通过展示中国的异域风俗习惯和语言特色来吸引美国读者的注意,因此在翻译文化特色词上费了九牛二虎之力。尽管如此,译文的多处错误和偏差还是让译者受到不少诟病。学者们称伊文·金的翻译是"生硬的译法"。钱念孙曾经这样表达他的不满:"许多《离婚》原著中精短生动的表达经过美国译者的处理,显得格外冗长、烦琐多余。"(钱念孙,1989:87)如果从用词是否恰当考虑,伊文·金确实对汉语及中国文化了解不够,译文表达不当;但是从译文能否吸引读者来判断,金译本则较为成功。

　　(二)专有名词的翻译

　　"专有名词包括一个文化团体所特有的人名、生命体、地名、机构或者事物的过程。在大多数情况下,都有其特殊的指代。"(Newmark,2001:70)两位译者处理专有名词的方法,可以从以下对比中略见一二。

1. 地名的翻译

表 3-2 金译本和郭译本地名译法比较

原著	金译本	郭译本
东安市场(老舍:70)	the market of the Eastern Peace(King:131)	the Eastern Peace Market(Kuo:74)
西四牌楼(老舍:35)	the Four Western Arches(King:56) / the Market of the Four Honorific Arches(King:73)	the West Gate of the city(Kuo:30)
西单商场(老舍:118)	the Market at the Lone West Pagoda(King:234)	the market in the west city(Kuo:140)
宝禅寺街(老舍:124)	the Lane of the Monastery of the Precious Sacrifice before the hills and fountains(King:247)	a side street(Kuo:149)
同和居(老舍:89)	the Inn of Intimate Intercourse(King:179)	Tung-Ho Restaurant(Kuo:104)
护国寺(老舍:123)	The Monastery of the Defender of the State(King:244)	Hu-Kuo Temple(Kuo:149)
华泰大酒楼(老舍:90)	the Glorious and Honorable Dining Hall(King:180)	Hua-Tai Restaurant(Kuo:105)
永定门(老舍:4)	the Gate of Perpetual Certainty(King:10)	省略不译
顺治门(老舍:202)	the Gate of Governance in Accord with Heaven's Mandates; the Gate of Unobstructed Governance(King:381)	省略不译
太仆寺街(老舍:65)	the Street of the Temple of Plenty(King:121)	省略不译
丹桂商场(老舍:75)	the emporium where cinnamon was sold(King:141)	省略不译
妙峰山(老舍:202)	the Mountain of the Wonderful Peak(King:381)	省略不译
白云观(老舍:202)	the White Cloud Sees the Spirit of Heaven(King:381)	省略不译

2.人名的翻译

表 3-3　金译本和郭译本人名译法比较

原著	金译本	郭译本
老李(老舍:4)	Old Li(King:9)	Lao Lee(Kuo:6)
邱先生(老舍:91)	Mr. Chiu(King:181)	Mr. Chiu(Kuo:105)
张大哥(老舍:1)	Elder Brother Chang(King:1)	Big Brother Chang(Kuo:3)
吴太极(老舍:90)	Absolute Ultimate Wu(King:181)	Big Fist Wu(Kuo:122)
天真(老舍:28)	Heavenly Truth(King:49)	Celestial Truth(Kuo:86)
秀真(老舍:30)	Elegant Truth(King:51)	Beautiful Truth(Kuo:93)
丁二爷(老舍:44)	Second Gentleman Ding(King:75)	Second Master Ting(Kuo:40)

　　伊文·金和郭镜秋在翻译人名、地名等专有名词时,主要采用了音译、直译和意译的翻译方法。

　　音译是一种常用于翻译人名、地名的翻译方法,这种翻译方式只保留其语音形式,不再有其自身的含义。音译法可以如实呈现读音,避免发生歧义。且当译出语和译入语差异较大,无论是直译还是意译都无法直接翻译时,音译法就是解决问题的有效方法。郭镜秋在翻译人名和地名时通常使用音译法,并且偏向于选择威妥玛式拼音法(Wade-Giles system),如下:

　　老李:Old Li

　　邱先生:Mr. Chiu

　　张大哥:Big Brother Chang

　　吴太极:Big Fist Wu

　　丁二爷:Second Master Ting

　　同和居:Tung-Ho Restaurant

　　护国寺:Hu-Kuo Temple

　　华泰大酒楼:Hua-Tai Restaurant

　　与郭镜秋不同的是,伊文·金几乎只在翻译人物的姓氏时才使用音译法。

　　老李:Old Li

　　邱先生:Mr. Chiu

　　张大哥:Elder Brother Chang

吴太极：Absolute Ultimate Wu

丁二爷：Second Master Ding

相比直译和意译，音译法并没有得到两位译者的青睐。虽然音译法简单无误，也方便读者拼出读音，但是却难以表达其含义。通常情况下，汉语中的人名、地名都有其背景知识和含义。因此，音译法不是一个最佳选择。

直译法是保留原著的意思、结构以及修辞技巧较理想的一种翻译方法。伊文·金竭尽全力保留中国的语言特点和文化特色，因此他在翻译时留下了很多直译的痕迹。

在翻译地名时，伊文·金几乎都使用了直译法。其中一些通俗易懂、清晰明了。

西四牌楼：the Four Western Arches；the Market of the Four Honorific Arches

西单市场：the Market at the Lone West

东安市场：the market of the Eastern Peace

永定门：the Gate of Perpetual Certainty

华泰大酒楼：the Glorious and Honorable Dining Hall

但有些地名的直译显得晦涩难懂、含糊不清。

宝禅寺街：the Lane of the Monastery of the Precious Sacrifice Before the Hills and Fountains

同和居：the Inn of Intimate Intercourse

顺治门：the Gage of Governance in Accord with Heaven's Mandates

护国寺：the Monastery of the Defender of the State

经过伊文·金的翻译，"宝禅寺街"显得烦琐冗长，"同和居"变得暧昧不清，"顺治门"让人不明就里，而"护国寺"则造成无解。译者显然没有对这些地名进行深入的了解，而是生搬硬套地逐字翻译，让人哭笑不得。为了使译本看起来更加异国化，译者只通过字面意思处理地名。在翻译人物名称时，郭镜秋会根据字面意思翻译，如：天真（Celestial Truth）、秀珍（Beautiful Truth）和丁二爷（Second Master Ting）。尽管如此，她还是更多地倾向于意译。"翻译工作在这个被分割开的世界里扮演着一个举足轻重的角色，它可以增进两个国家之间的交流和理解。"（Susan Bassnett，2002:1）伊文·金在展现中国文化的过程中操之过急，因此有时采用的翻译方法有些不尽人意。而郭镜秋则忽略了在翻译中读者与作者的文化交流和碰撞。若能将伊文·金的文化色彩和郭镜秋的通顺流畅相结合,那就能精益求精。

再看郭译本的意译:

西四牌楼:the West Gate of the city

西单市场:the market in the west city

宝禅寺街:a side street

吴太极:Big Fist Wu

郭译本在翻译人名、地名时主要采用音译和意译。如翻译地名"西四牌楼""西单市场"和"宝禅寺街"时,译者着重翻译出地址的功能和方向。牌楼与牌坊类似,在园林、宫苑和街道等地方都有建造,北京作为一座历史悠久的城市,拥有最多的牌楼。译者没有译出牌楼的独特之处,只将其作为普通的"城门"处理。这样可以省去许多歧义,但也失去了文化特色。此外,郭镜秋将"宝禅寺街"按其功能译成 a side street,即"一条辅道"。而金译本中用了 14 个词才翻译出这个地名。在小说中,吴太极只是人物的绰号,此人身强力壮,拳头尤其大,因此译者根据人物的特点,在译名中突出其拳头之大。

经过大量的对比和分析,笔者发现不同的翻译动机催生不同的翻译风格。尽管伊文·金使用了多种译法,但其背后的翻译动机是呈现原著的异国文化特质,以吸引目标读者的兴趣。因此,译者常在翻译中国独特的文化特色词以及专有名词时不吝笔墨。为了使译作更有异国气息,伊文·金甚至会特意将文化特色词处理得生硬、怪异。如果说金译本的翻译重心是在异化文字和介绍源语文化上,那么郭镜秋则与之相反。郭的翻译动机是为了让美国读者读到真正符合原著情节的译本,确保读者接触的是最贴近老舍思想的译文。因此译者侧重于译文能像行云流水般通畅,不仅不拘泥于文化特色词的翻译,而且还大刀阔斧地删减了许多文化特色词。

三、从篇章角度看《离婚》两个英译本

上文说过,伊文·金对老舍《离婚》一书的翻译改动过大,引起老舍的不满,于是老舍邀旅美华人郭镜秋女士重新翻译。

(一)金译本的改编

1. 人物性格的变化

原著中的老李是 20 世纪 30 年代典型的中国知识分子。老舍希望从老李的视角来抨击社会现状,即中国社会的黑暗混乱以及知识分子的迷惘茫

然。但是在伊文·金的笔下，老李不再苦闷茫然，而是被赋予了新的性格——美国式的性格，他成了一名为追寻个人幸福而不懈努力的斗士。除了老李，其他人物的性格也发生了天翻地覆的改变。当张大嫂向二妹妹抱怨时，译者赋予这位传统守旧的妇人炽热的爱，并使她直白地表达她对丈夫的感情："无论我多么地不满，我还是很爱我们家那位老头子的。"（King，1948:50）此外，李太太成了一名性自由的妇人。最初，李太太在心里认定丁二爷一定会是一位完美的丈夫，而后她似野马脱缰般洒脱、豪迈，大声喊着"我真希望我嫁的人是丁二爷而不是老李！"最后，李太太采取行动，和丁二爷发生了关系。而马太太和老李第一次相见时，两人就发生了肉体关系，并且互相表达爱意。

小说的背景是 20 世纪 30 年代的中国，毋庸置疑，当时的女性还十分传统守旧。张大嫂、李太太和马太太之类的人物绝不可能公开地谈论爱，更别提背叛丈夫和他人发生关系了。伊文·金重塑了她们的性格，让这些女性拥有追求爱的自由。安德烈·勒菲弗尔（Andre Lefevere）认为译者在处理译本、历史文学故事或者其他的派生产品、文献、诗文选集或者评论、报刊时，任何对于原作的改写和调整大多是出于一个目的，为了适应他们所处的时代背景。（Lefevere,1992:7）在当时的美国，人们正渴望追寻个人的自由以及性解放。因此，译者将《离婚》中的人物性格和行为美国化，完全是为了迎合美国社会。

2. 金译本结局——皆大欢喜

老李的婚姻是"父母之命、媒妁之言"的结果，伴随而来的麻烦是老李对妻子没有感情，甚至感到厌倦。他内心里编织着一个美丽而不现实的梦，有朝一日能和惹人怜爱的马太太结婚。而老李的妻子正如大多数中国妇女一样，每天的日常离不开柴米油盐、丈夫和孩子。她曾经感叹过，如果老李能和丁二爷一样善于交谈、愿意交谈就好了。但就算回回都是热脸贴老李的冷屁股，李太太也不愿意和老李离婚。他们都过着不快乐但又不敢改变的日子。但是在伊文·金的译本中，他们都皆大欢喜，过上了美满的生活。

老李不仅如愿以偿地和马太太结婚，他还找到了一份新工作。他由原来的"工作、感情两不悦"变成了"工作、感情两不误"。脱胎换骨的老李带着满腔激情迎接新生活的到来，从前的迷惘、苦闷一扫而光。李太太也得到了妥善的安排，她和原著中吃白饭的丁二爷结了婚。由于老李离职，丁二爷就顶替了老李的工作，因此李太太和丁二爷也过上了幸福的生活。

译者在译本的前言中解释道:"人物角色感情经历自然而然的变化,改变了他们的生活。因此这个译本所受的批判也和原著大相径庭。"(King,前言:Ⅶ)大多数时候,伊文·金不像是一个译者,更像是授权重写这本小说的作家。但是,他没有资格改变作者的意图,这一点不言而喻。而伊文·金渐渐地也意识到这一点,因此他在译本的序言中说道:"我希望作者老舍能够原谅我,也希望读者看完这个译本后不要太生气……"(King,前言:Ⅶ)。

(二)郭译本的改编

郭镜秋受老舍嘱托,尽快地完成了《离婚》的翻译。在老舍的授意下,她将小说名字译为《老李对爱情的追求》。为了和书名相契合,郭镜秋也对原著进行了修改。

1. 增译和删译

(1)增译

表 3-4　郭译本对原著的增译

原著	增译	内容
第 18 章	三段	李太太全身裸露吸引老李。
第 19 章	三行	老李和太太商量离开北平。
第 20 章	三页	老李写长信给张大哥。

(2)删译

表 3-5　郭译本对原著的删译

原著	删译	内容
第一章	十段	张大哥的介绍以及他作为媒人的智慧。
第二章	两个小节	二妹妹到张大哥家寻求帮助。
第三章	十段	老李搬家的情形。
第八章	一段	老李的难眠之夜。
第十六章	七段	东安市场的景象以及老李的迷茫和痛苦。
第十八章	十段	老李对现实的埋怨。
第二十章	九段	马克同马太太和好。

郭译本对原著的改动并不多。译者删除了配角的一些故事情节和人物

介绍,如张大哥的外貌以及生活情况、二妹妹家发生的事以及马太太的人物背景。书名中的主要人物是老李,因此译者弱化了其他人物的重要性;书名体现了老李对爱情的追求,因此书中他苦闷的生活现状和被动的生活态度也被删除了许多,借以突出老李追求爱情这一主题。此外,郭镜秋增加了一些内容。如让李太太这位乡村妇人竭尽全力讨好老李,甚至让她裸露身体来诱惑丈夫。李太太愿意为婚姻做出改变,然而老李苦闷的根源不在婚姻里。译者通过老李和妻子的对话,让老李明白自己必须逃离北平,才能获得精神的解放和内心的宁静。最后,他选择辞职回到乡下,远离官场的黑暗和社会的混乱。

郭镜秋对原著进行了轻微的改编,原因有两点。一是为了和书名《老李对爱情的追求》相呼应,淡化次要人物的形象,突出老李的内心想法;二是为了让读者理解原著的社会背景,借而明白人物的命运和结局,窥探老舍的写作意图。

2.郭译本结局—— 揭露社会黑暗面

郭译本忠实于原著的结局,人物最终的命运并没有改变。老李带着一家子和丁二爷回到乡下,而他的同僚们依旧过着一成不变的生活。但是在最后,译者添了一封老李写给张大哥的信。在信中,老李告诉张大哥,自己必须从那不切实际的幻想中清醒过来,从此脚踏实地地生活。此外,他认为导致自己一直痛苦和苦闷的原因在于尖锐的社会矛盾和日益增多的社会问题。"亲爱的张大哥,你看看我们的社会体系吧。当旧的社会体系崩塌,许多年轻人都会彷徨迷惘。因为他们还没有适应新的社会体系。"(Kuo,1948:305)另外,郭镜秋通过老李解释了他们不离婚的原因,因为"我们的社会还不接纳夫妻离婚"。(郭镜秋,1948:304)郭译本以一封长信的形式向美国读者揭示了中国的社会现状以及社会观念,希望读者们可以了解到真实的原著和真实的中国社会。

勒菲弗尔告诉我们,一些译者如果赞同他们所处时代或者社会的意识形态,那么他们就会受到意识形态的影响或者限制。(Lefevere,1992:7)由此说来,一些译者改编原著,很大原因是为了迎合目标语所在社会的意识形态以及文化。伊文·金改编原著的目的是为了与美国的文化和人们的价值观相呼应,迎合美国读者的喜好。而郭镜秋相反,她为了呈现原著所在社会的意识形态和社会文化,不惜违背目标读者的价值观,传达原著真实的社会背景,捍卫作者的权利。

　　老舍因为伊文·金随意篡改他的原著,将他告上了法庭。最后判决的结果是,伊文·金只能在自己的书店里出售该译本。而郭镜秋获得老舍的大力支持,重新进行翻译,并且和金译本同年出售。但是销售情况和老舍的期待大相径庭。虽然金译本的流通大受限制,郭译本获得老舍的正式授权和鼎力相助,但是郭译本的销量并不尽人意,而金译本却大受好评,甚至被"每日读书俱乐部"评为当月畅销书。老舍因此对美国的出版社非常不满,批判了出版社的拜金主义。然而,金译本之所以大获追捧和郭译本之所以受到冷遇,和他们选择的翻译方法以及篇章改写关系紧密。

　　伊文·金对于文化特色词的翻译可以划分成三类,即直译加注解、逐字翻译以及错译。译者翻译文化特色词的目的是为了用中国文化吸引读者,因此他特意将文化特色词翻译得有异国感。在直译过程中,他增加了大量注解,让读者能够近距离感受中国文化的独特和汉语的新鲜感。为了翻译"羊肉火锅",译者用了大量的篇幅介绍其做法和吃法;为了翻译成语和谚语,译者也花了大把的精力介绍其来源和典故。伊文·金常见的译法是逐字翻译。在译者并不了解成语、谚语和地名的含义时,他往往采用逐字逐句翻译的方式。这样的译法使译文变得晦涩难懂、复杂冗长。由于缺少对中国文化的深度了解,金译本多次出现错误。郭镜秋对文化特色词进行意译,不求呈现中国文化和语言特色,只求翻译出相对等的含义即可。因此郭译本忽略了文化特色和老舍的幽默。但郭镜秋具有先天的优势,她非常了解原著的文化背景以及文化特色词的含义,因此郭译本中没有出现任何令人啼笑皆非的错误。

　　在篇章改写方面,两位译者都对原著进行了修改,但伊文·金将原著改得面目全非,而郭镜秋只是进行细微的调整。伊文·金在翻译《离婚》前,翻译了《骆驼祥子》,也对原著的结局进行了改写。原来的悲剧结局成了喜剧结局,骆驼祥子获得了爱情,过上了幸福的生活。这样的改写很受读者的喜爱。对于当时的美国读者而言,他们更喜欢看到喜剧的结尾而不是求而不得的悲剧结尾。因此,在翻译《离婚》时,伊文·金的改写有过之无不及。一方面,译者抓住读者对于中国的好奇心,不遗余力地翻译文化特色词;另一方面,译者为了迎合本国的意识形态和人们的价值观,进行了大量的改写。苏珊·巴斯奈特认为译者是异国文化的传递者,也是富有创造力的艺术家。译者翻译的目的是为了促进两国文化、思想的交流和相互理解,但是伊文·金的翻译一味投目标语读者所好,并没有将真实的中国文化和思想传达给读者。

综上所述,虽然郭镜秋忠实于原著,但是并没有得到目标受众的喜爱和认可。而伊文·金却大获成功,获得评论界和读者的好评。李越在分析了在美国 1940—1945 年销售量前十八名畅销书后,发现在 18 部作品中,7 部作品涉及各种离奇浪漫爱情及性描写。(李越,2013:198)由此我们可以理解译者大刀阔斧改译原作的原因。原著中老李成日苦闷,想离婚去追求爱情而不能的悲剧并不受美国读者喜欢。而译者改写后,老李和丁二爷心想事成的喜剧符合人们的内心期待,符合美国读者的价值观。这样的读者期待和喜好也注定了郭译本颇受冷遇的命运。

第三节　中国传统音乐文化西译简史及其影响因素[①]

中国传统音乐文化包含了与中国音乐有关的物质的、精神的产品与活动,涵盖音乐美学、乐器、音乐形态、乐种、乐律、音乐民俗活动等内容。中国传统音乐文化源远流长,其对外传播离不开翻译。但在现实中,我们却难觅传世的音乐文献典籍的译本,相关研究也鲜有人问津,这明显与历史上中国音乐向西传播的事实不相称。译本缘何"隐身"了呢?中国传统音乐对外译介到底走过了一段什么样的历程? 在当前中国文化走出去的大背景下,中国传统音乐文化的对外译介该如何继续走下去?本节借由梳理中国传统音乐对外译介史,发掘隐藏在国乐西传历史中的翻译实践,探伙国乐西译的"隐身"之谜和影响因素,对中国音乐对外译介事业今后的发展提出建议。

一、国乐西传过程中的翻译

两种思维定式限制了中国音乐对外译介研究的视野:一是将"音乐"局限于"音乐形态",从这个角度看,"音乐无国界",所以不需要翻译,只有音乐文献才需要翻译;二是翻译的传统定义,即把一个文本从一种语言符号转换成另一种语言符号。这两者的交集只有音乐文献的翻译。难道数百年的国

---

① 陈榕峰,岳峰.2015.中国传统音乐文化西译简史及其影响因素[J].福建师范大学学报(4).

乐西传史只靠寥寥几部音乐理论著作的翻译？音乐翻译一定只能是音乐理论著作的对外翻译？事实上，中国古典音乐著作的对外翻译并不代表国乐西传过程中的所有音乐翻译，它只是其中数量很少的一部分，其他文献则"隐身"了。在翻译学和人种音乐学（Ethnomusicology，又译"民族音乐学"）的视角下，我们剥去相关文献的"隐形外衣"，发现除了音乐典籍的翻译，儒经乐论的翻译和音乐民族志也可以进入我们的研究视野。

（一）中国音乐典籍的翻译

从第一位来华并深入内地的传教士罗明坚（Michel Ruggieri，1543—1607）到最后一名耶稣会士钱德明（Jean-Joseph Marie，1718—1793）去世，在整个"传教士汉学"时期，只有一部中国音乐文献即李光地的《古乐经传》被完整地翻译成法语，但是该书稿寄回法国后并未出版，最终失传。20 世纪中叶，荷兰外交官高佩罗（Robert Hans van Gulik，1910—1967）将嵇康的《琴赋》翻译成英语，并加以注释，1941 年在日本东京出版，这是第二本中国音乐的译著。筚路蓝缕，却难启山林。20 世纪末以来，随着中外音乐文化交流日益频繁，学术界逐渐意识到中国音乐文化对外传播离不开主动对外翻译，不能守株待兔地等着西方学者对中国音乐产生兴趣进而翻译中国音乐相关著作，于是学者纷纷撰文呼吁中国音乐的对外翻译。但最终面世的却只有乔建中的《中国音乐》、李勇翔的《中国少数民族音乐》以及靳婕的《中国音乐》的英译本。Worldcat 图书馆的搜索数据显示，这几部作品的图书馆收藏量以及引用量都不大，影响力有限。

（二）儒经乐论的翻译

音乐美学是中国传统音乐研究的一个重要组成部分，中国传统音乐的美学基础深藏于儒家经典之中。《乐记》在中国音乐中的地位就好比亚里士多德的《诗学》在西方音乐中的地位，两者都是各自文化中音乐思想的经典。中西方的音乐审美迥异，苏格拉底、亚里士多德都赞成把音乐当成是"九艺"，"是数学、是知识"。（孙星群，1997：105）西方音乐理论体系完整，对音乐结构、节奏、调式有着精确的规定；而中国音乐"音无定高""节无定拍"，却又"移步不换形"，很难用某一套记谱法准确地描述，其传承往往有赖于口传心授，同时允许演奏者根据演奏时的环境、心境、意境即兴发挥。工尺谱、减字谱等乐谱中只记录了基本的音符，很难根据乐谱再现中国古乐。因此，美国汉学家、人种音乐学家沃特·考夫曼（Walter Kaufmann，1907—1984）认为，"中国经典是研究中国古乐唯一可靠的古代文献"（Walter Kaufmann，1976：9），国内也有许多学者致力于《乐记》《诗经》中的音乐思想的研究。如果说，儒家经典是中国传统音乐美学思想的宝库，各语种的儒经译本就是我们研究中国音乐文化对外翻译的宝库。据统计，18世纪的"中国热"时期，西方人共译76种《四书》《五经》译本，19世纪103种，20世纪约125种。（岳峰，2006：91-93）

（三）音乐民族志

在人类学研究中，把"在田野调查的基础上，对特定民族及其文化进行全面的描写和深入的分析"称作"民族志"。（龙吉星，2013：5）他们所观察到的人类活动就好比是呈现在译者面前的"原文"（Churchill，Jr.，2005：4），将对"原文"的理解、研究、分析，以本族语文字的形式呈献给本族读者，恰恰符合雅各布森"三分法"中符际翻译（Intersemiotic translation，又称跨类翻译transmutation）的定义，即从非言语符号到言语符号的转换①。这为中国传统音乐的对外翻译研究提供了新的视野，其研究的对象不再局限在寥寥几部音乐典籍的译介上。人种音乐学的学者将该学科的历史追溯到航海大发现后的殖民时期，当时欧洲探险家、殖民者、旅行者、传教士对非欧洲民族及其文化的记载都是重要的民族志资料。其中，对他族音乐文化的记录虽然只是零星地出现在他们的游记、书信、札记中，并不是记录的重点，但也反映出当时欧洲对中国传统音乐的了解水平与态度，例如葡萄牙传教士加斯帕尔·达·克鲁斯（Gaspar da Cruz）的《中国志》（*Tractadoemque se cōtammuito pol estéco as cous da China*，英译名为 *A Treatise of China*）、利玛窦（Matteo Ricci，1552—1610）的《中国札记》（*De Christiana expeditione apud Sinas*，英译名为 *China in the 16th Century：The Journals of Matthew Ricci，1583—1610*）和约翰·巴罗（John Barrow）的《中国游记》（*Travels in China*）。18世纪至20世纪，欧洲人撰写的关于中国音乐的论文和专著开始出现，如李提摩太夫人的（Mrs. Timothy Richard）《中国音乐》（*Paper on*

---

①　一般理解为用非语言的符号解释语言符号，如将语言符号用身势语、图像或音乐表达出来。但是笔者认为，既然是两者之间的转换，必然可以是双向的，应当也包括将非语言符号用语言符号来表达。

Chinese Music）、花之安（Ernest Faber）的《中国音乐理论》（*The Theory of Chinese Music*）、阿里嗣（J. A. van Aalst）的《中国音乐》（*Chinese Music*）以及乐维斯（John Hazedel Levis）的《中国音乐基础》（*Foundations of Chinese Musical Art*），这些都是珍贵的音乐民族志，也是中国传统音乐对外翻译研究的重要资料。在雅各布森翻译三分法这一理论的指导下，向西方译介中国音乐的历史又向前推进了几个世纪，甚至可以追溯到《马可·波罗游记》（*Travels of Marco Polo*），为中国音乐对外翻译研究提供了更为丰富的史料，使其历史更为完整。

　　将中国音乐典籍翻译、儒经乐论翻译、音乐民族志都纳入中国传统音乐对外翻译的研究范畴，解开中国传统音乐西译"隐身"之谜，梳理中国音乐译介史就不再是"无米之炊"，同时也能还"翻译"一个公道，突显其在国乐西传历史上所起的作用。

二、中国传统音乐对外译介的主要阶段

（一）18 世纪以前——碎片化的译介

　　18 世纪之前，关于中国音乐的译介散落在各种游记、札记、信件之中。这些文献的主旨都不是为了宣传中国音乐文化，但其中有关音乐活动的见闻开辟了中国音乐西传的先河，为中国音乐的国际传播提供了宝贵的资料（王耀华，2013：282），最早的可以追溯到 13 世纪的《马可·波罗游记》（又名《马可波罗行记》或《东方见闻录》）①。（李琼、刘旭光，2012：91）书中，中国乐器种类丰富（Polo，2003：90），音乐活动总是和各种民俗联系在一起，是生活的一部分，中国人的生老病死似乎都离不开音乐（Polo，2003：58、84-85、90、110、155、190），因此对音乐的译介总是零星地出现在对婚礼、丧事、战事（Charignon，1954：298-299）等各种活动的描写之中。1548 年来华的葡萄牙人盖略特·伯来拉（Galeote Pereira）在其《中国报道》（*The Report of Galeote Pereira*）中提到了古琴作为当时广西桂林靖江王府皇亲国戚的专属娱乐，民间除了歌伎和盲人乐师之外，其他人禁止"抚琴"（C. R. Boxer，2010：41）。《中国志》（*Tractado em que se cõtam muito pol estéco as cous da*

---

　　① 根据《穆天子传》和相关考古研究，有些学者认为中国与西方在音乐方面的交流可以追溯至周穆王时代，但并没有确凿的证据，只是存在这种可能。

China，英译名为 *A Treatise of China*）的作者，葡萄牙多名我会修士克鲁兹（Gaspar da Cruz，C. 1520—1570）仅在中国传教一个月，短暂接触过中国音乐，也对老百姓寿筵、节日庆典以及丧葬中的戏曲、演唱等音乐活动进行了译介，对乐器进行了粗略的描写（C. R. Boxer，2010：143-148）。庞迪我（Diego de Pantoja，1571—1618）于 1602 年给欧洲修会的一封信中提到了对中国音乐形态与乐器的整体看法，认为中国音乐与西方音乐没有可比性（Frank Ll. Harrison，1985：7）。1681 年，法国耶稣会士梅纳斯特里埃（Claude-Francois Menestrier，1631—1705）在《古今音乐的演奏》（*Des representations en musique anciennes et modernes*）一书中谈及中国古代音乐与政治的关系。（陈艳霞，1998：6）明末来华传教士利玛窦虽然被称作是"比较系统地向欧洲介绍中国音乐的第一人"（陶亚兵，1994：46），但实际上他的译介谈不上"系统"，他对中国乐器、戏曲、和声的介绍是与对印刷技术、计时仪器、绘画、雕刻的介绍穿插进行的。（金阁尼，1983：23-24）他不了解中国音乐五度相生律、纯律、平均律等律制并存的现象，只是用他被"十二平均律"驯化了的耳朵来聆听中国音乐，中国音乐自然是"不和谐""乱作一团"的；他不了解中国音乐体现单音旋律美感的特点，而认定"中国音乐的全部艺术似乎只在于产生一种单调的节拍，因此他们一点不懂把不同的音符组合起来可以产生变奏与和声"。在中国的音乐艺术上，他们完全用西方的审美标准来译介，表现得完全难以适应中国音乐：中国乐队的演奏是"古怪的乐器一齐鸣奏""声音毫不和谐，而是乱作一团"。（金阁尼，1983：23-24）在乐器制作方面，中国人"似乎根本不知道可以用动物的肠子做琴弦这一事实"。而事实上，中国音乐分"宫廷雅乐""文人音乐""宗教音乐"和"民间音乐"，利玛窦只把"貌似神圣实则水平低下"的宗教音乐和宫廷雅乐当作中国音乐的全部。（冯文慈，2013：250）在译介中国戏曲时，他忽略中国戏曲的表现形式和艺术价值，只选择介绍此音乐活动在社会生活中的负面影响，强调演员是戏班班主买来的孩子，强迫其学戏，是"帝国的一大祸害"，是"罪恶的渊薮"。（金阁尼，1983：24）总的来说，这一时期的译介内容零散，描述粗浅，观点片面，他们代表了中国音乐文献西传最初阶段的译介水平以及西方对中国音乐的认知水平。

（二）18 世纪——在"中国热"中"遇冷"的中国音乐译介

新航路开辟之后，中西方贸易呈上升趋势，大量中国茶叶、丝绸、瓷器、绘画、园林艺术等流入欧洲。同时,传教士东来,传译儒经,寄回大量书信,带回了大量的中国报道,中国的哲学、伦理思想、制度吸引着启蒙时期的欧洲学者,如伏尔泰、莱布尼茨等。到了 18 世纪,欧洲"中国文化热"已经兴起,中国音乐作为中国文化元素的重要组成部分在欧洲随处可见,巴黎设立了中国舞场、中国剧院,《赵氏孤儿》被译成法语出版,歌剧和喜剧中出现了中国传奇故事……然而,这样的热情并非源自他们对中国音乐本身的热爱,而只是在他们迷恋中国商品以及传教士、思想家盛赞中国文化的背景下"爱屋及乌"的表现,中国音乐迥异的风格满足了当时欧洲人对异国情调的"猎奇"心理。从某种意义上说,"猎奇"意味着"肤浅",所以这并不代表他们对中国音乐的接受与热爱。即便是在耶稣会传教士极力塑造理想化的中国形象、中国音乐元素充斥着法国人的娱乐生活的时候,欧洲对中国音乐的译介仍是以负面内容为主。杜赫德(Jean-Baptiste Du Halde,1674—1743)根据耶稣会传教士的书信和著作整理汇编成的《中华帝国全志》(*The General History of China*,又称《中华帝国及鞑靼地区的地理、历史、编年、政治、物理之记述》)中就有对中国音乐的专门介绍,但他开篇就定下了其贬低中国音乐的基调:"他们自诩自己的音乐曾达到最高境界,即便真的如此,它也已经衰退,现在的中国音乐甚至都不能称作音乐。"(Du Halde,1736:65)他妄言中国没有记谱体系,只能靠耳朵听和死记硬背,也没有变奏与和声。(Du Halde,1736:68)关于中国乐器,只介绍中国有八大类乐器(八音),有两三种管乐器,连具体乐器名称都没有提及,甚至还将八音理解为与人声关系最为紧密的乐器(Du Halde,1736:69-70)。为了证明中国音乐的落后和西方记谱体系与乐器的优越性,他收录了一首被翻译成五线谱的中国乐曲《柳叶锦》(但是记谱有误),还描述了康熙皇帝讶异于五线谱的记谱能力,非常喜欢西方乐器,且认为欧洲音乐"无与伦比"(incomparable)。杜赫德没有来过中国,他对中国音乐的记述是建立在传教士们"传译"基础上的"二次翻译"。他以西方的视角用早期传教士对中国音乐并不全面的理解"重构"了中国音乐。这部著作在当时的欧洲被誉为"西方早期汉学三大名著之一",影响相当广泛,错误的评论和错误的记谱被收录到各种音乐辞书中,例如卢梭(Jean-Jacques Rousseau)的《音乐辞典》(*Dictionnaire de Musique*)。从此,这一被重构的中国音乐形象不仅以传教士信笺、札记的形式传播,而且在"史书"和"百科全书"中作为"知识"得到确认,成为权威描述,影响更为深远。因此,这一时期的译介虽然较上一阶段更系统,更专业,但负面的译介影响深远,导致中国音乐在欧洲"遇冷",以至于积极、系统、正面的专业译介文献在欧洲不被接受。法国传教士钱德明(Jean-Joseph-Marie Amiot,1718—1793)于1754年完成了史上第一部被全文翻译成西方文字的中国音乐理论著作《古乐经传》,该书共五卷,即《乐经》《乐记》《附乐经》《附乐记》《声律篇》和《附乐记二》(《乐教篇》《乐用篇》)。他将其寄给时任法国在华传教区司库的德拉图尔神父(de la Tour),后辗转为法国皇家文库收藏。然而,这部翻译巨著始终未能付梓,据华裔法国学者陈艳霞于上世纪末考证,该手稿已经遗失。(陈艳霞,1998:54)钱德明20年后才发现自己的译稿已经惨遭法国音乐家拉莫(Jean-Phijippe Rameau)、阿尔诺修道院长(Arnauld)、鲁西埃修道院长(Pierre Joseph Roussier)、启蒙学者卢梭等人"歪曲、阉割、篡改"(查玲玲、高海林,2005:21),成为歪曲中国音乐形象的重要佐证,与译者的初衷完全相悖。于是,钱德明在《古乐经传》的基础上再次撰写《中国古今音乐考》(*Mémoire sur la musique des Chinois, tant anciens que modernes*),以中国人的视角进行编译。他告诉欧洲,中国音乐是世界上最古老的音乐体系,乃中国人独创,并非来自埃及,对中国音乐极尽褒赞与欣赏。这部新作在学术界影响很大,法国作曲家德拉博尔德(Jean-Benjamin de La Borde),格鲁贤(Jean-Baptiste Gorsier)修道院长,法国诗人、评论家甘格纳(Pierre-Louis Ginugene),英国史学家温特博瑟姆(W. Winterbotham)、现代音乐学创始者之一德国人福克尔(Johnn Nicholaus Forkel)等人都引用了他的观点并表示赞同。(梅晓娟、孙来法,2008:89)然而,这部与杜赫德的《中华帝国全志》"唱反调"的著作却没能挑战权威,重塑欧洲人心目中的中国音乐形象。18世纪的欧洲社会"本位思想已经很明显";在政治上,"礼仪之争"导致中国与罗马教廷公开对抗,亲近中国文化、西传儒学的耶稣会遭罗马教廷解散,"乌托邦式的中国意象烟消云散,欧洲对中国的崇拜也逐渐消失"(岳峰,2006:62-63),过于专业化的《中国古今音乐考》在民间的影响并不大(George Lehner,2011:343),远不如杜赫德的史书和卢梭的辞典。因此,在18世纪欧洲"中国热"的大背景下,中国音乐的译介仍难绕开"遇冷"的命运。

(三)19世纪至20世纪中叶——国乐译介的"冰火两重天"

19世纪至20世纪,随着对儒经译介事业的发展,音乐学术界、汉学界对中国音乐的研究日渐深入,评价也日趋客观,中国音乐的译介在学术界呈现出欣欣向荣的景象。帅福守（Edward W. Syle）的《中国音乐记谱法》（"On the Musical Notation of the Chinese"）阐释了工尺谱与五线谱，破了杜赫德"中国人没有乐谱"之误传；秦右（B. Jenkins）翻译了《乐记》全书（*Notion of the Ancient Chinese Respecting Music*，1868），介绍了中国音乐美学的基础；英国传教士李太郭（George Tradescant Lay，? —1845）撰写了关于中国乐器以及音乐体系的论文；邓尼克（N. B. Dennys）在其《中国乐器简介》（"Short Notes on Chinese Instruments of Music"）一文中十余次引用了钱德明的《中国古今音乐考》；德国传教士花之安撰写了《中国古代音乐理论》（"The Chinese Theory of Music"）的长论文；传教士李提摩太（Timothy Richard）在其回忆录中提到中国的工尺谱与欧洲的 sol-fa 谱同属于首调唱名体系，"欧洲人一直很自豪地认为那是十九世纪新近发明的东西，而在中国，这么长时间之前就广为人知了"（李提摩太，2005:146）。他的妻子在他阅读中国音乐典籍时所作英文笔记的基础上，整理撰写了《中国音乐》（"Paper on Chinese Music"，1898），以较为通俗易懂的语言，客观公正地叙述了中国音乐的历史与当时的现状。德国传教士卫礼贤创办的《中国学刊》（*Sinica*）包含了"中国音乐"栏目，发表了他的《中国音乐》（"Die Musik in China"）和《中国音乐之精华》（"Das Wesen der chinesischen Musik"）以及中国留德学者王光祈的《论中国音乐》（"Über die Chinesishe Musik"）、《论中国音乐记谱法》（"Über die Chinesishe Notenschriften"）、《论中国诗学》（"Über die Chinesishe Poetik"）等文章，这是中国学者第一次在西方的刊物上用外文介绍自己的传统音乐，就中国音乐的问题与西方对话。荷兰外交官高罗佩（Robert Hans van Gulik，1910—1967）的《琴道》（*The Lore of Chinese Lute*）大量引译了琴学研究的资料并加以注释，还特地在认为重要的地方附上中文原文，"将中国琴谱中的专门名词，尤其是琴谱中的特造字，一一加以英文注释，使得外行也能稍窥其底蕴"（陈之迈，1968:7）。他还将嵇康的《琴赋》全书译成英文——《嵇康和他的〈琴赋〉》（*Hsi Kang and His Poetical Essays on the Lute*）。此外，法国驻华外交官莫朗（Georges Soulié de Morant，1878—1955）的《中国音乐》（*La musique en Chine*）、汉学家拉卢瓦（Louis Laloy，1874—1944）的《中国音乐》（*La Musique Chinoise*）和法国驻北京公使馆书记官库朗（Maurice Courant，1865—1935）的《中国雅乐历史研究》（*Essai historique sur la musique classique des Chinois*）这三部综合性作品得到了中外学者的赞誉（宫宏宇，2014:76）。与 19 世纪大部分学者不同的是,他们将中国的宗教音乐、民间音乐、戏剧音乐分开介绍,同时开始重视译介中国人的宇宙观和哲学思想。拉卢瓦认为"一旦对中国的音乐思想有所了解后,其音乐体系将不再枯燥乏味,其音乐作品也不再令人嫌恶"(宫宏宇,温永红,2013:48)。钱仁康赞誉拉卢瓦和库朗为"最早按照中国音乐的价值体系来研究中国的法国音乐学家"(钱亦平,1997:415)。他在译介中国乐器时,"不仅系统地叙述了各种中国乐器的形制、音色和性能,还举例说明了它们的演奏技法"(钱亦平,1997:416-417),其专业性与系统性可见一斑。

　　但是,与钱德明的《中国古今音乐考》一样,上述学术论文、著作也主要是在学术圈子里交流,其影响力甚至无法与比利时人阿里嗣(J. A. van Aalst)的英文书《中国音乐》(Chinese Music,1884)以及民间报刊相提并论。阿里嗣在书中引译了许多中国古代音乐文献,如《吕氏春秋·仲夏纪·古乐篇》等,试图再现中国古代音乐史,介绍了儒家礼乐思想,指出中国音乐文化与五行八卦辩证思想的关系。总的来说,阿里嗣较为系统地介绍了中国的律吕、记谱体系、乐器、民歌等等,图文并茂,在客观上传播了中国音乐文化。但是他在华短短两年多,仅在业余接触中国音乐,很难真正理解、掌握中国古代音乐文献,并正确传译。他在西方音乐专业的教育背景和殖民者的社会身份下,要想放下"西方视角",摆脱对中国音乐的"前理解",客观地译介中国音乐文化,显然也不现实。他过度发挥了译者的主观能动性,过度解读了中国的"古乐沦亡""礼崩乐坏",他认为"中国、希腊等所有古国的音乐都认为音乐具有神秘的影响力,与我们(欧洲)相比,他们的音乐体系还仅仅处于未开化的萌芽阶段(imperfect embryos)"(Aalst,1884:1)。在译介记谱体系时,则完全将中国的记谱法放到五线谱的框架中,说中国乐谱没有升、降标记(Aalst,1884:19),没有小节线(Aalst,1884:17)、没有节拍标记(Aalst,1884:18),这些段落的主题句中无一例外地出现了否定词,不是突出中国乐谱"是……",而是强调中国乐谱"没有……"。此外,他用西洋乐器名(如 guitar,violin,clarinet)来翻译中国乐器,指出中国人不懂和声,乐律体系不完善,演唱技巧匮乏,乐器制作简陋粗糙(林青华,2003:76-79),这些都是以西方音乐的标准衡量中国音乐的表现。这部在"1950 年以前几乎是有关中国音乐主题被引用最多的"文献(Han Kuo-huang,1988:127),无疑将利玛窦、杜赫德对中国音乐的片面论述"发扬光大"了。

　　鸦片战争以后,越来越多欧美人士来到中国,中国日渐衰弱的国势助长了他们的"西方主义"思想,民间对中国音乐的主观肤浅的译介也随之增多。台湾当代音乐家韩国锽在其《西方人的中国音乐观》一文的《"地狱之乐"的中国传统音乐》一章中,用种种菲薄之辞将中国音乐描绘得愈加不堪,中国的乐队被描绘成"十只驴子的尖叫、五只热锅撞着汽船的火炉、三十只风笛和一位教堂司事在敲破钟"(韩国锽,1981:129),"说到那个中国人的歌声,从来没有比这个还要奇异的东西打击过我的耳朵了,试想看那一连串鼻音、喉音、嚎叫、吓人的音响,我不过其言地可以比之于一只狗睡了一大觉后,刚刚醒来伸肢张爪时发出来的声音"(韩国锽,1981:134)。除此之外,欧美民间对中国音乐的了解更是匮乏至极,连二胡这样典型的传统乐器,在欧美的报刊中也长期被误译为"独弦琴(one-string fiddle)",与"单调""荒唐""虐人""刺耳""比锯子的声音还难听"等形容词相伴,甚至还被用来形容鱼钩从蚌壳中扯出的声音①。对于中国乐团的演奏,西方人更是嗤之以鼻——"其喧哗声能把方圆数英里的死人都吵醒"②"中国音乐是难得一闻的噪音"③。

　　可见,这一时期中国传统音乐拥有了诸如高罗佩、拉卢瓦这样热情的粉丝,他们的译介日趋深入、专业、正面、客观,代表着西方音乐人对中国音乐认识的新阶段。然而,同一时期,中国音乐在广大民众中的译介却遭遇"严冬期",负面译介远超正面译介,甚至连在中国国内的生存也遭遇了前所未有的挑战——国学教育式微让传统音乐在本国的传承发展遭遇"水土流失"。音乐界、汉学界的这点"热情"如何融化包裹着中国音乐的这层"坚冰",是摆在当代中国传统音乐面前的最大问题。通过追溯历史,分析历史上影响中国传统音乐译介的主要因素,应是一条可循之路。

---

① Points about Policemen. *The Brooklyn Daily Eagle*. August 19,Page 4.

② China Still Mystery to Travellers. *Abilene Reporter-News*. Abilene,Texas. 1948-09-29(12). 该文还同时刊载在 *Amarillo Daily News*. Amarillo,Texas. 1948-10-01(10);*The Times Recorder*. Zanesville,Ohio. 1948-09-30(41);*The Ottawa Journal*. Ottawa,Ontario,Canada. 1948-10-01(21).

③ Chinese Theatres. *The Marion Star*. Marion,Ohio. 1883-06-20(3).

三、历史上影响中国传统音乐译介的因素

(一)译者的认知

翻译是建立在对原文正确理解基础上,用目标语准确再现原文内容的过程,要先理解才能表达。对中国传统音乐的译介取决于译者对中国音乐的理解,懂多少才能译多少。18 世纪以前,他们只能用 wind instrument、drum、cymbal 等笼统的上义词译介他们所见到的音乐活动。到了 18 世纪,人们开始关注到中国的乐器、记谱,但仍处于说不清道不明的阶段。钱德明在翻译《古乐经传》时就苦于对中国语言、风俗、音乐的把握能力有限,困难重重。他说:"我在撰写有关中国古代音乐的著作时,我对这种内容的理解远不如今天这样深入,也不具有我此后所获得的有关该国之风俗、习惯和典籍的丰富知识,更没有我现在有幸能得到的任何帮助。由此可知,我在自己早期的第一批著作中肯定会犯无数的错误,尤其是当我致力于诠释只有少数儒生才能理解的内容时更为如此。"(陈艳霞,1998:50)随着研究的深入,西方学者对中国音乐的认知水平逐步提高,19 世纪出现了许多论述中国记谱体系的论文,这些论文中再现的中国记谱体系开始向真实的中国记谱体系靠拢,译介的忠实度逐渐提高。20 世纪,法国的《中国音乐》三部作品和高罗佩的两部作品终于开始重视中国音乐的哲学思想,按照中国音乐的价值体系来译介。西方人对中国音乐的认知之所以能够逐步提升,很大程度上是由于他们当中有些人对中国文化,特别是中国音乐有切身体会。有些人学过中国乐器,研究过中国乐理:李太郭学过古琴和月琴,帅福守学过工尺谱,李提摩太研究过古代乐书,而高罗佩则是在践行了中国文人的"琴棋书画,诗酒风流"之后才撰写了《琴道》,翻译了嵇康的《琴赋》。中国传统音乐对外译介的历史反映了西方对中国音乐认识的过程,总体来说,西方对中国音乐的认知水平是在不断提高,即使在中国深陷半殖民地半封建深渊之时,学术界对中国音乐的研究也没有因此停滞或倒退,这也符合认知发展的规律。

(二)译者的身份与动机

译介中国传统音乐的译者大致包括旅行者、传教士、外交官、殖民者、音乐学家、史学家。不同的身份决定了他们不同的动机,进而决定了译者的选

择。旅行者对中国音乐没有特别的动机,多出于好奇心理,认识也较为肤浅,多是对民俗活动中的音乐表演进行描述性介绍,常用意义较为笼统的上义词和非术语,篇幅较短,走马观花。克鲁兹仅在中国传教一个月,短暂接触过中国音乐,并不敢妄加评论,因此,他多采用平和的口吻,客观地描述中国,少有主观臆断,总体来说是正面的态度。在华多年的传教士接触中国音乐最初多是与传教活动紧密相连的:利玛窦基于中西方音乐的巨大差异,利用皇帝和士大夫的猎奇心理,推介西洋乐器和西方音乐,出奇制胜,得到接纳。他对中国音乐谈不上研究,他译介的内容仅足以让他自己笃信中国音乐不如西方音乐,并以此证明其进贡西琴的奇招可行。钱德明是由于看到上层文人喜谈"科学与艺术",想通过音乐融入其中,但中国人对西方音乐的"冷漠"激起他对中国音乐的好奇心。同时,作为耶稣会在华的最后一位传教士,受时局限制,他只能把精力主要放在中国文化的研究上。李提摩太夫妇由于受过良好的音乐教育,利用音乐传教,在发现工尺谱与英国"首调唱名法"相似之后,转而使用工尺谱教唱赞美诗,赢得好感,还用他们独创的工尺谱体系编撰了教材《小诗谱》。阿里嗣曾在比利时根特音乐学院学习并获得作曲及和声学的桂冠奖,是西方音乐的专业人士,他的译介有专业研究的成分;然而,他又以外国人的身份在中国海关总署就职,这一身份足以反映出当时殖民者中普遍存在的欧洲中心主义的优越感,也使他很难有充足的时间仔细研读中国音乐典籍。要做到客观、公正、专业地译介,他既无心也无力。拉卢瓦是音乐史博士,研究领域兼顾音乐学和汉学,他能够以专业学者的身份译介中国音乐,用正确的历史观来看待中国音乐,其专业能力是之前其他译者所不能企及的,但是,他也不可能以传播中国音乐文化为己任。

(三)社会历史背景

从对中国传统音乐对外译介史的梳理中,我们还可以看到译者所处的社会历史环境对其译介的影响。中西方的音乐文化差异一直都存在,我们却能明显感觉到几个世纪以来译介者态度的变化,其中社会历史背景起着重要作用。《马可·波罗游记》成书于殖民主义之前,欧洲并无霸权可言,早期民族志主要关注蒙元和奥斯曼帝国的铁骑,欧洲文化的优越感无从谈起,他们"将非欧洲文化视为潜在的竞争者"(洛秦,2011:4),甚至仰慕富庶的东方孕育出的中国文化,对中国音乐的译介多客观、正面,突出了中国音乐的社会功能以及以民俗为载体、乐器种类丰富的特点。马可·波罗等不可能感受不到中西方音乐的差异，但他来中国时恰逢元朝开国初定，处于国家的鼎盛时期，他通篇都是对中国的褒赞，显然不可能在对中国音乐不了解的情况下妄加评论，所以他的译介虽然简单，但至少客观正面。克鲁兹与利玛窦于明末来华，当时欧洲的葡萄牙、西班牙、英国、法国等国家击退了外族入侵，实现了民族独立、国家统一，开始扩张势力，走上了海外殖民之路，科技方面正在赶超中国，欧洲文化优越感正在孕育，但是他们在经济上仍然比不上亚洲的中国、印度等，因此他们对中国文化的态度仍然处于早期向往仰慕的"惯性"之中。而中国却拒绝外来文明，故步自封，内忧外患。克鲁兹来华时间较短，未能充分了解中国现状及中国音乐，因此译介的态度与马可·波罗相似；而利玛窦在华终老，目睹了明末的社会现状，民族优越感已在滋生，才有了《利玛窦中国札记》中对中国音乐的种种偏颇之见。阿里嗣的《中国音乐》成书于鸦片战争后饱受欺凌，灾难深重的清末，身为把持中国海关的外国人，传译者的民族优越感更是难以掩饰。在民间，中国的落后挨打彻底颠覆了其早期在西方受众心中的光辉形象，各类报纸更是成为诋毁、丑化中国音乐的重灾区。更有甚者，学堂乐歌开启了中国音乐教育以西方音乐理论启蒙的先河，音乐文化的"入侵"迫使中国音乐教育全盘西化；白话文运动之后国学式微，中国音乐美学在本国的传承因此遭遇前所未有的危机。可见，中西方音乐文化差异是客观存在的，但社会历史背景不仅左右着西方人看待这一客观存在的态度，也影响了国人对中国音乐的感情。

四、小结

在文化相对论的影响下，多元化是当今世界文化发展的趋势。中国和平崛起，国际经济、政治地位不断提高，这无疑为中国音乐文化对外传播创造了十分有利的国际社会环境。此时各民族文化之间既并存共生，也竞争冲突。梳理中国音乐对外译介的历史，首先能让我们看到译者的认知水平、身份、动机以及所处的社会历史环境对国乐对外译介的影响。历史上，中国音乐对外译介的主要力量是西方的传教士和汉学家。从他们的译介中，我们清楚地认识到译者的身份决定了译者的动机，并最终影响着译者的选择。当前社会历史背景之下，如果指望国外学者审时度势地译介中国音乐，为中国音乐文化开辟国际市场，就好比是指望竞争对手为我们做广告。因此，中国传统音乐的国际传播只能由中国人自己来主导，才能朝健康良好的方向发展。其次，译介史研究有助于看清西方各类不同受众对中国音乐的"前理解",从而在译介中消除西方受众的成见。西方民众对中国音乐的"前见"源自中西方音乐形态、音乐哲学等各方面的巨大差异,源自近代百年形成的偏见。"冰冻三尺,非一日之寒",改变现状,扭转西方民众对中国音乐的负面印象与态度,这是一项长期而艰巨的工程,难以"破冰",只能"融冰"。因此,总结历史上的经验与教训,知己知彼,审时度势,才能客观、准确、有针对性地开展有效传播。最后,在梳理历史的同时,国内的音乐传承是国乐西传的根本所在,让中国音乐在国内重新热起来,让这热量辐射出去,定能使国乐西传事半功倍。中国音乐的美学基础深藏于国学经典之中,复兴国学的同时加强国学经典从文言到白话的语内翻译应当也能为国乐西传助力。

第四章　社会与教育文献

第一节　中国社会文献西传史

一、礼仪、道德类社会典籍的西传[①]

（一）《礼记》的译介

1.《礼记》简介

《礼记》是一部研究中国古代社会状况、典章制度以及儒家思想的重要著作。这部书记载和论述了先秦时期的礼制和礼仪,孔子和弟子之间的问答,以及儒家修身养性的行为准则。

《礼记》初时据说有一百多篇,后为汉朝学者戴德简化为 85 篇,世人称之为《大戴礼记》。后来,戴德之侄戴圣在《大戴礼记》的基础上,再一次进行简化,终为 49 篇[②],称之为《小戴礼记》。（刘小沙,2015:1）

《礼记》一书所记的礼制涵盖了政治、律法、哲学、历史等诸多方面。除了阐述古礼经义,《礼记》也选编儒家理论著述,浸透着儒家小至修身、大至治国的种种思想,因而也是后人深究儒学思想的重要资料。此外,《礼记》还保留了许多值得今人深思、遵循的处世之道,其中所记个人修身养性的基本准则,比比皆是,这些古老的道德规范,至今也并不过时。（胡平生,陈美兰,2016:3）

[①]　本文中对社会典籍翻译的分类采用王尔敏《中国文献西译书目》(1975)中该部分的分类方法。

[②]　原本应该为 46 篇,但因《典礼》《檀弓》《杂记》三篇过长,市面上大多版本将其分为上下篇,故有 49 篇之说。

2.《礼记》的法译及德译

《礼记》对中国古代社会制度、礼仪制度及思想观念变迁所做的记载十分丰富,因而成为西方了解中国古代文化的必读经典之一。(宋钟秀,2014:265)1853 年,法国汉学家加略利(J. M. Callery)将《礼记》翻译为法文,题为 *Li-ki;ou, Mémorial des rites*,成为将《礼记》译成西文的第一人①。这一译本于 1863 年由巴黎与都灵的 B. 杜普拉特出版社出版,共 200 页。(王尔敏,1975:652)

《礼记》另一法文译本是由法国人顾赛芬(Seraphin Couvreur)于 1899 年完成的。(宋钟秀,2006:6)顾赛芬是一名活跃于河北的耶稣会传教士,他酷爱中国古典文学,文笔出色,编写过辞书,还翻译了大量中国典籍,与同时期翻译、研究中国典籍的汉学家相比可谓成绩斐然。② 1899 年,顾赛芬以 *Li Ki* 为题出版了《礼记》法文两卷本。随后,他还将全文译成了拉丁文,以法文、拉丁文和汉文原文三者对照,于 1913—1916 年间在河间府(Ho Kien Fou)印行。此书于 1950 年经过重新编辑在巴黎出版,标题为《礼记:有关礼节和仪式的记载》(法文:*Li Ki;ou, Mémoires sur les bienséances et les cérémonies; Texte chinois avec une double traduction en francais et en latin*)③。

顾赛芬基于官学程朱理学派诠释《礼记》,以法语、拉丁语对其且译且释,文字优雅。

除了法文,《礼记》还被翻译为德文,其译者为理查德·威廉(Richard Wilhelm),汉名卫希圣,字礼贤(通常被称为卫礼贤、尉礼贤),是一名基督教同善会传教士,也是著名汉学家④。1899 年,卫礼贤向同善会申请被派驻到中国青岛(当时德国的殖民地)担任牧师,从而成为基督新教在华传教士,后又担任德国驻华使馆文化参赞,在中国居住 25 年之久。卫礼贤曾翻译出版《老子》《庄子》和《列子》等道家著作,还著有《实用中国常识》《老子与道

---

① 加略利的外交与汉学研究生涯.[2017-07-09]. http://wsz. wanfangdata. com. cn/Thesis/Detail/Y2863884。

② 顾赛芬.[2017-01-01]. http://baike. baidu. com。

③ *Book of Rites*, https://en. wikipedia. org/wiki/Book_of_Rites;顾赛芬,http://baike. baidu. com。

④ 尉礼贤.[2017-01-01]. https://zh. wikipedia. org/wiki/。

教》《中国的精神》《中国文化史》《东方——中国文化的形成和变迁》《中国哲学》等等,可谓中西文化交流史上"中学西渐"的一位功臣。(赖贵三,2014:70)卫礼贤的德文译注本 *Li Gi*, *Das Buch der Sitte des älteren und jüngeren Dai*（《礼记——大戴和小戴的礼仪书》）于 1930 年由耶纳的迪德里希斯出版社（E. Diederichs）出版,全书共 449 页。(王尔敏,1975:653)

3.《礼记》的英译

1885 年,英国著名汉学家理雅各出版了《礼记》的英译本,书名为 *The Li Ki*,收录在《东方圣书》（*The Sacred Books of the East*）[①]中,由牛津的克拉伦登出版社（Clarendon Press）出版,共两卷,分别为 480 页和 491 页。(王尔敏,1975:653)理雅各是一名伦敦布道会传教士,也是近代英国著名汉学家,曾任香港英华书院（Ying Wa College,旧称：Anglo-Chinese College）校长。他与上文提到的顾赛芬和卫礼贤并称"汉籍欧译三大师",也是儒莲奖（International Stanislas Julien Prize for Chinese Literature,法语：Prix Stanislas Julien）的第一个获得者[②]。

理雅各被誉为"近代汉学研究的一道分水岭"（费乐仁,袁鑫淼,2011:101）。其《中国经典》（*The Chinese Classics*,1861 年至 1872 年初版,1893 年至 1895 年间经局部修订再版）及《东方圣书》（共 50 卷）中占 6 卷的《中国圣书》[*The Sacred Books of China*（1879—1891）]的出版,创造了汉学出版的标志性新开端。（费乐仁,袁鑫淼,2011:101）从 1839 年任英华书院院长开始,理雅各就把研究和英译中国经典作为其重要工作。其翻译工作开始于 1848 年。1861 年,第一卷（包括《论语》《大学》《中庸》）由香港伦敦传道会（London Missionary Society）印刷所印刷出版;同年,《孟子》译本作为第二卷出版;1865 年,包括《书经》和《竹书纪年》的第三卷分为两册出版;1871 年《诗经》译本作为第四卷出版;1872 年,内含《春秋》《左传》的第五卷分两册出版。1873 年,理雅各离开香港返回英国,在牛津大学任教,期间,他翻译了《尚书》《易经》《礼记》《孝经》以及道家经典《道德经》《庄子》和《太上感

---

① 《东方圣书》由英国语言学家缪勒（Friedrich Max Muller）主编,其收录的理雅各译著还有:《书经》《诗经中的宗教》《孝经》《易经》《道德经》《庄子》《因果报应论》。(理雅各,http://baike.baidu.com)

② 理雅各.[2017-01-01].http://baike.baidu.com。

应篇》,连同重新编排的《书经》和《诗经》的节译,收入了缪勒主编的《东方圣书》①。《孝经》英译名为 Hsiao King,1879 由牛津克拉伦登出版社出版,收在《东方圣书》第三卷的 464 页到 488 页中。(王尔敏,1975:656)

理雅各的英译《礼记》是迄今唯一的英文全译本,也是标准译本,是欧美学者研究中国古代文化的主要资料。(宋钟秀,2014:265)全书包含了序、原作介绍、详细注释、附录、全文翻译和名词索引。理雅各的翻译基本忠于原文,在需要注释的地方不吝采用详细注解。(宋钟秀,2006:9)同时,理雅各十分注重资料的收集和历代名家注疏的考证,并在翻译中有选择性地进行借鉴。在《礼记》译本的附录中,理雅各如此说道:"翻译的主要依据是清朝官学的正本和中国学者王韬为我收集的各类学说,覆盖近 250 多年的诠释本。"(宋钟秀,2014:265)这样严谨和细致的作风,使得理雅各的《礼记》英译本虽逾百年,仍为西方人研究中国先秦的礼制,解释仪礼、儒家思想的经典译著。

(二)《仪礼》的译介

1.《仪礼》简介

《仪礼》是中国最早的关于"礼"的文献。汉武帝建元五年(公元前 136 年),初置五经博士,《仪礼》为其中之一。唐朝有"九经",宋朝有"十三经",《仪礼》均列其中,可谓儒家经邦治国的恢宏大典,对中国文化影响深远。《周礼》《仪礼》以及上文已论及的《礼记》,习称"三礼"。《仪礼》是礼的本经,故又称为《礼经》,在"三礼"中,《仪礼》成书最早,而且最先取得"经"的地位。(彭林,2012:1)

礼学宗师沈文倬先生认为,《仪礼》一书是公元前 5 世纪中期到前 4 世纪中期的一百多年中,由孔门弟子及后学陆续撰作的。《仪礼》十七篇,除《士相见礼》《大射礼》《少牢馈食礼》《有司彻》等四篇之外,其余各篇末尾都有"记"。一般认为,"记"是孔门弟子所作。(彭林,2012:3-4)

《仪礼》一书材料来源古旧,涉及面广,从冠、婚、丧、祭到乡、射、朝、聘,无所不备,还蕴含有大量有关古代宗法制度、伦理思想、生活方式、社会风尚等方面的资料,犹如一幅古代社会生活的长卷,是历史学家研究古代社会不可或缺的典籍。书中对古代宫室、车旗、服饰、饮食、丧葬之制,以及各种礼

---

① 理雅各. 中国经典[2017-01-01]. http://www.ica.org.cn.

乐器的形制、组合方式等进行了详尽的记述,是考古学家用以与考古遗址及文物相印证、阐发的必备参考。此外,本书还保存了相当丰富的上古语汇,是语言学家、文字学家和文献学家研究中国古语的大宝库。(彭林,2012:13)

2.《仪礼》的法译

《仪礼》有哈雷兹和顾赛芬分别完成的两种法译本。哈雷兹(C. de Harlez),比利时神父,汉学家,也是比利时皇家学院(the Academie Royale of Belgium)院士。他最出名的成就大约是对《易经》的传播与翻译。哈雷兹研究《易经》的方法和理论在西方产生过一定的影响,他的法译本《易经》(*Le Yih-king*)至今还享有盛名[1]。哈雷兹的《仪礼》法译本 *I-li* 于 1890 年由巴黎的让·梅森内夫出版社(Jean Maisonneuve)出版,共 408 页。(王尔敏,1975:653)

《仪礼》的另一法译本由顾赛芬完成。在儒家经文中,他只留《周易》未译,并另译了《仪礼》。(费乐仁,钟鑫恣,2011:111)其书名为 *Cérémonial*,1916 年由天主教会印刷所(Imprimerie de la Mission Catholique)出版,共有 667 页。第二版则于 1928 年在河间府献县(Ho Kien Fou:Hsien hsien)刊印。(王尔敏,1975:653)

3.《仪礼》的英译

《仪礼》的英译本 *The I-li, or Book of Etiquette and Ceremonial*[2] 由英国的约翰·斯蒂尔(John Steele)翻译,于 1917 年由伦敦的普罗赛因出版社(Probsthain & Co.)出版。1966 年,该书由台北成文出版社(Ch'eng-wen Publish Cp.)再版,分为上、下两卷,各有 288 页和 241 页。(王尔敏,1975:653)

(三)《孝经》的译介

1.《孝经》简介

《孝经》是"儒家十三经"(即《诗经》《尚书》《易经》《周礼》《仪礼》《礼记》《春秋左传》《春秋公羊传》《春秋谷梁传》《论语》《孝经》《尔雅》《孟子》)之一,

---

① 哈雷兹.[2017-01-01]. http://www. asianyi. com/posts/list/364243/5114112. html.

② 本书的英文电子版可见:https://archive.org/details/iliorbookofetiqu01stee.

文字简要通俗,阐述了古人视为一切道德根本的孝道。"孝道"对中国影响深远,对稳定社会、弘扬先进的社会道德风尚发挥了重要作用。而中国"孝"文化在中国深入人心,与《孝经》的传播密不可分。(徐艳华,2015:1)

《孝经》以孝为中心,集中阐述了儒家的伦理思想。其认为孝是诸德之本,是理应遵循的规范,其恒久流传,譬如宇宙天际、星辰运转。上至国君,下至臣民,皆依孝立身处世。

《孝经》还阐述了"忠"与"孝"的联系,提出了"移孝作忠"的思想,认为"忠"是"孝"的延伸发展,将"孝"的社会作用推上新高度,认为只要足够"孝"("孝悌之至"),便可促使社会和睦有序,甚至"通于神明,光于四海,无所不通",即实现天下至和。

孔子曾说:"吾志在《春秋》,行在《孝经》。"在孔子看来,懂得孝道,遵守孝道,乃一切德行之根本。(徐艳华,2015:1-2)

《孝经》早在汉武帝元封三年(公元前108年)便传入朝鲜。大约在梁武帝时期传入日本。《孝经》传入欧洲可能在18世纪初。德国人雷赫定(A. Reichwein)所著《中国欧洲文化交通史略》(*China and Europe*)中说"1711年,耶稣会士、比利时人卫方济(François Noël)刊行《中国六经》之拉丁文译本(*Sinenses Imperii Libri Classici Sex*)于布拉格出版。《六经》者,《大学》《中庸》《论语》《孟子》《孝经》与《三字经》也"。据说,"1770年,葛德(Goethe,今译作歌德)居斯特拉斯堡之日记中记其所拟读之书,其一曰:'《中国六经》之译本,多言道德哲学者'"。(吴宓摘译)19世纪前后,《孝经》亦被陆续译为其他几种欧洲文字。(胡平生,2009:26-27)

2. 卫方济对《孝经》的译介

耶稣会士卫方济(拉丁名Franciscus Noël)于1651年8月18日出生在法属埃诺省的埃斯特吕(Hestrud)。1670年9月30日,19岁的卫方济在高卢-比利时省(Provincia Gallo-Belgica)的图尔奈(Doornik,今属比利时)加入耶稣会。他接受了耶稣会士的基本教育,在杜埃(Douai,今属法国)学习神学,同时修习了数学和天文学。之后,他成为杜埃地区的拉丁语和修辞学专家。

像同样是比利时耶稣会士的安多(Antoine Thomas)一样,卫方济在威罗公爵夫人玛丽亚(D. Maria de Guadalupe de Lancastre Cardenas Manrique, Duquesa de Aveiro)的赞助下,于1684年1月离开里斯本前往东方。他试图去日本未果,于是转往澳门,并于1685年8月9日抵达。

在澳门进行了汉语基础学习之后,他于 1687 年横渡海峡,进入中国大陆。他在上海继续学习汉语,并于 1688 年 10 月初在崇明岛开始了他的传教活动。1687—1702 年期间,卫方济的传教活动主要集中在中国中南部地区。期间,在中国有两件事关"礼仪"的文件被发布:一为康熙颁布的宗教宽容敕令(1692),使天主教传教合法;另一为时任福建主教、属巴黎外方传教会宗座的代牧严珰(Charles Maigrot)于 1693 年发布的禁令,禁止其辖区境内的教友和神职人员执行或参与耶稣会士所允许的中国礼仪。严珰同时派出代表将他的禁令带回欧洲,转给巴黎主教,请索邦神学院进行检查,而正好大约是在此期间,卫方济完成了《中庸》和《孟子》的翻译。索邦神学院在 1700 年做出决议,认定耶稣会适应策略有罪之后,1702 年 1 月在华耶稣会高层决定立刻派遣代表回欧洲辩护,经过几番波折,卫方济和庞嘉宾(Gaspar Castner,1655—1709)终于启程回欧洲。1703 年 12 月 31 日,代表团抵达罗马。1707 年卫方济回到中国,在 1708 年 1 月又陪同康熙所派出的大使艾逊爵(Joseph Antonio Provana)和陆若瑟(Raymond de Arxo)再度回到罗马,不过此行使他再也无缘返回中国。(潘凤娟,2010:191-192)1709 年,卫方济转往布拉格,继续进行经典翻译与中国书写工作。其经典翻译巨著于 1711 年在布拉格出版,名为《中华帝国六经》(*Sinensis Imperii Libri Classici Sex*),其中包含:《大学》(*Adultorum Schola*)、《中庸》(*Immutabile Medium*)、《论语》(*Liber Sententiarum*)、《孟子》(*Memcius*)、《孝经》(*Filialis Observantia*)、《小学》(*Parvulorum Schola*)六本中国典籍之拉丁译本。此译本是继 1687 年柏应理(Philippe Couplet)出版《中国哲学家孔子》(*Confucius Sinarum Philosophus*),将《大学》《中庸》与《论语》翻译为拉丁文之后,耶稣会中国经典翻译历史上的一个重要里程碑。(潘凤娟,2010:198)1783 年至 1786 年,《中华帝国六经》陆续被译为法文出版,题名为《中华帝国经典》(*Les Livres classiques de l'empire de la Chine*)。(潘凤娟,2010:198)

《中华帝国六经》是卫方济为研究中国做出的最重要的贡献。《中华帝国六经》中几乎没有或很少嵌入基督教话语。卫方济的译作看上去像是一种以学术方式呈现古代典籍的认真尝试。从翻译风格来看,《中华帝国六经》的翻译相对自由。卫方济在序言中解释道,他希望这个译本所呈现的"不是中国人写下的东西,而是他们真正想要表达的东西"。(李世佳,2016:105-108)

3. 理雅各对《孝经》的英译

　　理雅各对《孝经》的翻译,尽管从出版时间来说并非第一个欧洲语言译本,却是《孝经》翻译的集大成之作。(潘凤娟,2011:129)理雅各的《孝经》译本采用了文献型翻译策略,即把重点放在"用译文语言再现源文读者交际的情景、内容和形式"(陈燕钦,王绍祥,2010:92),有详尽的考据,还附有长篇的前言与注释。(陈燕钦,王绍祥,2010:92)

　　理雅各的《孝经》译本以裨治文(Elijah Coleman Bridgman)的译文为基础。(陈燕钦,2011:67)裨治文是近代早期来华的著名传教士之一,也是美国第一位来华的新教传教士。他在其创办的《中国丛报》(*Chinese Repository*)中对《孝经》进行了简要的介绍和评价,并对《孝经》全文的十八章进行了翻译。(孟庆波,2013:61)不过,早期中西交往比较闭塞,文献材料亦缺乏,裨治文的翻译略显粗糙,句式精简,极少注释,行文通俗,不关注细节,在宗教方面强调中西差异。(孟庆波,2013:61;陈燕钦,2011:68)与裨治文不同的是,理雅各的《孝经》翻译颇具学术性的特点。理雅各投入了大量精力了解并注释相关背景,从研究与传播经典文化的角度出发,力图保存书中诸多专有名词负载传统文化的功能。(陈燕钦,2011:67)在《孝经》的十八章中,理雅各都有长篇的注解,他甚至对《孝经》的作者、成书年代、《孝经》的两个版本(十八章版本和二十二章版本)一一进行考察,推测二十二章版本系伪作,还对《孝经》的影响和不足之处进行了评论。这些背景知识所占篇幅远多于原文翻译。理雅各曾说过:"要公正地对待自己在中国经典上做的工作。也许在一百个读者中九十九个不愿搭理我做的那些长篇的评论式的注释。但只要有一个读者关注注释,我就要为他辛苦一翻。"(陈燕钦,2010:93)理雅各翻译的《孝经》的最大特点是忠实原文,在最大程度上保留古汉语的风韵及其结构特点。他在保证语法正确和语意顺畅的基础上,采用语义翻译、异化翻译或直译的翻译策略,尽可能保持了《孝经》的原汁原味。(张娟,2014:117)理雅各为弘扬和传播中国"孝文化"作出了突出的贡献,其译文至今仍为欧美大学汉语教学的重要参考,对西方世界研究中国古代文化影响深远。

　　4.玛丽·莱利亚·玛克拉的《孝经》英译

　　玛丽·莱利亚·玛克拉(Mary Lelia Makra)①),又被称为 Sister Lelia

①　因未查到此名的习惯翻译,故此处译名为作者所作。下文中如出现英文名在前,中文名附在括弧里的情况同理。

Makra(莱利亚·玛克拉修女)是玛利诺外方传教会(Maryknoll)^①的一名修女。她于 1903 年 9 月出生于匈牙利,出生时的名字是伊丽莎白·海伦(Elizabeth Helen)。早年,玛丽在纽约的圣文森山大学(Mt. St. Vincent)学习,并在 1932 年取得了文学学士学位,主修科学与西班牙语。她在 1926 年 10 月加入了玛利诺外方传教会。1930 年,被派往中国东北的抚顺学习了两年的中文。1950 年又被派往香港,在香港的中小学教授英国文学。在此期间,她还在香港大学学习了中国唐朝文化。1966 年,玛丽修女被派往台湾,在台中市担任教会秘书,并开始着手进行汉语出版物的翻译工作。(Sr Mary Lelia Makra,https://www.findagrave.com)

玛丽修女是著名的中国古汉语学者。1961 年,她将《孝经》翻译为英文,题为 Hsiao Ching,由纽约的圣约翰大学出版社(St. John's University Press)出版。1971 年,圣约翰大学再版重印 Hsiao Ching,并将其作为学校里中国古汉语课程的学习材料。玛丽修士认为,孔子的学说不分年龄,不分时代,亦不论宗教,而《孝经》中阐述的孝文化在当代也是值得推广的经典。她的译本在东方和西方都受到了广泛好评^②。现在,玛丽修女的译本仍是《孝经》主要的英文译本之一。

5.《孝经》的其他译本

1889 年,法国汉学家罗斯奈(Leonde Rosny)翻译的法文版《孝经》(Le Hiao-king)由巴黎的梅森内夫与勒克莱克出版社(Maisonneuve et Ch. Leclerc)出版,有 176 页。1893 年,巴黎的让·梅森内夫出版社(法语:Jean Maisonneuve Éditeur)以《孔子的道德:孝经》(Le morale de Confucius:le livre sacrede la piete filiale)为名再版了罗斯奈的译本^③。因为在汉学译介方面的突出成就,罗斯奈本人在 1885 年和 1892 年两度获得儒莲奖。^④

卫礼贤在 1940 年翻译了《孝经》,题为 Hiau Ging:das Buck der

---

① 玛利诺外方传教会又名美国天主教传教会(拉丁语:Societas de Maryknoll pro missionibus exteris,简称 M. M.;英语:Maryknoll Fathers 或 Catholic Foreign Mission Society of America),是美国第一个天主教传教修会(玛利诺外方传教会,https://zh.wikipedia.org/wiki/玛利诺外方传教会)。

② Sr Mary Lelia Makra[EB/OL].[2017-01-01]. https://www.findagrave.com.

③ 西方汉学家一览[EB/OL].[2017-01-01]. https://www.douban.com/group/topic/52203182/.

④ 儒莲奖[EB/OL].[2017-01-01]. http://zh.wikipedia,org/wiki/儒莲奖.

Ehrfurcht，由北平杨树岛出版社（Verlag der Pikinger Pappelinsel）出版。

1948 年，美国著名汉学家、曾任美国东方学会会长的顾立雅（Herrlee Glessner Creel）出版了三卷本的《汉语文言进阶》（*Literary Chinese by the Inductive Method*），其中第一卷就是《孝经》。顾立雅还把《孝经》当作汉语教科书。他虽然未对《孝经》进行深刻研究，但大大提升了《孝经》在美国的认知度，从而奠定了《孝经》作为海外中国文化基本读本的地位。（孟庆波，2013：61）

二、社会信仰类典籍的西传

（一）波乃耶译《玉皇上帝之起源》

波乃耶（James Dyer Ball），汉学家，1847 年出生于广州，历任香港政务厅通译、保安官员等职务，先后在远东为英国政府服务达三十五年之久。波乃耶著有多部汉学著作，包括《中国风土人民事物记》（*Things Chinese：Being Notes on Various Subjects Connected with China*），《简易广东语》（*Cantonese Made Easy*），《如何书写中文》（*How to Write Chinese，Containing General Rules for Writing the Language with Particular Directions for Writing the Radicals*），《唐朝的中国人》（*The Chinese at Home，or the Man of Tong and His Land*），《圣城澳门——东方的明珠》（*Macao，the Holy City：The Gem of the Orient Earth*）等书［波乃耶（汉学家），https：//zh.wikipedia.org/wiki/波乃耶_（汉学家）］。

波乃耶在《中国评论》（*China Review*）上发表过译作，题为"Scraps from Chinese Mythology"，内容大约是玉皇上帝之起源，但原文的作者未知。《中国评论》是清末在香港出版的英文汉学期刊，共出刊 150 卷，包括论文、书评和翻译三类专文，内容为中国的语言文字、文化和历史[1]。波乃耶的译作刊于第 11 卷（1882 年，1883 年）、第 12 卷（1883 年，1884 年）、第 13 卷（1884 年）[2]。（王尔敏，1975：658）在译作中，波乃耶翻译了玉皇上帝与众仙

---

[1]　《中国评论》1872 年到 1901 年间发行的目录可见：http://www.academia.edu/1167003/The_China_Review_1872_1901_List_of_Contributors_and_Table_of_Contents.

[2]　波乃耶译作电子版的全文可通过关键字搜索 http://hkjo.lib.hku.hk/exhibits/show/hkjo/home 找到。

的多段对话,并通过加注的方式介绍了其中涉及的中国古代神话中的许多神仙,如吕洞宾、蓝采和、铁拐李、何仙姑、韩湘子等。

（二）《推背图》的英译

《推背图》是中华预言第一奇书,传说是唐太宗李世民为推算大唐国运,下令当时两位著名的天相家李淳风和袁天罡编写的。[①] 唐朝典籍无该书记载。但据《旧唐书》与《新唐书》记载,李淳风跟袁天罡二人的确是曾合著一书,只是以另一个书名刊行。《推背图》传本不一,如清朝光绪十三年(1887)出现的抄本,有 67 图像[②]。现在坊间常见的版本是托名明末清初文学家金圣叹作序并加以评注的 60 图版本,共一卷,六十象,按天干地支排序。每象附有图一幅、谶语四句、"颂曰"四句、金圣叹评注一段。起自"自从盘古迄希夷",终于"不如推背去归休"[③]。

Charles L. Lee（查尔斯·李）英译了《推背图》,题为 *The Great Prophecies of China*。该译本于 1950 年由纽约的富兰克林公司(Franklin Company)出版,全书 64 页。(王尔敏,1975:658)

（三）《关帝宝训》的翻译

《关帝宝训》,又名《关圣帝君觉世宝训》,简称《觉世经》。据说是在康熙年间,由关圣帝君降乩而成,是道教在民间广为流传的劝善类书籍之一,与《太上感应篇》《文昌阴骘文》并称为"三圣经",时常结集一起刊印流通,在当时可谓家喻户晓。书名中的"关圣帝君"是对三国时期蜀国大将关羽的敬称。关羽是道教雷部众神之一,在道士日常生活以及斋醮科仪中均担任护法神这一重要职责,又被称为"崇宁真君"。《关帝宝训》的要旨是使世人醒悟,思过迁善,积德修身,强调做人处事的伦理纲纪以及因果报应的真实性[④]。

《关帝宝训》的译介见于《亚洲杂志》(*Asiatic Journal*)1840 年第 33 期

---

① 　推背图.［2017-01-01］.http://baike.baidu.com.
② 　推背图研究.［2017-01-01］.https://www.tuibeitu.net/.
③ 　推背图.［2017-01-01］.https://zh.wikipedia.org/wiki/推背图.
④ 　关圣帝君宝训.［2017-01-01］.https://tieba.baidu.com/p/4635149123;关圣帝君觉世真经,http://baike.baidu.com.

第 25 至 27 页,作者是 Birch. S①(柏奇)。(王尔敏,1975:658)这篇题为 "Analecta Sinensia,No. 4:The Kwan Te Paou Heum"的文章也是国际学者最早的关公研究②。不过,这篇文章并不是对《关帝宝训》的直接翻译,而是结合背景介绍、译者的理解和评价、原文翻译所做的"研究"③。

三、人物、风俗、劳工、碑文类社会典籍的西传

(一)《百家姓》的德文翻译

《百家姓》是一篇关于中文姓氏的文章,据载成文于北宋初年。原收集姓氏 411 个,后增补到 568 个,其中单姓 444 个,复姓 124 个④。

《百家姓》采用四言体例,对姓氏进行了排列,而且句句押韵。虽然其内容没有文理,但在传承中国姓氏文化、认识中国文字等方面都起了巨大作用,与《三字经》《千字文》并称"三百千",已流传千百年,是中国古代蒙学的固定教材,亦是现代中国人认识自我、了解家族脉络的重要文献⑤。

《百家姓》有一德译版本,译者名为 Johann Weig(约翰·魏格),译本书名为 *Die chinesischen Familiennamen nach dem Büchlein Baijiaxing*,1931 年由青岛教会印刷所(Missionsdruckerei)出版,共 285 页。(王尔敏,1975:660)

(二)《人物志》的英译

三国时期,魏人刘劭著《人物志》一书,对人的形质、性格、才具以及志业进行了分析、综合、分类,遵循内部心理与外部行为相统一的原则,从人的体貌、言语、行为等方面入手观察其"材质"大小,是一本专门论述和考察才性

---

① 王尔敏用的作者名是[B]irch,但其他资料多称为 Birch. S,故此处采用 Birch. S 的叫法。

② 历史上关公之勇.[2017-01-01]. http://wenku. baidu. com.

③ 全文的英文版可见:https://books. google. co. jp/books? id=W6U3AQAAMAAJ&pg=PA25&lpg=PA25&dq=analecta+sinensia&source=bl&ots=7SUsOUAMX0&sig=gKr9AcDweylHBwsgfQh3Gsob1To&hl=zh-CN&sa=X&redir_esc=y♯v=onepage&q=analecta％20sinensia&f=false(谷歌图书电子版).

④ 百家姓.[2017-01-01]. http://baike. baidu. com.

⑤ 百家姓.[2017-01-01]. http://baike. baidu. com.

以选拔人才的理论著作。《人物志》又称为《鉴人智源》或《辩经》,分上中下三卷,共十二篇。(王水,2007:1)

萧洛克(John Knight Shryock)翻译了《人物志》,题为 *The Study of Human Abilities:the Jen wu chih of Liu Shao*,中文名可作《人才的研究:刘劭的〈人物志〉》,1937 年由纽黑文的美国东方学会(American Oriental Society)出版,共 168 页。(王尔敏,1975:660)其第二版于 1966 年由纽约的克劳斯出版社(Kraus)出版①。

萧洛克是一名研究儒家思想的美国学者,曾任宾夕法尼亚大学的教授。除了翻译《人物志》,他还在 1932 年出版过一本对孔子的研究论著,名为《孔子国家崇拜的起源与发展:初步研究》(*The Origin and Development of the State Cult of Confucius*),由世纪出版公司(The Century Company)在纽约与伦敦出版。②

(三)《旧唐书》的选译

《旧唐书》为后晋刘昫等撰。后晋天福六年(941 年),晋高祖石敬瑭命张昭远、贾纬等人撰唐史,由宰相赵莹监修。后晋开运二年(945 年)成书,因刘昫为相,故该书署名为刘昫。原名《唐书》,为了区别于北宋欧阳修等人编的《新唐书》,改名为《旧唐书》③。

《旧唐书》共 200 卷,包括本纪 20 卷、志 30 卷及列传 150 卷。《旧唐书》在编撰过程中,由于成书仓促,不乏诸多错漏,但不可否认其在保存史料方面的功劳。顾炎武曾评道:"《旧唐书》虽颇涉繁芜,然事迹明白,首尾该赡,亦自可观。"具体说来,首先,《旧唐书》保存了唐朝的第一手史料,如在《懿宗本纪》《僖宗本纪》里较详细地记载了庞勋起义、黄巢起义的情况。其次,《旧唐书》记录了我国少数民族的大量史料,以及他们和中原唐王朝密切交往的史迹。最后,《旧唐书》还记载了当时的土地制度,赋税制度,科技史,工商业状况,国内外交通、地理等内容,为后世了解和研究唐朝历史文化保留了大

---

① 西方汉学家一览[EB/OL].[2017-01-01]. https://www.douban.com/group/topic/52203182/.

② 西方汉学家一览[EB/OL].[2017-01-01]. https://www.douban.com/group/topic/52203182/.

③ 旧唐书[EB/OL].[2017-01-01]. https://zh.wikipedia.org/wiki/旧唐书.

量珍贵史料。①

阿兰·普列斯特(Alan Priest)节选了《旧唐书》中的《舆服志》,将其翻译为英文,题为 Costumes from the Forbidden City,由纽约大都会艺术博物馆(Metropolitan Museum of Art)于 1945 年出版。(王尔敏,1975:661)普列斯特于 1928 年继任纽约大都会博物馆远东艺术部主任(Department of Far Eastern Art),并在这个岗位工作了 35 年之久。普列斯特本人曾跟随导师到中国考察,在大都会任职期间主要与中国古董商卢芹斋(C.T.Loo)和日本山中商会(Yamanaka Trading Co.,Ltd.)合作,致力于完善中国雕塑艺术的馆藏。与此同时,普列斯特积极地将南亚和东南亚艺术纳入部门发展计划,让这些在 20 世纪初还不为人瞩目的收藏领域开始得到关注②。他翻译的《舆服志》记载了唐代帝、后、王、妃以及百官按品级规定的车舆、衣冠、服饰制度,这与他当时所任职位的职责密切相关。

(四)《中国劳工运动史》的英译

《中国劳工运动史》的作者马超俊,字星樵,广东台山人,是中华民国时期著名政治家,毕业于日本明治大学。早年加入同盟会。后投靠蒋介石,发起组织孙文主义学会,曾参加国际劳工大会③。他著有《三民主义劳工政策》《比较劳工政策》《中国劳工问题》《中国劳工运动史》(4 册)及《马超俊先生言论集》(4 册)等。④

1955 年,梁明致(Peter Min Chi Liang)将《中国劳工运动史》译成英文,题为 History of the labor movement in China,由台北的中国文化服务社(China Cultural Service)出版,有 169 页。(王尔敏,1975:662)

(五)麦嘉缔与碑文翻译

麦嘉缔(Divie Bethune McCartee,又作麦嘉谛),字培端,医学博士,是一名美国医疗传教士,美国长老会(Presbyterian Church in the United

---

① 旧唐书[EB/OL].[2017-01-01].https://zh.wikipedia.org/wiki/旧唐书.
② 谁筑就了大都会艺术博物馆百年亚洲典藏[EB/OL].[2017-01-01].http://www.tanchinese.com/museum/3532/.
③ 马超俊[EB/OL].[2017-01-01].http://baike.baidu.com.
④ 马超俊[EB/OL].[2017-01-01].http://ap6.pccu.edu.tw/Encyclopedia/data.asp?id=8365.

States of America)最早派往中国的传教士之一。他翻译了第一本宁波方言的《路加福音》，并一度担任美国驻宁波的首任领事（代理）、邮政局主政，以及清廷出使日本钦使的顾问。1845 年，麦嘉缔在宁波创办崇信义塾（the Ningpo Boy's Academy 或 Ningpo Boy's Boarding School），该校于 1867 年迁往杭州，改名为育英义塾（Hangchow Presbyterian Boy's School），即之江大学的前身。1850 年到 1853 年，麦嘉缔陆续编著了《平安通书》4 册，由长老会的花华圣经书房（the Chinese and American Holy Classic Book Establishment）出版，介绍天文、气象常识。他对中国博物学也颇有研究，在亚洲学会（Royal Asiatic Society）的刊物上发表不少论文，其中有 33 篇系用中文撰写。①

1870 与 1871 年，麦嘉缔在《皇家亚洲学会北中国支会学报》*Journal of the North China Branch of the Royal Asiatic Society*）先后发表了两篇碑文的译作。皇家亚洲学会北中国支会是英国侨民在上海建立的一个重要文化机构，主要从事对中国的自然和社会的广泛调查与深入研究，成立于 1857 年 10 月 16 日，最初名为上海文理学会（Shanghai Literary and Scientific Society），1858 年 7 月 20 日被批准加入亚洲学会，共存在了 95 年（1857—1952），其第一任会长是上文提及的美国传教士裨治文（皇家亚洲学会北中国支会，https://zh. wikipedia. org/wiki/皇家亚洲学会北中国支会）。麦嘉缔于 1870 年在学报上发表了一篇题为"Translation of the Inscription upon a Stone Tablet Commemorating the Repairs upon the Ch'eng Hwang Miau（城隍庙）"的文章，发表在学报新刊（*New Series*）第 6 卷第 173 页。② （王尔敏，1975：664）

第二节　赵彦春《弟子规》英译本评析

根据王尔敏的记载，被译介到西方的中国教育类古籍不多，原作品多数已失传或无从查考，包括：韩愈著的书，书名未详，译本名为 *A Study in*

---

① 麦嘉缔[EB/OL]. [2017-01-01]. https://zh. wikipedia. org/wiki/麦嘉缔.
② 《皇家亚洲学会北中国支会学报》1869—1872 年所载文章目录可见：https://babel. hathitrust. org/cgi/pt? id＝mdp. 39015027916355；view＝1up；seq＝13.

Chinese Principle of Education，由蒋梦麟(Chiang Moulin)翻译，1913 年出版于上海。高厚德(Howard Spilman Galt)选译《三国志》《南齐书》《魏书》《新唐书》《旧唐书》等，名为 *A History of Chinese Educational Instututions*（原文如此，应为 Institutions），1951 年出版于伦敦，而该书的第一卷曾于 960 年出版。禅治文将一本作者不详的《京韵幼学诗题》翻译为 *Keenyun Yewheo Shetee*，*or Odes Children in Rhyme*（*Translation of the Odes for Children*），刊于《中国丛报》(*Chinese Repository*，Vol，4，287-291)。方瑞雄翻译了一本 *Ethics for Children*，1965 年在纽约的世一出版社（Acme Press）出版，共 105 页，但是不知道原著是什么。帕克夫人(Mrs. A. S. Parker)翻译过宋若昭著的《女论语》，书名为 *Translation of the Nü Len Yü*，1899 年刊载于《教务杂志》(*Chinese Recorder*，XX，No. 4)。纽曼恩(K. F. Neumann)翻译了 *Lehrsaal des Mittelreiches*（德文），1836 年于慕尼黑出版，但是不知原著是什么。费伊(L. M. Fay)翻译了"The Country Schoolmaster"，仅 4 页，原著名未详，出版地、年月未详。翟理斯将武昌乡试试卷翻译成英文：*A Translation of Examination Papers Given at Wu-Ch'ang*，刊载于《中国评论》(*China Review*，II，309-314)。伯恩(F. S. A. Bourne)将一份乡试试卷翻译为"Essay of a Provincial Graduate with Translation"，发表在《中国评论》(*China Review*，VIII)，题名未详。胡适一作品被翻译为 *Ten-years Plan for China's Academic Independence*，1947 年发表在《中国杂志》(*The China Magazine*，Vol，107. No，12)，原作不详，译者不详。

《弟子规》也属于教育类古籍。作为中国文化典籍的代表作品，它的译介是让中国文化走向世界的重要途径。而像这样的典籍的译文只有做到形意兼备，即在形式和内容上都忠实于原著，才能再现经典的风姿，才能在世界上有效传播。

《弟子规》原名《训蒙文》，是清朝康熙年间的秀才李毓秀所编，后经清朝贾存仁修订改编，并改名为《弟子规》。(徐梓，1996：110)全文 1,080 个字，形式为三字一句，两句一韵。内容主要分七个部分，列述弟子在家、出外、待人、接物与学习上应该恪守的礼仪和规范，特别强调家庭教育与生活教育。

《弟子规》短小精炼，通俗押韵，易于记诵，且内容全面，故问世之后广为流传，成为私塾和蒙馆中的必读书。"许多地方政府都曾饬令所属州县，把它列为私塾和义学的童蒙必读书。"(徐梓，1996：110)根据清人周保璋的记载,《弟子规》的盛行使得从宋朝以来长期风行的《三字经》几乎废弃。(转引自瞿菊农,1961:45-56)尽管该书已经有 300 多年的历史,但它的价值却永远不会过时。

《弟子规》所具有的家庭教育和社会教育价值,使其成为中国文化的代表性经典。将它英译传播到西方国家,让更多的西方人了解中国传统文化成为中国文化走出去的重要途径。

当前《弟子规》的英译本较少,而且质量也不太理想。流通较广的《弟子规》英译本是顾丹柯和郭著章两个译本,但是这两个译本存在一个明显的缺陷,那就是由于形式的缺位而造成原著与译著的不对等。这样就使得经典的文学性被遮蔽,传之于西方的版本只能是原著的语义解释,并不能称作是经典的翻译。这种状况不仅遮蔽了原典的光彩,而且阻碍了中西文化的交流,不利于中国文化的对外传播。

有鉴于此,为了让《弟子规》以其最本真的面目走向世界,赵彦春教授于 2016 年在外文出版社出版了《三字经·弟子规·千字文》英译本。该译本重铸经典,还原了原典的神采。赵彦春《弟子规》英译本突破了中国文化典籍外译的瓶颈,是中华文献外译和西传的重要转折。

赵彦春的《弟子规》英译本在"形""意"的处理上恰到好处,在内容忠实于原著的基础上,保留了原典的形式特征,真正做到形意兼备,圆满调和。所谓形意兼备,即形式与内容的最佳匹配,是其两者的结合。下面我们逐一分析赵彦春英译《弟子规》的价值所在。

一、形式的再现

形式,尤其是对于具有诗性特征的中国文化典籍来说是至关重要的。因为就原典的文学性价值来说,形式即内容。没有这样的形式也就没有这样的内容。好的翻译作品是形式和内容的完美结合,也就是说,要准确把握形式和内容之间的张力。

《弟子规》三字一句、两句一韵的语言特征使其具有了诗性的特征,这也是其文学价值的体现。因此,在翻译过程中,这一诗性形式的再现是译本价值之所在。朱光潜曾说过:"世间有许多高深的思想都埋没在艰晦的文字里,对于文学与文化都是很大的损失。"(2004:94)这是对形式缺失造成思想文化损失的悲叹。潘文国曾对格雷厄姆提出批评:"格雷厄姆说,诗歌的本质(essence)在于意义,很多其他译者(包括国内译者)也持同一观点,因而往往无视汉语诗词在形式上的特点。其实这都是不懂诗词的皮相之见。"
(2004:43)因此经典的译文必须在形式上高度忠实原著。

赵彦春的《弟子规》英译本在形式上极大地忠实于原著,再现了原著的
形式特征,主要表现在句式特征、韵律以及修辞手法三个方面。下面我们以
具体的例证一一分析。

（一）句式特征

《弟子规》三字一句,两句一韵,十二个字表达一个相对完整的意思。全
文三百六十句,共九十行,一千零八十字,内容浅显易懂。三言短句的句式
是它的一大突出特征,如果不顾《弟子规》三言的句式特征而只进行语义解
释,那译作将完全是一种平淡的陈词。

赵彦春的《弟子规》英译本完全遵循这一句式特征,以英语的三词对译
原著的三字,十二个英文单词表达一个相对完整的意思。译文高度忠实原
文的三言短句句式。

原文:泛爱众,而亲仁。有余力,则学文。（《弟子规·总序》）

译文:The masses above,/ Everyone you love. / With more energy,/
　　　Further your study.（赵彦春,2016:119）

原文三字一句,句式结构整齐划一。教育人们在和大众相处时要平等
博爱,并且亲近有仁德的人,向他们学习。如果还有多余的时间和精力,就
应该好好学点有益的学问。原文将教育意义寓于简洁凝练的三言短句结构
之中。译文用英文的词来对译原文的三字,同样三词一句。字数整齐划一,
行数也与原文完全一致,高度忠实于原文的句式特征。

原文:道人善,即是善。人知之,愈思勉。（《弟子规·入则孝》）

译文:Saying others good. You are good,/ In high regard,/ He'll
　　　work hard.（赵彦春,2016:189）

此节意思是:赞美他人的善行就是善行。当对方听到你的称赞之后,必
定会更加勉励行善。原文三字一句,译文同样是三词一句,句式整齐。原文
出现了两次"善",译文同样以两个 good 来对译,分别表示别人的"善"和自
己的"善",与原文的句式特征一致。"人知之"这一句中的"之"指的是对别
人的赞扬,汉语习惯用"之"来代替上文提到过的行为或事物,而赵译用
regard 来译"之",不仅不损害原文的三字结构,反而使这一句式更加紧凑。
这是赵译在保持三言句式基础上的灵活变通。

原文:物虽小,勿私藏。苟私藏,亲心伤。(《弟子规·入则孝》)

译文:Don't you slide; / Nothing you hide. / If you do, / They will rue.
(赵彦春,2016:126)

这节告诫人们做事要坦荡,不要偷偷摸摸,否则会染上坏习惯。译文虽然也是以三词成句,但是并不是字对字的死译,为了形式而形式。原文有"小"字,但是译文并没有出现 small,而是通过 slide 一词巧妙变通,不仅将原文告诫、劝导青年人为人做事的道理表达得恰到好处,更给人一种生动形象的感觉。原文用了两个"藏"字,但译文将第二个"藏"字以 do 代替,不仅语义表达无误,而且更符合英语的表述习惯。可见赵译形式的对等,是动态的对等,并非机械的对等,是在灵活变通的基础上所形成的更高层次的对等。

以上例证的分析表明,赵彦春的《弟子规》英译本在句式特征上高度忠实原著,而且这种对等不是机械的对等,而是动态的对等。

(二)韵律

押韵是《弟子规》另一个不容忽视的形式特征。韵在这样的诗体典籍中是极其重要的美学价值再现的形式。按照彼得·纽马克的文本类型的分类,《弟子规》属于能够使读者获得作者想要传达的信息的呼唤型文本,直接译成韵文是最理想的处理方式。(董丽丽,2015:130)赵彦春的《弟子规》英译本以韵译韵,在形式上贴近原文,属于理想的译文。

原文:亲有疾,药先尝。昼夜侍,不离床。(《弟子规·入则孝》)

译文:When they're ill, / Taste their pill. / Day and night, / Never you slight.(赵彦春,2016:132)

为使译文押韵,译者有时必须求诸类比,即以类比的方法在译文中配置相应的韵。与韵相关的是韵式,中国的传统韵式是一二四行押韵,有时是二四行押韵,英译文可以采用相同的韵式。由于韵式也是类比的,其他韵式也可以考虑①,比如这一节原文是二四行押韵,译文以 aabb 的偶韵类比。原文"尝"与"床"押韵,译文 ill 与 pill 押韵,night 与 slight 押韵。

原文:弟子规,圣人训。首孝悌,次谨信。(《弟子规·总序》)

---

① 赵彦春.新浪博客.[2016-01-01]. http://blog. sina. com. cn/s/blog_698085bf0102 w14a. html.

译文：Disciples，all ages，/ Follow the sages，/ Piety comes afore/ Credit add more.（赵彦春，2016：118）

这一节讲的是作为弟子，应该遵从圣人的教诲。首先在生活中要做到孝顺父母，友爱兄弟姐妹；其次是要小心谨慎，要讲信用。原文中"悌（ti）"和"信（xin）"押韵，译文的 afore 与 more 押韵，ages 与 sages 也押韵。译文行文押韵，韵律感强，节奏明快，极富诗性，体现了中国的文化特质。且afore 与 more 将首先要孝敬父母、友爱兄弟姊妹，其次要谨言慎行、讲求信用这一主次关系恰到好处地寓于合辙押韵的译文之中，一如原文。

原文：父母呼，应勿缓；父母命，行勿懒。（《弟子规·入则孝》）

译文：When parents call，/Do not stall. / At their demand，/ Reply off hand.（赵彦春，2016：121）

这一节讲述的是对父母的态度，原文押"u"韵，译文 call 和 stall 押韵，demand 和 hand 押韵。译文的 call 和 stall 不仅使得译文押韵，读来朗朗上口，还清楚地表达了原文的意思，且这两个词具有动态性，使得译文的说服力更强。译文的文字变了，但是由于保留了原文的韵式特征，风采依旧，并不因为是译文而失去原典的魅力。

韵或韵式是附着在文字之上的，在翻译时，原文的文字没有了，韵也就没有了①。但是，韵是《弟子规》的突出性特征，译文若无韵，又如何是《弟子规》呢？所以，就《弟子规》翻译而言，韵也是必不可少的。

（三）修辞手法

作为中国文化的代表性作品，《弟子规》中的修辞手法随处可见。比如对偶与排比是《弟子规》中运用频率极高的修辞手法，它们增强了文章的节奏感，使之朗朗上口，极富乐感，有其独特的艺术魅力，也是其独特形式中不可或缺的一部分。赵彦春的《弟子规》英译本在修辞手法的处理上也高度忠实原作，再现了原作的修辞手法。

原文：身有伤，贻亲忧。德有伤，贻亲羞。（《弟子规·入则孝》）

译文：Your health unwell，/ They're in hell；/ Your worth unraised，/ They feel abased.（赵彦春，2016：128）

---

① 赵彦春.新浪博客.［2016-01-01］，http://blog.sina.com.cn/s/blog_698085bf0102 w14a.html.

原文采用了对偶的修辞手法,形式工整,节奏明快。这一节的意思是不要使自己的身体轻易受到伤害,让父母担忧,不要做出伤风败俗的事,让父母蒙受耻辱。译文同样采用对偶的修辞手法,用了"your … ,They … ,Your … ,They … "的平行结构。原文讲了身体和精神两方面问题,译文用 health 对应"身体",用 worth 对应"精神",且用 unwell 对 hell,unraised 对 abased,读来朗朗上口,节奏感很强。

原文:事诸父,如事父。事诸兄,如事兄。(《弟子规·出则弟》)

译文:Serve a father/ Like your father;/ Serve a brother/ Like your brother.(赵彦春,2016:146)

这一节同样是对偶的修辞手法,原文用了"事……,如……""事……,如……"的平行结构,讲述了如何对待叔叔、伯伯等尊长以及如何对待同族兄长。译文同样体现了对偶这一修辞手法,用"Serve… ,Like … ""Serve … ,Like … "的平行结构来翻译,既形象生动地再现了原文修辞,又表意精准。

原文:冬则温,夏则清。晨则省,昏则定。(《弟子规·入则孝》)

译文:A warm winter,/ A cool summer./ A diligent,/ A reposed evening.(赵彦春,2016:123)

原文是以整齐的三词格进行排比,四个短句"冬则……,夏则……。晨则……,昏则……"构成排比结构。原文句式整齐,结构匀称,节奏鲜明,富有诗性。译文用"A……,A……,A……,A……"来对译,同样采用了排比的修辞手法;而且译文采用了四个短语结构,既省去不必要的冗长累赘,也不会破坏原文的修辞与韵律美,进而增加译文的流畅度。

形式对于中国文化典籍,尤其是诗性典籍来说是非常重要的。可以说在很大程度上,形式是内容的表达手段,是具有表意功能的。失去了形式上的美,内容上的美也是不完整的。所以,在翻译诗性典籍时,要想忠实原作、准确传达原著的美与价值,就要求译者在形式上忠实原作,即在句式、韵律以及修辞手法上贴合原作。《弟子规》的形式是独特的,是原作者的精心编排,是传达神韵的极好手段。赵彦春在英译时没有将其打乱或随意改动,而是高度还原和再现了原著的形式特征,这既是对原作者的尊重,更是对原著文化价值的尊重。

二、内容的再现

当然,强调形式并不是对内容的否定,形式与内容须臾不可分离,兼顾形式的同时,不能损害其意义的传达,不能因形损义,不能因韵害义。赵彦春的《弟子规》英译本不仅做到了形式上的忠实,而且内容上也高度忠实原著。下面我们通过译名、措辞和角度转换三个方面来分析赵译是如何在内容上忠实原著的。

(一)译名

中国文化典籍的篇名蕴含着丰富的文化内涵,在翻译时是需要"保留"的,以保守译作的原典性。如果处理不当,就会导致一个严重的问题——文化的错位。如果不了解文化内涵,就不能很好地翻译这些词,使其为外国人所理解。以下我们分析赵彦春《弟子规》英译本对篇名的处理问题。

篇名是一部著作的高度概括,体现了这部著作的主要内容和精神要旨。根据中华人民共和国国务院的要求,中国特有的概念和专有名词,采用拼音译法,可谓"王者命名"。(赵彦春,2014:86)比如,顾丹柯将《弟子规》的篇名译为 Dizi Gui:Dos and Don'ts for Children,顾译采用了拼音加注释的方式。就译名本身而言,Dizi Gui 对于英语读者来讲无异于毫无意义、难以认知的符号,因为英语文化中的众多读者并没有有关 Dizi Gui 的知识。拼音译法,虽然便于操作但效果并不十分理想。因为它有其克服不了的两大缺点:(1)不能自给自足,同音字构成的词,比如"恒山"与"衡山""陕西"与"山西""苏州"与"宿州""魏国"与"卫国""周王"与"纣王"等等,转换成拼音便无法区分;(2)无法引发相应的语义联想,拼音译法在普通翻译中或许有效,但文字所蕴含的文化信息则必然丧失,而这种丧失必然使原作的艺术性大打折扣(赵彦春,2014:86)。注释虽然可以增进读者的理解,但是在形式和内容上都与原著相去甚远,不能保留原著的神韵。

还有一种译法就是意译法,比如,郭著章将《弟子规》译为:*Standards for Being a Good Student and Child*,郭译采用了意译的方式。这是一种方法,但这属于语义解释而不是自主的译文编码,所以还是不太理想。译名不当必然会损伤原典的文化价值。

赵彦春对《弟子规》篇名的翻译在根本上解决了这两种译法的不足,他采用了归化式的再编码,将其译为 *Canons for Disciples*,在保留原作语义内容的同时也具备了谚语言简义丰、朗朗上口的特点。这样的译文不但能让外国读者了解中国的语言特色,而且能让他们了解真正的中国文化。

（二）措辞

词是句子的重要组成部分，也是重要的表意单元，因此词汇的选择对于译文的质量或文学价值来说也是极其重要的。语义的传达，甚至是原文神韵的传达都与措辞有着密切的关系，措辞体现出了语言的美。

原文：亲爱我，孝何难。亲憎我，孝方贤。（《弟子规·入则孝》）

译文：With their care，/ Piety's not rare；/ If they're picky，/ Piety's not easy.（赵彦春，2016：129）

这一节讲的是当父母喜爱我们的时候，孝顺是很容易的，但当父母不喜欢我们，或者管教过于严厉的时候，我们同样能做到孝顺，则是非常难能可贵的。这里"憎"一词的译文选词很重要。"憎"不能理解为"憎恨"，也就是说译文不能用 hate 来翻译"憎"，否则就会造成主题意义的不协调，而且也不符合常理。赵译巧妙地用 picky 来翻译，既能表现出父母对我们的严苛要求，又能体现出父母因我们未能达到他们要求而对我们的不满。picky 一词的选择，不仅贴近原文的语义内容，而且更加生动形象，给人强烈的画面感，说服力更强，符合《弟子规》劝诫与教诲的主题。

原文：斗闹场，绝勿近；邪僻事，绝勿问。（《弟子规·谨》）

译文：From the bray/ Do keep away. / From what's profane/ Do yourself restrain.（赵彦春，2016：160）

原文中"斗闹场"和"邪僻事"这两个名词短语，分别表示"容易发生争吵打斗的不良场所"和"邪恶下流，荒诞不经的事"，赵译用 bray 和 profane 两个词来翻译，bray 展现了争吵打斗的场景，profane 让人联想到一切世俗的、邪恶下流的事情。这两个英文词语增加了译文的意义潜势，在准确传达原文意义的基础上，给读者留下了自己的解读空间，用词非常巧妙。

原文：事虽小，勿擅为。苟擅为，子道亏。（《弟子规·入则孝》）

译文：Do take care/ In any affair. / If you're rash，/ You make trash.（赵彦春，2016：125）

原文劝诫我们纵然是小事，也不要任性，擅自做主而不向父母禀告。第二句出现了"擅为"，第三句又提到"擅为"，可见这个词是这一节的中心词，赵译用"rash"来翻译。这一词在这里选得非常巧妙，因为 rash 本身表示"轻率的，鲁莽的，不顾后果的"，用在这里很容易让读者联想到一个做事任性妄为的孩子，而且也会让人联想到这样做的后果，增强了劝诫的意味，让人有种感同身受的体会。

综上可见，内容体现于词汇的选择，或者说内容本身也是一个有机的整体。分析表明，恰当而巧妙的措辞不仅能准确传达原著的信息内容，更能够体现原著的深层内涵。赵彦春的《弟子规》英译本不仅准确传达了原著的内容信息，而且译文劝诫教诲的内涵一如原文。

对于经典，译者在语义表达上应尽可能精确，不可稍懈。辨义为翻译之本，译者应充分理解原文，明白每一个词的具体所指。译者在选词时要尽可能精确，避免错误，因为这是对历史的尊重，对经典的尊重。

(三)角度转换

译文要求最大限度地贴近原文，以保证信息的正确传达。当然，保证信息正确并不意味着不可以变通。变通表现为翻译时角度的转换。

原文：亲有过，谏使更。怡吾色，柔吾声。(《弟子规·入则孝》)
译文：Should they sin, / Upon them win! / With smiling eyes, / With
　　　　no sighs. (赵彦春，2016:130)

此节是讲父母有过错时，子女应该有的态度。原文提到了要小心劝导，使他们更改，但是译文却没有出现"劝导"和"更改"的词汇，这表面看来似乎是不忠实于原文的，但实则是更高层次的忠实。译文通过转换角度，不说劝导父母，而说最终的结果，也就是 win。转换角度的处理方式使得译文摆脱原文羁绊而取其意，不是字对字的死译。这也正体现了翻译的本质——"易"，即调变。

原文：丧三年，常悲咽。居处变，酒肉绝。(《弟子规·入则孝》)
译文：Mourning three years, / With saddened tears. / By their tomb, /
　　　　In cheerless gloom. (赵彦春，2016:133)

此节同样采用了转换角度的译法，没有直接翻译"居处""变""酒肉""绝"等字眼，而是通过转换角度，表达出为了给父母守丧，自己的生活起居有哪些状态，以此代替原文具体的变化行为。这样的处理不仅保留了原文三言韵体的形式，而且恰如其分地传达了意义。译文不为原文所累，但又句句不离原文。如果译者桎梏于原文的字词，那么英译反而会不顺、不达，乃至谬误。

三、形意兼备,圆满调和

　　翻译是一项极其复杂精细的工作,译文要准确传达原文并非易事,因为不同的语言都有其各自独特的体系。要做到译文不仅在形式上,而且在意义上忠实于原作更是不易。由于"翻译即阐释"之类的误导,文本的诗性和文学价值得以产生的形式长期以来都被忽略了,这样的译文只是语义的解释,不能构成自足的文本,即它不具备原作那样的价值。因此,严格意义上的翻译,尤其是经典翻译应是形神兼备的。而成就形神兼备的译作往往对译者构成极大的挑战,但是,赵彦春的《弟子规》英译本实现了译文形式与意义的张力的最佳化,使读者有读译著如读原著之感。

　　赵彦春的《弟子规》英译本在形式和内容上都高度忠实于原著,形意兼备,最终达到圆满调和的境界,属于上乘的译文。正如彼得·纽马克的评价标准所概括的:"上乘的译文就是译文忠实地再现了原文的意图,恰如其分地把握了内容与语言形式的辩证关系。"(转引自刘树森,1992:53)经典的译文必须企及经典的高度、深度和广度,达至等值与等效,将原典的价值充分保留并再现。赵彦春的《弟子规》英译本做到了这一点,他将中国典籍的外译带到了一个新的高度。

第五章　经济与法律典籍

第一节　中国经济典籍西传

中国经济曾经在世界上占有重要地位。在农业经济时代,中国经济规模在世界上独领风骚近 2,000 年。现在,中国经济对世界经济的影响更是日渐加深。在漫长的历史进程中,中国陆续出现了不少与经济有关的文献,其中一些得以译成外文,在世界范围内流传,为世界人民研究和了解中国经济(此处主要指近现代以前的中国经济)提供了良好契机。在此,按照译介的时间先后,考察中国近现代时期主要经济文献的英译与传播,介绍经济文献的内容、重要性以及译介的情况。

一、《钱志新编》的译介

《钱志新编》是清朝道光、咸丰年间由张崇懿所编撰的钱谱名著。在参考前人著作的基础上,《钱志新编》按年编排,详加考订,收录了夏、商至明末诸王发行的货币,以及"外夷钱""无考古钱""马钱""厌胜钱"等[①]。其英译本 *Chinese Coinage: A Brief Notice of the Chinese Work "Chronicles of Tsien: A New Arrangement" and a Key to Its 329 Wood-Cuts of the Coins of China and Neighbouring Nations* 由奚礼尔(C. B. Hillier)翻译,初版的出版社和出版年月难以确定(王尔敏,1975:665),目前可以查询到的最早

[①]　钱志新编[EB/OL]. [2017-02-15]. http://auction. artxun. com/paimai-56734-283669556. shtml.

版本于 1852 年由德臣西报(the office of *the China Mail*)①社刊印②,共 191 页③。该英译本是当时著名的亚洲文化研究团体皇家亚洲学会的出版物。皇家亚洲学会(Royal Asiatic Society,又称皇家亚洲文会)全称大不列颠及爱尔兰皇家亚洲学会(Royal Asiatic Society of Great Britain and Ireland),简称 RAS,1824 年 8 月 11 日成立,宗旨是"调查和研究与亚洲相关的科学、文学及自然产物的课题"。该学会自成立起,即是一个通过演讲、杂志及其他出版物而形成的,代表亚洲文化及社会最高水平的学术研究论坛,是英国亚洲研究领域的高级学会。其成员包括在亚洲研究上有极高成就的著名学者,他们被赋予使用名衔缩写 FRAS(Fellows of the Royal Asiatic Society)的资格④。

奚礼尔的英译本后来被许多不同的出版社再版,有平装本也有精装本,包括乌兰出版社(Ulan Press,2012,181 页)、纳布出版社(Nabu Press,2013 年,186 页)、帕拉拉出版社(Palala Press,2015 年,186 页)等⑤。

二、《盐铁论》的译介

《盐铁论》是有关中国西汉"盐铁会议"的记录,记载了贤良文学(由地方推举的官员)与丞相、御史大夫(多数为名门子弟)之间的辩论,共 10 卷 60 篇⑥。《盐铁论》由西汉时期汝南人桓宽写成,是了解西汉后期政治、经济、社会、思想、中央与地方对立情况的重要文献⑦(山根幸夫,2000:162),也是

---

① 《德臣西报》,又名《中国邮报》,1845 年 2 月 20 日创办于香港,为香港影响最大的英文报纸之一。

② 德臣西报[EB/OL].[2017-02-15].http://202.107.212.154:8088/datalib/2004/Organize/DL/DL-20040203084550.

③ 《钱志新编》的英文电子版可参见该网址:https://archive.org/details/chinesecoinagea00brangoog.

④ 皇家亚洲学会[EB/OL].[2017-02-15].https://zh.wikipedia.org/wiki/皇家亚洲学会.

⑤ Chinese Coinage[EB/OL].[2017-02-15].https://www.amazon.com/Chinese-Coinage-Chronicles-Arrangement-Neighbouring/dp/1340828308/ref=tmm_hrd_swatch_0?_encoding=UTF8&qid=1487478715&sr=1-1.

⑥ 盐铁论[EB/OL].[2017-02-07].https://zh.m.wikipedia.org/zh/盐铁论.

⑦ 盐铁论[EB/OL].[2017-02-07].https://zh.m.wikipedia.org/zh/盐铁论.

研究西汉经济史、政治史的重要史料①。

(一)《盐铁论》撰写的时代背景

盐铁是人们日常生活的必需品。战国时期,盐铁生产多由私商掌握。至秦始皇统一六国之后,六国的盐铁商虽大都被强制远徙他乡,但允许私商经营盐铁生产的政策并无改变。(林甘泉,1999:802)西汉初年仍沿袭秦朝政策,听任民间生产和销售盐铁。当时民间冶铁、煮盐的私营工商业者为数不少。而能够从事一定规模生产的盐铁商都是财力雄厚并在地方上拥有一定势力的豪强大家。这些豪强大家不仅控制了盐铁的生产,还垄断了盐铁的销售,操纵盐铁产品的价格,由此获得暴利。而农民和其他劳动者只能通过市场购进食盐和铁器,忍受他们的盘剥。(林甘泉,1999:803-804)

汉武帝时期,"外事四夷,内兴功利,役费并兴"②,国家财政负担大大加重。汉政府出现了严重的财政危机,汉武帝虽然采取了一些敛财措施,但都无法扭转入不敷出的困境。在这种情况下,汉政府采取了两项重大的经济对策,其中之一便是实行盐铁官营(林甘泉,1999:805)。这一政策一方面增加了政府的财政收入,缓和了当时的财政危机,在抑制富商和豪强的势力,以及保证人民生活和生产的基本需求方面也有一定的积极作用。但另一方面,推行该政策的官吏大多把官府垄断经营变成谋取私利的手段,加重了百姓的负担。因而,从该政策推行伊始,朝野上下就不断有人反对。到武帝去世,昭帝继位,要求废除盐铁官营政策的呼声更加高涨(林甘泉,1999:809—810)。于是,始元六年(前81年),霍光召集郡国所举贤良文学开会。在这个会议上,时任御史大夫的桑弘羊、丞相车千秋,和贤良文学就盐铁官营、榷酤、均输、平准等一系列经济政策的存废,展开了激烈争论③(山根幸夫,2000:162)。宣帝时,庐江太守丞桓宽把这次会议中双方的论争情况用对话形式编纂成书,这就是流传至今的《盐铁论》。

(二)《盐铁论》的主要内容和历史地位

《盐铁论》全书由"会议记录"整理而成,《四库全书总目提要》介绍说:

---

① 盐铁论[EB/OL].[2017-02-07]. https://baike. baidu. com/item/盐铁论.

② 出自《汉书》卷二十四《食货志·上》。

③ 盐铁论[EB/OL].[2017-02-07]. https://baike. baidu. com/item/盐铁论.

"宽集其所论,为书凡六十篇,篇各标目,实则反复问答,诸篇首尾相属。"(王利器,1992:80)其议论从实际出发,针砭时弊切中要害,语言简洁流畅、浑朴质实(周学峰,2010:30)。论述的内容涉及西汉前中期经济、政治、军事、文化、社会各方面,保存了不少西汉中叶的经济史料和丰富的经济思想资料。《盐铁论》的作者桓宽虽服膺儒家思想,在政治上反对桑弘羊的立场,但他把盐铁会议辩论双方的思想、言论比较忠实地整理出来,使《盐铁论》这部著作不仅保存了西汉中期较丰富的经济史料,也把桑弘羊这一封建社会杰出理财家的概略生平、思想和言论相当完整地保留了下来,成为研究中国经济思想史,特别是西汉经济思想史的一部重要著作[①]。

(三)《盐铁论》流传的版本与译本

《盐铁论》现存最古老版本刊于明代初年,其次是 1501 年的涂祯本,两者现俱藏于中国国家图书馆。(王利器,1992:37)现代版本有徐德培(民国)的《盐铁论集释》10 卷(1939),杨树达《盐铁论要释》(科学出版社,1957),郭沫若《盐铁论读本》(科学出版社,1957),王利器《盐铁论校注》10 卷附录 2 卷(古典文学出版社,1958)和王佩诤《盐铁论札记》(商务印书社,1958)等。(山根幸夫,2000:162)

译本方面,《盐铁论》第 1~28 篇有盖尔(Esson M. Gale)的英译本。其中,第 1~19 篇于 1931 年于荷兰莱顿(Leiden)出版,第 20~28 篇于 1934 年于《皇家亚洲学会杂志》卷 65 发表(Loewe,1997:512)。

《盐铁论》的法文译本有《盐铁:中国公元前 81 年的盐铁辩论》(*Chine An—81: Dispute sur le sel et le fer*,*Yantie lun*),于 1978 年由巴黎的朗兹曼和塞格尔出版社(Lanzmann & Seghers)出版。该书的引言部分由乔治·沃尔特(Georges Walter)写作,翻译部分由乔治·沃尔特、德尔菲娜·博德里—韦勒思(Delphine Baudry—Weulersse)、乐维(Jean Lévi)、皮埃尔·博得利(Pierre Baudry)共同完成[②]。该译本,据 Leowe 的说法,"某种程度上是一种优雅文体的自由翻译,是向普通读者讲解而非有意作为学术作品。遗憾的是掺入了一些不确切及不严密的意译。这本书分为 42 章,

---

① 盐铁论[M/OL].[2017-02-07]. https://baike. baidu. com/item/盐铁论.
② 埃松·盖尔. 西方汉学家一览[DB/OL].[2017-02-07]. https://www. douban. com/group/topic/52203182/.

与原本的分法并不吻合,也没有说明不同的篇放在哪儿。尽管已经明说不是全文翻译,但是它没有向读者说哪里存在省略。"①

日译本有三部,分别由山田胜美、曾我部静雄及佐藤武敏翻译和注释,各于 1934、1934 及 1970 年在东京出版。(山根幸夫,2000:162)②

(四)《盐铁论》英译者及英译本介绍

埃松·盖尔(Esson Modowell Gale),美国外交官、学者。1884 年 12 月,他出生于美国密歇根州巴德阿克斯市(Bad Axe,Michigan)。1907 年,盖尔于密歇根大学(University of Michigan)获得学士学位,1908 年获硕士学位,随后又在荷兰莱顿大学(University of Leyden,Holland)获得博士学位,其主要研究方向就是中国语言文化。1908 年硕士毕业后,盖尔首次来到中国。那时,他的身份是一名政府任命的口译员。1910 年到 1914 年间,他在北京和上海的美国大使馆工作。这让他加深了对中国社会政治、经济、文化的了解,也激发了他研究中国古代优秀典籍的兴趣。1914 年至 1924 年,盖尔任华中盐务稽核(commissioner of the Chinese Salt Revenue Administration),1925 年至 1927 年改任吉黑盐务稽核,这为其研究中国古代盐运制度、盐运文化提供了客观条件。1927 年,他以研究远东历史的访问学者身份返回密歇根大学,1928 年至 1932 年期间又任加州大学伯克利分校(University of California,Berkeley)东方语言文学系(Department of Oriental Languages and Literature)系主任。1932 年,盖尔再次来华,任国民政府盐务稽核所英文秘书。太平洋战争爆发后,盖尔第三次来华。③

盖尔的《盐铁论》(*Discourses on Salt and Iron*)英译本可分为两部分。(王尔敏,1975:665)第一部分题为《盐铁论:古代中国关于国家控制工商业的一场辩论,卷一至十九译注及介绍》(*Discourses on Salt and Iron:A Debate of State Control of Commerce and Industry in Ancient China:*

---

① 中国古代典籍导读(六十二)之《盐铁论》[M/OL].[2017-02-07]. http://blog. sina. cn/dpool/blog/s/blog_4dc0c0da01000all. html.

② 盐铁论[M/OL].[2017-02-07]. https://zh. m. wikipedia. org/zh/盐铁论.

③ Esson M. Gale papers:1909—1965.[2017-02-07]. http://quod. lib. umich. edu/b/bhlead/umich-bhl-851311? rgn=main;view=text. 又见陈才智. 西方汉学家一览[DB/OL].[2017-02-07]. https://www. douban. com/group/topic/52203182/.

Chapters I—XIX, *translated from the Chinese of Huan K'uan with Intro-duction and Notes*）于 1931 年由莱顿(Leiden)的布雷尔出版社(E. J. Brill)出版,共 165 页,列为"莱顿汉学丛书"第二卷(*Sinica Leidensia Series*, Vol. 2)。第二部分题为《盐铁论(卷二十至二十八译注)》(*Discourses on Salt and Iron*, *Yen T'ieh Lun*, *Chapters XX—XXVIII*),由盖尔和卜弼得(Peter Alexis Boodberg)、林同济(T. C. Lin)共同完成,1934 年刊登在《皇家亚洲学会北中国支会学报》卷 65 第 73 到 110 页[①]。

1967 年,台北成文出版社(Ch'eng-Wen Publishing Co.)将上述两部分合为一卷,以《盐铁论》(*Discourses on Salt and Iron*)之名重新发行。[②]

三、《国邮图鉴》的译介

《国邮图鉴》,又称为《马氏图鉴》或《马氏国邮图鉴》,英文书名为 *Ma's Illustrated Catalogue of the Stamps of China*,为早期中国邮票的专业性图册,是研究中国早期邮票的代表性著作,介绍了我国自 1878 年清代发行的第一套海关大龙邮票至 1949 年中华人民共和国成立前发行的全部邮票。马氏的版本与其他邮票目录不同的地方是,它并非简单罗列邮票的种类,而且还提供了丰富的集邮方面的记录,包括每套邮票的发行背景、版次信息、齿孔样式、颜色、版本变异等,在研究早期中国邮票方面极具历史价值。[③]

《国邮图鉴》的首版是马任全根据其父马润曳的手稿编纂的。马任全是中国著名的集邮家,从学生时代起便爱好收集清代以来的各种邮票,研究编写相关书籍。为了完成父亲马润曳生前希望能够完成一本综合性邮票目录的心愿,马任全于父亲去世后,将其遗著进一步编撰、扩充,于 1947 年出版了中英文合刊的《国邮图鉴》,共 568 页。不过,虽然首版的《国邮图鉴》是中英文合刊,里面的中文与英文部分却并非一一对应,其英文不是对中文的直接翻译。在马氏的《国邮图鉴》出版之前,所有的集邮图册都仅有英文,且都

---

① 陈才智.西方汉学家一览[DB/OL].[2017-02-07]. https://www.douban.com/group/topic/52203182/.

② 陈才智.西方汉学家一览[DB/OL].[2017-02-07]. https://www.douban.com/group/topic/52203182/.

③ Ma's Illustrated Catalogue of the Stamps of China[DB/OL].[2017-02-15]. https://en.wikipedia.org/wiki/Ma's_Illustrated_Catalogue_Of_The_Stamps_Of_China. 此处及下文载自该网址的部分原文为英文,本文所及皆为笔者的中文翻译及改写。

由国外的邮票商在海外出版,不仅内容不完整,有时甚至还出现自相矛盾的目录分类。《国邮图鉴》的问世引起了热烈反响,被誉为"中国集邮界的圣经",为国内外集邮者了解与研究中国早中期邮票提供了丰富的信息。它是多年以来中国出版发行的最全面的集邮目录,是第一本,也是唯一一本由一位中国人同时完成中英文版本的集邮著作。①

《国邮图鉴》对从清代至民国时期常规发行的邮票,依据邮票发行时间顺序进行编排,共有 1,115 个目录。中文部分在 1912 年之前依据中国朝代排序,1912 年后按民国纪年排序。英文部分的时间顺序则依据公历排序。省级套印发行的邮票(Provincial Overprint Issues)、航空邮票(Air Mail stamps),以及欠资邮票(Postage Due stamps)则依据省份、发行和印刷的种类来编排,共有 1,992 个目录。图册中还涵盖了详细的发行历史、邮票特点、不同版本、齿孔样式等信息。②

第一版《国邮图鉴》发行后,马任全对其进行修订增补,并于 1988 年推出了第二版的《国邮图鉴》。这一版的《国邮图鉴》是按中英文分别出版的。中文版于 1983 年完成,原计划送至中国集邮出版社出版。不过,因书中涉及当时政治敏感时期发行的纪念邮票,中国集邮出版社认为其不适合出版,因此第二版一直拖到 1985 年依旧无法问世。直到 1986 年,第二版才由上海文化出版社出版。得知中文版得以发行的喜讯后,马任全立即着手进行英文版的出版工作。这一次,他把中文版全书进行了英文翻译,于 1987 年末完成,送至美国的 Lee H. Hill Jr. 手中,由其全权负责英文版的发行事宜。③

Lee H. Hill Jr. 的英文版本有 1995 年版及 1998 年版,均由希尔·唐纳利公司(Hill-Donnelly Corporation)出版发行。1995 年全英文版只涵盖了 1878 年至 1911 年间最早、最具价值的发行邮票,附有大图、详细描述、对每一版邮票的独特鉴定技巧。本版有 202 页,内有 138 张黑白邮票扫描图。

---

① Ma's Illustrated Catalogue of the Stamps of China. [2017-02-15]. https://en.wikipedia.org/wiki/Ma's_Illustrated_Catalogue_Of_The_Stamps_Of_China.

② Ma's Illustrated Catalogue of the Stamps of China. [2017-02-15]. https://en.wikipedia.org/wiki/Ma's_Illustrated_Catalogue_Of_The_Stamps_Of_China.

③ Ma's Illustrated Catalogue of the Stamps of China. [2017-02-15]. https://en.wikipedia.org/wiki/Ma's_Illustrated_Catalogue_Of_The_Stamps_Of_China.

1998 年，Lee H. Hill Jr. 对上一版本进行了补充，将其扩充至 558 页。①

2009 年，马任全的儿子马佑璋修订出版了《国邮图鉴》的第三版，更名为《中国邮票图鉴 1878—1949》，由江苏人民出版社于 2009 年 9 月出版。这一版本中，除了序言和目录为英文外，其余内容均用中文写成。②

四、《汉书·食货志》的译介

《汉书·食货志》是记述中国西汉经济的专篇。其主要内容是关于西汉时期（包括王莽摄政、称帝时期）的经济议论，分为上、下两篇：上篇言"食"，下篇言"货"。作者班固，字孟坚，东汉扶风安陵（今陕西咸阳市东）人，曾任兰台令史，负责掌管皇家图籍，典校秘书。班固的父亲名班彪，著有《史记后传》。建武三十年（公元 54 年），班彪去世，《史记后传》未及完书，班固继承父志，在原书基础上，开始撰写《汉书》。经过 20 余年的潜心伏案，直到章帝建初七年（公元 82 年），班固才基本上完成了这部纪传体的断代史。③

《食货志》上篇概括了先秦各家重视农业生产的思想，继而叙述了自战国到西汉的农业经济状况，为研究西汉时期农业经济方面的经验教训，提供了极为宝贵的资料。《食货志》下篇则叙述了先秦至西汉统治时期货币演变的过程，总结历史的经验教训，说明"量资币，权轻重，以救民"的重要意义，还详述了桑弘羊的煮盐、冶铁、酒榷、均输、平准等经济政策，分析了这些经济政策的成败原因和利弊所在，为后世封建统治者治理经济提供了重要的借鉴。④

将这部重要的经济史料传播到西方的是著名的女汉学家孙念礼（Nancy Lee Swann）。孙念礼 1928 年毕业于美国哥伦比亚大学，获得博士学位，是美国第一位科班出身的女汉学家。其博士论文"Pan Chao, Foremost Woman Scholar of China"（中文译名为《班昭传》）是有关东汉著名才女班昭（即《汉书》作者班固的妹妹）的论述，于 1932 年在美国出版，受

---

① Ma's Illustrated Catalogue of the Stamps of China. ［2017-02-15］. https://en. wikipedia. org/wiki/Ma's_Illustrated_Catalogue_Of_The_Stamps_Of_China.

② Ma's Illustrated Catalogue of the Stamps of China. ［2017-02-15］. https://en. wikipedia. org/wiki/Ma's_Illustrated_Catalogue_Of_The_Stamps_Of_China.

③ 食货志. ［2017-02-17］. https://baike. baidu. com/item/食货志.

④ 食货志. ［2017-02-17］. https://baike. baidu. com/item/食货志.

到国际汉学界的欢迎。博士毕业后,孙念礼受聘于加拿大麦吉尔大学
(McGill University),1931 年成为该校葛思德(Gest)图书馆馆长,直至 1948
年,前后共 17 年之久。任馆长期间,孙念礼逐渐将精力集中到对汉代经济
史的研究上。她研究了《汉书·食货志》及相关文献,并将其译为英文,作了
详细的注释,在 1950 年以 *Food and Money in Ancient China* 为题由普林斯
顿大学出版社(Princeton University Press)出版。该书面世后即受到广泛
好评。文学家杨联陞(又名"杨莲生")在同年 12 月出版的《哈佛亚洲学报》
(*Harvard Journal of Asiatic Studies*,简称 HJAS)里就该书写了一篇书
评,其中提到:"孙念礼博士对《汉书·食货志》,有多年的功力,有许多地方,
颇能深入,值得参考。"①杨联陞称赞该书是一部翻译杰作,"大大提升了西
方世界对于中国经济史的认识"。胡适还专门为该书题写了中文书名。两
位学者在孙的翻译过程中都曾给予她不少帮助。②

五、《一条鞭法》的译介

(一)"一条鞭法"简介

"一条鞭法"是明代嘉靖时期确立的赋税及徭役制度,创建者为桂萼,由
张居正于万历九年(1581 年)推广到全国。③

中国明代的徭役原本分为里甲正役、均徭和杂泛差役。其中里甲为主
干,户为基本单位,户又按丁粮的多寡分为三等九则,作为编征差徭的依据。
丁指十六至六十岁的合龄男丁,粮指田赋。因为粮的多寡取决于地亩,故徭
役中也包含一部分地亩税。实行这种徭役制,必须以自耕农小土地所有制
广泛存在及地权相对稳定为前提条件。④

到了明朝中叶,土地兼并严重,地权高度集中,加上官绅包揽、大户诡寄
(将自己的田地伪报在他人名下)、徭役日重、农民逃徙,里甲户丁和田额多

① 汉学界第一流学人的"书评经验谈".[2017-02-20]. http://sanwen. net/a/nmgdwqo. html.
② 美国第一位女汉学家.[2017-02-20]. http://epaper. gmw. cn/zhdsb/html/2013-08/07/nw. D110000zhdsb_20130807_1-19. htm.
③ 一条鞭法.[2017-02-10]. https://zh. m. wikipedia. org/zh/一条鞭法.
④ 一条鞭法主要内容及历史意义.[2017-02-10]. http://ls. asean168. com/a/20150311/692. html.

为不实,导致政府财政收入减少。针对这种现象,不少人提出改革措施。国家从保证赋役出发,逐渐将编征徭役的重心由户丁转向田亩。同时,商品经济的发展和货币作用的上升,也为推行"一条鞭法"创造了条件。[①]

"一条鞭法"的内容是:"总括一县之赋役,量地计丁,一概征银,官为分解,雇役应付。"意思是把各州县的田赋、徭役以及其他杂征合为一条,合并征收银两,按亩折算缴纳。如此,不仅大大简化了征收手续,也使得地方官员无法通过瞒报、虚报、假报来获利。[②]

(二)梁方仲的《一条鞭法》及其译介

"一条鞭法"是一种赋役制度,将其进行书面化论述的是我国经济史学家、明清史学家梁方仲(1908—1970)。1936 年,梁方仲在其担任主编的《中国近代经济史研究集刊》上发表了对明代田赋史带有总结性的论文,名为《一条鞭法》,受到国内外学者的重视,该文后被译为日文、英文,在日、美发表。[③]

梁方仲《一条鞭法》的英译是由我国著名历史学家王毓铨(Wang Yuquan,1910—2002)完成的。王毓铨,字伯衡,1910 年 3 月出生于山东莱芜。1936 年毕业于国立北京大学史学系,获学士学位。1938 年,太平洋学会(Institute of the Pacific Relations,简称 IPR)国际秘书处给王毓铨寄来"中国历史资料编译计划",聘请他以专家身份参与编译工作。1938 年 12 月他到达美国,当时,德国人魏特夫(Karl August Wittfogel,原是德国共产党员)是中国历史资料的主编,王毓铨遂成为编辑之一。1939 年到 1946 年 8 年间,王毓铨一直在太平洋学会主持的中国历史编纂处工作,主要工作内容包括阅读、研究和收集中国秦朝、汉朝的社会经济史料。这期间,他反复阅读了《史记》《前汉书》《后汉书》等古文经典,也认真阅读过《四书》《五经》《三国志》及有关著作,并摘录了以上书籍中有用的资料,再翻译成英文。[④]这样的经历,对于王毓铨撰写中国历史研究文集,及英译部分历史文献而

---

① 一条鞭法主要内容及历史意义. [2017-02-10]. http://ls. asean168. com/a/20150311/692. html.

② 一条鞭法. [2017-02-10]. https://zh. m. wikipedia. org/zh/一条鞭法.

③ 梁方仲. [2017-02-10]. https://baike. baidu. com/item/梁方仲.

④ 王毓铨. [2017-02-10]. http://baike. baidu. com/item/王毓铨.

言,无疑是扎实的积累。

1946 年,王毓铨获得美国哥伦比亚大学(Columbia University)历史系欧洲古代希腊罗马史的硕士学位,又于 1947 年获博士学位。① 1950 年,王毓铨回国,在北京历史博物馆工作,1955 年调至中国科学院哲学社会科学部历史研究所,改研明史。同时,王毓铨兼任中国古代经济史学会会长、太平洋历史学会顾问、英国剑桥大学 *Asia Major* 学报顾问、意大利东方大学(Istituto Universitario Orientale di NAPOLI)《中国历史与文化百科全书》顾问、《香港大学中文系集刊》顾问、《中国大百科全书·中国历史》编辑委员会委员。王毓铨还主编了《中国历史大辞典》《中国经济史》《中国通史》各书中的明史部分。②

王毓铨的著作主要有:《中国早期货币》(*Early Chinese Coinage*)(英文版,1950 年纽约出版,1980 年再版)《中国古代货币的起源和发展》《明代的军屯》《莱芜集》等。其所撰写的文章有英文的《西汉中央官制》("The Organization of the Central Governmentof the Western Han Dynasty")、《明代劳役制的若干显著特点》("Some Salient Features of the Ming Labor Service System"),中文的《明朝徭役审编与土地》《籍·贯·籍贯》《封建社会的土地具有主人的身份》《纳粮也是当差》《田(辕田)解》《汉代的"亭"和"乡里"不同性质不同行政系统辨证》《明代军屯的历史渊源》《明代的军户》《明代的王府庄田》等。③

王毓铨的《一条鞭法》英译本 *The Single-Whip Method of Taxation in China* 由哈佛大学出版社(Harvard University Press)于 1956 年出版(王尔敏,1975:665)。该英译本有 71 页,属于哈佛东亚专著集第一辑(*Harvard East Asian Monographs* 1)中的"中国经济政治研究系列"("Chinese Economic and Political Studies:Special Series")。同时,本书还是"剑桥:中国经济政治研究"(Cambridge:Chinese Economic and Political Studies)出版的丛书中的一部。该丛书中还有 *Chinese Communist Studies of Modern Chinese History*(1961),*Economic Statistics of Mainland China*,1949—

---

① 王毓铨.[2017-02-10]. http://baike. baidu. com/item/王毓铨.
② 王毓铨.[2017-02-10]. http://download. bioon. com. cn/upload/201305/22113540_3413. txt.
③ 王毓铨.[2017-02-10]. http://baike. baidu. com/item/王毓铨.

1957(1960)，*The Origin of Likin*，1853—1864(1958)，*The Grain Tribute System of China*，1845—1911(1956)等书，显示当时国外研究近现代中国经济、政治发展的热潮。①

第二节 《一条鞭法》译本分析

"一条鞭法"上承唐代的两税法，下启清代的摊丁入亩，是中国财税史上的一次重要改革(胡文骏，2010)，是中国经济从两三千年的实物经济进入货币经济的一个重要里程碑。(汤象龙，引自梁方仲，1989：2)关于"一条鞭法"，中国古代社会经济史学家梁方仲共发表过五篇长文，其中《一条鞭法》在1936年发表于《中国近代经济史研究集刊》(梁方仲，1989：485)，而后在1956年由王毓铨翻译成英文版 *The Single-Whip Method of Taxation in China*，由哈佛大学出版社出版。

在本小节，笔者就以《一条鞭法》的这个译文为对象进行个案研究：首先分析译文中主要采用的翻译技巧、方法和策略，然后对该翻译实践进行归根溯源。

一、《一条鞭法》英译本的翻译技巧、方法和策略

当前翻译研究领域对"翻译策略""翻译方法""翻译技巧"的使用较为混乱。鉴于此，学者熊兵进行了梳理，提出：翻译策略是翻译活动中为实现特定的翻译目的所依据的原则和所采纳的方案集合；翻译方法是翻译活动中，基于某种翻译策略，为达到特定的翻译目的所采取的特定的途径、步骤、手段；而翻译技巧是翻译活动中，某种翻译方法在具体实施和运用时所需的技术、技能或技艺。由以上三个定义可以看出，翻译策略是最高层面的翻译决策，决定了翻译方法的使用，进而影响翻译技巧的运用。对于这三个层面的详细内容可归纳如下表(熊兵，2014：82-88)：

---

① Chinese Economic and Political Studies. ［2017-02-10］. https://searchworks. stanford. edu/view/2361042.

表 5-1　翻译策略、翻译方法和翻译技巧

翻译策略	归化 domestication	异化 foreignization
翻译方法	意译 liberal translation 仿译 imitation 改译 variation translation 创译 recreation	零翻译 zero translation 音译 transliteration 逐词翻译 word-for-word translation 直译 literal translation
翻译技巧	增译 addition 减译 omission 分译 division 合译 combination 转换 shift 拼字法层面、语音/音韵层面、词汇层面、句法层面、词汇—句法转换、语义层面、语篇层面、语用层面、文化层面	

　　译者在进行翻译实践时,从宏观层面上来说,翻译策略的选择对翻译方法和翻译技巧的使用起到决定性的作用;而从微观层面上来说,翻译技巧和翻译方法的使用能够反映译者在翻译策略上做出的抉择。以这个理论框架为依据,综观《一条鞭法》译文不难发现,译文中各类翻译策略、方法及技巧的运用极其灵活。我们将在下文中由小及大地来分析《一条鞭法》译文所采用的各类翻译技巧、方法及策略。

（一）翻译技巧

1.增译

　　译文中,译者频繁地使用了增译这一翻译技巧。这一技巧的使用,既有顺应英语表达需要的考虑,也有出于上下文内容衔接、逻辑衔接的考虑,还有出于目标语与源语文化差异的考虑。比如:

（1）语篇角度

原文:有司征税编役,往往自为一册,名曰"白册",赋役情形便不可问了。（梁方仲,1936:10）

译文:The officials who collected taxes and apportioned labor service frequently compiled a book for their own use,which was called the pai-ts'e(white book）. [When things had reached this stage] the situation of the land tax and the labor service could no longer be investigated.（王毓铨,1956:11）

原文:田赋正项是与各杂项锐粮一同解运的。（梁方仲,1936:5）

译文: The regular land tax was transported <u>to the capital or some other pre-determined place</u> together with the miscellaneous collections <u>extorted along with the regular items.</u>（王毓铨, 1956:3）

上述例子的译文中,有下画线的内容为根据英语表达的需要进行的增译。

原文:但一条鞭法实际只是一个笼统的名称,它是一种发展,它在各地施行,时间先后不一,所以内容也有精粗深浅的不同。（梁方仲,1936:3）

译文: However, the Single-whip Method is in fact only a general term. <u>It signifies a process of development</u> <u>rather than a preconceived plan for collecting land tax and labor service.</u> Because the date of its adoption varied from place to place, its content varied in refinement and depth.（王毓铨,1956:1）

原文:故鱼鳞图册所载是不与人为转移的。（梁方仲,1936:10）

译文: The Fish-scale Illustrated Book, <u>unlike the Yellow Book</u>, was not centered around the population.（王毓铨,1956:10）

译文 rather than a preconceived plan for collecting land tax and labor service 与 unlike the Yellow Book 为增译的内容,通过对比,能使译文读者更好地理解原文所表达的内容。

原文:送纳轻仓口的税粮,多为距离较近者,实际所出（正项加耗合计）较少;送纳重仓口的税粮,多为距离较远者,所出较重。（梁方仲,1936:5）

译文: The taxes transported to the "light granary" were from places close by, and <u>on this account</u> the actual tax payment（regular charge plus wastage）was lessened. The taxes transported to the "heavy granary" were from far distant places; <u>hence</u> the actual payment was heavier.（王毓铨,1956:4）

译文中的逻辑衔接词 on this account、hence 为增译的内容,使各个分句逻辑关系清晰,内容衔接更紧密。

(2)文化角度

原文：明代在一条鞭法前的田赋制度，是沿袭<u>唐宋</u>以来两税法之旧。（梁方仲，1936：3）

译文：The land tax system of the Ming dynasty before the introduction of the Single-whip Method followed the old Two-tax System of <u>the T'ang(618—905) and the Sung(960—1279)</u> dynasties.（王毓铨，1956：2）

原文：官田，是公家占有的田地。起初的来源，为自<u>宋元时</u>已经没入于官的田地。（梁方仲，1936：4）

译文：Government land，was that owned by the government，and its main source was the land that had been confiscated by the government at the time of <u>the Sung and the Yuan(1280—1367)</u> dynasties.（王毓铨，1956：2）

译者在翻译中国朝代时，会用括号备注起讫年份，以便外国读者在阅读时有清晰的时间概念。

值得注意的是，译者除了直接在译文中进行增译，还采用了加注法①。主要有两种形式：其一是在文中直接对某一内容进行补充说明，并加以中括号与正文内容分开；其二是在文下用脚注加以说明。第一种加注法在文中频繁出现，第二种则在脚注中出现了 6 次。加注法可以使读者更易理解原作者的意思。如：

原文：例如力差中的库子，斗级，其职务在掌管税粮，故必以殷实大户充之，所以防在税粮短少亏空时，易于追究；若<u>银差</u>则不必定以大户充当。（梁方仲，1936：7）

译文：For instance，the li-ch'ai services of granary watchman and grain-tax measurer concerned tax-grain <u>[or grain tax，i. e.，land tax paid in grain]</u>. These posts were usually filled by people from the wealthier households，because such an arrangement would guarantee the making up of any shortage which might occur in the process of collection <u>[it was easier for the government to compel the wealthier households to make up the shortage]</u>. It

① 加注法（annotation）可视为增译法的一种特殊形式（熊兵，2014：86）。

was not so necessary to have the yin-ch'ai [which was paid at a fixed amount of silver and which could not so easily fall short] performed by the wealthy households. (王毓铨,1956:7)

短短几行,译者就运用了 3 次加注法。

原文:兼以"投献""花分""诡寄"和"寄庄"诸弊风盛行,使田籍更无法清理,田额亦亏耗不堪,税率当亦更为不均了。(梁方仲,1936:11)

译文:Other abuses also became prevalent: the t'ou-hsien, hua-fen, kuei-chi and chi-chuang¹. These practices rendered investigation of the ownership of land impossible, caused decrease in the recorded acreage of land, and brought about an unequal rate of taxation.

①The t'ou-hsien(lit. , to come to and offer). This practice grew out of the fact that during the Ming dynasty the officials (eventually even such lesser ones as the village chief and the section head) enjoyed the privilege of at least partial exemption from land tax and labor service. (王毓铨,1956:12-13)

译者通过脚注进一步解释说明与"投献"相关的历史背景。

2. 减译

译文中,有不少地方采用了减译这一翻译技巧。比如:

原文:随一州县内所包括之里数之多寡,以定每里备出若干名,州县之里数愈多者,所出人数愈多;里数愈少者,出人愈少。十年编审一次。例皆由一里内丁多田多家道殷实之户内签选,或由此种人户负责总其出办之事宜。(梁方仲,1936:8)

译文:The number of militia men to be provided by a village varied in direct proportion with the number of li in a county: the more li in a county, the more men that county had to provide. Rearrangement was made every ten years. As a rule the militia soldiers were selected from the households with the largest number of male adults and the greatest wealth. (王毓铨,1956:9)

原文的"里数愈少者,出人愈少"与"里数愈多者,所出人数愈多"是重复表达的内容,译文对其进行了减译,消除了冗余。此外,"或由此种人户负责总其出办之事宜"也被减译了。

除这类隐匿在文中的减译之外,译者还通过中括号在文中标注的形式,对文中的某些词语、句子或案例删繁就简,进行减译。经统计,译者共减译了 16 个术语、9 个句子,并且曾 14 次提及对原文单个或多个案例进行的省略。如:

原文:如在嘉靖四十五年(1566)闰十月十五日批准在湖广布政司永州府施行的总会粮差的办法将力差中皂隶、门子、禁子、库子、支应库子、铺夫、铺陈库子、弓兵、铺兵、渡夫等项,俱照原定数目,编入银差项下,然后与银差中柴薪、马夫、斋膳、祭祀、乡饮等各项银两,查算总数,摊入本府州县内应编入户的实在丁粮中。俱以一条鞭征收银两,再不许如前分派某户编定某项差银名色。(梁方仲,1936:25)

译文:A good example is the Method of Completely Combining the Land Tax and the Labor Service, sanctioned on the 15th day of the intercalary 10th month of the 45th year of Chia-ching(1566) and put into practice in Yung-chou Fu of Hu-kuang Pu-cheng-ssu. According to this method, the original amount of the labor services [ten items mentioned by the author are here omitted for the sake of convenience] under the li-ch'ai was incorporated into the yin-ch'ai, and then both the amount of silver for the items [five are mentioned and here omitted] under the yin-ch'ai and that for the items under the incorporated li-ch'ai formed, a total. (王毓铨,1956:31)

译者通过中括号加注的方式点明出于方便考虑而对数个词语进行省译。这些词语本身就晦涩难懂,倘若翻译出来反而会影响读者对整个句子的理解。

原文:差役愈重,贫民愈不能堪,则整个甲的逃亡,其在里中空下的役额便由剩余的九甲均摊补足。九甲益不支,则又相率逃亡,只由剩余之四五六七八甲摊认。到后来一里之中,十甲人户与甲首以至里长无不逃亡净尽。演成了空前的"逃亡"历史。(梁方仲,1936:14)

译文:The heavier the labor service, the harder it was for the people to bear it; then the whole section fled. After one section of the li (village) disappeared, the amount of labor service to be supplied by that section was equally distributed among the remaining nine chia(sections) of the village. When the remaining nine chia failed to bear it, they thereupon fled, in concert. [One sentence here omitted because of ambiguity]. Finally, the whole li(village), the households of the ten chia(section) which composed it, together with the section heads and the village chiefs all fled; which constituted a history of fleeing that was never heard of before.

（王毓铨，1956:16-17）

译者在此处点明原文句子表意模糊(ambiguity)，所以在译文中被减译。译文中其他被减译的句子中，有一些是因为译者认为没有必要翻译(unnecessary sentence)。

原文：税粮经过了合并编派或混合征收以后，旧日各项名称亦随而陆续归并与统一。如万历山西省山西府泽州，夏税秋粮项下原有桑钞两项名目，自行一条鞭法后，桑派于粮，钞派于丁，二项名目遂不复存。又如南直隶常州府无锡县志所载："桑丝绵绢，后俱并入秋粮夏麦内征收，最后则惟存秋粮平米一项，而不复有夏麦名色矣。"广东广州府顺德县志亦说到秋租钞的名称的消失的经过：

秋租钞出于地田，惟官租有之（意即谓惟官租田有秋租钞），粤无此。岂初折米带秋粮以征，后遂泯其名乎？如夏税米初尚二石四斗有奇，至弘治仅存三升，粮（指秋粮）岁增亦不觉其（指夏税）亡矣。

由上可知有许多税项在初时不过是与秋粮一同征收，但到后来便归入秋粮项下里去，与秋粮一同编派，甚至连本来的名目亦失掉了。（梁方仲，1936:33）

译文：After the various items of the land tax were agglomerated for collection, their old names were also gradually combined, and unified. [Here a few examples of little importance are omitted, p. 32.]

From the examples cited above we know that there were many items of tax which were originally collected together with the Autumn Grain but which later on were incorporated into the latter for collection and even lost their original names. （王毓铨，1956:38-39）

作者通过中括号在文中加注,说明译文减译了若干个无足轻重的实例。译文中,作者在有的地方会译出一个案例,省略其他相同性质(of the same nature)的例子。

3.其他翻译技巧

除了大量运用增译和减译这两种翻译技巧之外,译者在翻译中还结合了分译、合译和转换,灵活地将晦涩难懂的《一条鞭法》译成了英文。

原文:①从西元十六世纪,我国明代嘉靖万历间开始施行的一条鞭法,②为田赋史上一绝大枢纽。③它的设立,可以说是现代田赋制度的开始。(梁方仲,1936:2)

译文:In the sixteenth century, between the periods of Chia-ching (1522—1566) and Wan-li (1573—1619), the Single-whip Method of taxation was put into practice. This constituted an extremely important turning point in the history of the land tax system in China, for its establishment meant the beginning of the modern land tax system.(王毓铨,1956:1)

原文中,成分①和成分②构成一个句子,而成分③独立成句。译文对①②进行了分译,而对②③又进行了合译。再细看,成分①从一个名词性短语被译成了一个句子,发生了"词汇—句法"的转换。译文中不乏这样译法灵活的句子。

(二)翻译方法

从上述对译文进行的翻译技巧层面的分析和归纳不难发现,《一条鞭法》的译文主要采用了意译这一翻译方法,即不拘泥于原文的词汇、句法等形式,综合运用各种翻译技巧实现原文内容的翻译。当然,除这之外,译者同样灵活使用了其他翻译方法,包括:仿译、音译法和逐词翻译法。

1.仿译

仿译指译者不拘泥于原文的意义细节,要么通过删减浓缩的减译方式只是译出其概要或关键信息(或者只是选择性地译出其某些信息),要么通过增添扩充的增译方式译出比原文更多的信息。(熊兵,2004:85-86)而《一条鞭法》的英译本就省略了不少案例、实例的翻译。在英译本 The Single-Whip Method 的序言中,作序者甚至也做出了说明:"In several instances in the latter half of the translation, certain repetitious passages and purely illustrative examples have been omitted. "（王毓铨，1956：ii）

2. 音译法和逐词翻译法

《一条鞭法》作为中国古代社会经济学史领域的学术论文，其中含有大量具有汉语文言特点、经济类文本特点和中国历史文化特色的文化负载词①。译者对这类词汇的翻译，采用了音译、逐词翻译、意译相结合的翻译方法。比如：

Hsiao-t'iao-pien 小条鞭（one small whip）（王毓铨，1956：26）

I-t'iao-fa 一条法（one item method）（王毓铨，1956：26）

L'iang-t'iao-pien 两条鞭（two whips）（王毓铨，1956：26）

Li 里（village）（王毓铨，1956：9）

Lei-pien 类编（arrangement according to category）（王毓铨，1956：26）

Hsien-i 现役（due to render labor service）（王毓铨，1956：5）

列表中前三者是音译法和逐词翻译法的结合，后三者是音译法和意译法的结合。英译本 *A Single-Whip Method* 的附件及词汇表中（见原文67～71页）的中国年代、行政单位及相关术语中英文对照列表，就体现了音译、逐词翻译、意译相结合的翻译方法。

原文：明代兵制，于州县设有民壮，亦名曰"民兵"……（梁方仲，1936：8）

译文：Under the military system of the Ming dynasty，in each chou and hsien［the chou was a superior administrative unit of the hsien，or county］there was set up the min-chuang（the strong of the people），who were also called the min-ping（people-soldiers，local militia）.（王毓铨，1956：8-9）

译文中，对"州县""民壮""民兵"先是采用了音译法，然后再通过意译法或逐词翻译法做进一步的注释，帮助读者理解。

（三）翻译策略

综上所述，《一条鞭法》英译本灵活运用了增译、减译、分译、合译及转换的翻译技巧，以意译为主，辅以仿译、音译、逐词翻译等翻译方法，将这篇中国古代社会经济学史领域的学术论文以流畅地道、通俗易懂的语言呈现给

---

① 文化负载词（cultural-specific terms）指在原始意义或概念意义之上蕴含丰富社会文化意义的词语。（吴俊辉，2009）

英语读者。由此可见,译者在翻译中尽量向译文接受者靠拢,主要采用了归化翻译策略。

二、《一条鞭法》译本的翻译文本分析①

(一)文内因素

源语文本《一条鞭法》从题材上看是一篇学术论文,内容涉及中国古代社会经济学史领域的研究,文本构成上又是以文言成文。翻译这么一本集汉语文言特点、经济类文本特点、中国历史文化特色于一身的著作,难度之大可想而知。

1.汉语文言特点

源语文本《一条鞭法》以汉语文言文写就,因此行文简练、古奥难懂。

(1)行文简练既体现在语言锤炼、句子结构精简,也体现在用词上。不同于现代汉语白话文中多用双音词,源语文本多用单音词表达。如谈及土地的分类时,源语文本中的"田地山塘",分别指的是耕田、旱地、山丘和河塘,对应翻译成 paddy land,dry fields,mountain and lakes。又如源语文本中的"向现存的田地,按亩均摊额赋……","均摊额赋"是指平均分摊田赋的额度,译成"A certain amount of land tax was equally distributed among existing land,in terms of its acreage."。

(2)源语文本有些地方使用了生僻的古汉字,甚至出现了古音通假的情况,以致理解起来晦涩难懂。如源语文本中的"向现存的田地,按亩均摊额赋,则向来官吏里书之抑贫右富,以官田作民田……",这里的"右"字通"佑",表示帮助、偏袒之意。又如谈及杂泛(均徭以外一切非经常的杂役)时提到的"牐浅夫","牐"字通"闸",意指旧时城门的悬门,或泛指以门控制通道的设施。再如"其后官府不加体恤,凡祭祀、宴飨、造作、馈送,夫马一切公私所须……"中的"飧"和"餽",分别通"飨"和"馈"。

2.经济类文本特点

源语文本《一条鞭法》探讨的是赋税及徭役制度,是一篇经济类研究论文,因此,文本具有经济类文本的某些共性。经济类文本(朱榕祥,2014:39)除

---

① 该部分翻译文本分析参照的是诺德的翻译文本分析模式。(诺德,2013)

了句式多变、文风正式之外,还有两个鲜明的特征:专业性强和时代感突出。

(1)经济类文本中经济类术语和词汇的广泛使用,体现了其专业性强的特点。在《一条鞭法》中,有不少经济、税务相关词汇,如:"赋""役""会计册""网银""易知单""易知由单""长单""合同邮票""循环簿""赤历""银柜""由票""由单""青由""岁贡""白册""十段册""条鞭由贴",等等。

(2)经济类文体的内容一般会紧跟当前社会经济发展的步伐,具有时代感。源语文本《一条鞭法》研究的是明朝时期的赋役制度,因此文中有不少词汇与明朝时期的经济活动相关,如明代所使用的计量单位:"石""锭""斗级""头""两",等等。

3.中国历史文化特色

源语文本《一条鞭法》的研究对象所处的时期是我国的明代,因此,文本中不乏蕴含丰富历史文化意义的词语,如:当时政府部门和官员的设立("布政司""布政使司""户部""巡抚""县总"等)、地区行政单位的划分("州""府""县""乡"等)、社会劳动的分工("库子""斗子""膳夫""水夫""皂隶",等),等等。这些文化负载词在翻译实践中,经常会出现三种情况:词汇缺失、词汇对应信息缺失和语义冲突(曹美廷,2014:9),因此具有一定的不可译性。

源语文本《一条鞭法》的三大特点对翻译策略、方法及技巧的选择起到了决定性作用。源语文本具有的汉语文言特点、经济类文本特点,使得译者必须在对文本有充分、准确理解的前提下才能进行忠实的翻译;而译者又必然得通过意译,让译文尽量向目标语读者靠拢,才能保证译文能够被目标语读者接受和理解。至于具有一定程度不可译性的文化负载词,单独的音译或逐字翻译无法让读者理解其意,直接意译又容易使读者只专注于语义而忽略表意背后的文化差异,因此译者需要采用音译、逐字翻译与意译三者相结合的翻译方法。综上,《一条鞭法》的源语文本特点,决定了译者应以归化策略为主、异化策略为辅,综合意译、音译、逐字翻译等方法,运用具体翻译技巧进行翻译。

(二)文外因素

诺德(2013:130-131)的翻译文本分析模式中对文外因素的分析较为全面,笔者在此模式的基础上进行了一点改动,将《一条鞭法》翻译活动的文外因素整理成下表:

表 5-2　《一条鞭法》源语文本和目标语文本的文外因素分析

	源语文本(S)	转换	目标语文本(TP)
生成者	梁方仲	发送者:威廉·荷兰(William L. Holland)	王毓铨及其他参与者
意图	学术研究	保留学术写作语言特征	为研究中国提供参考
读者	中国学者,对中国的历史、文化有一定的了解	文化距离 → 翻译补偿	西方学者,对中国的历史、文化了解较少
媒介	书面:出版于中文期刊《中国近代经济史研究集刊》	保留书面语特征	书面:哈佛大学出版社发行英文译本
地点	中国	文化距离 → 翻译补偿	美国(哈佛大学)
时间	1936 年	该文被译为日文、英文,在日、美发表,受到国内外学者的重视。	1956 年
动机	以一条鞭法为中心对明代田赋制度进行科学研究	文本中信息的重要性发生变化 → 增减译	美国学术界对中国经济政治的研究兴趣增加
文本功能	研究型论文	不需要再现整个源语文本情景 → 工具型翻译	信息型文献

　　源语文本的生成者梁方仲是中国著名的经济史学家,毕生致力于中国社会经济史(特别是明代财政史)的研究,被国内外史学界誉为研究"明代赋役制度的世界权威"。源语文本生成的动机是以"一条鞭法"为中心对明代田赋制度进行科学研究,意图是为日后深入研究提供学术参考。源语文本生成之后,通过中文期刊《中国近代经济史研究集刊》这一媒介得以传播,受众主要是中国经济学领域的学者们,他们本身对中国文化、历史及经济有一定的了解。

　　目标语文本①的主要生成者是王毓铨。王毓铨是中国著名明史专家、历史学家。1938 年,太平洋学会国际秘书处的威廉·荷兰(William L.

---

　　①　在英译本 *A Single-Whip Method* 的扉页及费正清(John King Fairlank)为之所作的序中,可以获悉目标语文本生成的文外因素。

Holland)给王毓铨寄来"中国历史资料编译计划",并写信聘请他以专家身份去美国做编译工作①。1944 年,王毓铨曾在期刊 *Chinese Economic and Political Studies* 上概括性地指明"一条鞭法"的四个特点。由此可见,目标语文本的生成者同源语文本的生成者一样,也是文本生成专家。王毓铨大约在 1946 年完成了《一条鞭法》的初译稿,之后由哈佛大学杨联陞教授(Professor Lien-sheng Yang)及他的博士研究生进行修改校对,再由哈佛大学中国经济政治研究项目办公室的马西森(E. M. Matheson)女士进行二次校订②。这么看来,促成《一条鞭法》英译本成形的生成者既有明史专家王毓铨,又有在哈佛任教的"汉学界第一人"杨联陞,还有英语本族语者,这在一定程度上保证了英译本在内容翻译上的准确性及在目标语语言表达上的地道性,同时,译文在翻译策略、方法及技巧的使用上也体现出了方法灵活、技巧性强的特点。

王毓铨翻译《一条鞭法》,是应发起者太平洋学会的威廉·荷兰(William Lancelot Holland)先生的邀请。目标语文本生成者遵循了发送者的指令,因此,目标语文本生成的动机与译者王毓铨无关,其更多是为了满足发起者的需求,即为美国学术界研究中国的经济政治提供文献参考。从源语文本到目标语文本,文本生成的动机发生了变化,文本功能也相应地由原来的研究型论文变成了信息型文献。因此,在翻译过程中,不需要追求内容的等值翻译,可以依据翻译目的对内容的重要性程度做出判断和取舍,采用仿译,适当地使用减译技巧。

目标语文本的接受者是研究中国经济的哈佛学者及其他西方研究者,其特点是受教育程度高、对中国的政治经济有一定的了解、有一定的经济专业术语储备、能读懂正式的学术性英语书面语。文本在美国高等教育学府生成并传播。因此,目标语文本保留了源语文本学术写作的语言特点,采用了正式英语语体。但目标语读者与源语读者之间的文化背景知识的差距,使目标语读者与源语文本存在着文化距离,需要采用翻译补偿作为有效的补偿手段,即在翻译中要明示原文词汇的文化内涵,或者向读者提供理解原文词汇所必需的相关信息。(张健,2013:97)这就需要采用意译,使用增译技巧。

---

① 　[2017-03-01]. http://bike. so. com/doc/5758289-5971051. html.
② 　哈佛大学中国经济政治研究项目组的费正清(John King Fairlank)为《一条鞭法》英英译本作序,在序言中说明了《一条鞭法》英译本的由来。

三、工具型翻译的特点小结

《一条鞭法》的翻译以归化为主要翻译策略,以意译为主要翻译方法,辅以音译、逐字翻译,灵活地使用了增译、减译等各项翻译技巧。这些翻译策略、方法、技巧的选择是由源语文本本身的文内因素和文外因素综合决定的。

值得一提的是,《一条鞭法》的翻译在一定程度上体现出经济典籍或经济类文献翻译的共性。首先,经济文本的翻译往往是工具型翻译。译文生成的目的并不是在再现源语文本的整个文本情景,而是传递信息,即直接从源语作者向目标语文本接受者传递信息。因此这类翻译一般较少追求等值翻译,而是根据对文本信息的需求进行翻译。再者,经济文本往往涉及某些经济现象、经济学科知识及当前社会发展现状等,因此,其文本常具有专业性强、时代感突出及文化背景信息丰富的特点。这样一来,译者就需要采用归化策略,通过灵活的增减译实现意译,从而完成翻译任务。总而言之,《一条鞭法》的翻译在西传的中国经济典籍中具有一定的代表性。

第三节　中华法律典籍与西方的历史互动

一、近代以来的法律翻译热潮

19 世纪末 20 世纪初,清朝的国门被西方的坚船利炮打开,列强为了掠夺中国的资源,强行要求中国按照不平等的规定进行贸易。为了帮助制定这些不平等的贸易规则以及含有浓厚特权色彩的法律,西方学者翻译了中国的法律典籍。例如,香港第一任行政官查尔斯·义律(Charles Elliot, 1801—1875)在 1841 年登陆香港岛之后,宣布继续依照当地习惯治理香港。同时,作为英国殖民地的香港跟随英国施行习惯法。于是,在香港出现一种怪现象:同样是谋杀罪,若罪犯系欧洲人,就按照当时的英国法律判吊颈,但若罪犯系华人,就按《大清律例》判斩首。即使在清朝灭亡之后 60 年,原先在香港通行的《大清律例》在华人社会当中依然通行。这是一个比较奇特的现象,一方面反映出中西法律互不兼容,但是在某种环境下却能共存的情形。另一方面,两者独特鲜明的个性在法律翻译上会表现出来。由此可见,西方列强为了更好地管理其在华殖民地，通常会学习、翻译中国的法律，某种程度上促进了法律典籍的翻译，但是同时也要注意到，这些作品多诞生于不公正的环境下。①

　　有些译者出于学习中国古代法律的目的，翻译了这些作品。近代欧洲曾有段时间兴起过"中国热"。由于信息闭塞，交通不便，很少有人可以亲自到中国来了解真实情况，再加上马可波罗作品的影响，西方人对于神秘的中国愈加好奇。随着交通技术的发展，欧洲人开始与清政府接触，他们的使者多为了解东方文化的学者。这些学者将所见所闻整理成文字，并翻译了中国的经济、法律、文化相关典籍，较为系统地向欧洲人介绍了真实的中国。例如，马格里尼使团在访华之后所写的《英使谒见乾隆纪实》让欧洲人对中国的印象急转直下，其书中记载到："中华帝国是一个神权专制政治的帝国……个人从道德上来说没有自己的个性。中国的历史从本质上来看仍然是非历史的：它翻来覆去只是一个雄伟的废墟而已……任何进步在那里都无法实现。"而外交官乔治·托马斯·斯当东（George Thomas Staunton，1781—1967）则比较理性，虽然他也是马格里尼使团中的一员，但他继承了父亲的事业，致力于东西文化的翻译活动。他翻译的《大清律例》，向西方人客观的展现了大清王朝的法律体系，以及人们的生活概况。（石国贞，2002：162）其作品在一定程度上反驳了西方人对中国的形象的修正主义认识。

　　有些译者从文学的角度翻译中国古代法律典籍，他们希望把这些材料用作小说背景或将其中案件改编成小说。其中最为著名的当属罗伯特（Robert Hans van Gulik）的作品《狄公案》。作者将狄仁杰作为小说的主人公，同时又混合了中国其他朝代的一些特色，将案件改编成引人入胜的小说。其作品在英国大为流行，这一切都归功于他对作品的修改。他将原作品中的一些灵异或者超自然现象的描写略去，以更为严谨的逻辑重新编排案件，结合了西方的法律特色，让西方读者更好地理解细节。他的翻译作品为西方人打开了一扇新的窗户，有助于西方人了解中国的司法制度以及断案过程。

---

　　①　大清律例. 国学网.［2016-08-?］. http://www.guoxue123.com/shibu/0401/01dqll/index.htm.

二、中西法律之间的对比与交流

法律秩序作为最基本的一种社会秩序，代表的是社会关系的有序化状态。法律的形成和发展与政治、经济、地理、文化等多种因素有关，这就使得全世界的法律不尽相同。中国的传统法律在人类的法律史上有着独特的位置，它的内在精神和制度安排独具特色。我们可以从法律制度的设计上观察出其独特的文化特性。中国古代的传统统治者，以"礼法并用"的模式管理国家。在中国古代，二元法构建起了中国古代基本的法律秩序，二元法即国家制定法与家族法。国家制定法为法律主干，起着不可替代的作用；家族法虽不是正式法律，但其具有法律的某些性质特点，并且在基层社会中广泛施行。

中国古代法律设置的出发点是巩固皇权所代表的国家以及家族利益，统治者主要通过血缘与政治这两种手段来达到目的。但是，这也导致了权利义务配置的单向化，大量的社会财富流向高层，而底层的劳动人民却被分派了更多的义务。在以宗法立国的中国古代，"情""理"合一是社会所认同的，也是中国古代法律所追求的司法正义。

相比之下，在西方的法律中，立法者追求的是不同要素之间的相互制约与相互平衡，即，立法权、行政权和司法权三者之间的平衡，参议院与众议院之间的平衡。为了保证美国人民所看重的自由，美国采取了一系列措施。第一，巧妙地平衡联邦与州之间的权力关系。联邦政府被授予一系列权力，让其可以在不依赖各州的情况下，独自处理政务。但是各州也保留有一部分权力。第二，西方的法治要旨为排斥专治、关怀自由以及宪法至上。中西方在权力观念上存在明显不同，礼治崇尚专制，法治崇尚民主。在西方，为了便于商品经济的发展以及平衡多元政治集团之间的利益关系，西方又出于本能地反对专制。礼治通过对经济以及血缘政治的控制来保证专制，而在法治社会中，主要是通过制约来限制权力。西周的分封制虽然崩溃，但宗法政治却得以延续，家族本位的政治特点逐渐显现。在此政治模式中，中央集权与民间自治巧妙地结合。而法治则通过对自由、平等的保障，来实现对人权的保护和呵护。同时，也对自由的尺度加以限制来维持社会必要的稳定。这两种不同的治国方式的背后，是两种不同的治国理念，即德治和宪治。德治要求百姓有自律的意识,有着自觉性的优势。①

但是在近代文明进程中,中西文化发生了碰撞,产生了交流,礼治开始走下坡路,法治开始盛行。其根本原因是科技的发展、全球市场的统一、法治的平等自由观念符合时代发展的新需要,有利于解放生产力。而礼治所推崇的尊卑秩序,明显不适合自由交易的市场。我国学者已经清楚地意识到抛弃礼治中不好的部分,并借鉴法治中优秀的部分,是打开我国法治改革局面的必要手段。在众多理论中,借鉴融合这一学说成为最理想的途径。人们没有彻底否定礼治,相反,礼治的核心观点"民心所向""以德治国",被认为是所有法律的第一要义。

三、西方译作对中国近代思想的影响

晚清政府为了维护最后的统治,被迫进行司法制度改革,其目的是收回列强的领事裁判权。西方法律思想的传播给民国初期的司法改革带来了理论与思想的基础。早在鸦片战争时期,中国就已经通过多种方式接触西方的法律。为了抵抗英国侵略者,晚清重臣林则徐主持翻译了瑞典法学家和外交家瓦特尔的《国际法》中的部分内容,意图借助国际法以利于中国战局。其书以《各国律例》为名,在中国印行,但后期因鸦片战争失利,这项工作被迫中止。

20 年后,出于办理洋务的需要,翻译引进外国法律的工作再次展开,建立的翻译机构有京师同文馆、江南制造总局译书馆和广学会。这一时期主要翻译的还是国际法。从 1895 年开始,中国的资产阶级改良派开始着力翻译引进外国的法律、法学著作。戊戌前后,大批译书局社相继成立,如大同译书局、译书公会、浙江特别译书局、上海作新社、上海南洋公学译书院、新民译书局等。到 1905 年 4 月 24 日,修订法律馆已经译出的外国法律和法学著作有:《德意志刑法》《德意志裁判法》《俄罗斯刑法》《日本改正刑法》《日本陆军刑法》《日本海军刑法》《日本刑事诉讼法》《日本监狱法》《日本裁判所构成法》和《日本刑法义解》。(卞修全,2003:131)预备立宪后,伴随着清廷对法制改革的重视,修订法律馆修律大臣沈家本又扩大了翻译引进外国法

---

① 三权分立. 维基百科. [2016-09-?]. https://en. wikipedia. org/w/index. php? search=％E4％B8％89％E6％9D％83％E59％88％86％E7％AB％8B&tiHe＝Special:Search&go＝Go&searchToken＝a9ycsb3605glzk8pg6ikd3ni5.

律和法学著作的规模。从 1906 年到 1907 年，修订法律馆翻译法学著作 13 部，从 1907 年到 1909 年翻译了 34 部，从 1909 年到 1910 年又翻译了 14 部。到清朝灭亡前夕，中国各派势力翻译的外国法律和法学著作就有 400 多部。（卞修全，2003:136）晚清政府认识到，只靠翻译法律作品是远远不够的，所以晚清政府也派遣了部分官员大臣远渡重洋，亲自考察各国的法律制度。这些接触到新思想、新观念的大臣，对于西方先进的法律制度赞不绝口。

1987 年出使日本的黄遵宪在《日本国志·刑法志》中写道："日本自古刑无专官"，"刑罚或轻或重，惟长官之意。……泰西各国，咸谓日本法律不完不备，其笞杖斩杀之刑不足以治外人。于是日本政府遂一意改用西敕元老院依拟佛律，律，略参国制，以纂定诸律，至十四年二月遂告颁行，曰治罪法，曰刑法"。（卞修全，2003:129）又如，他在《日本杂事诗》中这样记载日本明治维新后的监狱："牢狱极为精洁，饮食起居，均有常度，病者或给以酒浆，但加拘禁，不复械系。一切诸苦，并不身受。虽定罪处绞者，行刑时，或引教士及神官、僧人为之讽经，俾令忏悔，仍祝以来生等到天堂云。"（卞修全，2003:129）

董康、王守询、麦秩严等人考察日本的法制，董康等人在日本先后访问了日本著名法学家小河滋次郎、松冈义正等人，对刑事案件中的审讯、逮捕、监狱、死刑执行等制度进行了专门的考察。回国后，他们帮助翻译了大量日本法律和法学著作。

通过翻译引进西方发达国家的法律和法学著作，西方先进的法律思想开始在中国传播，西方近代的法律原则也开始深入人心。近代的中国，国际时势风起云涌，国内则暗流涌动，各种新生的思想和群体登上历史的舞台。在各种杰出人物当中，影响力较大的有梁启超、沈家本、孙中山。他们通晓外语，比普通民众更早地接触新思想。孙中山的三民主义受西方影响的痕迹尤为明显，特别是从民权主义所强调的"政府拥有治权，人民则拥有政权"的思想中可以看出权力之间的互相制约。人民以"选举、罢免、创制、复决"四权（政权）来管理政府，政府则以"立法、司法、行政、考试、监察"五权（治权）来治理国家，其核心观念强调区分民权与权能。在了解、学习外国的先进法律理念之后，他们在国内大力推动司法改革，建设法治国家。孙中山设想通过三民主义实现"人能尽其才，地能尽其利，物能尽其用，货能畅其流"，进而实现国富民强、天下为公的大同社会。三民主义的本质即为民族救亡运动，是中国近代仁人志士的智慧结晶。他们借鉴西方先进的治国理念，结合当时中国的实际情况,是对中国近代化思考与实践经验的总结和高度概括。同时,我们也看到了明显的"礼治"和"法治"之间的过渡色彩,从封建王朝的"家天下"到三民主义的民主思想,中国正在逐渐接受西方的法律思维。

而梁启超则是从法政产生的角度来论述引进西方法律的。他认为:"国与国之并立而有交际;人与人之相处而有要约,法政所由立也。中国惟不讲此学,故外之不能与国争存,内之不能使吾民得所。夫政法者,定国之本也。日本变法则先其本,中国变法则务其末,是以其事虽同,而效乃大异也。故今日之计,莫急于改宪法。必尽取其国律、民律、商律、刑律等书而广译之。"(卞修全,2003:130)沈家本说:"西国司法独立,无论何人皆不能干涉裁判之事,虽以君主之命,总统之权,但有赦免而无改正。中国有州县而道府而司而督抚而部,层层辖制,不能自由。"(沈家本,1985:17)他们在深受西方司法理念影响的同时,根据中国的具体国情提出了许多司法改革的原则,而这些原则有许多在民国初期的司法改革中被制度化。(沈家本,1985:2094)

通过翻译西方的法律制度和法学著作,中国开始逐渐接受先进的司法改革理念。传统的礼治开始动摇,人们开始接受平等、自由等思想,给中国近代的法律发展注入了新鲜的血液。这些进步的思想主要为以下几点:第一,司法人道主义思想。自英国颁布《自由大宪章》开始,人道主义思想就开始得到西方主流文化的认同,并且逐渐融入司法制度当中。清末著名法律人士沈家本,借助诉讼法改革,将西方的司法人道主义引入中国。例如,在《大清刑事民事诉讼法草案》中,就对原被告的人格、名誉和身体等作了系统的规定;在《大清刑事诉讼律草案》中,更是进一步将保护被告的合法权益作为一项基本的制度加以规定。我们从这点就可以看出中国法学界已经开始接受司法人道主义,并且在实际的操作中加以重视。第二,司法独立思想。在中国传统文化中,至高无上的君王有着说一不二的权威,而那些附有裙带关系的贵族,对于司法的审判多少也有一定的影响力。这是封建社会的"家天下"的独特表现,也往往是司法腐败、政府效率低下的重要原因。相比而言,在西方两千多年的法律传统中,司法独立是其法律传统的重要组成部分。鸦片战争后,西方的坚船利炮打开了中国的国门,司法独立思想开始传入中国,并与传统的中国法律理念产生了激烈的冲突。在这场较量中,传统的保皇派、封建的旧势力极力维护原先其在司法中的特权,而新生的力量、先进的群体则奋力斗争,通过游行、翻译作品、撰写文章等方式启迪民智,宣传司法独立思想。理论界人士也发起了一场理论的斗争,他们坚持认为:在司法独立中,最重要的就是要确保法官的独立地位,施行法官高薪制和终身制;只有司法独立才能避免权力腐败。第三,公民陪审思想。根据公民陪审思想产生的公民陪审制度,其目的就是为了保证司法公正,杜绝徇私枉法。沈家本对此制度甚是赞同,他在《修律大臣奏呈刑事民事诉讼法折》中,将此点作为旧式司法制度改革的主要任务。在他负责起草的《大清刑事民事诉讼法草案》中,多达27个条文详细规定了公民陪审制度。这说明当时的中国法学界已经抛弃了一言堂,放弃了封建时期的审判制度,接受了公民陪审制度。第四,律师辩护思想。中国古代没有律师辩护或者类似的行为,只要犯人认罪,基本就可以定案。在这过程中,主审官的意志起了决定性作用,为犯人辩解的声音微乎其微,这也是导致冤案的主要原因。律师辩护思想是近代西方司法制度的有机组成部分。在中国,这最早出现在鸦片战争后的沿海通商口岸城市的外国租界中。在英国租界内的司法机关中,英国人最早实行律师辩护制度。由此可见,中国最早的律师辩护制度是在领事裁判权制度下出现的。后在沈家本等人的推动下,在《大清刑事民事诉讼法草案》中明确了律师制度,在随后颁布的《各级审判庭试办章程》和《法院编制法》中,也都对律师制度作了比较具体的规定。后值辛亥革命爆发,改革在各个方面受到影响,有些不能得到全方位的实施,但是这些都为中国现代法律事业的发展奠定了基础。(彭瑞花,2006:9)

四、西方的法律译作对民初司法改革的影响

清末民初是一个风起云涌的时代,这期间各种复杂的矛盾交错纵横,改革和沿袭的争论此起彼伏。为了追上世界发展的潮流,法学界的仁人志士不断地学习和传播着先进的西方司法改革思想。当时中国的社会现状和西方列强的压迫,迫使着中国做出变化。清政府希望通过司法改革,通过政治的方法,缓和民族矛盾并反抗西方列强的侵略。这一时期的司法改革思想一方面具有了西方先进的司法改革理念,另一方面又受到中国传统法律思想的根深蒂固的影响,所以同时具有了近代化和传统的色彩。清末民初的司法改革有重要的指导意义,为民国初期的司法改革奠定了思想基础,指明了前进的方法,极具理论价值。

在中国古代法律中,由于司法权从属于行政权,所以行政权可以干涉司法权。虽然在历代王朝中,存在最高司法机关,但是皇帝作为独裁者,独揽"刑罚威狱"大权,垄断最高司法权。在地方上,为了便于管理,行政机关和

司法机关并为一体,一人可同时担任行政长官和司法长官,出现了地方权力高度集中化的现象。直到清末民初三权分立的思想传入中国,人们才开始了解司法独立原则。在改良派的积极活动下,晚清政府开始尝试着向西方学习,设立独立的审判机关。孙中山在南京临时政府成立之后,多次强调司法独立原则的重要性,并将其写入《中华民国临时约法》,以根本法的形式加以确立和保障。南京临时政府在司法审级的设置、当事人诉讼权利和人事制度上给予保证,以此贯彻司法独立原则。南京临时政府学习西方的司法队伍的建设,模仿西方的律师制度、陪审制度和公开审判制度。这一系列举动,让司法独立原则在民国初期得到了长足的发展。

中国封建社会的等级特权思想受到了西方天赋人权的剧烈冲击,《中华民国临时约法》明确地提出了法律面前人人平等的原则,规定中华民国人民没有种族、阶级和宗教的区别。如果官员有违法行为,群众可以向平政院陈述;如果群众有不同意见,可以向议会请愿。南京临时政府通过法律的制定,保证中华民国的人民的言论、出版、结社、宗教信仰、居住、迁徙等自由。南京临时政府时期发布《大总统令内务部禁止买卖人口文》禁止人口买卖行为,文中指出:"自法兰西人权宣言书出后,自由博爱平等之义,昭若日星。各国法律,凡属人类一律平等,无有阶级。"(中华民国史研究室,1982:156)文中要求内务部"迅即编定暂行条例,通饬所属,嗣后不得再有买卖人口情事,违者罚如令。其从前所结买卖契约,悉予解除,视为雇主雇人之关系,并不得再有主奴名分"。这实际是在法律上正式废除了延续数千年之久的奴婢制度。南京临时政府对人权的尊重,突破了封建社会的等级特权法制,有利于实现法律面前人人平等的司法原则。(彭瑞花,2015:14)中国封建法律传统最明显的一个特征是强调严格的身份等级,是一种"刑不上大夫"特权法律体系。从皇帝到贵族再到普通的老百姓,被划分为若干不同的等级。贵族、官僚享有"八议"、官当、上情、减、赎、免等各项特权,不同等级的人如果发生犯罪行为,实行同罪异罚。清朝末年,西方的"天赋人权""自由平等博爱""法律面前人人平等"的思想开始传入中国,并且成为中国民族资产阶级推翻清朝统治、建立资产阶级共和国的旗号。南京临时政府成立后,孙中山对封建社会中法律的不平等性进行了抨击,并在之后颁布的《中华民国临时约法》中,以根本法的形式公开宣告:中华民国人民一律平等,无种族、阶级、宗教之区别。该法明确规定人民享有各项自由权:人民之身体,非依法律不得逮捕、拘禁、审问、处罚;人民保有财产及营业自由等等。南京临时政府还多次发布命令,一再强调:"民国开国之始,凡属国人咸属平等。背此大义,与众共弃。"(邱远欲,2003:329)并且根据"法律面前,人人平等"的原则进一步倡导民族平等和民族自决。

根据王尔敏以及袁同礼的材料统计,至少有169位中国人、112名西方人进行了关于中国法律典籍的翻译工作(包括相关书籍、法规、报道的翻译),此外至少还有49位没有留下名字以及国籍的译者。其中,有22个中国人在法律典籍的翻译工作中起到了重要作用,有3位具有国民党高官背景;有13位是著名大学(复旦大学、东吴大学、震旦大学)的教授,其中东吴大学(7名)和复旦大学(6名)的学者所做的贡献最为突出,他们承担了大部分的作品的翻译工作;商业界的人士与民间学者也做出了重要贡献。法律翻译活动在20世纪最为活跃,有大量的作品问世,而19世纪仅有7本,18世纪仅有2本。在这些作品中,主要以英、法、德译本为主,译本为法语的有107本;德语的有38本;葡萄牙语的有1本;荷兰语的有1本;意大利语的有1本。西方学者最关注的为《洗冤录》,共有6个版本的翻译,其中5个为英语译本,1个为葡萄牙语译本。其次是民国时期的刑法翻译,共有9个版本,其中3个为法语译本。

第四节 《刑案汇览》译文中佳译与误译评析

一、佳译

(一)巧妙的异化使译文更加生动

凯瑟琳娜·莱斯(Katharina Reiss,1923—)是德国功能派翻译理论的创始人和第一代杰出代表人物。莱斯提出功能派翻译理论后,一些学者又将这一理论进一步完善和发展。莱斯的理论也是建立在对等的基础上,认为翻译应该在语篇层面,而不是在单词或句子层面实现交流的目的和功能对等(Reiss,1977/89:113-114)。莱斯根据基本的交流方式,划分出如下文本形态:信息类文本(informative text),重在交流信息、知识和观点等,源语的内容和话题是交流的重点;表达型文本(expressive text)。(Reiss,1977/89:108-109)

　　《刑案江览》是清朝系统记述案件与办案程序的文献,是为数不多的没有鬼神记述的中国古代法律文献。作者卜德(Derk Bodde,1909—2003)是英国外文官后代。根据凯瑟琳娜·莱斯的理论,我们可以在《刑案汇览》中发现卜德使用了大量的"异化"翻译方法,使译文更贴近原文,比如案(case)、连累(implicated)、令(ordinance),等。笔者将运用具体例子来阐述卜德在翻译《刑案汇览》附录时所采用的异化策略及其翻译效果。卜德对于中国古代的法律系统以及各部门名称有着深刻的理解,虽然这些都区别于西方的法律系统,但是卜德可以从众多意思相近的单词中,选取最贴切的一个,例如:

　　例 1:按察使(judicial commissioner)(Derk Bodde,1973:577)

　　官名。宋仿唐初刺史制设立,主要任务是赴各道巡察,考核吏治,主管一个省范围内的刑法之事,相当于现代的省级公、检、法机关。由宋代提点刑狱演变而来。卜德将其翻译为 judicial commissioner,相比于 official 而言,commissioner 突出了专员的意思,表明了按察使是一个专事专办的职务。笔者认为卜德在此处的异化处理恰到好处。

　　例 2:生员(licentiate)(Derk Bodde,1973:584)

　　明、清指经本省各级考试入府、州、县学者,通名生员,习称秀才,亦称诸生。生员常受本地教官(即教授、学正、教谕、训导等)及学政(明为学道)监督考核。

　　卜德将生员翻译为 licentiate,是准确的。licentiate 一词的含义为具有许可证的人,生员是已经通过考试的学生并且得到官府的承认。若翻译为 student,则无法准确表明生员的含义也无法准确表达官府对生员的认可。所以笔者认为卜德在此的处理是正确的。

　　例 3:制书(imperial decree)(Derk Bodde,1973:580)

　　制书就是皇帝的话。所谓"天子之言曰制,书则载其言"。在周代,帝王的命令叫命。秦始皇灭六国,改命为制,制即成为颁布皇帝重要的法制命令的专用文书。两汉及魏晋南北朝的制书基本上沿用秦朝的规定。唐代的制书分制书和慰劳制书两种。除用于颁布国家重大制度的命令外,还用于官僚的褒奖嘉勉。元代任免高级官员仍用制书,而至明清时期缩小了使用范围,只用于宣布例行的重大礼节性活动,如祭祀天地、立太子、册立后妃等,在举行仪式时派专人向参与者宣读。①

卜德在这里充分理解并解释了制书的含义，一为皇帝所言，二为皇帝意图。在封建社会的发展过程中，制书的含义发生过变化，但是卜德舍小求大，认为制书的本质含义并未发生改变，坚持将其翻译为 imperial decree。在明清时期，"制书"一词作为法律词汇，内容比唐宋谨严，专指皇帝发布的文字，包括零散字词。而明代的制书，是皇帝对个别官员或部分官员有所宣告时使用的命令文书。制书的译文 imperial decree 回译汉语，意为皇帝的命令，所以这一翻译是很到位的。

(二)恰到好处的减译让译文更灵活

卜德在处理一些中国古代所特有的法律术语时，采取了减译的方法，人为地避免解释一些细节。卜德的处理方式突出了这些术语的本质内涵，能让西方读者更好地领会文章原意，例如：

登闻鼓(complaint drum)(Derk Bodde,1973:584)

登闻鼓，是悬挂在朝堂外的一面大鼓。挝登闻鼓，是中国古代重要的直诉方式之一。冤屈的百姓在衙门口击鼓鸣冤，所击的大鼓就是登闻鼓。

卜德在这里采取了归化的翻译策略，若按照直译的方法，则必须翻译出在衙门口击鼓鸣冤的含义。而 complaint 这个词只突出了鸣冤，虽然卜德忽略了翻译"在衙门口"，但是却保证了译文的简洁。笔者认为卜德这种有选择性的翻译策略是可取的，尤其是在法律典籍的翻译中，很多文化现象以及法律法规是对方文化中所没有的，译者必须在保证不扭曲、不违背原文的基础上，选择性地翻译。这样能够帮助读者跨过不必要的文化障碍，更好地理解作品内涵。

(三)精炼的表达让译文更简洁

有些术语若不妥善处理，则存在翻译拖沓的现象，难以找到言简意赅的表达方式。这样虽然准确地传达了意思，但是却违背翻译的准则。卜德通过自身对中西法律文化的充分了解，自己体会术语的含义，绕开了这一棘手的问题，同时准确地传达原文的意思，更好地忠实于原文，例如：

---

① 制书.百度百科.[2016-08-?].http://baike.baidu.com/item/％E5％88％B6％E4％B9％A6.

三法司(Three High Courts)(Derk Bodde,1973:583)

中国旧制三个司法机关的合称。清代承袭明代三法司体制,审判机关仍为刑部、大理寺、都察院,但此时三机关的职权与明代大不相同。清代的刑部仍为中央审判机关,但职权范围远远超过明代,不仅享有审判权,还享有复审与执行刑罚的权力。大理寺的职责主要是复核刑部拟判死刑的案件。都察院是法纪监督机关,既审核死刑案件还监督百官。①

卜德在此采用的是直译法,虽然三法司是古代中国所特有的,但是在西方三权分立的思想中,其权力也是分为立法权、行政权和司法权。虽然与三法司的名称不同,但是其实质一样。笔者认为卜德在此采取直译的方法是可取的,原因在于西方读者可以根据译文,在自身所处的社会文化中准确地找到对应的事物。卜德对于三法司的翻译不但一语中的,也做到了传神达意。

(四)适当的归化让译文更具可读性

法律典籍的翻译首要追求的就是对于译文原意的高度一致,而淡化对其文学色彩的再现,所以大部分译者偏向于选用异化的手段处理文字。但是出于多种原因,尤其是在面对文化差异的问题上,有些术语是无法进行异化处理的,此时译者必须考虑用归化的手段进行翻译。通过解释性的翻译并加以译者自身对文章的理解,将所需的内容融合到译文中去,通常选用的手法有增译、减译、重译甚至不译。通过不同的手段尽可能地表达出源语的含义,让读者更好地接受与理解。卜德在处理一些比较专业的术语翻译时,采用了归化翻译策略,同时结合了适当的增译或者减译,例如:

例 1:户婚(the family and marriage)(Derk Bodde,1973:581)

户婚律是调节婚姻家庭关系的法律规定,它有一个不断完善和发展的过程。封建时代缺乏以调节婚姻关系为立法原则的单行法,反映了中华法系诸法合体、出礼入刑的重要特征。法典文献里所谓的户婚律包括户律和婚律,它往往只是作为刑法的附着法规而调节婚姻家庭关系。

卜德在户婚的翻译策略上选择了归化。the family and marriage 回译为汉语的意思为家庭和婚姻,而户婚的准确含义是户律和婚律以刑法的附

---

①　三法司.百度百科.[2016-08-?].http://baike.baide.com/item/%E4%B8%89%E6%B3%95%E5%8F%B8.

着法规形式来调节婚姻家庭关系。中西文化的差距在这里得到了体现。在古代的西方社会,人们通过宗教仪式来维持婚姻关系。例如,人们遵循天主教教义中所规定的:一夫一妻制、严禁离婚、严禁近亲结婚。而在古代的中国,婚姻制度是一夫一妻多妾制,是宗法制度下的包办和买卖婚姻,婚姻是男女双方家族所必须考虑的不同家族利益联合的事情,所以男女婚姻的成立和解除必须由家长来决定。这种宗亲制度以男性为中心,是一种不平等的夫妻关系,夫权至上,所以人们常说"夫者倡,妇者随"。婚姻和家庭被伦理和道德所约束,成为家族伦常关系的载体。由以上对比可以看出在中西方文化中,婚姻的定义与人们对其的理解之间差距巨大。卜德在此并没有对其进行详细的介绍与解释,由于文化差异的限制,就算详细地解释出户婚的含义,西方读者也无法理解。另外,考虑到译文的简洁性,将户婚翻译为the family and marriage,让读者了解到这个术语大致是与婚姻有关的,再结合上下文的文意,读者可以对此术语有更准确的把握。

同理,笔者发现卜德将类似的术语户律翻译为 statutes on the family (Derk Bodde,1973:581),其使用的方法和思想与翻译户婚时所采用的方法和思想一致。《户律》是古代户籍制度,是有关名田宅制度、户籍管理制度和分户析产方面的法律规定。春秋战国时期,分封制虽尚存,但各诸侯国实际上已是独立成国。各诸侯国内部虽仍实行分封制,但诸侯公室对其卿大夫采邑的控制,与周天子对各诸侯国的控制相比,要严密得多。而且,各诸侯国内部多数也已建立直属于诸侯公室的郡县。春秋战国时期,宗法制度也日趋破坏,小家庭在社会生活中的作用越来越重要。这就使建立比较严密的户籍制度成为可能。齐国不迟于齐桓公时期,就已建立比较严密的户籍制度。《户律》中所述名田宅制度是现实中真实实行的制度。(王彦辉,2007:1)而在西方的文化中,没有类似户律的制度,美国法律认为进行户口登记是对人权的侵犯,美国官方只登记公民的出生与死亡日期。只要符合城市的卫生以及法律规定,公民能够通过稳定收入来保证自己的生活,美国官方是允许公民自由迁徙的。卜德在此显然无法通过只言片语来向西方读者解释清户律的含义,因为户律为封建时期中国统治者管理国家的一种主要手段,通过限制地方人口的流动,来维持社会的稳定。卜德将户律翻译为 statutes on the family,回译为汉语的意思为"家庭法规",简要地概括出了户律的核心含义,即对于家庭的管理。若是要表达户律国家对家庭控制的含义则需要选用 regulations on the family,这对于西方的读者明显是难以接受的,而且也没必要如此直白地翻译。

　　笔者赞同卜德在户婚(the family and marriage)以及户律(statutes on the family)的翻译中所采取的归化法,迫于中西文化的差异,采取释意的方法来表达术语的意思是一种更加合理科学的方式,而且也给读者留下更大的自由发挥空间。通过卜德的简要介绍,大概了解此术语的含义,再结合上下语境,读者可以通过自己的努力,更准确地了解其含义。

　　例 2:保甲(registration system)(Derk Bodde,1973:583)

　　保甲的译文 registration system 回译为汉语的意思为,家庭登记制度。保甲是旧时代统治者通过户籍编制来统治人民的制度。若干家编作一甲,若干甲编作一保。保设保长,甲设甲长。保甲制的实质是通过联保连坐法将全国变成大囚笼。联保就是各户之间联合作保,共具保结,互相担保不做通共之事,就是一家有"罪",九家举发,若不举发,十家连带坐罪。(袁克勃,2008:17)根据对保甲的解释,我们可以了解到其不仅有卜德所说的"家庭登记"功能,其更重要的作用是便于统治者对人民实行层层管制,但是在卜德的 registration system 中,我们完全没有办法读出这层意思。笔者认为这是卜德的翻译策略,卜德应该对保甲制度有所了解,但是在西方社会中并不存在类似于保甲的制度,所以卜德仅笼统地将其翻译为 registration system,弱化了文化差异给读者带来的理解困难。

　　(五)解释性翻译让意思更具体

　　汉斯・弗米尔(Hans Vermeer 1930—2010)是德国功能派翻译理论的代表、目的论的首创者。她在《普通翻译理论框架》("Framework for a General Translation Theory")一文中首次提出了翻译的目的论以及目的论三大原则,该文也被公认为翻译目的论的奠基文献。Skopos 一词来源于希腊语,意思是"目的"或"意图"。翻译是一种基于文本进行的一系列翻译行为的活动。目的论强调翻译的互动和语用特征,认为目标语文本的形式应当首先由功能,即由目标语语境中要达到的目的来决定。任何一种翻译行为的目的以及它所要表现的风格,都应该由译者和委托翻译任务的一方进行协商确定(Vermeer,1989:221)。目的论主要着眼于翻译的目的,认为翻译目的决定翻译方法和策略(Munday,2001:79)。因此,在目的论中,知道为什么要翻译一篇源语文章以及目标语文章的功能对于译者来说是非常重要的。对于目的的解释有三种:译者的目的、译文的交际目的和使用某种

特殊翻译手段所要达到的目的。通常情况下,目的是指译文的交际目的(张锦兰,2004:36)

在法律典籍的翻译中,译者主要采取归化和异化这两种翻译方法,但是《刑案汇览》作为百科式法律典籍,包罗万象,内容复杂丰富。在有些术语的翻译中,卜德融合了两种翻译方法,在另一些术语的翻译中则用直译加解释的方法。这些术语为西方读者提供了必要的信息同时也为译本增加了学术性,更体现了卜德在治学方面的严谨认真态度。笔者将引用例子加以说明:

例1:社仓(community granary)(Derk Bodde,1973:584)

社仓是旧时中国各地汉族储粮备荒的一种社会习俗,隋唐已有。社仓不特指某个粮仓,而是一种储粮制度。一般没有专门的仓库而在祠堂庙宇储藏粮食,粮食的来源是劝捐或募捐,存丰补欠。粮食的周转则是以借贷的形式,一般春放秋收,利息为十分之二。(金梅,2015:4)

卜德将社仓翻译为 community granary,对于这个西方没有而中国特有的社会习俗,卜德采取的翻译方式为直译加解释。其中,community 一词对应着社仓中的社字,也传达出了社仓的社会公益性质,但是卜德并没有将社仓的仓字翻译为 warehouse。卜德明白社仓不特指某个粮仓,而是一种储粮制度。所以他通过归化的手段,抓住社仓的含义,通过 granary 告诉读者此为粮食收集制度,而且是具有公益性质的。

例2:十恶(Ten Abominations)(Derk Bodde,1973:584)

十恶,是指直接危及君主专制统治秩序以及严重破坏封建伦常关系的重大犯罪行为。在《北齐律》"重罪十条"基础上,隋朝《开皇律》正式确立十恶制度,唐朝沿袭之。犯十恶者,"为常赦所不原"。

卜德将十恶翻译为 Ten Abominations,其采用的手法也是直译加解释。首先,值得关注的是,在西方宗教中也存在"十戒"的说法。但是卜德在此并没有将十戒等同于十恶,也没有将十戒的译法挪用到十恶的翻译中去。十戒的译文为 Ten Commandments,而十恶为 Ten Abominations,核心的区别就在 commandment 与 abomination 这两个词的意思。commandment 的意思为命令、戒律,其本质是自身的约束。而 abomination 的意思为深恶痛绝,其本质是社会外部对某种行为的痛恨。十恶是危及君主专制统治秩序以及严重破坏封建伦常关系的重大犯罪行为,影响社会的安定秩序,必定为全社会所痛恨。其次,在英文中,表示痛恨的单词有 abhorrence 以及 resentment,唯有 abomination 包含罪不可赦的意思。所以卜德将其翻译为

Ten Abominations 是合适、合理的。

例 3：总徒(total penal servitude)(Derk Bodde,1973:586)

指徒、流犯人再犯徒流之罪后所处的最高服役年限。清代法律中规定，犯徒罪、流罪的人在服刑期间又犯徒罪、流罪的,应当依律重新判决。对于重犯流罪者,三流并处罚杖刑一百下,对其拘役的年限为四年;对于犯徒罪者,受过杖刑以及流放刑法后,其所拘役的年限也不超过四年;对于先犯徒三年,已役一年,又犯徒三年者,除去所受一百杖的处罚外,其徒刑只能再加一年,总年限也不过四年。(陈煜,2012:97)

卜德将总徒翻译为 total penal servitude,采用的翻译策略是直译加解释。徒虽然有流放的意思,但是卜德并没有采用 exile 来翻译。因为总徒包含有流放以及杖罚这两种惩罚,翻译为 total exile years 则有失准确性。笔者认为卜德的翻译是合适的,penal servitude 虽然弱化了"流放"的意思,却暗示读者总徒是包含多种罪行的。

(六)严谨的选词让译文更具学术性

德国语言学家布勒(Karl Bhler,1879—1963)提出过语言的三种主要功能,即信息、表情、感染功能。信息功能的含义为语言具有很强的逻辑性,主要向读者传递具体的信息和准确的事实,对于内容的要求比较高。由于内容比形式重要,译者在处理这类作品时,往往要尽可能地去除个人翻译风格,尽可能地选择合适的词语以及句子,使译文最大限度地忠实于原文。卜德在这一问题上尤为谨慎,对于具有相同意思的词,他认真琢磨原文含义,选出最贴近原文的译文,例如关于几个术语中包含"法"的含义的单词的选择：

例 1：开皇律(Code of Kaihuang period)(Derk Bodde,1973:581)

《开皇律》是隋文帝命大臣总结魏晋南北朝时期的立法经验后修改制定的一部封建制法律。《开皇律》律文 500 条,素有"刑纲简要,疏而不失"的美誉,具有很高的立法成就,实是法制史上的一大进步,亦对后世产生了深刻影响。它继承了中国封建法制的基本精神,所以也为历代封建法典所沿袭。《唐律》就是直接沿袭《开皇律》而来的。

例 2：汉律(Han Code)(Derk Bodde,1973:580)

汉律是汉代法律的总称。汉承秦制,西汉建国初期依然继承秦朝各项基本制度。随着战乱逐渐平息,统治者冷静下来认真总结秦朝兴亡之得失,开始对治国之策做出许多重大调整,使得社会经济基础和政治制度得到确立和巩固。因此,汉朝法律制度既有继承秦朝的一面,也有进行重大改革的一面,使其封建法制日趋成熟。

例 3:法经(Canon of Laws)(Derk Bodde,1973:580)

《法经》是中国历史上第一部比较系统的封建成文法典,但它并不是我国历史上第一部成文法典,在《法经》之前,已经颁布了很多法典,只是不太完善。《法经》成为以后历代法典的蓝本,它的制定者是战国时期著名的改革家李悝。战国时期各国变法频繁,李悝也在魏国魏文侯的支持下进行变法,推行新政。其中之一就是制定了《法经》。该书约成书于周威烈王十九年(前 407 年),但已失传。据《晋书·刑法志》记载,《法经》分《盗》《贼》《网》《捕》《杂》《具》6 篇。

例 4:律例馆(Statutes Commission)(Derk Bodde,1973:582)

律例馆是清代官署名。顺治二年(1645)置,掌修撰法令,审定条式,颁行全国。

以上为《开皇律》、汉律、《法经》、律例馆的翻译以及解释。这几个词的共同特点是都包含"法"的含义,但是卜德并没有采用单一的译法,而是针对不同术语的含义采取不同的翻译策略。《开皇律》与汉律都是统一的帝国的法律,选用 code 来表示这里的"法"是合适的。code 的含义为某一阶层或者社会所遵守的一套法典和法规。汉、隋作为统一的大王朝,《开皇律》和汉律都是针对劳动阶层的,所以卜德在这里选用 code 作为"法"的翻译。但是我们也注意到他将"开皇"译为 Kaihuang period,而将"汉"译为 Han,这是因为《开皇律》作为隋文帝时期的法律,为隋唐时期的法律奠基之作,其后的隋炀帝、唐太宗时期的法律,都在其之上进行了大量修改。所以卜德在译文中用 period 强调《开皇律》只代表隋文帝时期的法律典籍,而汉朝的法律是一脉相承的,自西汉建立以来便无太大的变化,所以卜德统一将汉律译为Han Code。

笔者发现卜德在《法经》的翻译中,并没将其中的"法"译为 code,而是将《法经》翻译为 *Canon of Laws*。canon 的意思为"标准、准则、宗规",其意思与 code 有较大差距。首先,《法经》只是比较系统的封建成文法典,并非做到全面系统。其次,法经的制定者是战国时期的改革家李悝,其适用范围也只是一个诸侯国,并没有适用于整个社会阶层。所以卜德在考虑了以上几点,将《法经》有关译为 *Canon of Laws*。

在有关律例馆的译文中,卜德将其翻译为 Statutes Commission。statute 的意思为"法令、法规",而律例馆在清代主要掌修撰法令,审定条式,statute 一词突出的就是法令的意思。

通过以上几个术语翻译的讨论可以发现:虽然它们都包含"法"的意思,但是卜德谨慎地选用不同的英文单词,最大限度地保证了译文对原文的忠实。笔者对于卜德的认真治学态度表示钦佩,同时更加叹服卜德对中国古代法律的深入研究和了解。

二、误译

(一)文化差异所导致的误译

由于语言和文化差异的存在,译文不可能在各个方面都和原文达到一致,要么有所保留,要么有所变动。保留多少、改动多少要视翻译的目的而定(刘军平,2009:378),这些细节没有处理好就容易导致不恰当的翻译。

卜德在处理官名、机构名称的时候,也有一些误译。主要原因为,在封建中国的历朝历代发展过程中,有不少同名的官位以及机构发生了职能的变化,例如:

例 1:律例馆(Statutes Commission)(Derk Bodde,1973:582)

在此译文中,卜德选用 commission 来表达"馆"的意思,虽然commission 有官署的意思,但是律例馆主要职责是修撰法令、审定条式,而commission 显然无法表达这个意思。笔者认为应该改为 Statutes of the Legislative Body of Statutes.

例 2:布政使(financial commissioner)(Derk Bodde,1973:583)

官名。明初,沿元制,于各地置行中书省。明洪武九年(1376 年)撤销行中书省,以后陆续分为十三个承宣布政使司,全国府、州、县分属之,每司设左、右布政使各一人,与按察使同为一省的行政长官。清代始正式定为督、抚的属官,专管一省的财赋和人事,与专管刑名的按察使并称两司。(韩卫斌,2004:85)

卜德将布政使翻译为 financial commissioner,说明了布政使管理财赋的职能,但是并未体现出布政使在人事任免上的权力。所以笔者认为此处应翻译为 human resource and financial commissioner。改译后的译文更清楚地交代了布政使的两个主要权力。

　　（二）不恰当的减译所导致的漏译

　　相比于误译，卜德对于一些术语的处理则更多地出现了漏译的问题。漏译不等于减译，卜德有些减译处理得恰到好处，使文章增色不少，但是漏译则是对原文意思的改变甚至曲解，例如：

　　例 1：斩衰（garb of unhemmed sackcloth）（Derk Bodde，1973：577）

　　斩衰是"五服"中最严肃的，也是最重的丧服。斩衰在所有的丧服中，制作最为粗糙。斩衰不但是用最粗劣的生麻做的，而且衣服的边角不得裁剪。身穿斩衰服丧的人可以毫无顾忌地表达心中的悲伤，同时要服满三年的丧期。

　　在中国古代，诸侯为天子，臣为君，男子及未嫁女为父，孙为祖父，妻妾为夫，均服斩衰。在服斩衰的妇女，要用生麻将头发束起并且梳成丧髻。服斩衰的实际时间为两年余，多为二十五个月。《礼记·丧服小记》："斩衰括发以麻。"《清史稿·礼志十二》："斩衰三年，子为父、母；为继母、慈母、养母、嫡母、生母；为人后者为所后父、母；子之妻同。女在室为父、母及已嫁被出而反者同；嫡孙为祖父、母或高、曾祖父、母承重；妻为夫，妾为家长同。"（焦阳宁，2014：11）

　　显然，在西方世界并不存在丧服这一说，也没有这样的传统。斩衰主要包含两层意思：（1）粗制滥造的衣服；（2）最为悲痛的心情。卜德在译文中选用了 unhemmed 来形容"没有褶边"的衣服，贴切地表达出了没有经过精加工的生麻丧服的粗劣。但是卜德却忽略了斩衰的另外一层重要含义，即对于至亲去世所怀的最悲痛的心情。必须将这一层意思表达出来，不然无法从本质上将斩衰与其他粗制滥造的衣物区分开。所以笔者在此认为，此处译文应该改为 garb of unhemmed sackcloth for grief。

　　例 2：饭银处（Food Costs Office）（Derk Bodde，1973：580）

　　机构名。清代户部内部机构之一。各省每年额解户部饭食银若干，作为户部官员的养廉银及饭食银，并以其中部分银两拨给内阁、军机处、起居注馆、兵部等机构，帮贴其饭食费用。剩余银两，留作户部办公费用。饭银处即掌此项银两之收支事，例由户部堂官于郎中、员外郎、主事、七品小京官内派委四人司其事，两年更换。（王玮帅，2013：6）

　　卜德对于饭银处的翻译几乎是字字对应，虽然能让读者大致了解其意思，但是与其本意还是有差距。首先，饭银处作为清代户部内部机构之一，其本质为内部机构的分支,而译文中的 office 是办公室、主办处的意思,并无传达出分部的意思,所以此处 office 应用 branch 替代较为合适。其次,饭银处的第二个重要职能是养廉,养廉银为中国清朝特有的薪给制度,创建自清世宗雍正元年(1723 年),皇帝想通过高薪来培养并且鼓励官员的廉洁习性,并避免官员利用职权之便贪污,因此取名为"养廉"。卜德的译文 Food Costs Office 完全忽略了这一层意思的表达,而饭银处的养廉银是清朝的一个重要制度,也是官员的主要收入手段,养廉银通常为本薪的 10 倍到 100 倍。笔者认为必须将这一层含义传达出来,才能说明饭银处的真实职能。所以建议将原译文 Food Costs Office 改为 the branch of Food Costs and Silver Honesty System of the Qing Dynasty 更为贴切。一来陈述了历史史实,此制度为清朝特有,并非中国封建王朝历朝历代所固定的部门;二来表明饭银处所特有的养廉功能;三来从机构部门的关系入手,通过 branch 一词表明饭银处是清朝内部机构的分支之一,并非独立成一部门。

例 3:留养承祀(remaining at home to care for the parents or to perpetuate the ancestral sacrifices)(Derk Bodde,1973:572)

如果死刑犯为独子,而祖父母、父母年老无人奉养,经皇帝批准,可以改判重杖一顿枷号示众三个月,使其能免除一死。这是一种慎刑的思想反映,起源于我国南北朝时期的《北魏律》。道光年后有了严格的限制,比如行为人所杀之人也是一个家庭的唯一成年男子,那么对犯罪人就不能适用该制度。(夏静,2008:12)

卜德在此将留养承祀的大致意思翻译了出来,remaining at home to care for the parents or to perpetuate the ancestral sacrifices 回译为汉语即为"在死刑判决后不执行并且遣送回家命其照顾父母"。卜德对此译文的处理忽略了留养承祀的主要精神以及所适用的条件和前提。

留养承祀遵循儒家精神,即在量刑上改重为轻,有利于缓和社会矛盾。在一定程度上缓解了过度刑罚的问题,对减轻秦朝以来的严刑峻法有一定的帮助。汉朝时期,春秋决狱将儒家思想带进法律之中,进一步加强儒家思想对统治阶级的影响力,而留养承祀的本质精神就是儒家思想的体现。儒家思想对完善中国古代犯罪构成理论起到重大推动作用,其基本精神是"原心定罪"。董仲舒说:"《春秋》之听狱也,必本其事而原其志。志邪者不待成,首恶者罪特重,本直者其论轻",意即:必须根据犯罪事实来探索罪犯的犯罪动机等主观心态。换句话说,适用于留养承祀的犯人所犯的错误不能与儒家基本观点相违背,如果是犯了十恶(Derk Bodde,1973:584)的犯人,则留养乘祀对其是不适用的。而译文则完全忽略了这一前提,没有很好地达到法律术语的严谨性要求。笔者认为在此处要补上对于适用于留养乘祀类型的犯人的形容,必须将其修改为 the exemption of the only son found guilty for the purpose of caring for parents or perpetuating ancestral sacrifices.

例 4:八议(eight considerations)(Derk Bodde,1973:583)

"八议"最早源于西周,在曹魏的《新律》中首次入律。所谓"八议"是指法律规定的以下八种人犯罪,一般司法机关无权审判,必须奏请皇帝裁决,由皇帝根据其身份及具体情况减免刑罚的制度。议亲,即皇帝的亲戚;议故,即皇帝的故旧;议贤,即德行出众的人;议能,即有大才干的人;议功,即对国家有大功劳的人;议贵,即三品以上的官员和有一品爵位的人;议勤,即特别勤于政务的人;议宾,即前朝国君的后裔、被尊为国宾的人。唐朝法律规定,上述八种人犯了死罪时,司法机关不能直接审判,要先禀报皇帝,说明他们犯的罪行以及应议的种类,然后请求大臣商议处罚方案,再交皇帝决定批准。(张耀华,2014:103)

卜德在此译文中直接采取了字面翻译的策略,其好处是一目了然,对于读者的阅读有很大的帮助,但是不足也是较为明显的。首先,八议所针对的群体是特定的,并非一个普遍制度。这是一种特权制度,只有皇帝的亲戚、德行出众的人、对国家有大功劳的人、品级高的官员、勤于政务的人、国宾才能请求皇帝从轻处罚。而译文 eight considerations 只表达出考虑、思考的意思,这其中,卜德至少忽略了以下几点:(1)八议的判决权在于皇帝而不在司法机关;(2)能享受八议好处的,只有八个特权群体。因此,笔者认为译文若改为 the emperor's special verdict for the eight privileged groups,可以更好地体现该政策的执行者与获益者。卜德按照简洁、直观的翻译原则来处理文字的方式也不无道理,但是笔者认为在诸如法律典籍类的翻译作品中,应该将意思的准确表达置于首位,其次才是追求文字的简洁,这样才能体现出法律类作品的严谨性。

第六章　科学与技术文献

第一节　科技文献的传播与国外典藏

在人类的文明史上,科学技术的发展水平一直是一个社会进步发展的重要评判标准,也是助力经济和社会发展的强大杠杆。科学技术方面的知识,向来是各国间相互借鉴和学习交流的重要内容。这种借鉴与交流使得先进的科学技术在全球范围内得到了广泛的传播,同时也得到了进一步的发展。在这种跨越语言和国界的相互交流和借鉴中,翻译发挥了极其关键的作用。(谢天振,2009:93)译者们成为先进科学技术的传播者和宣传者,将科学技术通过文字传递到世界各地。如果没有翻译,科技就无法达到如此高的水平,正如意大利文艺复兴时的哲学家乔尔丹诺·布鲁诺(Giordano Bruno,1548—1600)所言:"所有的科学中都有翻译的产物。"(Delisle,Jean,1995:201)[①]

与其他国家和民族一样,中华民族向来注重科技在国力竞争中所发挥的作用。在公元 14 世纪之前,中国的科技一直处于世界领先地位,也是世界技术革新的中心,尤其是"四大发明",改变了整个世界许多事物的面貌和状态,并由此带来了巨大变化。然而,"四大发明"只是中国古代先进科技的一部分。纵观中国几千年的科技文化史,光辉灿烂的科技成就在相当长的一段时间里在世界范围内都首屈一指,天文、历算、农事、医药、建筑、工业等诸方面都远超同时期的欧洲,达到令西方国家望尘莫及的科学知识水平,影响力辐射世界各地:向东传播到朝鲜和日本,向南传播到印度,向西传播到

---

① Delisle,Jean. Translators Through History, John Benjamins Publishing Company: 1995.

波斯、阿拉伯,并扩散至欧洲,对整个世界文明的产生与发展做出了杰出的贡献。

与此同时,中华文明在其漫长的进程中也留下了许多宝贵的科学典籍,它们成为科技交流与传播的主要媒介。而随着我国国力的日益强盛,在国内强调"西学东渐"的同时,季羡林先生提倡的"东学西渐"也得到响应。(王宏印,2009:5)不少国内外有识之士开始投入到科学典籍的对外译介工作中来。现在有相当一批杰出的翻译家和汉学家们从事科学典籍的外译研究,业已取得可喜的成就,让世界更多的国家和民族了解了中国古代引以为豪的科学技术。

一、中国科技文献外译概况

中国科技文献得以规模性被西方人翻译,是从 16 世纪中叶西方耶稣会传教士来华传教后开始的。(黎难秋,2006:580)16 世纪时,欧洲的一些国家已进入资本主义原始积累时期,作为资产阶级先遣队的殖民主义者已经开始了海外掠夺。地大物博的中国自然成为殖民者们觊觎的对象。葡、西、荷、英、法等西方殖民者纷纷将魔爪伸向中国,大举进犯,企图分食中国。耶稣会的传教士就是在殖民主义者对我国展开大肆掠夺的同时,前来我国从事宗教活动的。这批联翩来华的传教士们打着探索自然科学的旗号,采用"学术传教"的方针进行传教。他们除传教外,也开始将西方天文、算学、地理、生物学等科学技术知识介绍到中国,对当时我国的科学发展产生了一定的影响。

自利玛窦 1583 年来华到清政府禁教、耶稣会解散,传教士在中国活动了 200 年左右。在实行"学术传教"方针的过程中,传教士发现中国在科技方面有许多相异于西方之处。利玛窦就曾在 1584 年 9 月的一封信中写道:"中国人非常博学,天文学、医学、自然科学、数学都十分精通。"这使得传教士们对中国的科技产生了极大的兴趣。此外,许多传教士受政府或科研机构的委托,由国家支付一定的费用,在华进行科学技术的调研。(张丽玲,2011:99)在这种情况下,这些传教士和欧洲学者陆续开始对我国的科技文献进行译介与研究,使得中国科学技术得以在欧洲传播,从而影响了西方科技的发展。(韩琦,1999:2)

值得一提的是,16 世纪奥古斯丁会传教士胡安·冈萨雷斯·德·门多萨(J. G. de Mendoza,1545—1618)所编撰的《中华大帝国史》(*Historia del*

Gran Reino de la China)开启了欧洲人认识中国的窗口,是西方第一本全面系统介绍中国的权威专著。书中对 16 世纪中国自然环境、地理、科技、文化、风俗、民族以及政治、经济等进行了全方位的介绍,尤其是对当时中国的印刷术、火炮、船舶技术、龙骨水车等技术的描述,使西方国家对中国产生了浓厚的兴趣。《中华大帝国史》的问世大大拓宽了欧洲人的中国观,在欧洲引起了巨大的反响,被译成英、法、德、拉丁、荷、意等多种文字。

待清末中外正式建交后,许多西方国家驻华使领馆的外交及专职翻译官员也加入了翻译中国文献的行列,西方各国的汉学热进一步升温。1841—1911 年间,翻译中国文献的西方人已多达百人以上。(黎难秋,2006:580)在欧洲,对中国文献展开翻译及翻译研究活动的学者日益增多,并形成了英、法、德三个中国文化研究中心。当时的欧洲其他国家,如意大利、荷兰、比利时、瑞典、挪威、丹麦、芬兰等,有的素有汉学研究传统,有的不乏杰出人才,也各自为"东学西渐"做出了贡献。

到了民国时期,西方汉学家、外交官逐渐取代传教士,成为译介中国文献的主力军,且在译作的数量上也超过了前期。这一时期,中国经典的科技文献仍然被西方学术界高度关注,此外中国近代科学家的最新科学论著也开始在西方国家传播,并产生了深远的影响。这些文献译本在西方国家的传播,进一步向世界展出了一幅灿烂的中国历史画卷,也让世人更加深入地了解到了中国丰厚的文化和辉煌的科技成就,对于世界了解中国起到了推波助澜的作用。

二、中国天文历算文献的译介

中国是世界上天文历算发轫最早、发展最快的国家之一,天文历算在我国古代科技史上占有极其重要的地位。天文历算方面屡有革新的优良历法、令人称叹的发明创造、卓有见识的宇宙观等,对整个世界的科技发展都起到了举足轻重的引领作用。

在我国古代天文历算的文献中,《周髀算经》是最早成体系的天文学理论著作,在我国乃至世界的天文学史都占有突出的地位。(屈宝坤,1998:25)《周髀算经》成书于公元前 1 世纪,作者未详,原名为《周髀》,唐初规定它为国子监明算科的教材之一,故改名《周髀算经》。"周"即圆,"髀"即股。该书采用最简便可行的方法确定天文历法,揭示日月星辰的运行规律,囊括四季更替、气候变化,包含南北有极、昼夜相推的道理,给后人的生活作息提供了有力的保障。同时,《周髀算经》中涵盖了大量数学知识,它使用了相当繁复的分数算法和开平方,在现存文献中,它是最早引用勾股定理的著作,足以反映出先秦以至西汉我国数学发展所达到的水平,是我国古代不可多得的数学遗产。

第一个将《周髀算经》译为外文的是法国传教士宋君荣(Antoine Gaubil,1689—1759),他在华 37 年,除了传教之外,还长期致力于中国文化和科学技术的研究,对汉学十分精通,被誉为"18 世纪法国最伟大的汉学家"。宋君荣熟悉满汉文字,晚年一直在北京钻研中国的天文史料,并长年亲历中国的观象计算编历方法。他在天文历算方面颇有建树,他关于中国天文学史的研究成果,屡为法国天文学家所应用,对西方天文学产生了很大的影响。译撰有《天文观测报告》《中国天文简史》以及《中国天文史》等。Querbeuf 刊行的《耶稣会士书信集》(Letters Edifiantes et curieuses)第 26 卷中收录了宋君荣关于《周髀算经》的译文,题为 Textes du Lirre.

法国汉学家毕瓯(Edouard Constant Biot,1803—1850)也将《周髀算经》翻译为法文(Traduction et Examen d'un Ancien Ouvrage Chinois),于 1841 年和 1842 年连续发表于巴黎的《亚洲杂志》(Journal Asiatique)。毕瓯,是 19 世纪第一个研究中国数学史的法国汉学家,30 岁师从法国汉学家儒莲(Stanislas Aignan Julien,1797—1873)学习中文,对中国古代天文学、地质学、气象学、数学和地震记录等都有深入的研究。1841 年 6 月,毕瓯在《亚洲杂志》上发表了《周髀算经》的译注,毕瓯高度评价了《周髀算经》的学术价值,认为这是一部关于中国古代天文学和数学的知识宝库,极具研究意义。"考虑到《周髀》年代久远,并且这类文献在东方又是凤毛麟角……因此我觉得此书值得全文翻译。"毕瓯解释道。(汪晓勤,2003:70)

英国汉学家、伦敦传道会传教士伟烈亚力(Alexander Wylie,1815—1887)是中西方天文历算传播与交流的功臣,在"东学西渐"方面功不可没。伟烈亚力在伦敦自学汉语,1847 年来华,曾在墨海书馆参与科技书籍的翻译。1852 年在《北华捷报》(North China Herald,《字林西报》的前身)上发表了长文《中国科学札记:数学》(Jotting on the Science of the Chinese: Mathematics)。文中,伟烈亚力对《周髀算经》进行了较为细致的介绍(主要翻译了周公与商高的对话部分),此外他还介绍了《九章算术》《夏侯阳算经》《张丘建算经》《五经算术》《海岛算经》等多部数学文献,"他第一次全面、客观地向西方介绍中国数学的文献以及位值制、勾股术、大衍术、天元术、四元

术等重要成就,成为西方中国数学史领域的开拓者"。(汪晓勤,2003:70)

　　德国神学家、新闻工作者毕尔纳茨基(K. L. Biernatzki,1815—1899)也翻译过《周髀算经》中周公与商高的对话,译名为 Die Arithmetik der Chinesen,发表于 1856 年的《纯粹与应用数学杂志》。毕氏 1815 年生于德国汉堡的阿尔托纳,担任过《阿尔托纳信使报》编辑,1841 年任修道院院长,1851 年任卡塞尔中国传教会秘书,随后任柏林福音派教会国内布道团委员会秘书。毕氏对中国科学史产生浓厚的兴趣,他在翻译过程中,基本上忠于原文,没有多少删改。他对中国数学文献的概述、《周髀》中周公与商高的对话、位值制记数法、《九章》诸章内容、《数理精蕴》、"古法七乘方图"等都做了较为完整系统的翻译。虽说有些许误译之处,但瑕不掩瑜,毕氏的译本在德国学术界引起了广泛的关注。

　　成书于公元 1 世纪左右的《九章算术》是我国古代第一部数学专著,是《算经十书》中最重要的一部,作者不详,但现代学者认为,《九章算术》并非出自一人一世之手,而是经过数代各家的增补修订而逐渐成书的。《九章算术》可称得上是一本综合性的历史著作,是当时世界上最简练有效的应用数学集大成者,它的出现标志着中国古代数学形成了一个完整的体系。《九章算术》具有深远的国际影响力。数学史家史密斯(D. E. Smith,1860—1944)说"这确实是中国对数学的特殊贡献"。西方国家最早是通过毕瓯和伟烈亚力的介绍开始认识《九章算术》的部分内容的,但由于他们都并未真正见过《九章算术》,因此对该书的评价往往语焉不详,甚至有错误之处。但不可否认二人均是《九章算术》西传的先驱。

　　《九章算术》在国外已有多种译本。由沈康身、郭树理和伦华祥合作完成,牛津出版社和科学出版社联合出版的《英译〈九章算术〉及其历代注疏》是迄今最完整的《九章算术》译本。《英译》由引论和正文组成,全文不仅让读者了解《九章算术》中的数学方法在中国的衍变历史,而且通过对国外同类工作详尽、深入地探讨,让读者从世界数学的大背景下了解《九章算术》的成就。(韩祥临、汪晓勤,2001:189)上文提到的德国学者毕尔纳茨基也对《九章算术》的诸章内容进行译介。德国数学史家康托(M. Cantor,1829—1920)在《数学史讲义》(Vorlesungen über Geschichte der Mathematik)中对《九章算术》的介绍,即是源于毕氏《九章算术》的译文。20 世纪 50 年代末,英国科学技术史专家李约瑟(Joseph Needham,1900—1995)和中国历史学家王铃(1917—1994)在《中国科学技术史》(Science and Civilization in

China)第三卷中对《九章算术》诸章进行了较为细致的介绍,并按专题介绍了开方术、分数运算、负数、勾股定理、方程术等内容,并开宗明义地指出,《九章算术》就其影响力而言,可能是中国数学史上最重要的一部。《九章算术》的中法对照本由中国科学院自然科学史研究所郭书春研究院和法方代表林力娜博士(Karine Chemla)共同完成。该书的翻译工作耗费了两位译者 20 多年的时光,几易其稿,不断修改,在《九章算术》多语种译本中,法译本的水准堪称一枝独秀。全译本洋洋 1150 页,面世三个月即脱销,其受热捧的程度可见一斑。法国驻华公使 Nicolas Chapuis 评价道:"《九章算术》法译本是中法文化交流和科学合作的一个伟大成果。"20 世纪中叶,苏联学者的研究工作对《九章算术》在西方的传播起到了至关重要的作用。1957 年,别列兹金娜在苏联《数学史研究》上发表了俄译本《九章算术》,这为 1968 年德国数学史家福格(K. Vogel,1887—1988)翻译《九章算术》提供了蓝本;1955 年,尤什凯维奇在《数学史研究》上发表了《中国学者在数学领域中的成就》一文,1961 年又出版《中世纪数学史》,对《九章算术》及刘徽注作了系统介绍。其中《中世纪数学史》流传较广,被译为德、波、日、捷、匈等多国文字,让更多国家的人了解《九章算术》。另 1988 年法国学者马若安(Jean-Claude Martzloff)出版了《中国数学史》(*Histoire des Mathematiques Chinoises*),1994 年新加坡数学史家蓝丽蓉(Lam Lay Yong)发表了《九章算术》经文的英译(*Jiu Zhang Suanshu:An Overview*)。毋庸置疑,这些译著对《九章算术》在世界的传播都做出了贡献。

元代朱世杰所著的《四元玉鉴》被视为中国筹算系统发展的顶峰之作,也是代表宋元数学高峰的力作,在中国古代数学史上有着重要的地位。日本数学史家三上义夫在其所著的《中国及日本数学之发展》一书中将《四元玉鉴》介绍至国外,其后康南兹(E. L. Konantz)和赫师慎(L. Van Heé)分别将《四元玉鉴》中的"假令四草"译为英汉两种文字。1977 年华裔新西兰人谢元祚(J. Hoe)将《四元玉鉴》全文译成法文。2006 年 7 月《汉英对照〈四元玉鉴〉》出版,其英译本以中国科学院自然科学史研究所图书馆馆藏的陈在新英译本为蓝本,该译本被视为中国古代传统数学完整系统译介为外文的典范。

明代数学家程大位(1533—1606)的《算法统宗》是中国数学史上的又一部巨作。其流传的时间、广度及深度是中国古代其他任何一部数学著作都无法比拟的。早在 18 世纪,《算法统宗》就通过耶稣会士传到了法国,法籍意大利著名数学史家利布里(G. Libri,1803—1869)致力于该书的研究。利布里出生于意大利佛罗伦萨,在数学、物理领域颇有建树,后加入法国籍。在法期间,利布里完成了《意大利数学科学史》的编撰,并在汉学家儒莲的指导下,开始研究《算学统宗》。《意大利数学科学史》第一卷就对《算法统宗》做了介绍。利布里认为此书是当时"欧洲所知的唯一不是由传教士写的中国数学著作"。(汪晓勤,2001:9)毕瓯在《博学者杂志》(*Journal des Savants*)上发表了关于《算法统宗》的注释,之后几乎翻译了全书(*Table générale d'un ouvrage Chinois intitulé Souan-fa-tong-tsong*)。

此外,德裔美籍东方语言学家艾伯华(Wolfram Eberhard,1901—1989)选译的《晋书》中的"三国时期的天文贡献"("*Contributions to the Astronomy of the San-Kuo Period*"),加拿大籍教育家、传教士福开森(John Calvin Ferguson,1866—1945)选译的《隋书》中的"中国度量"("*Chinese Foot Measure*")都曾发表于《华裔学志》(*Monumental Serica*)期刊;法国汉学家马伯乐(Henri Maspero,1883—1945)在其《宋书、隋书、新旧唐书等(选译)》中介绍了中国古代的天文仪器(*Les instruments astronomiques des Chinois au temps des Han*),法国汉学家沙畹(Edouard Chavannes,1865—1918)在译撰的《晋书、宋书、新旧唐书(选译)》中通过《中国地图学中最古老的两幅地图》(*Les deux plus anciens spécimens de la cartographie chinoise*)一文介绍了中国古代制图⋯⋯这些译著对中国古代天文历算在西方的传播起到了举足轻重的作用,对后世影响很大。

三、中国古代医学文献的译介

中国传统医学历史悠久、博大精深,是中国文明史上一颗璀璨的明珠。它伴随着五千年华夏历史成长起来,至今还充满活力,在当今疾病防治中起到了不可替代的作用。中国传统医学也是世界医学的瑰宝,在国际医学领域熠熠生辉,享有不可撼动的地位。我国医史研究领域的著名学者李经纬曾感慨:"中华民族所创造的传统医学,是现今人类社会各民族传统医学中最富有生命力的⋯⋯目前还没有一个民族或国家的传统医学能与中国传统医药学相媲美。"(转引自邱玏,2011:13)

中国古代医学文献灿若星河,蕴藏着千百年丰富的医学思想和论治经验。中医古籍不仅是中国传统医学的见证者,也是中国历史文化的见证者,荟萃了我国古代百科知识的精华,是中国文化的重要载体之一。为了让中国传统医学在世界范围内发扬光大,越来越多的中外有识之士致力于中医古籍的译介工作,并取得了可喜的成就。

　　成书于战国时期的《黄帝内经》(又称《内经》)是我国现存最早的医学理论著作,其成书是对中国上古医学的第一次总结,是仅存的战国以前医学的集大成之作。《内经》创立了中医学的理论体系,奠定了中医学发展的基础。两千多年来,它一直指导着中医学的发展,也成为研究我国医药史的经典之作。(兰凤利,2004a:180)

　　《黄帝内经》分《灵枢》和《素问》两部分,共 81 篇。其中《素问》是我国传统医学理论的渊薮,保存了古代丰富的理论知识和临床经验,被许多后世医者奉为圭臬,已引起了世界医学领域的高度重视,并被译为多国文字,在许多国家传播。据现有资料,早在 19 世纪就出现了《黄帝内经》的外译本。英国传教士、汉学家艾约瑟(Joseph Edkins,1823—1905)一生著作颇丰,涉猎甚广。宗教、艺术、文学、科技、医学、经济等都是他热衷研究的对象。他曾对《素问》进行了译介,题为 *The Chief Classic of Chinese Medicine*,发表在《教务杂志》(*The Chinese Recorder*)。而具有更大影响力的,则是美国约翰斯·霍普金斯大学医学史研究所的学者爱尔萨·威斯(Ilza Veith)翻译的《素问》(*Huang Ti nei ching su wên*)1—34 章,1949 年首次出版,1966 年再版。她从一名医史学家的角度向西方人展示《内经》的概貌,受到业内人士的高度评价。《科学》(*Science*)、《内科学档案》(*Archives of Internal Medicine*)、《美国医学会会刊》(JAMA)、《加州医学》(*California Medicine*)等权威期刊都对其进行报道,颇受美国医学界的关注。

　　加拿大学者亨利·C. 陆(Henry C. Lu)组织翻译了《内经》和《难经》,合为《内难合集》,历时数年,广受好评,进一步推动了中医典籍在西方的传播。在美国行医的吴连胜、吴奇父子全译了《黄帝内经》(包括《素问》和《灵枢》)。该译本由中国科学技术出版社以中英文对照的形式于 1997 年 12 月出版。(兰凤利,2004a:181)美籍华人吴景暖英译了《灵枢》(*Ling Shu or The Spiritual Pivot*),由夏威夷大学出版社于 2002 年出版。加拿大籍的吕聪明博士也曾译介过《灵枢》,以及《黄帝内经》和《难经》的合订本(*A Complete Translation of Neijing and Nanjing*),由东方文化学院出版社出版。李照国教授的《黄帝内经》译本堪称《内经》英译本的典范,享有很高的学术权威,被收录进《大中华文库》。李照国教授历时十来年,两度翻译《内经》,译文通俗易懂,忠实度高,不愧为该领域的专家。

德国学者对《黄帝内经》的研究由来已久。早在 1925 年，德国学者珀西·道森(Percy M. Dawson)就节译了《素问》，并以论文的形式发表在《医学史年鉴》上(*Annals of Medical History*)。德国医史学家文树德(Paul U. Unschuld, 1943—)主持了《黄帝内经》的翻译项目，被认为是西方第一次大规模的中华古代医学书典籍的译介工作。他本人所译著的《黄帝内经素问—中国古代医学典籍中的自然、知识和意象》(*Huang Di Neijing Su Wen: Nature, Knowledge, Imagery in an Ancient Chinese Medical Text*)对《素问》进行了全方位的剖析，用独特视角对这部经典医书进行了解读，极具学术价值。中国病理学家梁伯强(1899—1968)德译了《素问》，并以"关于中国最珍贵的医学教科书《黄帝内经》一瞥"为题刊发于 1939 年的《Sudhoff 医学史及自然科学史档案》。德国医学和哲学博士许宝德(Franz Hübotter, 1881—1967)在其著作《中华医学》(*Die Chinesische Medizinzu*)中节译了《内经》的部分章节，于 1929 年出版，是 20 世纪上半叶德国乃至欧洲地区出版的为数不多的中医著作。

随着"中医热"的兴起，西方人对中医养生保健的兴趣日益浓厚，以此为契机，海豚出版社出版了《〈黄帝内经〉养生图典》的汉英对照图本，并同时译为德、法文。这本兼具知识性和趣味性的漫画本《黄帝内经》颇受大众喜爱。该书封面将《黄帝内经》称为"中国古代延年益寿养生奇书"。总之，尽管译者的身份、翻译的规模、译本的风格存在着差异，但毋庸置疑的是，《黄帝内经》的译介工作正逐步走向高潮。

西晋王叔和(201—280)撰于公元 3 世纪的《脉经》是我国古代又一部重要的汉医著作，共 10 卷，98 篇，是中国医学史上现存第一部有关脉学的专书。该书摭拾群论，采集扁鹊、张仲景、华佗及《内经》《四时经》等论述脉学的内容，结合临床实践，继承和发展了两晋以前的脉学经验，被视为我国古代脉学研究的开山之作。这一部经典的医学著作在国内外的医学史上都享有极高的声誉，流传甚广，不乏多国文字的译本。早在 17 世纪，有关中医脉学的文献就被译为英、法、意、德、拉丁等多国文字，而译介作品均源于波兰医生卜弥格(Mierael Boym, 1612—1659)的拉丁文脉学手稿。(梁杏，兰凤利，2013:273)

卜弥格也是一位传教士，他多次来华，深谙中国地理、历史、哲学、医药、动植物等方面的知识，被誉为"波兰的马可·波罗"。自身的医学背景使他对中医这门在欧洲从未接触的领域极感兴趣。他译介了《脉经》和《图注脉诀辩真》片段,其译文成为不少汉学家翻译中国脉学的底本。如 1671 年法国人哈尔文(R. P. Harvieu)将卜弥格的手稿转译为法文,命名为《中医秘典》,1676 年卜弥格的手稿又被转译为意大利文,在意大利米兰出版。

1735 年,法国汉学家杜赫德(Jean Baptiste Du Halde,1674—1743)编著的《中华帝国全志》(*Description de l'Empire de la Chine*)是 18 世纪欧洲人了解中国的重要来源,也是欧洲人了解中国传统医学的重要窗口。全书的第三卷即为中医专辑,《脉经》《脉诀》等重要的中医脉学文献在该部分皆有介绍,给予了欧洲近代医学以重要的启示。同时,《中华帝国全志》也记载了许多味中药,如人参、茶叶、大黄等,其中有关人参的介绍最为详尽,主要译自《本草纲目》。另外,他在书中对冬虫夏草、三七等名贵药材的介绍,也引起了欧洲学者的极大兴趣。法国传教士赫苍璧(Jul Placidus Hervieu,1671—1745)在华传教时,也法译了中医文献《图注脉诀辩真》,传到了西欧。英国医生弗洛耶爵士(John Floyer)十分推崇中医,认为中医成就是现代医学无法取代的。他受《脉经》影响,开始致力于脉学的研究,撰写了《医学诊脉表》(*The Physician's Pulse-Watch*)一书,于 1707 年出版。另据法国东方学学者彼埃・于阿尔(Pierre Huard)研究,在土耳其的伊斯坦布尔尚能见到阿拉伯文本的《脉经》,并附有中文原图,足见王叔和《脉经》之深远影响力。

中国传统医学史上另一部问鼎之作当推《本草纲目》。明代医学家李时珍历时卅年所编撰的《本草纲目》是本草学的集大成之作,被誉为“东方医学巨典”。书中所记载的药物为历代之最,融合了先进的生物进化思想,反映了丰富的临床实践,同时对化学、生物学、矿物学、物候学等多种学科都有重要的参考价值,是一部具有世界性影响的博物学著作,对我国乃至世界医药学的发展做出了巨大贡献。

《本草纲目》这一巨著在国外学术界同样享有极高的声望,先后被译为日、拉丁、法、俄、德、英等多种文字,广为传布,成为我国有史以来流传最为广泛的著作之一。《本草纲目》最初流传到中国周边国家,特别对日本和朝鲜的医学发展有着直接的影响。该书在西方的传播则晚于东方,主要由传教士和驻华使馆人员传入西方。(马祖毅、任荣珍,2003:678)早在 1647 年,波兰医生卜弥格就专程来华,将《本草纲目》译为拉丁文,题为《中国植物学》(*Flora Sinensis*),促进了欧洲植物学的发展。(张晟星,2003:55)欧洲人真正重视《本草纲目》的科学价值,是源于法国学者巴多明(Dominique

Parrenin,1665—1741)、传教士汤执中(Petrus D'Incarville,1706—1757)对此书较为全面的介绍。1735 年《中华帝国全志》出版,其中第三卷有关《本草纲目》的法文节译,后被转为英文,成为《本草纲目》最早的英文节译本。(邱功,2011:55)这部《中华帝国全志》也成为《本草纲目》乃至中医文化西渐的有力见证。该书一出版,就在欧洲引起轰动,掀起了一股"中国热"。该书的法文版当年就售罄,次年在海牙发行了第二版,后被转译为多国文字。

随着《中华帝国全志》的流行,越来越多的西方学者加入到《本草纲目》的研究队伍中来。1812 年,法国植物学家、医生勒牡萨(Jean Pierre Abei Remusat,1788—1832)发表了以《本草纲目》为主要研究对象的著名论文,深入论证了《本草纲目》的学术价值,并由此获得巴黎大学的博士学位。勒牡萨对《本草纲目》的研究极大地推动了该书在欧洲的传播。英国著名的汉学家丹尼尔·韩伯里(Daniel Hanbury,1825—1875)在英国《药物学杂志》发表论文,较为深入地介绍《本草纲目》,在其专著《药物学与植物学论文集》(*Science Papers,Chiefly Pharmacological and Botanical*)中一半篇幅都是介绍《本草纲目》的,学术价值令后人称道。

20 世纪以来,《本草纲目》日益引起美国学者的关注。药物学家米尔斯(Ralph Mills)与朝鲜学者合译《本草纲目》,后将未完的译稿连同标本一起,转交伊博恩教授(Bernard Emms Read,1887—1949),经过 20 余年的努力,终于在 1928—1941 年间分阶段地将《本草纲目》的卷 8-37、39-52,共 44 卷进行了翻译和介绍。(邱功,2011:90)该译本为西方读者了解《本草纲目》提供了捷径,被美籍德裔汉学家劳费尔(Berthold Laufer,1874—1934)誉为"包罗万象的有名的《本草纲目》"。(刘润兰,2014:90)美国著名科学史家席文(Nathan Sivin,1931—)于 1973 年出版了 14 卷本的《科学家传记辞典》,其中对李时珍的生平及《本草纲目》做了详细的介绍,该著作是迄今为止西方文献中最完整的李时珍传记之一。

20 世纪 90 年代以来,中国传统医学的国际化进程不断加快,国际地位也显著提升。此时的中医古籍译介和研究工作取得了更为丰硕的成果。在对《本草纲目》一书的研究中,国内外学者投入了更多的热情,更加专业化和系统化。如德国柏林夏赫特医科大学中国生命科学研究所所长文树德教授带头主持了《本草纲目》的英文译注和资料库建置工作。这项工作由文树德教授、郑金生研究员、中国中医科学院临床研究所研究员张志斌教授、博士与保罗·D. 布尔勒(Paul David Buell)研究员集体合作进行了多年。(邱功,2011:138)中国著名中医典籍研究与英译专家、"中医典籍全译本第一人"罗希文教授(1945—2012)凭借一己之力,历时十年,全译了《本草纲目》,共 600 多万字。罗教授一方面最大限度地忠实于原文来进行翻译,以保持原著的风貌,另一方面又以极其严谨的科学态度,对一些不符合现代科学的内容进行修订说明,进行了一次全方位的考证。罗氏译本是世界上第一部《本草纲目》英文全译本,成为我国学者英译中医典籍的一个里程碑作品。罗希文教授被誉为"搭建把中医介绍给世界的现代桥梁的学者"。他把对《本草纲目》的研究推向了新的高度。

《濒湖脉学》是李时珍的又一部重要医学专著,总结了他多年研究脉学的心得,曾在 1603 年附刻在江西本《本草纲目》内。德国史学家许宝德将这部脉学经典译为德文,1929 年由莱比锡书店出版,编在《中华医学》一书中,反响很好。1981 年,澳大利亚籍华人黄焕松(Hoc Ku Huynh)英译了《濒湖脉学》,1985 年再版。黄氏译本最大的特点就在于大量使用音译法,最大限度保持了原貌。美国中医师鲍伯·弗劳斯(Bob Flaws,1946—)仿照原著的诗体语言直译了《濒湖脉学》,译文简洁,流利通畅,让读者更好地领略到了原著的文体风格。英国中医翻译家魏迺杰(Nigel Wiseman,1954—)在中医典籍英译领域造诣颇深,在中医名词术语英译的标准化方面,他进行了系统的研究并制定了一套完整的标准化方案。由蓝罂粟出版的《濒湖脉学》英译本就是以魏迺杰的中医术语英译体系为标准的,具有很高的参考价值。

另外,清代吴谦编纂的《御纂医宗金鉴》是宫廷医学的集大成之作,学者威腾(J. Van Wettum)和法国传教士韩国英(Pierre Marchal Cibot)分别就书中关于中国的麻风病及痘疹的医治方法进行介绍和评述,题为 *A Chinese Opinion on Leprosy*。成书于清代的《寿世编》是一部注重妇幼疾病防治和养生的医书,许宝德选译了其中的《中国古代的接生术》(*Ein Chinesisches Lehrbuch der Geburtshilfe*),于 1913 年发表。此外,罗希文翻译的《伤寒杂病论》《金匮安略方论》、文树德翻译的《医学源流论》和眼科专著《银海精微》(与 J. 克瓦斯奇博士合译)、夏尔柏翻译的《马王堆医书译注》,都足以说明中医古籍文献的外译工作日臻繁荣,中医的国际地位日益凸显,中医文献的译介工作将有着更加广阔的发展前景。

四、中国古代工业技术文献的译介

中国传统的工艺技术是中国古代文化中极为耀眼的一颗瑰宝,在人类文明的历史长河中熠熠生辉。它是我国古代劳动人民智慧的结晶,为整个人类的文化创造史留下了浓墨重彩的一笔。伟大的"四大发明"极大地改变了世界的面貌,推动着世界历史的进程。"四大发明"是在欧洲近代文明产生之前陆续传入西方的,对西方的科技发展产生了深远的影响,也成为资产阶级发展的必要前提。除了引以为豪的"四大发明",中国还有许多世界瞩目的传统手工艺,令人叹为观止。记载这些成就的文献也因此包罗万象,成为中国古代传统工业技术得以广泛传播的重要载体。这些工业技术引起了西方国家的关注,自 18 世纪以来,不少汉学家和传教士们纷纷来华,进行了大量的调查工作,研究内容涵盖纺织、冶金、陶瓷、印刷术等多个方面,为中西科技的传播与交流做出了重要的贡献。

英国科学技术史专家李约瑟撰写的《中国科学技术史》以系统翔实的资料全面介绍了中国古代在自然科学方面的发明创造和研究成果。其征引的文献资料,上自经史子集、道藏佛经,下至稗官小说、笔记杂钞,几乎无所不包。(马祖毅、任荣珍,1997:662)书中记载了龙骨车、冶铁、鼓风机、磁罗盘、纸印刷术、瓷器等多项传统工业技术,鲜明地向西方国家展示出了一幅中国古代科技文明的画卷,打开了了解中国古代工业技术的窗口,同时该书通过对中西方科技的比较分析,促进了中西方大文化体系的相互了解。

北宋沈括所著的《梦溪笔谈》是一部记述中国古代自然科学、工艺技术及社会历史现象的综合性笔记体著作。它不仅是宋代科技资料的宝库,也是中国科技史上的杰作,在国际上也具有深远的影响力,被誉为"中国科学史上的里程碑"。李约瑟对《梦溪笔谈》全书做过细致的分析统计,认为书中所涉及的科技方面的内容占全书的五分之三,并在他所撰的《中国科学技术史》的第一卷里对《梦溪笔谈》加以概括而又恰当的评述,又在之后的各卷中缕述了《梦溪笔谈》的有关条文,并征以原文加以英译。李氏评价《梦溪笔谈》为"中国科学史上的坐标"。《梦溪笔谈》在国外也颇具影响力,法、德、英、美、意等国家的学者都对《梦溪笔谈》展开过系统深入的研究,还出现了全部或部分章节的多语种译本。早在 19 世纪,《梦溪笔谈》就因为详细记录了世界上首次发明活字印刷术的人物和情况而为国际文化界和科技界所关注。1847 年,法国汉学家儒莲在巴黎《亚洲杂志》(*Journal Asiatique*)第九卷发表了一篇研究活字印刷术起源的文章,并用法文移译了《梦溪笔谈》中关于活字印刷术的记载。1923 年,德国柏林国家图书馆中文部主任霍勒(Hermann Hulle)博士在其所撰写的专著《古老的中国活字印刷术及其在远东地带的发展》(*über den alten chinesischen Typedruck und siene Entwicklung in der Ländern des Fernen Osrens*)一书中,将《梦溪笔谈》中活字印刷术的内容译为德文。1925 年,美国学者、传教士贾德(Thomas Francis Carter,1882—1925)撰写并出版了《中国印刷术的发明和它的西传》(*The Invention of Printing in China,and its Spread Westward*),其中就译介了《梦溪笔谈》中关于活字印刷术的记载,并与 1955 年经卡灵顿·富路特修改后再版。此外,法国汉学研究所的汉学家侯思孟(Donald Holzman,1926—)、美国汉学家卜德(Derk Bodde,1909—2003)、科学家席文(Nathan Sivin,1931—)等学者都对《梦溪笔谈》进行过研究,为《梦溪笔谈》在西方国家的传播做出了贡献。

然而,《梦溪笔谈》的外译本主要是以节译为主,长期以来都没有完整的译本问世,不得不说是一种缺憾。为此,苏州大学外国语学院王宏教授于 2008 年开始主持《梦溪笔谈》的全译本项目,他与赵峥联手,历时四年,共同翻译了《梦溪笔谈》全书,2012 年由英国帕斯国际出版社出版。作为"经典中国国际出版工程"的一个重要选题,《梦溪笔谈》全英文国际版的刊行,是《梦溪笔谈》在西方传播的重要里程碑,为国内外学者全面了解和研究《梦溪笔谈》提供了平台,对弘扬中华民族优秀文化产生了积极的影响。

谈及中国古代的科技著作,就不得不提《天工开物》(1637 年出版)。明朝科学家宋应星所著的《天工开物》是世界上第一部关于农业和手工业生产的综合性著作,是中国古代最具影响力的科技著作之一,被欧洲学者誉为"中国 17 世纪的工艺百科全书"。书中图文并茂地记述了我国古代工业技术的先进成果,其中不少是在当时居于世界领先地位的工艺措施和科学创见,对后世影响深远,格外受到各国研究者的关注,许多学者都纷纷加入到《天工开物》的研究和译介工作中,成果颇丰。

1830 年,儒莲将《丹青》卷中关于银朱的提炼方法译成法文,标志着《天工开物》西传的开始。这篇题为《论中国的银朱·译自汉文并摘自名为〈天工开物〉的技术百科全书》(Sur la Vermillon Chinois traduit du chinois et extrait d'un encyclopédie technologique intifulée Thien-Kung-Kai-wu)的文章发表于《新亚洲杂志》(*Nouveau Journal Asiatique*)。1832 年该文章被转译为英文,刊登于印度《孟加拉亚洲学会年报》,儒莲也因此成为《天工开物》西译的主要推动者。随后,他又译介了《天工开物·丹青》卷中制墨的内容:《中国制墨的方法》(Procédés Chinois pour la fabrication de l'encre),发表在法国权威刊物《化学年鉴》上。同年,他又翻译了《天工开物》中的《五金》及《锤锻》卷,旋又转译为英文和德文,让更多欧洲人士了解了《天工开物》,并推进了技术的传播。

1837年儒莲受工部和农商部大臣之命,将《天工开物》养蚕部分及《授时通考·蚕桑门》译为法文,该译本取名为《蚕桑辑要》(Culture des Muriers)。英国著名生物学家达尔文对儒莲编译的《蚕桑辑要》给予了高度评价,将其作为研究中国古代养蚕的重要文献。他在《动物和植物在家养下的变异》(1868年)中谈及养蚕时写道,关于中国古代养蚕的情况,见"儒莲的权威著作"。《蚕桑辑要》后被转译为意、德、英、俄、希腊、阿拉伯等多种文字,推动了相关国家养蚕业的发展。继而,儒莲又翻译了《天工开物》中《彰施》《杀青》卷的部分内容,介绍了中国提制染料和造纸的技术,引起了很大的反响。儒莲在1830—1840年这十年间陆续摘译了《天工开物》中《丹青》《五金》《乃服》《锤锻》《彰施》及《杀青》等六卷的内容,受到欧洲科学家的高度赞誉。在此基础上,儒莲与法国化学家商毕昂(Paul Champion)合编了《中华帝国工业之今昔》(Industries anciennes et modernes de l'Empire Chinois),于1869年出版。此书包括《天工开物》中《作咸》《陶埏》《冶铸》《锤锻》《燔石》《五金》《杀青》《丹青》等卷的内容,又补充了一些清代的资料。《中华帝国工业之今昔》使西方国家的读者能够更全面地了解《天工开物》的面貌,对研究《天工开物》的西传具有极高的参考价值。儒莲"不只译出了思想,还提供了具体的技术方法,尤其还附有插图。这对欧洲技术家的帮助可就太大了"。(潘吉星,1990:506)

到20世纪,国外学者对《天工开物》的研究进一步深入。1964年,德国学者蒂洛(Thomas Thilo)潜心于《天工开物》前四卷的研究,将《乃粒》《乃服》《彰施》《粹精》全文译成德文并加以注释,完成了其博士论文《宋应星著〈天工开物〉前四卷论农艺和农产品的进一步加工》(Die Kapitel I bis IV — Ackerbau und Weiterbeitung der Acebauprodukte des Tian-gong Kai-wu von Song Ying-xing)。1967年,蒂洛在论文《宋应星论中国农业之经营》(Song Ying-xing über Chinesische Landwirtschaft)中专题探讨《天工开物》中有关农业及农产品加工的内容,在社会上产生了广泛的影响。1966年,美国宾夕法尼亚大学的任以都博士和她的丈夫孙宋全将《天工开物》全文译成英文,题为《宋应星著〈天工开物〉,17世纪的中国技术书》(Sung Ying-hsing's Tien-kung Kai-wu, Chinese Technology in the Seventeenth

Century），这也是《天工开物》的第一部全译本。1981 年，旅美化学史家李乔苹博士的第二部《天工开物》全译本由台北的中国文化学院出版社出版，在海内外发行。进入 21 世纪以后，《天工开物》仍继续受到重视、推介和研究，如 2011 年《天工开物》古文原文、现代汉语译文与英文译文对照本收入《大中华文库》，在国内外发行。（马祖毅、任荣珍，1997:672）同年，德国学者薛凤（Dagmar Schafter）以《天工开物》等著作为切入点，编著了《工开万物：17 世纪中国的知识与技术》（*The Crafting of the 10000 Things: Knowledge and Technology in Seventeenth-Century China*），该书全面而深入地介绍了宋应星及其著作以及他给后人留下的宝贵的技术和精神遗产，从而掀起了当代西方研究《天工开物》的新高潮。（潘吉星，2013:56）《天工开物》在世界科学史上的伟大意义已为世人所公认。这部涵盖领域甚广的技术百科全文在当时世界实属罕见，李约瑟曾将宋应星比之为"中国的狄德罗"和"中国的阿格里阿拉"。

　　此外，其他科技著作的译介亦取得骄人的成就。如宋代天文学家苏颂所撰的《新仪象法要》是我国现存最早的水力运转天文仪器专著，这本不足三万字的著作叙述了水运仪器台的结构和制造，体现了我国 11 世纪天文学和机械制造在世界上的领先地位。李约瑟在《中国科学技术史》中将苏颂关于水力机械时钟构造的著述译为英文，并据此制造了能够操作的模型，目前仍在英国若干科技博物馆内正常运行。明代王圻、王思义父子所编纂的《三才图会》同样是一部百科全书性质的科技类专著。书中收录了大量有关中国古代科技的图谱，记载了天文、地理、时令、器用、服饰、交通等诸多领域的科技知识，为后世学者屡屡征引。法国东方文化学家罗斯奈（Leon de Rosny）将其译为法文，题为 *San-tsai Tou-hoei*，让西方国家也认识到了《三才图会》的科技价值，使之更好地为研究华夏古代科技史服务。

　　不少中国古代传统的技艺也通过汉学家们的译介传播到海外。英国剑桥大学汉学教授慕阿德（Arthur Christopher Moule，1873—1957）选译了《南齐书》中有关指南车的内容（*The Chinese South-pointing Carriage*），发表在 1924 年的《通报》上。该文是慕阿德教授对前人翟里斯教授关于指南车研究的继续和进一步深化。《中国指南车》一文还被当时中国学者张荫麟翻译成中文，揭开了现代国人对中国机械史研究的序幕。荷兰汉学家高罗佩（Robert Hans van Gulick，1910—1967）是一位不折不扣的"中国通"，涉猎甚广，高产多才。他对中国书法的热衷促成他翻译了宋代书法家米芾的著作《砚史》(*Mi Fu on Ink-stones*)。砚乃中华文房四宝之一,历代学者盛赞其重要地位的颇多,但研究者甚少。高罗佩的译作《米芾砚史》,被视作 20世纪研究《砚史》的开拓之著,为西方国家了解中国的砚文化做出了积极的贡献。

清代蓝浦所著的《景德镇陶录》是介绍中国陶瓷的经典之作,不仅详述了景德镇陶瓷的制作工艺,还介绍了景德镇自唐宋以来各个时期的瓷窑,汇集了相关时期的文献记载。法国汉学家儒莲最早将《景德镇陶录》翻译为法文(*Histoire et Fabrication de la Porcelaine Chinoise*)。他在翻译《景德镇陶录》时,既注重在编排结构上添加各种副文本,以丰富目标读者的文化语境,同时还加入丰富的评注,更好地诠释了原著中的词汇内涵。但在译介过程中也存在一些瑕疵:首先译文内容不完整,并多散佚;其次对原文的加注也存在一些模糊不清之处。然而瑕不掩瑜,儒莲的《景德镇陶录》法译本作为中国陶瓷典籍的第一部外译本,在历史学、工艺学、文献学等诸方面都有着很高的研究价值。此外英国学者塞耶(Geoffrey R. Sayer,1887—1962)潜心研究中国陶瓷多年,曾将《景德镇陶录》译为英文(*Ching-tê-chên T'ao-lu;or, The Potteries of China*),在译文和注释上更加精益求精。塞耶在翻译过程中,并没有"照本直译",而是增加了"前言""引言""注释""关键词"等内容,因此译文比原文更加充实。塞耶的译本为当前十分匮乏的中国陶器典籍外译提供了思想和方法上的启示与借鉴,加深了《景德镇陶录》在世界上的影响力。

西方人对中国的造纸术也颇感兴趣。杜赫德的《中华帝国通志》介绍了中国造纸所使用的麻、楮、竹、桑等原料,并引用了北宋苏易简《纸谱》的记载。(韩琦,1999:167)儒莲于 1840 年在巴黎最高科学刊物《科学院院报》上发表了题为《中国人造纸方法概述》("Description des Procédés Chinois pour la Fabrication de Papier")的译文,详细介绍了中国古代造竹纸技术,并于 1896 年将该译文改题为《中国造纸工业》("Industrie Chinois' Fabrication de Papier"),转载于巴黎《东方评论》(*Revue del'Orient*)卷十一第 20~25 页,引发了欧洲人对中国造纸技术的浓厚兴趣。

中国古代科技著作浩如烟海,为世人留下了一笔极为宝贵的精神财富。中国的传统科技从古至今都是人类科学文明的重要组成部分,深刻地影响着科学的发展和演进。大量的科技文献被国内外的有识之士译介为多种文字,流传至世界各地。正如李约瑟在《中国科学技术史》中所写的:技术的传播正如文化传播一样，只要有某种隐约启发，就足以引起一连串的发展（Joseph Needham，1990：254-255）。由于在世界某个遥远的地方已有某种技术，就会刺激另一民族去自己解决同样的问题。中西交流的日益频繁，典籍译著的不断丰富，为技术传播提供了最为直接的途径，增进了西方国家对中国古代科技的了解。这些译介成果无论从量上还是质上，都令人叹服。随着中国与世界各国科技文化交流的日渐深入，可以预见，中国古代科技文献的译介和研究，必将进入一个新的纪元。

第二节　《黄帝内经》译本分析

一、《黄帝内经》英译本研究

《黄帝内经》（下称《内经》），由《素问》和《灵枢》两个部分组成，共 18 卷，162 篇，是现存最古老的中医学理论经典。《内经》的翻译始于 20 世纪 20 年代。到 20 世纪上半叶，出现的英译本包括德国人道森（Percy M. Dawson）译本、黄雯译本和威斯（Ilza Veith）译本（兰凤利，2004：947）。20 世纪后半叶，中医"针灸""推拿"等技术在西方流行。西方普通读者开始对中医的养生和疾病防治等医学价值产生兴趣，中医典籍英译进入高速发展的时期。《内经》的英译出现了几个有影响力的版本，包括 1978 年加拿大学者吕聪明等翻译出版的《内、难经》全集，1995 年美国中医师倪毛信（Maoshing Ni）的《内经·素问》译本，吴连胜、吴奇译本，周春才、韩亚洲编绘的《〈黄帝内经〉养生图典》译本。（兰凤利，2005：176）

2001 年至今，有关《内经》英译的出版书籍有 2001 年临床医师朱明的《黄帝内经》节选重排译本，2002 年美籍华人吴景暖的《内经·灵枢》节译本、2003 年德国医史学家文树德的《素问》全译本、国内学者李照国教授的全译本、2009 年罗希文博士的前 22 篇译本。（邱玏，2011：132）

这些译本中，威斯的译本是出现时间较早、在国内外影响力较大的译本之一。威斯是美国著名的医史学家，精通西医史和多门外语。翻译《内经》时，威斯正在美国约翰斯·霍普金斯大学医学史研究所研修，她的这个英译本即是她的博士论文。从 1945 年 2 月开始，威斯花费两年的时间，完成了译著。译著于 1949 年由威廉姆斯·威尔金斯出版社（Lippincott

Williams & Wilkins)出版,1966 年加利福尼亚大学出版社(University of California Press)修订再版,后先后于 1972 年和 2002 年多次再版。(邱玏, 2011:95)这部译作的反复再版,也体现了其在西方学术界和读者群中的影响力。

该译本翻译了《素问》的前 34 篇,共 260 页,包括:简介、附录、参考文献、译文和索引。其中,威斯在译著的简介部分,用了 76 页的篇幅,介绍了《素问》的成书年代、作者、中医理论的哲学基础、中国传统宗教文化等内容。简介中还附图详细介绍了中医特色的知识,如中医诊疗方法、经络、穴位等。在参考文献中提及多种与中医典籍相关的文献资料,包括《康熙字典》《四库全书总目提高》等汉语言参考书,中医学史及中国哲学、宗教、历史类的字典和参考书。

从这些详尽的简介和参考文献,我们可以看出,当时国外的《黄帝内经》典籍研究已呈现逐步深入的态势,国外学界开始意识到中医典籍的医史价值和文化价值。

二、威斯《黄帝内经》英译本赏析

在该书的序言中,威斯写道:"这部典籍的翻译,代表了医史学家的方法,而非汉语言学家的方法。希望这一初步研究能成为对该书原文进行进一步研究的起点,尤其是在众多的语言学问题上给予特别关注。"(Veith, 2002:20-25)

可见,威斯的翻译目的主要是从医史角度介绍《内经》内容,而对于文本中的许多语言问题没有给予过多关注。当然造成这一结果,也有许多外部原因。威斯在序言中也提到:"工具书匮乏以及无标点、一字多义、语法表层形式缺乏的文言文特点,导致在翻译时困难重重。"因此,她决定,当时最重要的任务是把该书的内容介绍给西方,而不是从文字学角度研究字、句起源。(Veith,2002:20-25)

威斯译文最主要的特点在于翻译策略的选择。受到译者的学术背景、文化立场的影响,威斯在处理译文时主要采用归化的翻译策略。主要表现在翻译中医病症、生理现象、脏器经络上,大量借用了西方医学术语。如:

原文:七七,任脉虚,太冲脉衰少,天癸竭,地道不通,故形坏而无子也(女子)。(姚春鹏,2010:6)

译文:When she reaches the age of forty-nine she can no longer become

pregnant and the circulation of the great thorough fare pulse is
decreased. Her *menstruation* is exhausted and the gates of men-
struation are no longer open; her body deteriorates and she is no
longer able to bear children. (Veith,2002:99)

原文:七八,肝气衰,筋不能动,天癸竭,精少,肾脏衰,则齿发去,形体皆
极(男子)。(姚春鹏,2010:7)

译文:At fifty-six the force of his liver(肝气) deteriorates,his muscles
can no longer function properly, his *secretion of semen* is
exhausted, his vitality diminishes, his testicles (kidneys)
deteriorate, and his physical strength reaches its end. (Veith,
2002:100)

"天癸"是中医特有的生理词汇,"天"是指先天,"癸"是指癸水。天癸就
是藏于肾中具有促进生殖功能的一种先天而生的物质。(王洪图,2001:35)
西医中并没有完全对等的名称。威斯放弃这一名词的直译,用西医中的
"menstruation"(月经)和"secretion of semen"(精子分泌功能)来替代。类
似的翻译还有很多。由于理解不当,甚至还出现了将"脾"译为"stomach"这
样的误译。许多国内学者认为这种译法易破坏中医理论体系的独立性和完
整性,误导读者。但如果从当时的时代背景和译者文化立场等客观因素出
发,就不难理解。20世纪初的西方世界对于中医文化十分陌生。作为陌生
的弱势文化,中医文化要进入西方,就必须融入本土文化话语体系,消解读
者的陌生感。因此,译者应从西方读者的"可接受性"出发,减少音译的使
用,通过一定程度的改写,尽量接近读者的本土文化价值观,这样有利于降
低译文读者的阅读障碍,提高翻译的效度。

同时,若说威斯的译本完全采用归化策略,未免以偏概全。威斯在处理
独特的中医基础理论术语及中国传统哲学的基础概念时,常常还是使用音
译加夹注或脚注的译法。这类术语内涵复杂,英语中无法找到对等词。如:

原文:其知道者,法于阴阳……(姚春鹏,2010:4)

译文:Those people who understood Tao [the way of self cultivation]
patterned themselves upon the Yin and the Yang [the two
principles in nature]... (Veith,2002:97)

"神"在中国传统文化、哲学和医学中,都是一个十分重要的概念。中医
将这一哲学观寓于人体,"神"逐渐衍生出以下内涵:首先,指生命力,其外在

表现为人的精神、意识、思维、情志、感觉、动作等整个生命活动表现。其次，指人的精神心理活动，包括"五神"（神、魂、魄、意、志）和"五志"（喜、怒、思、忧、恐）。（张庆荣，2013：831-834）

威斯处理"神"以及相关词汇时，采用以下几种译法：

原文：帝曰：何谓**神**？（姚春鹏，2010：117）

译文：The Emperor asked：And what is meant by shen（神），the spirit？（Veith，2002：222）

原文：阴阳者，天地之道也……**神明**之府也。（姚春鹏，2010：35）

译文：The principle of Yin and Yang〔the male and female elements in nature〕is the basic principle of the entire universe … and it is also found within *the temples of the gods*．（Veith，2002：101）

原文：昔在黄帝，生而**神灵**……（姚春鹏，2010：3）

译文：In ancient times when the Yellow Emperor was born he was been endowed with *divine* talents．（Veith，2002：97）

原文：岐伯对曰：上古之人，其知道者，法于阴阳，和于术数，……故能形与**神**俱……不时御**神**……夫上古圣人之教下也，……**精神**内守，病安从来？（姚春鹏，2010：4-5）

译文：In ancient times those who understood Tao（the way of self culti-vation）pattern themselves upon the Yin and Yang（the two principles in nature）… By these means the ancients kept their bodies united with their *souls* … they are not skilled in the control of their *spirit*．In the most ancient times the teaching of the saga were followed by those beneath them，… their *vital （original）spirit* was always preserved within；thus，how could illness come to them？（Veith，2002：97）

原文：心者，君主之宫也，**神明**出焉。（姚春鹏，2010：50）

译文：The heart is like the minister of the monarch who excels through *insight and understanding*．（Veith，2002：130）

从上面的译例可以看出，威斯译法十分灵活。在例4中，讨论"神"的定义，威斯采用异化策略，使用音译加直译的翻译方法："shen（神），the spirit"。接下来几处均采用归化的策略，如"神灵"译为 divine talents，"形与神"译为 body and souls，"精神"译为 vital（original）spirit，"神明"译为

insight and understanding 等。译者根据具体的文本,采用不同的翻译方法,基本保留了原文文化意象的内涵,文字流畅,用词丰富多变,符合欧美读者的阅读习惯。这一特点也体现在篇章的翻译中。篇章句子将文言中原本内化的逻辑外显,层层展开,句子与句子之间逻辑连贯严谨,行文流畅,符合英文的用语习惯。同时,翻译时尽可能保持原文古色古香的用语和修辞。如:

原文:今时之人不然也,以酒为浆,以妄为常,醉以入房,以欲竭其精,以耗散其真。不知持满,不时御神,务快其心,逆于生乐,起居无节,故半百而衰也。(姚春鹏,2010:4)

译文:Nowadays people are not like this; they use wine as beverage and they adopt recklessness as usual behavior. They enter the chamber of love in an intoxicated condition; their passions exhaust their vital forces; their cravings dissipate their true essence; they do not know how to find contentment within themselves; they are not skilled in the control of their spirits. They devote all their attention to the amusement of their minds, thus cutting themselves off from the joys of long life. (Veith, 2002:97)

译文保留原文四字词组的特点,用英文排比的方式予以对应,读来朗朗上口,古色古香。

该译本最大的优点是参考大量中医文献,对原文进行了较深入的考据,从医史学角度为西方读者打开了一窥中医典籍深厚的医学和文化价值的大门。自 1949 年《素问》英译本第一版问世后,中国的中医医疗实践呈现出生机勃勃的复兴景象。而且,"它以惊人的速度传遍了西方,甚至传遍了美国。对中医学(包括针灸)这一历史悠久的治疗方法的科学研究提高了人们对其历史及哲学基础的兴趣。由于远东思想及其历史在当今的知识体系中越来越重要,《黄帝内经》也逐步超越了其医史界限"(Veith,2002:20-25)。

第三节　农事文献在西方的传播

中国传统上是一个农业大国,中国的农事文献在西方引起过关注,关注的国家通常是汉学大国，当然也有其他类型的国家，本节按国别分述如下：

一、在法国的传播

马修·波纳福斯（Matthieu Bonafous，1793—1852）出生于法国里昂，是一名植物学家。他除了广泛采集植物种类外，还研究植物的不同习性。他曾在一本书中写道："玉米是一种抗压性较强的植物，无论在沙漠还是在潮湿或寒冷的条件下皆可存活。"1999 年，他出版了一本有关植物名称的字典，归纳总结了植物的通用名和专业名，以近义词的方式罗列出来。1822年，马修出版了法文版《桑树文化》（*De la culture des Mûriers*），介绍桑树相关知识和养蚕之法。他还向西方介绍有关中国农业，尤其是蚕桑方面的汉学书籍，将高铨的《蚕桑辑要》译成意大利文，书名为 *Dell'arte di coltivare i gelsi e di governare i bachi da seta secondo il metodo Chinese*，于 1837 年出版。

保罗·伯希和（Paul Pelliot，1878—1945）是世界著名的法国汉学家、探险家。有人说："他不但是法国的一流汉学家，而且也是所有西方中国学专家的祖师爷。没有他，汉学将像是一个失去父母的孤儿一样。"（桑兵，1997：1）他曾于巴黎大学主修英语，接着于法国汉学中心学习汉语，后来又于国立东方语言学校专攻东方各国语文历史。（姚伯岳，2009：77）众所周知，是他通晓英语、汉语、俄语、德语等 13 种外语，学问渊博，是个难得的语言天才。所有这些为他之后进行中文著作翻译打好了语言基础。他是欧美汉学界公认的中国学领袖，在中国和日本也是颇有名气，可见其影响力范围之广。伯希和将楼俦的《耕织图》译为法文，书名为 *A Propos du Keng Tche T'ou*。伯希和是中西文化交流与传播的重要贡献者。

儒莲原名斯塔尼斯拉斯·朱利安，出生于法国奥尔良市。他曾从奥尔良大学转移到前法兰西学院，在那里他开始专攻希腊语言和文学，尽管家庭贫困，但他所受的教育比一般同龄人多得多。随后他又学习汉语和满文，开始研究中国，他还学过阿拉伯语、希伯来语、波斯语以及梵文。他是法国最受尊重的汉学家之一，也是法兰西学院院士，在该学院担任中国主席长达40 年之久，在学术界享有广泛的声誉。儒莲不仅对佛教、儒学等思想有过深入研究，也出版了不少儒家和道家著作，如拉丁文版《孟子》、法文本《道德经》和流传最广的道教善书《太上感应篇》。他对中国古代科技也甚有研究，并力图将其传播到欧洲，运用于社会生产实践。1837 年，儒莲把《授时通考》中的"蚕桑门"、《天工开物·乃服》的蚕桑篇部分合二为一(张丽玲，2011:99)，并译成法文刊载出去，译本定名为 *Resume des principaux traits chinois sur la culture du mûrier et l'éducation du ver à soie*(《蚕桑辑要》)，引起了法国学术界的广泛关注。著名生物学家达尔文曾称这本译著为权威性著作，把中国养蚕技术中的有关内容作为其进化论专著《物种起源》提及人工选择、生物进化时的重要例证。同年，该书被译成了德文和意大利文。第二年又转译成了俄文、英文和希腊文本。同年，德国记者弗里德里希·路德维希·林德纳(Friedrich Ludwig Lindner，1772—1845)将儒莲的《蚕桑辑要》译成德文，译本名为 *Ueber Maulbeerbaumzucht Und Erziehung des Seideraupen*。同年，法国植物学家马修·波纳福斯(Matthieu Bonafous，1793—1852)将该书译成意大利版本，定名为 *Dell'arte di coltivare i gelsi e di governare i bachi da seta secondo il metodo Chinese*。1840 年，俄罗斯圣彼得堡出版社出版了该书俄文本，译本名为 *O kitaiskom Chelkobodstve izvletchenno iz podlinnikh kitaskikh Sotchinenii*。1839 年，儒莲又将其法文版《蚕桑辑要》翻译成英文，在美国华盛顿出版社出版，书名为 *Summary of the Principal Chinese Treaties upon the Culture of Mulberry and Rearing of Silkworms*。截至 1989 年，《蚕桑辑要》一书在全世界共发行了 16 个版本，印刷了 38 次之多。尽管当时欧洲的蚕桑技术有了一定发展，但在疾病防控方面仍经验不足，蚕丝也大量减产。儒莲的法文译本以《蚕桑辑要》的书名刊载后立刻轰动全欧洲，译文中记载的一整套有关养蚕和疾病防控的经验在欧洲社会得到广泛运用，对欧洲蚕丝业产生了很大影响。这种盛况是中华文化的西传取得斐然成绩的很好证明，也是中华典籍西传史上极为罕见的。

《农政全书》最迟在 18 世纪传到欧洲。在 19 世纪，该书收藏于法、英、德、俄、荷等欧洲国家及美国的大图书馆里，是西方人最先注意的中国科技著作之一。耶稣会士杜赫德(Jean-Baptiste Du Halde，1674—1743)曾整理了其他 27 名在华教士的相关稿件和报告，然后重新编辑，用法文编写了一本有关中国的百科全书，名为 *Description de l'Empire de la Chine et de la Tartarie Chinoise*(《中华帝国全志》，全称《中华帝国及中国领地之地理的、历史的、编年的、政治的及自然的记述》)，并于 1735 年在巴黎出版。书中介绍了自明末以来欧洲人了解中国的历史过程，该书可以说是西洋汉学史上的一个里程碑。这是一本用法文编写的共分为四卷的书，书的第二卷转载了殷弘绪(Francois-Xavier D' Entrecolles,1674—1741,原文名弗朗索瓦萨维尔·丹特拉)用法文摘译的《农政全书》中的"蚕桑"部分,摘译本标题名为"一部教人更多更好的养蚕方法的中国古书之摘要"。随后,《中华帝国全志》被译成俄文,于1777年在圣彼得堡出版。俄国人安东尼把《中华帝国全志》的桑蚕摘译部分译成俄文,标题名为《论中国人的养蚕术,译自〈农政全书〉及〈农桑辑要〉》,于1865年在圣彼得堡俄国昆虫学会会报上发表。

此外,1856年,儒莲在法国出版了其法文译著 *Sur la Plante Textile Tchou-ma*,介绍中国一种灌木植物苎麻。苎麻可用来作为衣服面料,比棉花的纤维长度还要长几倍(见《中国质量报》2015年8月7日第8版)。

日意格(M. Prosper Giguel,1835—1886)来自法国布列塔尼大区的海港城市洛里昂。1857年,他以重要军事人员的身份随法国海军来华。渐渐地,他爱上了这片土地。为了帮助法国人更好地学习汉语,也让中国人更好地学习法语,他主编了中国第一部《法汉词典》,为中法两国人民的文化语言交流做出了巨大贡献,由此可看出他深厚的汉语语言基础。他曾翻译了一本有关牡蛎养殖法的书,译本书名为 *Note sur l'ostréiculture en Chine*,于1878年在巴黎出版。因为这种种伟绩,慈禧太后曾赐予他黄马褂,并载入史册。他的塑像至今仍被陈列在中国船政文化博物馆。

雅克·罗伊(Jacques Roi)1942年在北平(今北京)出版了《本草纲目》的法文译本,书名为 *Piantes medicinales Chinoise d'apres le Traite celebre de pharmacopée,te pen tsao kang mu*。他认为《本草纲目》是一本内容丰富、权威可信的农学著作,是作者在归纳和总结明代以前医药学成就的基础上,结合自身长期实践经验编纂而成的。《本草纲目》出自明朝伟大的医药学家李时珍,著作写成于1578年,于1596年在南京正式刊印发行,是中国古代医药学史上篇幅最大、内容最多的药学著作。李时珍倾尽毕生心血对本草学进行了全面细致的整理,撰成此书。《本草纲目》全书共52卷,所载药物多达1,892种。《本草纲目》传到西方的译本还有不少。1834年8月,一本叫 *Journal of the Asiatic Society of Bengal* 的杂志第三卷上刊登了一篇文章"On the Making of Chinese Paper"(译者未详),选译自李时珍的《本草纲目》。文章对中国四大发明之一造纸术的发展状况和方法技术进行了详尽叙述,进一步向西方介绍了中国文化之博大精深,对中华典籍的传播起了重要作用。

二、在美国的传播

祁天锡(Nathaniel Gist Gee,1876—1937)出生于美国南卡罗来纳州。他是为近代中国生物学的发展做出重要贡献的学者之一。他是第一个将生物学研究生教育引入我国大学的学者,为我国培养了一大批生物科学的精英。(李昂、罗桂环,2010:1)他曾提议,学校应致力于激发学生的科研思维能力,提高学生解决科研问题的能力及科研动手的能力。学校还应充分发挥学校设备的作用,调动学生主动进行科研的积极性。在中国 30 余年,他不但从事科研,还热心地投身科普工作,一边任教于东吴大学,一边对我国的鸟类、蝴蝶和白蚁做过不少研究。他曾为中学生编写了一本英文科普读物《格致读本》(*Science Reader*),后改名为《科学读本》于 1910 年在商务印书馆出版,涉及内容广泛。凭借多年的科普工作经验,他曾翻译了一本有关养蚕的书,译本定名为 *Sericiculture*,向西方相关研究者提供了参考文献。

J. 布朗利·戴维森(J. Brownlee Davidson,1880—1957)出生在美国内布拉斯加州,1904 年毕业于内布拉斯加大学机械工程专业,获得理学学士学位,1931 年获得该校工程博士学位。1905 年,在爱荷华州立大学创建了史上第一个农业工程系,以"农业工程之父"为人所广知,是美国农业工程协会的创始人。他曾前往俄国、中国等国家推广其土壤、水资源和动力机械。并和"中国农业工程委员会"(Committee on Agricultural Engineering in China)共同完成了一篇 259 页的报告,定名为"A Report on Agriculture and Agricultural Engineering in China"。报告介绍了中国农业工程的现状,于 1949 年在芝加哥出版。1913 年,他出版了 *Agricultural Engineering*。这是一本为初中农业学校的学生编写的书,讲述与农业工程有关的知识,1916、1918 年分别再版。

富兰克林·希兰·金(Franklin Hiram King,1848—1911)是一位著名的农业科学家,出生于美国威斯康星州。他曾担任威斯康星大学麦迪逊分校农业物理学的教授,被称为美国土壤物理学之父。他还从事物理学研究与教学工作,并且把相关研究成果和教学经验运用到了农业上。老年时期,他主要对其早期发现进行了概括,进一步研究农业生物学,撰写了数本著作,其中最著名的是 *Farmers of Forty Centuries,or Permanent Agriculture in China,Korea,and Japan*(《40 世纪的农业,或中、韩、日的永久农业》)。书中记述的是他在亚洲的九个月期间对中国、韩国、日本农业方面的调查结果,书的最后一章是他去世后由妻子完成的。该书主要叙述农业大国——中国40世纪的农业技术发展状况,并于1911年初版,1927年在伦敦再版。此书被人们称作"农学经典之作",对有机农业倡导者具有重大参考价值。

沃尔特·H.霍奇(Walter H. Hodge,1912—2013),出生在美国马萨诸塞州,是植物界重要人物之一。他曾获美国克拉克大学生物学学士、马萨诸塞州立大学理学硕士和哈佛大学生物博士学位,是一位学术成果显著的生物学学者。1938年,他便开始巡游世界各地,对各种不同植物进行了不同程度的了解。他不仅从事植物学的研究工作,还曾发表文章,编撰书籍,他的作品对后来植物学研究人员有重大参考价值。1955年,他在美国华盛顿出版了译作 The Chinese Waterchestnut(《中国荸荠》),书中介绍的是中国一种形状如马蹄的植物,又名"马蹄""水栗",可作水果或蔬菜食用。

詹姆斯·埃尔斯沃思·克劳斯(James Ellsworth Kraus,1909—1997),美国人,出生于科罗拉多州洛矶福特,是美国爱达荷州立大学农业系的前任主任。1934年,他获得威斯康星大学农业硕士学位,1940年,获得纽约州伊萨卡康奈尔大学的博士学位,毕业后在美国农业部门任职。除此之外,他曾对中国白菜种类进行了整理出书,书名定为 Chinese Cabbage Varieties: Their Classification, Description, and Culture in the Central Great Plains,该书是对白菜种类、白菜文化的详细描述,于1940年出版。

威廉·卡尔·哈里曼(William Carl Harriman,1915—1991),出生在美国阿肯色州富兰克林县。他编写了一本208页的有关中国茶业的书,于1938年在美国宾夕法尼亚出版社出版,书名为 The Story of Tea。书中讲述的是一个年轻小伙子如何在叔叔的哄骗下,在中国冒险做茶叶买卖的系列故事,以故事的形式对中国茶业现状进行了一番生动叙述。

查尔斯·沃尔特·霍华德(Charles Walter Howard,1922—2009)出生在美国密苏里州,对中国的蚕丝产业甚有研究,1923年在广州基督教学院农业系出版了 The Sericulture Industry of South China,书中介绍了中国南部蚕丝业的形成过程、发展历程及发展现状。除此之外还撰写了一篇208页的有关中国南部蚕丝业的英文调查报告,并于1925年同样在广州基督教学院出版,报告定名为 A survey of the Silk Industry of South China。

查尔斯·阿诺德·安德森(Charles Arnold Anderson,1907—1990)出生在美国南达科他州普拉特,分别于1927、1928、1932年在明尼苏达大学获得学士学位、硕士学位和博士学位。他曾经是比较与教育学会第一任主任,是联合国教科文组织和福特基金会的顾问。他曾从事社会学、教育学、政治科学和经济学研究,出版的文献多达 200 多种。他曾与玛丽·鲍曼(Mary Bowman)合编了 *Chinese Peasant*,于 1950 年在列克星敦市肯塔基大学出版社出版。此书是对中国农民的描述。在过去,中国生产力和生产资料还相对落后,农民占据国家人口大多数,他们靠耕种维持生计。改革开放以来,随着农业大国的逐渐复兴,农村状况和农民的生活水平发生了历史性的巨变。在西方人眼里,中国仍是一个典型的农业大国,中国人是勤劳质朴的,有着质朴的生活智慧,过着艰苦却满足的简单生活。书中也清晰描绘了中国普遍存在的农村问题。

约翰·洛辛·巴克(John Lossing Buck,1890—1975)是美国著名的农业经济学家,专注于中国农村经济研究。1915 年,他代表美国长老会教会以农业传教士的身份第一次前往中国传教,并一直在中国生活到 1944 年。1930 年,芝加哥大学出版社出版了他的作品 *Chinese Farm Economy:A Study of 2866 Farms in Seventeen Localities and Seven Provinces in China*,全书长达 476 页,是一份经过实地调查后真实反映中国农垦经济现状的调查结果。随后他对此做了进一步调查,组织学生对 168 个地方的 16,786 个农场及 38,256 户农民家庭进行了一番调查,之后发表了他的另一佳作,名为 *Land Use in China:A Study of 16,786 Farms in 168 Localities,and 38,256 Farm Families in Twenty-Two Provinces in China 1929—1933*。该书分为上、中、下三卷,书中附有地图和图文解说,是对中国土地利用情况的调查结果,其中包括土地利用的广度、深度和合理程度,1937 年在芝加哥出版社正式出版,1956 年再版。除此之外,他于 1947 年在纽约出版了书籍 *Some Basic Agricultural Problems of China*,书中清楚揭示了中国这一农业大国的基本农业问题之所在。

约翰·里普利·弗里曼(John Ripley Freeman,1855—1932),美国艺术和科学学院院士、美国水利工程师,出生在缅因州西布里其顿。他本科毕业于麻省理工学院,获得该校理学学士。1904 年,获布朗大学理学博士;1905 年,获塔夫茨大学理学博士;1927 年,获宾夕法尼亚大学理学博士;1931 年,获耶鲁大学理学博士。他曾撰写《中国的洪灾问题》(*Flood Problems in China*),且于 1922 年在美国纽约出版,书中是对中国洪灾问题及其解决办法的叙述。

哈雷·法恩斯沃思·麦克尼尔(Harley Farnsworth MacNair,1903—

1945），美国远东历史学家。他曾于雷德兰兹大学攻读哲学学士学位。毕业后，他来到中国上海，在圣约翰大学教历史。随后又在哥伦比亚大学获得文学硕士学位和博士学位。回国后，他先后任教于西雅图大学和美国芝加哥大学。在中国生活的那些年里，他不仅从事教学工作，还发表了一些学术作品。他的文章"With the White Cross in China: the Jourral of a Famine Relief Worker with a Preliminary Essay by Way of Introduction"描述了中国随处可见的饥荒惨状，表达了他对中国疾苦农民的怜悯之情。

卡罗尔·布朗·马龙（Carroll Brown Malone），美国著名学者，曾根据美国国会图书馆馆藏的有关中国清代圆明园和万寿山的巨作著写了《清朝皇家园林史》（*History of the Peking Summer Palaces under the Ch'ing Dynasty*）一书，该书于 1934 年在美国纽约出版，1966 年再版。1924 年，与合作人 J. B. Taylor 合编了 *The Study of Chinese Rural Economy*，书中以文字为主，图表为辅，讲述了中国农村经济的现状，促进了中国农业的对外交流。

贾桂琳·M. 纽曼（Jacqueline M. Newman）原为纽约大学皇后学院的名誉教授，致力于研究中国各地区的饮食文化。她尤其注重研究中餐及其饮食文化在亚洲、欧洲各国的发展历程和文化演变，其研究成果在美国乃至国际学术界都享有极高盛誉。她也撰写文章，评论书籍和餐厅，其中许多文章都和她喜爱的中国菜有关。1658 年，她出版了英文著作 *Chop Suey: A Cultural History of Chinese Food in the United States*（《中国食物在美国：文化史》），向西方介绍了中国饮食文化在美国传播发展的历史。（Newman, 2009: 1）纽曼翻译的中国菜谱在美国备受欢迎。《炊食记》就是根据纽曼的中国菜谱集编纂而成的，是一本较早在美国刊印的中国食谱书，其英译本于 1928 年在芝加哥 Pacific Trading Company 出版社出版，全书共 96 页，书名为 *Mandarin Chop Suey Cook Book*。（Yong Chen, 2014: 237）该书是对中国知名美食及其做法的叙述，还分别介绍了鸡蛋、鱼、米饭、汤等常用食料在中国的烹饪方法。

三、在德国的传播

奥托·福兰阁（Otto Franke, 1863—1946）是德国的工会先锋、著名汉学家和政治家。他不仅研究汉学，也翻译中文著作，将南宋绍兴年间画家楼俦的《耕织图》译为德文，书名为 *Kêng Tschi T'u, Ackerbau und*

Seidengewinnung in China,译本于 1913 年在德国汉堡出版。第二年又出版了一个德文译本,书名为 *Zur Geschichte desk Kéng Tschi T'û Ein Beitrag zur chinesischen Kunstgeschicte und Kunstkritik*。《耕织图》共 45 幅,其中耕图 21 幅,织图 24 幅,作品得到了历代帝王的赞许。男耕女织构成了中国古代一幅极为美丽的小农经济图。清朝康熙南巡期间,见到《耕织图》后对其极为赞赏,同情于织女编织之寒、农夫农耕之苦,命人在原图基础上重新绘制,共计有耕图和织图各 23 幅,并每幅制以诗一章,随后便出现了《耕织图》的墨印彩绘本。《耕织图》用一幅幅图谱详细记录了劳动者耕作与蚕织的场景,有利于普及农业生产知识、推广耕作技术,极大地促进了社会生产力发展,成为可贵的艺术瑰宝。

戈特弗里德·施拉姆(Gottfried Schramm,1894—1982)来自德国,既是一名建筑师又是一名伟大的历史学家。他认为影响人类文明发展的重大事件数不胜数,其中哪些具有决定性意义则仁者见仁,智者见智。对此命题他潜心研究,撰写了书籍《世界历史中的五个岔路口》,描绘了一幅人类社会历史发展的宏伟画卷,后来此书被译成中文。他还与 Afred Mosig 合译了《本草纲目》这部农学巨著,书名为 *Der Arzneipflanzen-und Drogenschatz Chinas und die Bedeutung des Pên-ts'ao Kang-mu*,1955 年在德国柏林正式刊印。通篇涉及领域广泛,是一部集我国 16 世纪之前药学成就之大成的伟大著作,国外学者将其誉为"中国之百科全书"。

弗里德里希·路德维希·林德纳(Friedrich Ludwig Lindner,1772—1845)是德国的记者、作家和医生。1802 年他带领医疗团队从事天花疫苗的治疗工作。1814 年他以哲学教授的身份在耶拿大学授课。由此看来,林德纳是个不可多得的跨行业全能型人才。不仅如此,他还将中国五大古农书之一的《钦定授时通考》(又名《授时通考》)译成德文,书名为 *Ueber Maulbeerbaumzucht und Frziehung der Seideraupen*,于 1837 年在德国斯图加特和杜宾根出版社正式出版,原译者为法国籍犹太汉学家儒莲。这本书由清朝鄂尔泰、张廷玉等 40 余人共同编纂而成,是清朝首部综合型农书。该书以前人有关农业方面的文献为基础,记载了各种农作物的性质,介绍了蔬菜、水果、畜牧等各种副业,以及如水利、物土、田制、养蚕、制丝等多达 427 种农事。全书结构清晰,征引详尽,部头大,范围广,堪称古代农学百科全书的鼻祖。此书对国内外农业生产和技术的研究起到了指导和推动作用,有英、俄、法、意大利等多种外文译本在国外流传,出版年份分别为 1838

年、1840 年、1842 年和 1837 年。

卡尔·魏特夫（Karl August Wittfogel，1896—1988）是美籍德国人、著名历史学家和汉学家。1919 年开始在德国柏林学习哲学、社会学和历史学，1939 年在华盛顿大学担任中国历史教授。他曾撰写《中国工农业生产率的经济意义》(Dieökonomische Bedeutung der agrikolen und industriellen Produktivkräfte China)，于 1930 年在德国斯图加特出版刊印。

吉多·施密茨-曼西（Guido Schmitz-Mancy，1894—1975），是一位热爱汉学及中国农学的德国人。1943 年他在德国柏林出版了一本 215 页的德文书籍，书名为 Die landwirtschaftliche Produktion Chinas und ihre Bedeutung für den chinesischen Aussenhandel，该书是对我国农业经济生产的详细叙述，促进了中德两国在农学方面的交流探讨。

沃尔夫冈·奥托（Wolfgang Otto Wilmanns，1893—1968）是德国农艺师，主要研究在农业经营运作中的草原管理和饲草生产。他曾在德国波恩研究所担任农场管理的研究助理，其中包括草原管理和饲草生产等工作。1951年，获吉森大学名誉教授荣誉称号。在这段时间，他创作出版了许多重要的作品。1938 年，他在中国农业杂志上发表了作品 Die Landwirtschaft Chinas，介绍中国的农业及农业生产条件。

四、在英国的传播

瓦尔特·亨利·麦都思（Walter Henry Medhurst，1796—1857）是英国传教士、汉学家，自号墨海老人。麦都思生于英国伦敦，幼年入圣保罗教堂学校，14 岁成为自立教会会员，为之后《圣经》翻译打下良好基础。他积极从事《圣经》的汉译、《尚书》《农政全书》（选译）等的英译工作。"《农政全书》最初于崇祯十二年（1639 年）由陈子龙根据遗稿整理出版，称为'平露堂本'，全书共 60 卷，分为《农本》《田制》《农事》《水利》《农器》《树艺》《蚕桑》《蚕桑广类》《种植》《牧养》《制造》及《荒政》12 篇。"（王毓瑚，1979：185-186）可见，全书涉及内容极广，按内容大致可分为农政措施、农业技术两部分。前者是全书的纲领部分，后者是实现该纲领所采取的技术。《农政全书》不同于其他农书之处在于治国治民的"农政"思想始终贯穿于全文，全书涵盖了中国明代农民农业生产和生活的方方面面。麦都思将书中的蚕桑篇第31—34 卷译成英文。译本定名为《制丝栽桑概论》(Dissertation on the Silk-manufacture and the Cultivation of the Mulberry)，于 1849 年在上海出版，共 108 页。译本分为五个部分,开篇为总论部分;第二、三部分对养蚕法和栽桑法进行了详细描述,结尾两个部分分别是蚕事图谱和桑事图谱及相关文字解释。

理查德·亨利·托尼(Richard Henry Tawney,1880—1962)是英国经济历史学家、社会批评家和基督教社会主义者。托尼出生在英属印度的加尔各答,大学毕业于贝列尔学院现代历史专业。19 世纪 30 年代早期,他两次到访中国,正是这里激发了他的学术好奇心,想要就中国农业作一番研究。太平洋国际学会曾邀请他对中国农产业做一个案例研究,作为一个会议的准备工作,相信他作为欧洲产前经济历史学家的代表能以全新的角度看待中国农业问题。经过为期几个月对北京、天津、南京等地的访查之后,他写下了 *A Memorandum on Agriculture and Industry*,且于 1929 年在胡奴鲁鲁太平洋学会出版。作者还曾编写了 *Land & Labor in China*,介绍中国的土地和劳动力现状,并于 1978 年 12 月出版。

五、其他

路易·艾黎(Rewi Alley,1897—1987)是新西兰知名作家、教育家、政治活动家和社会改革家,也是中国共产党的一名成员,此外,他还对陶艺深有研究。1916 年,他加入新西兰军队,被派往法国服役,期间偶遇几个中国男子。后来他决定去中国。在 1929 年中国大饥荒时期,他逐渐意识到中国农民的艰苦困境。出于同情,他在工作之余常常去一些农村做救济工作。不仅如此,他还把自己的工作经验记录下来撰写成文章发表。1956 年,他在北京新世界出版社出版了作品 *Man Against Flood*,讲述的是 1954 年的长江大洪水及洪灾后中国人民如何重建生活的感人故事。

韩彦直的《橘录》曾被翻译成英文出版,译者为 M. J. 哈格莠(M. J. Hagerty),书名为《韩彦直的橘录》(*Han Yen-chih's Chu lu : Monograph on the Oranges of Wen-chou,Chekiang*)。该书最原始版本译于 1178 年,直到 1923 年才在荷兰莱顿正式出版。历史上记载柑橘栽培技术发展状况的古书有不少,如:《周礼·冬官考工记》中的"橘逾淮而为枳",《盐铁论·相刺》中的"橘、柚生于江南,而民皆甘之于口,味同也"。但是《橘录》是世上最古老的柑橘栽培专著,书中详细记载着今天浙江省温州地区 27 种橘树的生长习性以及柑橘的嫁接、栽培、防寒、采收、贮藏等技术。

著名汉学家查尔斯·肖恩(C. Shaw)曾选译了《农政全书》和《蚕桑合

编》中有关中国经济作物桑树的部分，题目分别为"Directions for the Cultivation of Cotton, Especially in the District of Shanghai"（《上海植棉概论》）和"Cultivation of the Mulberry and Rearing of the Silkworms"，分别于1864、1849 年在上海《中国丛报》第 18 卷上刊载。1849 年，他还在上海《中国丛报》第 18 卷上发表了"Remarks on the Tea Plant"（原文不详），该文是对中国茶厂的叙述，介绍了中国茶生产的全过程。

陈学勤（Philip S. Chen，1903—1978），上海人，幼年在上海一所教会学校上学。1925 年，年仅 22 岁的他前往美国以马内利教会学院（现在的安德烈大学）上大学，主修化学，在那里他获得有机化学博士学位。直到在美国田纳西州的麦迪逊学院从事教研工作，他才开始致力于大豆的营养价值研究。随后，他撰写了第一本书 *Soybeans for Health, Longevity and Economy*，于 1956 年在马萨诸塞州正式出版，分别于 1962 年、1968 年、1973年再版。该书介绍大豆如何有助于人们身体健康、延年益寿，如何体现其经济价值，更提到了大豆的营养价值可以与牛奶相当，对牛奶过敏的人可以用大豆来代替牛奶补充身体所需营养成分。这是一本对营养知识感兴趣之人的必读书。（William Shurtleff, Akiko Aoyagi，2014：408）

民国初期，桐油作为生产油漆用于军事和机械工业的重要原材料发展迅速。（龚静，瞿州莲，2008：128）尤其在二战前夕，欧美国家急需桐油用于军备，桐油的外需呈直线上涨，也极大地刺激了油桐种植业的发展。全国各地的桐油生产区都采取了措施，鼓励桐油的大量生产，与此同时，一些相关学术专著陆续出版。1934 年，贺闿和刘瑚先生出版了《桐树与桐油》，对当时的桐油产业有较大的指导和促进作用。1937 年，在武汉汉口出版了该书的英文版本，书名为 *Bibliography on Tung Tree and Tung Oil*（《世界桐油文献》），中国矿藏之父王宠佑为该书撰写前言，这对中国桐油文化传播西方起到了重要作用。

曾同春（Tsing Tung-chun，1900—　），海南琼山人，出身于书香人家，幼年时在海南琼台书院求学，后考上北京大学。他凭借优异的成绩获得公费前往法国留学的机会，回国后，先后在北京大学、暨南大学、中山大学担任法学教授。他是中国著名的经济合作学专家，曾培育了不少该领域的人才。他著作甚丰，在商务印书馆出版了许多合作经济学和有关中国蚕丝的书籍。1928 年，他编写了一本法文书 *De la Production et du Commerce de la Soie en Chine*，在巴黎东方图书馆出版。中国是丝绸的发源地，中国的蚕丝业可追溯到六千多年前。书中是对中国蚕丝,包括蚕的饲养和丝绸的生产,以及蚕丝贸易的叙述。1933 年,商务印书馆出版了他的《中国丝业》,其中阐述了具有几千年文化积淀的中国丝业的发展历程及现状。

陈翰笙(Chen Han-Sheng,1897—2004),原名陈枢,生于江苏无锡,是中科院院士以及中国农村经济研究会的创始人。他曾负责对农村进行彻底调查,以确定我国半封建半殖民的社会性质,然后实施土地改革。凭借多年来对中国农村经济问题的调查,他还搜集了大量相关文献,写成了大量论文及书籍,有些被译成多种语言传播国外。如,1933 年在上海出版了 *The Present Agrarian Problem in China*,指出当时中国的土地问题之所在。1936 年在上海出版了 *Agrarian Problems in Southernmost China*,阐述了中国最南端的土地问题。1936 年,在美国纽约出版了 *Landlord and Peasant in China*,讲述的是中国的农民和地主的关系。1939 年,在上海出版了 *Industrial Capital and Chinese Peasants*,描述的是中国农民和产业资本的关系。1945 年,在伦敦出版了 *Chinese Peasant*,介绍中国农民。1949 年,在美国纽约出版了 *Frontier Land Systems in Southernmost China*,书中介绍了中国南部边缘地带的土地系统。

罗椀升(Lo Wan-Sheng),台湾"中央"研究院植物暨微生物学研究的副院研究员,曾获纽约圣约翰大学分子遗传学计划博士学位。她主要研究在应对发育信号和环境压力的转录调控过程中,动态染色质改变的基本机制。除此之外,1941 年,她出版了德文作品 *Probleme der Agrarkreditpolitik in China*,讲述中国的农业问题。同年,该书被翻译成英文并出版,译者为费朗西斯·魏思(Francis J. Weiss)。

萧乾(Hsiao Ch'ien,1910—1999),原名肖秉乾、萧炳乾,中国知名记者、小说家、翻译家。萧乾的报告文学作品以文学性和新闻性二体合一为主要特点,这也是他在创作中始终贯彻的原则之一。王嘉良曾提出:"萧乾的创作是一种'艺术方式的存在',体现其艺术才具,他在过程中追求他自己所说的在鼓面上跳舞的艺术手段和艺术魅力。"(1997:275)萧乾不仅是伟大的记者,而且是一名有名的翻译家。1951 年,北京外文出版社出版了他的 *How the Tillers Win Back Their Land*,全书有插图贯穿始终,更加清晰易懂。1952 年,他在德国柏林出版了该书的德文版,书名为 *Befreites Land*。该书描述的是农民如何夺回原本属于自己的土地的艰辛历程。

徐永椿(1910—),字介群,江西龙南县人,中国著名树木学家和林业教育家。他对树木分类学壳斗科甚有研究,发表了许多相关研究成果,也为中国植物界壳斗科做了很多文献的整理和修订工作。他为我国培养了大批林业人才,对中国林业、树木学做出了开创性贡献。他带领大学生、研究生致力于林业研究,取得不少科研成果。1950 年,他在斯坦福大学自然历史图书馆发表了用英文撰写的 *A Preliminary Study of the Forest Ecology of the Area about Kunming*,该文是对昆明森林生态的初步研究,对中国林业学术对外交流做出了贡献。

沈宗瀚(1895—1980),字海槎,是中国著名农学家、作物遗传育种学家和农业经济行政管理专家。他一生致力于农业教学和研究,认为"教书可培养人才,改进农业;研究可以改良品种,增加产量"。作为教授,他非常注重对学生思想的启发和理解能力的提高,有自己独到的教学之法,他极力推崇课堂中理论知识必定要与课堂外的实际相结合。作为学者,他从事农事科研,在国际农业学术界有较大声望,在有关农业的国内外学术会议、刊物上都发表过不少论文及讲稿。沈氏一生论著颇丰,共有 300 多篇,其中英文著作占据近三分之一。这些著作对国外学者研究中国农业具有重要参考价值,可为其他发展中国家发展农业所借鉴。60 多年来,沈宗瀚为中国的农业发展、农业技术人才培养、农业产量提高均做出了卓越贡献。晚年时期,他表示若有来生,仍愿意将一生付诸农业。

陈立夫(1900—2001),名祖燕,字立夫,浙江省吴兴县人,1924 年,获美国匹兹堡大学采矿学硕士学位,中国国民党政治家。他曾用英文撰写了"The Function of the Commission on Land Research and Planning"一文,于 1935 年在南京发表。

翁文灏(1889—1971),字咏霓,浙江鄞县(今属宁波)人,出生于富商家庭,是中国早期最著名的学者和地质学家之一。他是中国第一个编写地质学讲义之人,也是第一个绘制中国地质图的学者,在科研组织和管理方面受到了一致认可。他不仅对自己的专业领域怀有浓厚的兴趣,而且从骨子里相信科教可以救国、科教可以兴国。他对中国人口分布和土地利用情况也稍有研究,还用英文撰写了"The Distribution of Population and Land Utilization in China"一文,于 1933 年在上海某杂志上刊登。

如上所见,截至 1980 年,中国农事文献至少有 24 本,总共有 37 个译本,其中包括英语的 19 本,法语的 9 本,德语的 5 本,俄语和意大利语的分别 2 本。其中,西洋人翻译了 23 本,中国人翻译 2 本,其他 12 本译者未详;

19 世纪翻译了 27 本,20 世纪翻译了 9 本,还有 1 本时间未详。被翻译最多的中国农事文献有清朝著名作家高铨的《蚕桑辑要》,清朝鄂尔泰、张廷玉等人编写的《授时通考》,还有清朝著名医学家李时珍的《本草纲目》。翻译该领域中国典籍最多的翻译家有:法国汉学家儒莲,其译作有法文译本《蚕桑辑要》、英文译本《蚕桑辑要》和法文译本《苎麻》共 3 本;汉学家查尔斯·肖恩(C. Shaw),其译作有英文译本《蚕桑合编》、英文译本《农政全书》(选译)和英文译本 *Remarks on the Tea Plant*(书名未详)共 3 本;德国汉学家奥托·福兰阁,其译作有分别于 1913 年、1914 年出版的两个德文译本《耕织图》。

第四节　文本分析和讨论

　　《农政全书》是一本旨在推广农业技术、总结农业生产经验的农书,因而全书的语言以实用为目的,通俗易懂且较为口语化。书中术语大多来自民间,或由古语演化,因而给翻译造成了巨大的障碍。本节主要讨论现有译本中养蚕术语、栽桑术语两大农事术语的翻译策略:意译、直译和音译加意译三大类,以及译者在谚语的翻译过程中如何取舍翻译手段。

一、术语的翻译方法

　　本章节探讨《农政全书》蚕桑目中农事术语的英译方法,术语分为与养蚕相关的术语 170 个和与栽桑相关的术语 76 个。由于许多中国特有文化信息在英语中找不到对应的词汇表达,因此译者不得不采取音译加意译的翻译方法,在保留原文文化色彩的同时,帮助读者正确理解原文。除此之外还有直译、意译、音译等翻译方法,但主要以意译为主。

　　养蚕术语主要包括蚕的种类、蚕在不同饲养和繁殖时期的专业名称、不同体色和斑纹的蚕名称及养蚕工具等。"蚕"为所有蚕类的总称,译本中多处将不同种类的蚕直接译为 worm 或 silkworm。维基百科对 worm 和 silkworm 的解释分别为"A worm is an elongated soft-bodied invertebrate animal, most commonly the earthworm.""The silkworm is the larva or caterpillar of the domesticated silk moth, Bombyx mori(Latin:'silkworm of the mulberry tree'). It is an economically important insect, being a primary producer of silk.",所以蚕类总称可译为 silkworm。

栽桑术语包括桑叶种类、栽桑工具及相关现象等。译本中将"桑"译为 mulberry。"桑"别称"桑树",一种落叶乔木或灌木,最高可达 15 米。树体富含乳浆,树皮呈黄褐色。维基百科对 mulberry 的定义为"Morus,a genus of flowering plants in the family Moraceae,comprises 10-16 species of deciduous trees commonly known as mulberries,growing wild and under cultivation in many temperate world regions."。译本中对栽桑术语的英译也可分为意译、直译和音译加意译三种,同样以意译的翻译方法为主。我们将探讨译者处理这些养蚕、栽桑术语时如何选择翻译方法。

(一) 意译

原文:三卧一生蚕、四卧再生蚕(老根,1999:175)

英文:Worms that pass through three torpors,and lay their eggs once
　　 Worms that pass through four torpors,and lay their eggs twice
　　 (Medhurst,1849:8)

"三卧一生"意为一生需经历三次冬眠,"四卧再生"则为一生需经历四次冬眠。这两个词的内涵必须译出来,如 worms that pass through three torpors,and lay their eggs once 和 worms that pass through four torpors,and lay their eggs twice(or a second crop)。译文中类似的例子还有对"灰儿蚕""秋母蚕""老秋儿蚕""解儿蚕""锦儿蚕"等术语的译法,文本中相对应的英译名为 ash-coloured worm、early autumn worm、advanced autumn worm、late autumn voracious worm、variegated worm,笔者认为均应依前述改译,实现音意兼顾。

原文:葚(椹)、栀(老根,1999:186)

译文:Mulberry which bear mulberry
　　 Mulberry which do not bear mulberry(Medhurst,1849:58)

"葚"为桑树结的果实,又名"桑葚"。"栀"(本指常绿灌木或小乔木,夏季开白花,有浓香味)在原文本中指不结果实的"桑",区别于结果实的葚。所以译者麦华陀将"葚"译为 mulberry which bear mulberry,将"栀"译成 mulberry which do not bear mulberry。笔者认为此处上级术语和下级术语区分不当,容易造成目标语读者对术语的理解错误,试改译为 mulberry which bear mulberry fruit 和 mulberry which do not bear mulberry fruit。

原文：黑其瘢，或覆以螺壳，或涂以蜡而沥青油煎封之，是防**梅雨**之所浸。（老根，1999:186）

译文：Smear with ink the part where the twig has been cut off，or cover it with a shell，or give it a layer of wax，or resin and oil，in order to prevent its being injured by the *rain.*（Medhurst，1849:72）

麦华陀将该句中"梅雨"直接翻译为 rain，在译本另一处翻译成 rainy season。"梅雨"指江南梅子成熟期时常持续出现的阴雨天气状况。这段时期被称作"梅雨季节"。因此时空气湿度大、气温高，器具、衣物等容易发霉，故又称"霉雨"。在多处中国历史典籍中均有记载。如《初学记》引南朝梁元帝《纂要》"梅熟而雨曰梅雨"。故称"梅雨"或"黄梅雨"。中国明朝最著名的医学家李时珍曾在《本草纲目》中提到："梅雨或作霉雨，言其沾衣及物，皆出黑霉也。"译者将"梅雨"译为"雨季"看似译出了词汇的大意，然而这两种译法都缩小了其内涵，属于欠额翻译，可改译为 plum rain 或 mould rain。

（二）直译

原文：热釜、冷盘（老根，1999:184）
译文：Hot boiler
　　　Cold pan（Medhurst，1849:48）

热釜和冷盘是两种古代用来煮茧抽丝的容器。在译本中，"热釜"被直译为 hot boiler，"冷盘"被直译为 cold pan。笔者认为，这是一种欠额译法。"热釜"并不只是一种热容器，应将其功能译出，译为 hot boiler used for reeling 较合理。同样，"冷盘"建议译为 cold pan used for reeling。

《农政全书·蚕桑》的译本中经常出现表层翻译，也就是未能正确理解词汇的深层意义，这也会导致直译并因此产生误译。

原文：至二月十二，浴以**菜花**、野菜花、**韭花**、桃花、白豆花。（老根，1999:176）

译文：On the 12th day of the 2nd moon，as spoken of above，wash the cards in water wherein have been bruised the *flowers of the mustard*，or wild mustard-seed，*the flower-buds of scallions*，or peach and pea-blossoms.（Medhurst，1849:12）

"菜花"又名花椰菜、花菜、椰花菜，是一种十字花科的蔬菜，而译本中所翻译的为 flower of the mustard，mustard 中文意思为芥菜。同样，"韭花"

俗称韭菜花,是秋天韭白上生出的白色花簇。译者却将其误译为葱花,the flower-buds of scallion。事实上,韭葱并非韭菜,韭葱是能产生肥嫩假茎(葱白)的二年生草本植物,又叫作扁葱、扁叶葱。英文中的两个词 broccoli 和 cauliflower,都能比较准确地传达原文的意思。

原文:腊八月,新水浸菽豆。(老根,1999:178)

译文:On the 8th day of the 12th moon,steep some green pulse in fresh water,after which spread it out thinly to dry.(Medhurst,1849:21)

"新水"意为新汲之水、春水。译文从字面意思出发把"新水"译为 fresh water,却不知这个词有其深层内涵,显然为表层翻译。深层翻译应为 newly collected water。

(三)音译加意译

农业术语,作为科技术语的重要组成部分,承载着自古以来传承下来的农业科技信息,因而不可避免地给翻译带来了较大挑战。译者将一些富含文化信息的术语翻译成英文的时候,巧妙地采用了音译和意译结合的翻译手段,尽可能准确地表达原文意思。

原文:荆桑、鲁桑(老根,1999:186)

译文:The King and the Loò,or the southern and northern species of mulberry(Medhurst,1849:60)

元王祯在《农书》中记载,荆桑为乔木,树型高大,多椹籽,叶薄而尖,其边有瓣。荆桑不仅枝干坚韧,且根部牢实,成活时间长,最长至千年以上。这一桑树品种较常见于我国南方地区。不同于荆桑的是,鲁桑为一种灌木,较常见于我国北方地区。所以译者将其译为 The King and the Loò,or the southern and northern species of mulberry。笔者建议译出其生长地区,如荆桑 the King mulberry grown up in the South of China,与鲁桑 the Loò mulberry grown up in the North of China。对于这种具有地域特色的词汇,用附带解释的音译是较好的解决方法。

二、谚语的翻译

谚语,"也称鄙谚、野语、但言、俗语等,是由民间集体创造,再经过人民群众口口相传,最后在时间长河中沉淀下来的一种言简意赅并较为定型的固定语句,是我们汉语语言中很有民族特色和形象生动的语汇成分"。(韩忠治,2015:58)可见,谚语是一种被广大人民以口头形式沿用和流传的语言。因而,在谚语翻译的过程中,"如果谚语反映了源语中的典故文化,而译语读者不理解的话,采用何种译法,则要考虑译者的态度:如果译者想传播源语文化,可保留喻体,采用异化翻译方法;如果从读者出发,则可灵活处理喻体,采用归化翻译方法"。(范敏,2007:194)我们从译本中任意抽取例句来观察译者在翻译方法上是如何取舍的。

原文:两竖桩子上,横串铁条;铁条穿筒子,既轻又利也。不如此,则不能成绝妙好丝。古人有言:"工欲善其事,必先利其器。"(老根,1999:184)

译文:Put the iron spindle through these two pins, after having inserted it in the tube: thus the working of it will be light and easy; otherwise you will not be able to get your silk off in good style. As the ancients say, when a man wants to perfect his work, he must first adjust his tools. (Medhurst,1849:50)

"工欲善其事,必先利其器"出自《论语·卫灵公》,意为工匠想要做好他的工作,一定要先让工具锋利。谚语用来比喻做好一件事的准备工作尤其重要。译者在翻译过程中采用了异化的手段,保留谚语的喻体,译出谚语的字面意义,将"利其器"译成了 adjust his tools。反之则可不保留谚语的喻体,译出谚语的实际意义,将其译为 make proper preparation,即"做好准备工作"。

"从语义上看,谚语有三种类型:一是字面意义和实际意义相一致,字面意义就是本义;二是字面意义和实际意义不一致,字面意义是表层意义,实际意义是本义;三是具有两个实际意义,一个与字面意义一致,是本义,另一个是派生义。"(袁良平,2006:54)

原文:种黍亦可。农家有云:"桑发黍,黍发桑。"此大概也。(老根,1999:192)

译文:You can also plant common millet; for as a book on agriculture says, the mulberries promote the growth of the millet, and the millet that of the mulberries. (Medhurst,1849:91)

这是一句结构凝练、流传民间的农家谚语。桑,指一种桑属落叶乔木,黍指一种草本植物,也是一种具有较耐旱特质的粮食和饲料作物。谚语以传播知识的形式告诉人们桑、黍这两种作物的相生关系,互相促进增长。这就是上文所述的字面意义和实际意义一致的谚语类型,因而译者采用的是异化的翻译手段。

有些谚语字面意义与其隐含意义相近或很容易推断出来。这种情况下,我们可考虑直接译出它的字面意义。译者可既不违背原义,又能在修辞手法上取得异曲同工之妙。

原文:……农语云:"锄头自有三寸泽,斧头自有一倍桑。"(老根,1999:191)

译文:... An agricultural proverb says, each stroke of hoe will produce three inches of fertility, and each cut with the pruning-knife will insure a double springing of mulberry. (Medhurst, 1849:84)

这是宋代北方流行的一句农谚,前半句意为:用锄头中耕锄草,减少土壤中水分蒸发,使二三寸厚的土壤层保持湿润状态[①](李锐,2006:13);后半句讲的是关于桑树的栽培和修剪技术。"金至元初的《士农必用》便引用了该谚语,指明了桑树修剪对增产的作用。"(万连步、杨力、张民,2004:3)可见译者在翻译时保留了谚语凝练简洁、对仗工整,读起来朗朗上口的语言形式,将谚语的民族文化色彩原汁原味地传达至目标语读者,读者只需用心体会便能明白其内在含义。

第五节　地理典籍的传播

13 世纪意大利旅行家马可·波罗的游记《马可·波罗游记》(*The Travels of Marco Polo*)通过描述其在中国的所见所闻,一方面使欧洲人产生了对东方的迫切向往,另一方面对后来的新航路开辟产生重大影响。意大利地理学家、收藏家赖麦锡(Ramusio)称,1299 年该书出版后没几个月,便在意大利广泛流行。由此可见当时的中国在欧洲影响之大。二十多年之后,这部书已广为流传,并被译为多种欧洲语言,其中,现存的文字版本就有119 种。

15 至 16 世纪,新航路的开辟带来了地理大发现,众多的欧洲商人、传

---

① 太平风物.[2016-12-17].http://vdisk.weibo.com/s/amtbTdi-wk8Lp.

教士先后来华,一方面惊叹于中华文化的博大精深,潜心于中国儒家经典的研究,另一方面,又不忘撰文介绍中国土地的广袤绵延,各类有关中亚、西亚等的游记、地理志的译本如雨后春笋般先后在欧洲、中国等地出版。

而 18 世纪和 19 世纪的中国,国力一日不如一日,欧洲各国殖民扩张的野心昭然若揭,伴随这一趋势而来的是更多的地理译介西传,以满足殖民者们不断膨胀的野心与图谋。因而本文主要聚焦于 18 世纪和 19 世纪各国汉学家对中国地理典籍的译介情况。

一、在英国的译介

出于传教的目的以及外交事务的需要,众多英国传教士及翻译人才被派遣至中国,他们中很多人一方面接受儒家文化的熏陶,另一方面又不忘适时地将有关中国地理的典籍进行译介。比较有影响的译者大致如下:

1792 年,英格兰旅行家及东方文化研究者乔治·托马斯·斯当东(Sir George Thomas Staunton, 2nd Baronet, 1781—1859,俗称士丹顿或小斯当东)跟随担任副使的父亲前往中国庆贺乾隆帝的八十大寿。1821 年,他回国后的第一本著作是将 1732 年图理琛出版的《异域录》(*Narrative of the Chinese Embassy to the Khan of the Tourgouth Tartars*)译成英文。由于中英外交的走向是当时英国舆论关注的焦点之一,此书在市场上颇为畅销。

1816 年,英国传教士及汉学家麦都思(Walter Henry Medhurst, 1796—1857)来华,他自号墨海老人,是外国传教士中第一个到达上海的人。麦都思一生创作了很多作品,据统计,中文有 59 种,英文有 27 种,马来文有 6 种,还有《英汉字典》《汉英字典》《中国》《上海及其近郊概述》(*General Description of Shanghai and Its Environs*,即《上海县志》)等著作。

1840 年,英国著名汉学家理雅各来到东方,进入华人社会。他一生与汉籍为伴,人称"汉籍欧译三大师之一"。其译作《佛国记:法显的印度和斯里兰卡之旅》(*A Record of the Buddhist Kingdoms:Being an Account of the Chinese Monk Fa-hien of His Travels in India and Ceylon*),理雅各为其绘制了地图,图比精准,经纬度清晰。如此,法显的行进路线,读者一目了然。《佛国记》等中国古籍的发现,令他们如获至宝。如比尔扉页的题词曰:"我们不得不承认这个事实,即公元 5 和 7 世纪中国两位旅行家所做的关于印度佛学历史和地理的详细记录,是目前印度及其邻国现有梵文和巴利文著作所不能比拟的。这实在令我们震惊!"

1852 年,时任英国皇家海军牧师的塞缪尔·毕尔(Samuel Beal,1825—1889)随军来到中国,同时开始学习中文。他精通汉语、梵语以及巴利文,《大唐西域记》(*Si-Yu-Ki*:*Buddhist Records of the Western World*)便是他的译作之一,《洛阳伽蓝记》卷五也被编入此书,一经付梓便风靡欧陆。23年后,匈牙利人马克·斯坦因(Marc Stein,1862—1943)更是对此书手不释卷,于是在 1907 年来到了敦煌。

1854 年,英国外交官罗伯特·斯文豪(又译郇和,Robert Swinhoe,1836—1877),那时他才 18 岁,还未毕业,便通过考试进入外交部,而后外派到厦门,成为厦门领事馆翻译。同时身为一名博物学家的斯文豪利用职务之便,充分地考察了中国大陆东部和台湾自然生态,并撰写了相关的文章。

1863 年,英国领事官倭妥玛抵达中国,曾在福州、上海、香港等各地任使馆翻译职务。现今的英文版《玄奘旅印记》(*On Yuan Chwang's Travels in India*)就是倭妥玛由《大唐西域记》翻译而来的。

1867 年,英国外交官、语言学家、剑桥大学教授以及著名汉学家瞿理斯(Herbert Allen Giles,1845—1935)顺利考上外交部,得以来到东方,前后在中国生活了 25 年。1877 年,瞿理斯 32 岁时翻译《佛国记》(*A Record of the Buddhist Kingdoms*),1923 年,第四个英译本《佛国记》(*The Travels of Fa-hsien*)(即瞿理斯的重译本)于伦敦出版,并于 1956 年再版。

1881 年冬,英国牛津大学中文教授、知名汉学家苏慧廉(William Edward Soothill,1861—1935),受当时的偕我会(the United Methodist Free Church)派遣,前往温州继续进行传教事业,在温州传教 26 年。

除此以外,英国著名汉学家威妥玛(Thomas Francis Wade,1818—1895)也在中国生活了四十余年。魏源的《海国图志》刊行以后,当时的统治者全然无动于衷,而威妥玛和德国传教士郭士立(Karl Friedlich Gutzlaff,1803—1851)则深知该书之奇,向西方大力宣传,译成了英文、德文,之后更有译本于美国流行。英籍东方学学者及汉学家阿瑟·韦利(Arthur Waley,1889—1966)所翻译的《长春真人西游记》(*The Travels of an Alchemist*:*The Journey of the Taoist Chang-Chun from China to the Hindukush at the Summons of Chingizb Khan*)由伦敦 George Routledge & Sons Ltd. 出版,此书在英国重印一次,在美国重印两次。1952 年,他还翻译并出版了《真正的三藏》(*The Real Tripitaka and Other Pieces*)。正如一近期的评论所言:"在中日二国的古文,与英语系大众读者间,韦利是一位伟大的转介者;他在 20 世纪的上半段时期扮演了东方与西方间的大使。他的中文及日文皆是自学成才,而且不论是流畅性或学识,都达到了卓越的程度。这是一个难能可贵的成就,也如他在巴黎出现自己后来所注,或许这只能发生在那个时期。"(Spence,1993:47)

二、在法国的译介

在中国地理典籍译介的浪潮中,法国汉学家发挥了极大的作用,与此同时也涌现出了与旧派汉学家相对立的新派汉学家,这些汉学家研究的地理区域广泛,东至琉球诸岛,西至中亚地区等,扩大了中国地理典籍译介的范围。

宋君荣(Antione Gaubil,1689—1759),法国耶稣会士,18 世纪法国影响最大的汉学家,法国科学院和巴黎文学院以及圣佩泰斯堡皇家学院的院士。1722 年宋君荣来华,在北京生活了 37 年。他为中国地理研究做了很多贡献,在乾隆当政期间,参加了全国的舆图测绘工作,之后又协同其他地理学家前往新疆开展测绘工作。著有《北京志》《和林的地理位置》等书。同时,他还把许多汉语典籍翻译成欧洲文字,如他在巴黎出版的法译本《成吉思汗传和元代全史:摘自中国历史》(*Histoire de Gentchiscan et de toute la Dinasti des Mongus ... tiree de l'Histoire chinoice, et traduite par ... Gaubil*,etc. 1739 年),就是由邵远平的《元史类编》翻译而来的。另外,他还出版了《异域录》法文译本,并有选择地将《中山传信录》译为法文,书中的《琉球诸岛图》意义重大,成为了此后英法等国海上测量活动的重要指南。

雷慕沙是法国新派汉学之先驱。《真腊风土记》(*Description du Royaume de Cambodge*)和《佛国记》(*Foé Koué Ki*,1836 年)都是他的译作。《真腊风土记》是在 19 世纪初期法国开始入侵中南半岛的背景下为雷慕沙所注意并译成法文版的,其后多个语种译本陆续出版。除此之外,雷慕沙也曾尝试着翻译马端临的《文献通考》(*Sur queiques peuples du Tibet et de la Boukharie*)的"经籍考"部分,不过他仅仅翻译了该书的第一卷,书还未印刷他就已去世了。

儒莲是法国籍犹太汉学家。他撰写《亚洲地理和中国与印度哲学杂文汇编》(*Mélanges de géographie asiatique et de philosophie sino-indienne*)并出版《文献通考》(*Notice Historique de Ma Touen-lin sur l'Inndo*)法译本。

纪尧姆·波蒂埃（Guillaume Pauthier，1801—1873），法国汉学家。1867年，波蒂埃将魏源《海国图志》中的节本《长春真人西游记》翻译为法文。1888年，俄国驻北京公使馆医生贝勒(Emil Bretschneider)将英文译本收入《中世纪研究》卷一中。文前附译者的序言，译文长121页，注释337条。同时，他也翻译了《文献通考》(*Examen methodique des faits qui concernant le Thientchu ou l'Inde*)的一部分。

古伯察（Évariste Régis Huc，1813—1860），本姓胡克，法国来华传教士、旅游作家、天主教遣使会神父。1839年入华，是自英格兰人托马斯·曼宁(Thomas Manning，1772—1840)在1811—1812年到访拉萨之后，首位到访拉萨的欧洲人。1843年至1846年，古伯察将在内蒙古诸旗、喀尔喀蒙古地区传教旅行中的所见所闻记述成《鞑靼西藏旅行记》(*Souvenirs d'un voyage dans la Tartarie et le Tibet et la Chine*)一书。书中对当时清王朝多个地区自然状况、宗教信仰、历史文化、民风习俗做了详尽而真实的记述。该书自1852年首次出版以来，引起了国人的广泛关注与争议。十几年间就已出版了7个法译本，半个世纪以来被译成多个语种，且大多被多次再版，成为西方汉学界的经典之作，是一部关于中国西部文化的精彩之作，既具高度的学术性，又不失其趣味性。古伯察还撰有《中华帝国——鞑靼蒙古旅行记续》(*L'Empire chinois faisant suite a l'ouvrage intirule Souvenirs d'un voyage dans la Tartarie et le Thibet*)以及四卷本的《中国中原、鞑靼和西藏的基督教》(*Christianity in China，Tartary and Thibet*)等著作。书中一再以 la Tartarie、le Thibet、et la Chine 描绘清朝治下的鞑靼利亚、西藏和中国。1857年，古伯察向拿破仑三世寄了自己的远东之行回忆录，言道"远东将为变之舞台，若皇帝有愿，法国可从中担当重要且光荣之务"(Thomson，1940:334)，从而令法国以保护传教士为由，对印度支那尤其是越南进行全面殖民统治。

德理文（D'Hervey de Saint-Denys，1823—1892)是19世纪法国著名汉学家儒莲的弟子，1874年继儒莲成为法兰西学院中文教授，两年后将《文献通考·四裔考》译为法文，并获得儒莲奖。他还撰写了关于东裔和南裔边民的著作《中国藩部民族志》。

德维利亚（Gabriel Deveria，1844—1899），法国东方语言学家。1860年以翻译见习生身份来华，做过关于北京、越南和中国云南等地地理及风俗等方面的调查研究。1889年后任东洋现代语教授。他一生的著作颇多，19世纪 80 年代出版了《中国与安南邦交史关系》(*Histoire de relations de la Chine aves l'Annam*)、《中国—安南边界》，其中他的《中国与安南邦交史关系》为他赢得了法国儒莲奖；到了 90 年代，他又相继出版了《倮倮和苗族》《蒙汉碑铭学概要》以及《凉州的西夏文碑》，这些书描述了当时各个民族的情况，有的还附上相关的比较与插图，使其更为外国读者所理解。

微席叶(Arnold Jaques Vissiere，1858—1930)，法国人。1882 年作为一名法国公使馆翻译学生抵达中国，主要为中国与巴西换约大臣翻译，之后辗转法国与中国，为翻译事业奔忙，后回国任巴黎现代东方语学校教师，此后来到中国的法国翻译生多为其学生。他曾将《安南纪略》(*Ngan-nan Ki Yeou*)译为法文，于 1890 年出版。

沙畹(Émmanuel-Édouard Chavannes，1865—1918)被称为"欧洲汉学泰斗"，法国敦煌学研究的先驱。他的研究领域广泛，内容涉及海内外，既有中国，也有中亚、印度等区域。在中国方面的研究有中国历史地图、省份问题、中国历史地图学以及边疆地区和少数民族方面。他著述颇丰，成就卓越，于 1903 年出版的《西突厥史料》成为中外学者研究突厥史的重要材料。在翻译文献方面，19 世纪末著有获儒莲奖的法文译本《大唐西域求法高僧传》《悟空行纪》《宣和乙巳奉使行程录》等，20 世纪初其《继业行纪》《宋云行纪》《北辕录》也陆续发表。其卓越的成就和高尚的品质，使他成为"整个西方世界公认的汉学大师"。

伯希和，法国汉学家，是汉学史上最著名的人物之一，其一生并未写过任何专著，以其论文和注释翻译著称。既有完整的翻译如《马可·波罗游记注释》《真腊风土记》等增订译注本，也有对一些段落的注释翻译，以后者居多。韩大伟(David B. Honey)对伯希和的评价颇高，将之比作汉学界的亚历山大大帝，并引用了涂尔干(Durkheim)的话来做比喻："如果你要使自己的思想成熟起来，那么就请你全神贯注地研究一位大师的思想；仔细探究他的体系直至你掌握了他最隐秘的思想秘密。"也就是说，如果谁要了解汉学的秘密，那么就请他来钻研伯希和的文献学研究。(程钢，2005：187)

石泰安(Rolf Alfred Stein，1911—1999)，法国著名的中国学家、藏学家。他在北京汉学研究所工作期间，主要进行蒙古学和藏学研究，以及该地区民族文化的相关研究。在其著述中，他能够熟练地将历史地理与传说历史精炼地融为一体。他的作品《西藏文明史》成为后来影响最大、流行最广的著作。石泰安将其一生贡献于西藏文化史的研究。

鄂伯黎(G. Aubaret),法国汉学家。1863 年,鄂伯黎出版《嘉定通志》法文译本,受到西方汉学界的推崇。《嘉定通志》详细记载了 17 世纪至 19 世纪初有关南圻的情况,特别是关于该地区的地理、历史、文化、经济、华侨问题等,对于后人的研究意义重大。

三、在俄国的译介

译介中国典籍的俄国汉学家不多,更不用说中国地理典籍的译介,仅有尼基塔·雅科夫列维奇·比丘林、埃米尔·布雷特施奈德、瓦西里·巴甫洛维奇·瓦西里耶夫等,然而他们对中国地理典籍西译的贡献非一言两语可道清。

比丘林(Iakinf Bichurin,1777—1853),俄罗斯汉学之父,俄国中国学和东方学奠基人,编纂有多部汉语语法、双语和多语辞典,编译大量文献与经籍。1828 年,比丘林于圣彼得堡出版了《西藏志》,该书乃是自《卫藏图识》(*Opissanie tibeta W nynieshnem yewo sostoyanii, S Kartoyo dorogi iz Chen-du do khlassiya*)翻译而成。这是俄国第一本介绍中国西藏的书,书中不仅有详细的注解,还附有成都到拉萨的道路图,毫无疑问,该书立刻引起了学术界的关注。其俄文译作《宸垣识略》(*Opissanie pekina, Yewo okrestnostei*),后来成为了解《日下旧闻考》最便利的参考书,由费利·德·比尼(Ferry de Pigny)译成法语之后,在相当长的一段时间内,成为西方各国研究西藏语言文化及历史的唯一依据。1929 年,比丘林又出版了《准噶尔和东突厥斯坦志》,成为俄国第一部介绍中国西部历史的作品。在俄罗斯学界,比丘林、卡法罗夫与瓦西里耶夫常被并称为俄罗斯汉学史上的"三巨头"或"三泰斗",比丘林被看作俄罗斯汉学的奠基人,被赞为"俄国第一位大汉学家",他的学术研究在俄罗斯汉学史上的地位举足轻重。他不仅开创了俄国的蒙古学研究,而且把整个汉学研究从 19 世纪之前对中国典籍的翻译推向综合研究,开辟了俄罗斯汉学的新时代。

埃米尔·布雷特施奈德(Emil Bretschneider,1833—1901),汉名贝勒,又译白莱胥乃德,俄国中央亚细亚史地学家、中国植物学家,精通英、法、德语。他在北京期间学习汉语,造诣颇深,熟悉汉、蒙文史料和西文史料,精于元明史地、中西交通史和中国植物学及其研究史。共出版四十余种著作,多数用英、法、德文撰写,在西方享有盛名。其两卷本《元明人西域史地论考》(*Mediaeval Researches from Eastern Asiatic Sources*,1888 年,又译《中亚中古史研究》)是一部有代表性的巨著,对 13—17 世纪中央亚细亚和西亚细亚历史地理和东西交通史研究颇有参考价值。该著作摘译并考释了多本书籍中的地理相关部分;逐一详考了元代《经世大典》中的西北地名,包括察合台、月即别等汗国的疆域;对中亚西亚中世纪地理、契丹、西辽、回鹘、元代伊斯兰教徒、蒙古西征等均有探讨。1876 年发表的《北京及其城郊考古历史研究》(*Archeological and Historical Researches on Peking and Its Environs*)获法国儒莲奖。两卷本《欧人在华植物发现史》(*History of European Botanical Discoveries in China*,1898 年)详细记载了自马可·波罗至 19 世纪末来华 650 人的传记、路线,得到俄国地理学会的金质奖章。身后留下大量手稿,其中有据中文和西文史料撰写的《蒙古史》《帖木儿及其后裔》等。

王西里(V. Vasiliev,瓦西里·巴甫洛维奇·瓦西里耶夫,1818—1900),著名汉学家,帝俄科学院院士,俄国中国学学派集大成者。1840 年随东正教传教士团来华,通晓汉、蒙、梵、满、朝、藏、日文。瓦西里耶夫的著作集中于地理历史领域,且大多数是以比丘林的研究为基础,如其作品《中亚东部的历史和古迹》。王西里认为,地理与历史两个学科密不可分,他的《汉语文选》中就收录了中国地理和历史方面的专著和中国古籍译文。《元明两朝关于满族人的资料》虽是历史研究著作,但其中亦含有大量宝贵的地理资料,列举了古代城镇,描写了山川河流。王西里的著作在其生前并未被发掘,到了苏联时期才被俄国汉学史的研究者们加以整理和研究,甚是可惜。

四、在德国的译介

克拉普罗特(M. J. Klaproth),19 世纪前期杰出的东方学家,新研究方法的代表,关于地理方面的著作颇丰。他的《中亚地图》于 1836 年出版并成为当时欧洲研究中国的权威。其有关蒙元史的论著都发表在《亚洲杂志》(Le Journal asiatique)上:《马可·波罗所记澉浦港和刺桐港研究》(1824)、《关于马可波罗行记中的天德州》(1826)、《马可波罗所记中国西部诸省地理考释》(1828)、《关于纸币之起源》(1822)、《拉施都丁史集有关元代中国的记述译注》(1833)、《亚美尼亚王海屯行记译注》(1833)、《十三世纪蒙古入侵谷儿只、亚美尼亚概述(亚美尼亚史料译注)》(1833)。

波波夫(P. S. Popov,1842—1913),德国汉学家。他的作品《蒙古游牧记》被俄罗斯学者巴拉第·卡法罗夫首先译为俄文,英国蒙古史权威巴德利高度评价此书。其著作有《西藏的喇嘛教及其历史、教义、教制》(1898 年),本书作为西藏史的概述性著作,其内容尚称完备,但全书根据蒙古史撰写,而佛教用语多采用蒙语,梵语和蒙语又多系蒙古方言,这就给学术研究参考带来了一定的困难。

福华德(Walter Fuchs,1902—1979),德国汉学家、通古斯学家。1926年来华,主要研究清史、满语语言文学、满文文献目录学,对中国制图学和元代历史与文化也有所涉猎。其重要的著作有《朱思本绘制的中国的〈蒙古地图〉和〈广舆图〉》(The "Mongol Atlas" of China by Chu Ssu-pen and the Kuang-yu-tu)等。

夏德(Friedrich Hirth,弗雷德瑞克·赫尔斯,1845—1927),德国汉学家。1870 年来华,主要研究中外交通历史和中国古代历史,其中《中国和罗马人的东方》(China and Roman Orient,1885)令其声名大噪。此后又有关于匈奴、突厥等古代民族的作品相继问世,1911 年与人用英语合译了《诸蕃志》,该书出版一年后,《纽约时报》周末书评版用近一版的篇幅来介绍这本书的内容,并高度评价了该书。

五、在美国的译介

裨治文(Elijah Coleman Bridgman,1801—1861),美国第一位来华的传教士。前期向马礼逊学习汉语,并进行其他一些准备工作。在华期间,曾用英文译了谢清高和杨炳南合著的《海录》(Hae luh Notices of the Seas),并选译了马端临的《文献通考》(Chinese Account of India)。

卜德(Derk Bodde,1909—2003),20 世纪美国著名汉学家及中国历史学家。1931—1937 年,以研究生身份来华留学,并于 1936 年将《燕京岁时记》(Annual Customs and Festivals in Peking as Recorded in the Yen-ching Sui-shih-chi)首次翻译成英文出版,该书是一部记录北京岁时风物民俗的专书,广受海内外好评。

费尔朴(Dryden Linsley Phelps,1896—1978),美国传教士。婚后与妻子决定来中国生活和工作。他们在四川生活和工作了 30 余年。时任华西大学英文系教授的费尔朴热爱峨眉山,因而历时 4 年将《峨山图说》(A New Edition of the Omei Illustrated Guide Book)译成英文,由俞子丹重绘原图,于 1936 年由华西大学哈佛燕京社为之排印,向世界广为发行,称为新版

《峨山图志》，以别于旧版。

柔克义（William Woodville Rockhill，1854—1914），美国外交官、汉学家、藏学家，被誉为美国现代西藏学之父。他放弃安逸的生活，毅然选择赴西藏进行考察活动，在此次行程中著有《喇嘛之国》（*The Land of Lamas*）。除此之外，因对当时的中国和南洋、西洋的交通史颇感兴趣，他在这些领域也做了深入的探讨。翻译作品有《诸蕃志》（*Chau Jukua：His Work on the Chinese and Arab Trade in the Twelfth and Thirteenth Centuries，Entitled Chu-fan-chi*）英译本及《岛夷志略》英文节译本。柔克义积极的考察活动促进了美国藏学研究的发展，其著作中关于西藏地位的阐述影响了美国对于近代西藏政策的定位。

六、在其他地区的译介

施勒格（Gustare Schlegel，1840—1903），最早的荷兰汉学家。他在厦门完成青年时代的中文教育后，被派往以闽南移民为主的荷印殖民地担任中文翻译。

路易斯·贡沙华·高美士（Luís Gonzaga Gomes，1907—1976），澳门土生葡萄牙人，是一位汉学家、作家及历史学家。他终生勤奋，笔耕不辍，以极大的热忱钻研中国文化，留下无数的译作。其中最为突出的是他用葡文翻译的 18 世纪中文历史著作《澳门记略》（*Ou-mun Kei-leok，Monografia de Macau*），为中葡文化交流打开了一扇大门。

伯戴克（Luciano Petech，1914—2010），继图齐教授（C. Tucci）之后意大利最杰出的藏学家，具有广泛的国际影响力。他的研究领域集中在藏学方面，且著作颇丰，尤其是其 7 卷本著作《到西藏和尼泊尔的意大利传教士》（*I Missionari Italiani nel Tibet e nel Nepal*），是对于意大利传教士西藏活动研究至关重要的材料。

万物皆有两面性。殖民活动在给中国带来巨大灾难的同时，也使众多中国地理典籍被译介到西方，而这一输出有赖于传教士、汉学家们对中国文化所表现出的极大热忱与一丝不苟的钻研精神，一大批的中国译著得以于西方出版并在各国引发热潮。截至 1962 年，有关中国地理的文献至少有 87 本，译本 123 种，其中英语的 56 本，法语的 50 本，俄语的 13 本，德语的 3 本，日语的 1 本。西洋人翻译 110 本，中国人翻译 3 本；其中 18 世纪 3 本，19 世纪 78 本，20 世纪 33 本。被翻译次数最多的是法显的《佛国记》、马端临的《文献通考》，翻译该领域中国典籍最多的翻译家是俄国的比丘林，法国的儒莲与莱昂·戴罗斯尼。其中比丘林翻译了《卫藏图识》（含重印）、《宸垣识略》《西域闻见录》等5本；儒莲翻译了《大唐西域记》《文献通考》（含重印）等5本；莱昂·戴罗斯尼主要翻译了《山海经》（含重印）等。

第六节　《山海经》译本分析

《山海经》被认为是中国古籍中的旷世奇书，号称"中国上古百科全书"。全书内容杂糅奇诡，包罗万象，其内容涉及民族、历史、文化、地理、宗教、医学、矿产、动物、植物等各个方面，罕有书籍能与之匹敌。《山海经》共有十八卷，约31,000字，分为《五藏山经》和《海经》两个部分：《五藏山经》主要记叙鸟兽、草木、宗教、神话、古史等；《海经》中既有地理方位的记载，也有异国风情的描述。（陈成，2010:17）因此，《山海经》也可以说是一部地理知识方面的百科全书。

有关中国神话的文章最早于1836年在法国发表，《山海经·西山经》于1875年由布诺夫（E. Burnof）翻译发表，罗斯泰（L. de Rosny）也于1889年发表了《山海经》的部分译文，其单行本于1891年出版。20世纪70年代以前，《山海经》的译本在西方有且仅有一本，新的译本皆是在其之后陆续出版的。其他语种也紧随其后：俄文译本于1977年在莫斯科出版；R. Mathieu教授的《山海经》法文译本于1983年出版，且书中附有详细的注释和索引；保加利亚语译本于1985年出版；台北也于1988年出版了英文译本；韩文版的《山海经》于1985年出版。据此，《山海经》现约有7种语言的译本。

迄今，西人所译《山海经》约有十几种，其中节译本占多数。本章所涉及的译本有两种，其一是美国学者安妮·比勒尔（Anne Birrell）的全译本，其二是王宏、赵峥英的译本。英译参考版本以郭璞的注解、郝懿行的《山海经笺疏》以及陈成的《山海经译注》为基础，同时又适当结合其他学者如吴任臣、毕沅等的有价值的意见，因而解读较有代表性。

纵观王宏、赵峥英译本与比勒尔的译本，在对《山海经》的总体把握上，两种译本各有千秋、各有优势，尽管对个别之处的处理有待商榷，但比勒尔译本明显略胜一筹。笔者将从专名、文化负载词、翻译风格、翻译理解失误4个方面，选取王宏、赵峥英译本和比勒尔译本中的典型例子进行探讨。

一、专名翻译

《山海经》全书篇幅不大,但内容涵盖广泛,专名十分丰富,特别是山名。《山海经》中的山名主要见于《山经》部分,共计 574 个,是《山海经》专名中数量最多的一类。(贾雯鹤.2014,55)本章研究的专名翻译主要从以下 3 个方面命名:(1)以该地之物命名;(2)以该地的地形、高低、大小命名;(3)以历史事件、传说、人(神)命名。具体例子参见下表:

(一)以该地之物命名

表 6-1　王宏、赵峥英与比勒尔地名翻译比较(1)

原词	王宏、赵峥英译文	比勒尔译文
1.长右之山(郭璞,1989:13)	a mountain called Changyou	Mount Longright
2.竹山(郝懿行,1991:4)	a mountain called Zhushan	Mount Bamboo
3.碧山(郭璞,1989:48)	Mount Bishan	Mount Greenjade
4.铜山(郝懿行,1991:185)	a mountain called Tongshan	Mount Copper
5.翠山(郭璞,1989:108)	Cuishan	Mount Kingfisher
6.武夫之丘(袁珂,1991:340)	Hill Wufu	The Mount of Warrior Man

"长右之山""竹山""碧山""铜山""熊山""翠山""武夫之丘"分别以该地之物长右兽、竹箭、碧、铜、熊穴、翠鸟、武夫石而得名。王宏、赵峥英译本音译的翻译策略虽能保留与原文专名的一致性,易于源语读者的阅读,降低了翻译难度,但同时也给目标语读者的阅读造成极大的困难,使他们难以真正明白专名的内在含义。比勒尔译本表面看似字对字的直译,其实不然,其所呈现的翻译都是在充分的调查与考证基础上完成的,若非如此,"翠山"一词该翻译成 Mount Green 了,专名的翻译构成了比勒尔译本的精神,这也充分显示了比勒尔本人深厚的学术素养和严谨的学术作风。

（二）以该地的地形、高低、大小命名

表6-2　王宏、赵峥英与比勒尔地名翻译比较（2）

原词	王宏、赵峥英译文	比勒尔译文
1. 高山	Mount Gaoshan	Mount High
2. 太华之山（郭璞，1989：17）	a mountain called Taihua	Mount Grandblossom
3. 小华之山	a mountain called Xiaohua	Mount Littleblossom
4. 少室之山（郭璞，1989：65）	a mountain called Shaoshi	Mount Younghouse
5. 泰室之山	a mountain called Taishi	Mount Greathouse
6. 小次之山	a mountain called Xiaoci	Mount Smallnext
7. 大次之山	a mountain called Daci	Mount Bignext
8. 小咸之山	a mountain called Xiaoxian	Mount Smallwhole
9. 大咸之山	a mountain called Daxian	Mount Bigwhole

"高山"径直以"高"命名，比勒尔的译法突显山的特征。至于剩余的"太华之山"与"小华之山"、"少室之山"与"泰室之山"，根据上下文，不难知道它们是以山形的大小命名的。当然有些以大小为名的山之所以如此命名，可能并非出于山形的大小高低，而仅仅是出于对两个山排序区分的需要。（贾雯鹤，2014：194）如"小次之山"与"大次之山"、"小咸之山"与"大咸之山"，《诗经》《逸周书》等先秦文献中也有此种说法，如"小雅"与"大雅"、"大明武"与"小明武"等。那么对于以山形大小为名的山以及不以山形大小命名的山，王宏、赵峥英译本一贯的音译是否可取？是否该如比勒尔译本统一采取意译的方法？在笔者看来，此类问题还是应根据具体情况采取不同的措施，切不可一概而论。

（三）以历史事件、传说、人（神）命名

表6-3　王宏、赵峥英与比勒尔地名翻译比较（3）

原词	王宏译文	比勒尔译文
1. 轩辕之丘	a mountain called Xuanyuan	Mount Cartshaft
2. 发鸠之山	a mountain called Fajiu	Mount Showdove
3. 禹攻共工国山	A mountain called Yu-Attacking-the-Kingdom-of-Gonggong	the mountain where Yu Attacked the Country of Common Work

《西山经》："又西四百八十里,曰轩辕之丘。"郭注:"黄帝居此丘,娶西陵氏女,因号轩辕丘。"(郭璞,1989:28)轩辕即黄帝,是中华民族的始祖,曾立下统一天下、奠定中华的大功,其在位期间更是在治国、文化、农业等方面做出了重大的贡献,仅以音译或意译方式翻译,似未能很好地传递这层含义。发鸠之山是传说中精卫填海发生的地方,《山海经》中详细讲述了这个动人的故事,"鸠"指鸠鸽科鸟类的统称,而"精卫"是女娃部落的图腾,其原型动物为海燕,不过 dove 这个词指"温和、天真的人",在基督教艺术作品和诗歌中又有"圣灵"的含义,似有可行之处。(芝田,2016:139)对于因历史事件、传说或人(神)得名的山,王宏与赵峥英采用音译的翻译方法,不了解相关背景知识的英美读者不免会因此失去很多阅读乐趣,而比勒尔的意译方法也只能在一定程度上表达其内蕴。笔者认为,对于中国历史、文化、宗教的专名翻译,有必要在基本音译或意译基础上添加一定的注释,以助读者更深刻地了解中国文化,进而传播中国文化。

除了山名,还有其他相当多的地名,其命名原则与规律不一,因而在笔者看来,几乎没有一种翻译方法可以应用于《山海经》的所有专名翻译,而应根据具体情况选择恰当的翻译方法,必要时辅以一定的综合注释。对于富含中国传统文化底蕴的专名,如能在英语中找到对应文化意味的词语,何乐而不为? 如《山海经》中频繁出现的夸父,其在中国神话中象征着中国先民战胜自然的愿望,有人甚至认为其给人类采集火种,为处于黑暗中的人们带去了光明,也带去了希望。那么是否可以将之与希腊神话中的普罗米修斯联系起来,译为 Prometheus,这一点还有待探讨,但何尝不是一个可行的办法呢?

不可否认,世上并无尽善尽美的翻译,王宏译本与比勒尔译本在专名翻译上各存在失误之处,究其原因,无非关于《山海经》的争议众多,而相应的注释又寥寥无几,诸多疑难缠绕其间。加之《山海经》年代久远,几经多手,不免有漏抄、误抄等嫌疑。以以下例子为例:

表 6-4　王宏、赵峥英与比勒尔地名翻译比较(4)

原词	王宏、赵峥英译文	比勒尔译文
1. 相柳	Xiangliu	Aide Willow
2. 相繇	Xiangyao	Aide Comeafter
3. 昆仑之丘	a mountain called Kunlun	the Mound of Offspringline

续表

原词	王宏、赵峥英译文	比勒尔译文
4.昆仑之虚	Mount Kunlun	the Waste of Offspringline
5.耆童	Qitong	Old Child
6.老童	Laotong	Old Child
7.沃之野	the fertile wilderness	the Wilderness of Watering
8.诸沃之野	a wilderness called Zhuyao	the Wilderness of Alldieyoung
9.雁门之山	Mount Yanmen	Mount Goosegate
10.雁门山	Mount Yanmen	Mount Goosegate

　　据《海外北经》与《大荒北经》中关于"相柳"与"相繇"的描述,以及郭璞的注释"相柳也,语声转耳",不难看出,"相柳"即"相繇"。王宏和比勒尔采用不同译法,显然是将两者区分开来对待。

　　关于"昆仑之丘"与"昆仑之虚"中的"丘"与"虚"二字的含义,《说文解字·八上·丘部》这样写道:"虚,大丘也。昆仑丘谓之昆仑虚。古者九夫为井,四井为邑,四邑为丘。丘谓之虚。"(许慎,1963:38)由此可见,所言"昆仑之丘"和"昆仑之虚"实为一物。

　　关于"耆童"与"老童"的辨析,郭璞注:"耆童,老童,颛顼之子。"且据唐作藩先生《上古音手册》一书中韵部和声纽的说法"耆,脂部群纽;老,幽部来纽。"(唐作藩,1982:90,121),老、耆因其形近,在流传过程中易出现誊抄错误,二者其实并无二致。

　　沃之野和诸沃之野,对照其所在的上下文,亦不难看出二者并无二致,只不过"诸沃之野"少"诸",便变成"沃之野"。

　　王宏译本与比勒尔译本将同一个地名的不同写法区别开来,易造成误解。由此可见,在翻译的过程中,除了应采取适宜的翻译策略进行翻译,使译文尽可能地道,还应多联系上下文,以全面的视角看待通篇文本,避免因先人的一些讹误而影响文本的理解与翻译。

二、文化负载词的翻译

　　由于文化负载词的内在含义通常是指特定文化背景中独有的、经过长期积淀形成的概念与意义,其本身具有独特性与复杂性,这给翻译带来了一定的困难。《山海经》中就有不少的文化负载词。

原文:有赢民,鸟足。有封豕。有人曰苗民。有神焉,人首蛇身,长如辕,左右有首,衣紫衣,冠旃冠,名曰延维,人主得而飨食之,伯天下。有鸾鸟自歌,凤鸟自舞。凤鸟首文曰德,翼文曰顺,膺文曰仁,背文曰义,见则天下和。又有青兽如菟,名曰菌(山围)狗。有翠鸟。有孔鸟。(《山海经·海内经》)

译文一:Here is the land of the Full Folk. They have bird's feet. Here is the boundary-boar. There are people called the Sprout Folk. There is a god here with a human head and a snake's body which is as long as a cartshaft. This god has a left head and a right head. He wears purple clothes and has a vermilion official cap on his head. This god's name is Length Coil. If a human ruler manages to get such a one and eats the snake-god at a sacrificial feast, that ruler will become the Lord of All Beneath the Sky. Here is the wonderbird that sings freely and the Divine Wind bird that dances freely. The Divine Wind bird has markings on its head which spell "Virtue", and markings on its wings which spell "Obedience", markings on its chest which spell "Humanity", and markings on its back which spell "Justice". Whenever the Divine Wind Bird appears, there will be harmony over all under the sky. And here there is a green animal like a hare. Its name is the mushroom-dog. There is the Kingfisher and there is the peacock. (Birrell, 1999:124)

译文二:There are people called Yingmin who have a bird's feet. There are wild boars and there are people called Miaomin. There is a god with a human head and a snake's body which is as long as a shaft of a carriage. He has a left head as well as a right head and wears purple clothes and a red cap. His name is Yanwei. If a ruler catches him and eats him at a sacrificial feast, this ruler will become the overlord under the sky. The wonder bird is singing freely and the phoenix is dancing happily. The markings on the head of the phoenix look exactly like the Chinese character"德", which means virtue while those on her wings look like the Chinese character "顺", which means obedience. The bird also gets the markings on her chest which look like the Chinese character "仁", meaning benevolence and markings on her back which look like the Chinese character "义", meaning justice. Wherever it appears, there will be peace over all under the sky. There is also an animal which looks like a hare and is called jungou. There are kingfishers and peacocks. (王宏,赵峥英,2010:317)

该段落中最值得关注的当属"德""顺""仁""义"这四个文化负载词,它们承载着千百年来深厚的文化含义。比勒尔和王宏、赵峥英的译法参照下表:

表6-5 王宏、赵峥英与比勒尔文化负载词翻译比较(5)

原词	比勒尔译文	王宏、赵峥英译文
1.德	Virtue	"德", which means virtue
2.顺	Obedience	"顺", which means obedience
3.仁	Humanity	"仁", meaning benevolence
4. 义	Justice	"义", meaning justice

比勒尔译本采用英文中与这四个词含义大致相近的词来翻译,看似简洁明了,但在解释清楚其实际内涵上仍显不足。虽传达出大体的意思,但为使目标读者理解其内在深层含义,还应做进一步说明。

王宏、赵峥英同时采用两种翻译方法,一方面列出中文的原文,同时在其后又附有英文,进行对应的说明,这有利于目标读者迅速地在原文中找到对应的内容,而后借由语境探寻其真正含义。用英文直接在中文字后进行说明不无不可,但说明过于冗长,不可避免地会在一定程度上带来烦琐的弊病。古有"彩鸟祥瑞说",加之文中"凤鸟见则天下和"一说,可以看出凤鸟正是太平天下的象征,"德""顺""仁""义"正是太平天下所呈现出的一番景象,即统治者广施仁政,德治天下,因而国泰民安,风调雨顺。Humanity 所表达的以人为本以及 benevolence 所表达的行善举能否完整阐述"仁"的含义,仍有待商榷。

三、翻译风格

译者的翻译风格是译者的翻译目的、翻译观念、翻译策略在其翻译作品中的体现;也是译者的思维方式、艺术情趣和语言特质等构成的翻译个性在翻译文学作品中的集中反映。(吕自先,2006:25)阴阳是中国古代哲学的一对范畴,内涵丰富,宇宙间的一切事物根据其属性,几乎都可分为两类。一般而言,阳所代表的是事物动的、刚强的、活力等的方面,阴所代表的则是事物静的、柔和的、不活跃等的一面。在山水方位上,山南水北为阳,山北水南为阴;在中医学中又有具体所指,如指男女、性生活、阴经阳经、阴邪阳邪、阴气阳气等。(兰凤利,2007:69)《山海经》中阴阳含义亦有差异,下文将给出具体例子。

原文:又西三百里,曰中曲之山,其阳多玉,其阴多雄黄、白玉及金。(《山海经·西次四经》)

译文一:300 *li* further west is a mountain called Mount Zhongqu. On its southern slope there is a great deal of beautiful jade while on its northern slope there are rich deposits of red orpiment, white jade and gold. (王宏,赵峥英 2010:63)

译文二:Three hundred leagues further west is a mountain called Mount Midtwist. Jade is abundant on its south face and there are quantities of male-yellow and white jade and also gold on its north face. (Birrell,1999:30)

原文:奇肱之国在其北,其人一臂三目,有阴有阳,乘文马。有鸟焉,两头,赤黄色,在其旁。(《山海经·海外西经》)

译文一:The kingdom of Qigong lies to its north. Its people all have one arm and three eyes. Their eyes have a dark Yin part and a sunny Yang part. They often ride on a patterned horse. There is a kind of bird which has two heads and reddish yellow feathers and often stays by the side of these people. (王宏,赵峥英,2010:223)

译文二:The Country of Singlearn lies to its north. Its people have one arm and three eyes. Their eyes have a dark Yin part and a sunny Yang part. The people there ride on piebald horses.

There is a bird there which has two heads; it is scarlet and yellow. These birds stay by the side of these people. (Birrell, 1999:115)

虽都是阴阳,王宏、赵峥英译本与比勒尔译本都未因此而将之翻译成相同的字词。根据上下文,不难看出前一对"阴""阳"分别指代山的北面与南面,译为"northern slope/north face"和"southern slope/south face"无可厚非。至于后一对"阴""阳",括郭璞注为"阴在上,阳在下"。(袁珂,1991:206)郝懿行的《山海经笺疏》亦是如此注释。其内涵实难考察。王宏、赵峥英译本与比勒尔译本都认为此处的阴阳用于形容"三目",理所当然地译为"Their eyes have a dark Yin part and a sunny Yang part."。我们暂且不论其理解是否正确,但在"阴"与"阳"的处理上还是值得赞赏的,在无法判断具体含义时,王宏、赵峥英译本与比勒尔译本不约而同地采用音译,保留了源语形式这种做法与两位大家严谨的态度密切相关。比勒尔译本全文始终贯彻对相同字词采取相同翻译的策略,为的是使读者可以欣赏到文中反复出现的术语,但在"阴"与"阳"的翻译处理上,比勒尔并未"循规蹈矩",而是在充分理解的基础上发挥主观能动性,将相同的"阴"与"阳"译成了不同的字词,这种学术修养,实属难得。

此外,人称代词的使用很大程度上决定了读者对文本的感知能力。《五藏山经》和《海经》构成了《山海经》,其中,《五藏山经》中记载了大量的药物,并对药效进行阐述,因此,《山海经》中的记述药效的句子,如"食之不饥""佩之不聋""食之无肿疾"等句型随处可见,而王宏、赵峥英译本与比勒尔译本在叙述人称的翻译上便显示出了差异,王宏、赵峥英的译文中更多地使用第三人称"he",而比勒尔的译文中,第二人称"you"使用的频率更高。笔者选取几个典型例子做分析。

原文:食之善走。(《山海经·南山经》)

译文一:Whoever eats it, he will be a good runner. (王宏,赵峥英,2010:3)

译文二:If you eat it, you'll be a good runner. (Birrell,1999:3)

原文:佩之不惑。(《山海经·南山经》)

译文一:Whoever wears it in his belt, he will be immune from confusion. (王宏,赵峥英,2010:7)

译文二:If you wear some of it in your belt, you won't suffer from delusions. (Birrell,1999:4)

原文:食之无肿疾。(《山海经·南山经》)

译文一:Whoever eats it,he will be free from lumps. (王宏,赵峥英,2010:5)

译文二:If you eat it,you won't suffer from swelling. (比勒尔,1999:4)

上述几个例子强调的是植物的药效。比勒尔译本重在营造一个平等对话的空间,将读者引入该语境,作者的观点也因此同时展现在读者面前,读来更能让人产生共鸣,同时也拉近文本与读者之间的距离,亲切感油然而生,好像作者在与人促膝谈心,或商量切磋,或循循善诱,或警诫劝告。(李艳霞,1998:11)王宏、赵峥英译本则将之作为一种客观事实来描述,如实呈现文本的内容。虽不受空间和时间的束缚,也得以比较自由灵活地反映客观内容,但始终让人有距离感,使作品中的人物始终难以同读者融为一体,从而产生那种亲临其境的艺术感觉,这无疑极大地削弱了作品的艺术感染力。(李跃进,2008:77)由此看来,王宏、赵峥英译本重在传递原文信息,比勒尔的译本则主要通过意译或归化的翻译方法,强调中西文化的相通性,更有利于中国文化的传播。

第七节 《孙子兵法》在西方的传播

《孙子兵法》,又称《孙武兵法》《吴孙子》,春秋时期兵学典著,是中国现存最早的兵书,也是世界上最早的军事典籍。李世民赞曰,"观诸兵书,无出孙武";《四库全书总目纲要》称其"百代谈兵之祖"。(孙厚洋等,2002:1-2)历经漫漫两千余年,书中的谋略思想和哲学思想仍魅力四射,一直为国内外学者,军界、商界人士等视作经典著作而传播与运用,是全球范围内影响最大、最为广泛的中华典籍之一。

一、在法国的译介

法国耶稣会士钱德明(Jean Joseph Marie Amiot,1718—1793,别名钱遵道,字若瑟),是把《孙子兵法》介绍到欧洲的第一人。1750年(乾隆十五年)奉派来华,先到澳门,后转赴北京。通晓满汉两语,深得乾隆信任,获赐氏职,居京四十二载,从事学术研究。他把许多中国情形介绍给西方,其著作大都见于《北京传教士关于中国历史、科学、艺术、风俗、习惯录》(*Mémoires concernant l'histoire, les sciences et les arts des Chinois*, 15 volumes, Paris, 1776—1791)。钱氏还编有一部《鞑靼满法字典》(*Dictionnaire tatare-mantchou-francais*, Paris, 1789)。他"奉法国国王路易十五的财政总监、国务大臣贝尔坦(Henri Léonard Jean Baptiste Bertin)的指示"翻译中国古代兵书。钱德明凭自己在满汉两语上的造诣,根据一部《武经七书》的满文手抄本,并对照汉文兵书,开始进行翻译工作。1772 年,巴黎的迪多出版社(Didot l'ainé)出版了这套名为《中国军事艺术》(*Art Militaire des Chinois*)的兵学丛书,其中第二部就是《孙子兵法》,题为《孙子十三篇》(*Les treize articles de Sun-Tse*)。(于汝波,2001:227)钱德明的法译本一经问世,便在法国引起了一定的反响。(Laurent Long, 1998:289)1782 年,经法国国王特许,尼昂出版社(Jean-Luc Nyon)出版了《北京传教士关于中国历史、科学、艺术、风俗、习惯录》丛书,钱氏译文作为丛书第七卷重新出版。美国海军准将塞缪尔·格里菲斯(Samuel B. Griffith,1906—1983)对此评价道:这一兵书的再版"在当时的文学报刊(如《文学年》《新闻精神》《百科报》等)上受到广泛好评"。(Francis Wang,1972:237)有的评论家甚至说,他在《孙子兵法》里看到了西方名将和军事著作家色诺芬(Xenophon)、波利比尤斯(Polybius)和萨克斯(Hermann MaurisSaxe)笔下所表现的那一伟大艺术的全部原理,建议将这一"杰作"作为"那些有志于统领我国军队的人和普通军官的教材"。(于汝波,2001:228)

1789 年,法国大革命爆发,欧洲的政治、经济、社会等基本结构发生动摇,东西方间文化交流也受到巨大冲击。在这一背景下,《孙子兵法》的译介处于低迷状态,鲜有新的法译本出现。

20 世纪后期,《孙子兵法》的法译研究开始复苏。1972 年,弗朗西斯·王(Francis Wang)以 1963 年格里菲斯《孙子兵法》英译本为蓝本进行了法文翻译,由法国弗拉马利翁(éditions Flammarion)出版社出版。格里菲斯为该译本撰写了序言与导论。1988 年,瓦莱丽·妮凯(Valérie Niquet)的《孙子兵法》法文新译由巴黎的经济出版社(Éditions Economica)出版。该法译本以文言文版的《孙子兵法》为蓝本进行翻译,为法国读者提供了更严谨的法译本。2010 年,法国学者让·勒维(Jean Levi)翻译的《孙子兵法》由法国新世界出版社(Nouveau Monde Editions)出版。(高振明,2014:68)

二、在英语世界的译介

《孙子兵法》的英文翻译始于 20 世纪初,最早由英国炮兵上尉卡尔斯罗普(Everard Ferguson Calthrop,1876—1915)于 1905 年在日本东京翻译出版,并于 1908 年在伦敦出版其修改译本。

卡尔斯罗普原是英国炮兵上尉。他根据日语版的《孙子兵法》,于 1905 年在日本东京出版了首个《孙子兵法》英译本,书名为《孙子兵法:中国的军事经典》(*Songshi:The Chinese Military Classic*)。该版本是英语世界的首个《孙子兵法》英译本,揭开了《孙子兵法》英译传播的序幕,为西方读者了解《孙子兵法》起到了开创先河的作用。汉学家翟林奈(Lionel Giles)认为该书被日本学者译得满是日语的味道,这是令人苦恼的,"书名是日语拼法的'孙子'(Sonshi),连阖闾和孙武都扮成了日本的帝王将相"。(于汝波,2001:228)但巴特勒-鲍登(Butler-Bowdon)在 2010 年出版的《孙子兵法》译本的导论中引用加拿大安大略皇家军事学院历史学教授哈米什·艾恩(Hamish Ion)的观点,并对卡尔斯罗普译本做出了较为理性的评判:"卡尔斯罗普受到了不公允的中伤。他英译《孙子兵法》的目的,根本就不在于要给学者们提供不竭的用以评论的素材,而是要为他的那些高级军官们开采出隐含在《孙子兵法》中的智慧,告诉他们制度、机构是可以改革的,并向他们阐明日本是如何在日俄战争中打败俄国的。"(Butler-Bowdon,2010:xvi)1908 年,卡尔斯罗普将《孙子兵法》英译本重新翻译并出版,该版本由伦敦约翰·默莱公司(John Murray)出版,爱丁堡出版社印刷。该书题名为《兵书——远东兵学经典》(*The Book of War:The Military Classic of the Far East*)。1908 年的英译本包括《孙子语录》(*The Articles of Suntzu*)和《吴子语录》(*The Sayings of Wutzu*)两部分,并在书尾附加了较详细的英文索引。纵观全书,英译本依照孙子十三篇原文的顺序进行翻译,基本消除了浓重的"日本味"。翟林奈在其"前言"中对该版本进行了说明:"这个版本比前一个版本有所进步,尽管仍然存在很多不太恰当的地方。一些错误得到了矫正,脱漏之处得到了补充,但另一方面,却又出现了相当多的新错误。"(Lionel Giles,2002:ix)

翟林奈(Lionel Giles,1875—1958)是英国维多利亚时代的学者、翻译家,著名汉学家翟理思(Herbert A. Giles)之子,1900 年进入大英博物馆图书馆,负责管理东方书刊和手稿。1910 年,由伦敦卢扎克公司(Luzac &

Co.)出版的《孙子兵法》英译本问世,书名为《孙子兵法:世界上最古老的军事条约》(*Sun Tzu on the Art of War : The Oldest Military Treaties in the World*),该译本以清朝学者孙星衍的《十家孙子会注》为底本全译了孙子十三篇,相较于卡氏的法译本而言,该译本译语准确,注疏细致,学术研究价值颇高。其他西方文字均以此译本为蓝本进行转译,因而翟林本对中国兵学典籍在西方世界的传播影响深远。翟译本被公认是一部将《孙子兵法》介绍给西方读者的佳作,正如美国托马斯·R. 菲利普斯准将(Thomas R. Phillips)于1949年重版该译本时在导论中所说:"翟林奈的译文语义准确,遣词凝练生动,其他英、法文译本在这两方面都显得逊色。"翟译本使欧洲人更好地了解了《孙子兵法》,如英国陆军元帅弗雷德里克·斯雷·罗伯茨(Frederick Sleigh Roberts,1st Earl Roberts,1832—1914)曾致函翟林奈称:"孙子的许多格言完全适用于现在。国人最好记住他的话:'用兵之法,无恃其不来,恃吾有以待也;无恃其不攻,恃吾有所不可攻也。'"(于汝波,2001:235)安乐哲(Roger T. Ames,1947—)在其出版的《孙子兵法》英译本导论中写道:"翟林奈英译的《孙子兵法》是一次学术性的尝试。"(Roger T. Ames,1993:8)

翟译《孙子兵法》出现之后,又有三个英译本相继问世。因二战期间条件艰苦,译文质量都不尽如人意,发行量也都不大。一是马切尔·科克斯(E. Machell-Cox)于1943年出版的《孙子兵法》英译本(*The Principles of War by Sun Tzu , a new translation from a revised text*),由锡兰皇家空军出版社(Royal Air Force)出版。二是1944年悉尼大学阿瑟·林赛·安德勒教授(Arthur Lindsay Sadler)的《中国的三部军事经典》(*Three Military Classics of China*),由澳大利亚的一家出版社(Australasian Medical Pub. Co)出版。三是1945年郑麐的《孙子兵法》英译本(*The Art of War : Military Manual Written cir. 510. B. C.*),该译本为国内出版的最早的《孙子兵法》英译本,作为"英译先秦群经诸子丛书"之一由重庆的中国辞典馆出版,1946年在上海再版。

塞缪尔·B. 格里菲斯(Samuel B. Griffith,1906—1983),美国海军陆战队准将、军事史学家。1963年英国牛津出版其《孙子兵法》英译本,当时就被联合国教科文组织列入"中国代表作丛书"(*Chinese Translations Series of the United Nations Educational , Scientific and Cultural Organization*),之后曾多次出版发行。英国战略学家利德尔·哈特(Liddell Hart,

1895—1970)在为该书撰写的序言中指出:"《孙子兵法》是世界上最早的军事名著,其内容之博大,论述之精深,后世无出其右者。……与《战争论》相比,孙子的文章讲得更透彻,更深刻,永远给人以新鲜感。"在回顾个人学习《孙子兵法》的体会时,利德尔·哈特强调了格里菲斯英译本的重要性和意义:"人们早就需要对《孙子兵法》进行新的、全面的解读,以便更准确地阐释孙子的思想。随着核武器的发展以及潜在的自我毁灭和种族屠杀的发展,这种需要更为迫切。更为重要的是,中国在毛泽东领导下重新成为一个军事大国,因此由格里菲斯这么一位专研战争、中国军事和文化的将军来承担此任务,正合需要。"(Samuel B. Griffith,1963:vi)无疑,利德尔·哈特的序言不仅为该译本增色不少,也制造了不少声势,引起了西方学者尤其是美国军界人士对《孙子兵法》学习与研究的重视。例如:美国著名专栏作家约瑟夫·艾尔索普(Joseph Alsop)曾在全国性的报纸专栏文章中多次颂扬该书;国防部长麦克纳马拉(Robert S. McNamara)在读后还将美国总统林登·约翰逊(Lyndon Johnson)1965年春季行动的某些做法与孙子的论点进行比较;驻越美军司令威廉·威斯特摩兰(William Westmoreland)上将也抽时间研究该书,并思考孙子的思想与武元甲、毛泽东思想之间的联系。"格里菲斯的《孙子兵法》译本促使美国领导人了解越南的革命战争,这是任何其他书籍望尘莫及的。"(于汝波,2001:241)

1969年,唐子章(Tang Zi-chang)编译的《孙子兵法》英译本(*Principles of Conflict: Recompilation and New English Translation with an Annotation on Sun Zi's Art of War*)在美国出版。

美国作家詹姆斯·克拉维尔(James Clavell,1921—1994)根据翟林奈译本改译的《孙子兵法》译本于1981年在伦敦出版;1983年,该版本又在纽约德拉科特出版社出版。克拉维尔热情讴歌《孙子兵法》,指出"2500年前,孙子写下了这部在中国历史上奇绝非凡的著作",并真诚地希望大家爱读这部书:"我希望,《孙子兵法》成为自由世界里所有的现役官兵,所有的政治家和政府工作人员,所有的高中和大学学生的必读材料。……我强烈地认为,《孙子兵法》对我们的生存至关重要;它能提供我们所需要的保护,看着我们的孩子和平茁壮地成长。永远记着,从古时起,人们知道:'战争的真正目的是和平。'"(于汝波,2001:247)

北京外交学院教授袁士槟翻译的《孙子兵法——现代中国人的阐释》(*Sun Tzu's Art of War: The Modern Chinese Interpretation*)于1987年由

美国斯特林出版社出版，该书根据陶汉章将军的《孙子兵法概论》而译。1993 年，该版本由沃兹沃斯出版社（Wordsworth Reference）再版。陶译本在美国出版后被列为"20 世纪 80 年代最为畅销的军事理论书籍"之一。

哈佛大学学者托马斯·克利里（Thomas Cleary，1949—）翻译的《孙子兵法》于 1988 年在波士顿出版。克利里的译本被列入美国"桑巴拉龙版"（Shambhala Dragon Editions）丛书的道家著作类。译者在其序言中声称："我认为，了解《孙子兵法》的道家要旨的重要性，怎么强调都不过分。这部战略经典著作不仅充满着伟大的道家作品，诸如《易经》和《道德经》的思想，而且它揭示了道家的基本原理乃是所有中国传统武学兵经的最终之源。"（Cleary，1988）

R. L. 温（R. L. Wing）的《孙子兵法》英译本《战略的艺术：〈孙子兵法〉新译》（*The Art of Strategy：A New Translation of Sun Tzu's Classic* The Art of War）于 1988 年在美国出版。

安乐哲（Roger T. Ames，1947—），美国夏威夷大学哲学教授、汉学家。他以山东临沂银雀山汉墓出土的《孙子兵法》竹简本为底本，于 1993 年在纽约兰登书屋（Random House）出版了《孙子兵法》译本（*Sun-tzu：The Art of Warfare*）。

1993 年，拉尔夫·索耶尔（Ralph D. Sawyer）所译的《孙子兵法》由美国西视出版社（Westview Press）出版。该书全面介绍了七本中国兵学经典论著——《太公六韬》《司马法》《孙子兵法》《吴子》《尉缭子》《黄石公三略》《唐李问对》。该译本还侧重于军事战略的应用研究，研究了从殷商到战国的战争模式、战略战术等相关内容。此外，索耶尔还参考了北京大学李零教授与中国军事科学院吴如嵩教授关于《孙子兵法》的最新研究成果。1994 年，索耶尔的《孙子兵法》英译本由同一家出版社出版。该书对与《孙子兵法》相关的知识做了详尽的介绍。译本出版后好评如潮，《战争的起源：从石器时代到亚历山大大帝时代》（*The Origins of War：From the Stone Age to Alexander the Great*）一书的作者亚瑟·费里尔（Arther Ferrill）褒扬它"为那些对古代战争史感兴趣的读者补上了至关重要的一课……不愧为一本有吸引力的书"。美国达特茅斯学院亚洲研究学院专家罗宾·耶茨（Robin D. S. Yeats）更是坚信"这个译本将会是此后多年都无法超越的决定性的版本"。（Ralph D. Sawyer，1994）1996 年，索耶尔的《孙子兵法》英译本出版。该书对《孙子兵法》和《孙膑兵法》进行了英译，并在"导论"和"索引"中对《孙子兵法》的军事概念、战略方针和战术原则进行了阐释与归纳。1996 年,索耶尔还出版了另一本与《孙子兵法》相关的英译本,书名为《战士的艺术:源自中国军事经典〈武经七书〉和〈孙膑兵法〉的领导能力与策略》。

江忆恩(Alastair Iain Johnston),美国哈佛大学教授,多年来潜心研究《孙子兵法》等中国典籍,成为西方对中国战略文化研究的领军学者。他的博士论文《文化现实主义:中国传统战略文化与大战略》(*Cultural Realism: Strategic Culture and Grand Strategy in Chinese History*),以《武经七书》和明朝永乐至万历年间对外用兵的相关奏折为楔子,统计奏折中出现的"主战"和"主和"问题,从而总结出中国古代兵学文化的主要内容与相关特征,被认为是近来研究中国战略文化难得的佳作。他于 1990 年 10 月在第二届《孙子兵法国际研讨会》上发表文章《浅谈西方对中国战略思想的解释》,指出西方对中国传统战略思想认识不足,提出应在更广阔的空间和更坚实的史料基础上研究中国的战略文化。①

2001 年,丹马翻译集团(The Denma Translation Group)英译的《孙子兵法》在波士顿出版。译者在序言中表明,他们尽量保留中国古典名著的风貌,希望读者可以将声、形、象印入脑海,也希望《孙子兵法》的哲学思想能够被用于日常生活。(Denma Translation Group,2002:xx)

闵福德(John Minford,1946—),英国著名汉学家、翻译家。他曾在牛津和澳大利亚国立大学研习中文,在中国香港和新西兰教过书,也曾与其导师霍克斯(David Hawkes)共同翻译过曹雪芹的《红楼梦》,对中国文化了解颇深。闵福德的《孙子兵法》英译本于 2002 年在美国企鹅图书出版公司(Penguin Group)出版。该译本除了援引诸家注疏,也添加了自己的评论,并在序言中梳理了孙子及其时代、战国与诸子百家等相关知识,以帮助读者了解原著背景。除了对《孙子兵法》的"诡道"思想理解有所偏差外,该译本词句精准洗练,内涵阐释完整,体现出深厚的中华文化功底,不失为一优秀译本。美国前国务卿基辛格(Henry Kissenger)在其《论中国》(*On China*)一书中曾引用了闵福德对一句孙子名言的翻译:"是故百战百胜,非善之善者也;不战而屈人之兵,善之善者也。"

2003 年,由新加坡南洋理工大学战略学教授黄昭虎(Chow-Hou Wee)

① 孙子兵法全球行:"孙子大方略"美国走在世界前列.[2016-10-26].http://www.chinadaily.com.cn/hqgj/jryw/2014-02-17/content_11226153.html.

英译的《孙子兵法》(*Sun Zi Art of War : An Illustrated Translation with Asian Perspectives and Insights*)在新加坡出版,这本书是从亚洲人的视角来解读《孙子兵法》的。

2003 年,加里·加戈里亚蒂(Gary Gagliardi)编译的《〈孙子兵法〉与市场营销艺术》(*Sun Tzu's the Art of War Plus the Art of Marketing*)和《〈孙子兵法〉与其令人惊异的秘密》(*Sun Tzu's The Art of War Plus the Art of Its Amazing Secrets*)在西雅图出版。

梅维恒(Victor H. Mair,1943—　　),美国汉学家、敦煌学家。2007 年,他翻译的《战争的艺术:孙子的军事法则》(*The Art of War : Sun Zi's Military Methods*)由纽约哥伦比亚大学出版社(Columbia University Press)出版。该译本尝试保留原著的行文结构和文本风格,深入研究了道家思想与孙子哲学思想之间的密切关联。该书出版后有不少学者对其给予肯定和褒扬。普林斯顿大学的尼古拉·狄·科兹摩教授称赞道:“作者完美地将中国经典知识与他对文本细微之处的敏锐以一种崭新的方式展现了出来。他没有将《孙子兵法》当作一本智慧之书,而是将其作为历史的真实产物加以呈现。西方读者将会以其自身的方式欣赏理解它。”美国中国学院的约翰·梅杰也肯定:“梅维恒出色的《孙子兵法》新译本体现了译文的精准、文学的优雅、历史的深度,它将同时带给非专业的读者和学者们一样的阅读乐趣与具洞察力的见解。”(Victor H. Mair,2007)

三、在俄罗斯的译介

1860 年(咸丰十年),俄国汉学家阿列克谢·斯列兹涅夫斯基根据钱德明的《孙子兵法》法译本,将其译成俄文,书名为《中国将军对部将的训示》,发表在《战争手册》第 13 卷上。斯列兹涅夫斯基由此成为《孙子兵法》俄译研究第一人。该书是第一本《孙子兵法》俄译本,也是欧洲第二种《孙子兵法》的文字译本。(高殿芳,1993:59)

1889 年(光绪十五年),俄军总参谋部普佳塔上校撰写了《中国古代统帅论战争艺术》,文中对《孙子兵法》进行部分转述和翻译,对《孙子》《吴子》及《司马法》中的重要问题进行了讨论,刊载在俄国出版的《亚洲地理、地志和统计资料手册》第 39 版上。

1943 年,正值第二次世界大战期间,苏联元帅伏罗希洛夫根据高等军事学院学术史教研室建议,促成了《孙子兵法》全文俄译本的问世,该译本以

1910 年伦敦出版的翟林奈英译本为蓝本进行转译而得,被列为苏联军事学术史教学与研究的重要材料。(于汝波,2001:251)

1950 年,苏联科学院东方研究所出版了苏联汉学家 Н·И 康拉德的《孙子兵法的翻译与研究》。该译本以中国《孙子十家注》和日本《孙子国字解》两书为底本,把《孙子兵法》全文翻译成俄译本,在莫斯科、列宁格勒分别出版。该译本为俄罗斯第一本由汉语直接翻译而来的《孙子兵法》俄文全译本,被当时苏联学术界称为"仿佛是一部中国古代军事词典","对苏联军事历史科学的宝贵贡献"。①

1955 年,苏联中校西多连科(Sidorenko)以上海 1936 年印行的《诸子集成》中的《孙子十家注》为蓝本,推出《孙子兵法》俄文译本,该书由苏联军事理论家拉辛(Rasin)少将作序,并由莫斯科国防部军事出版社出版。民主德国后来还根据这一俄译本转译成德文,并作为民主德国军事院校的教学材料。(于汝波,2001:251)拉辛少将在新版《孙子兵法》俄译本的长篇序言中指出:"孙子在古代中国军事理论思想发展中所起作用之大,相当于古代世界的亚里斯多德在许多领域发展的知识。"(陈济康,1990:334)

1977 年,康拉德的《孙子兵法》俄译本再版,1978 年该书被编入苏联出版的《中国古代哲学文集》上册。1979 年,苏联学者克平又把《孙子兵法》由中文原文译为俄文,并附有注解及作者本人对《孙子兵法》的评说。该译本为继康拉德、西多连科之后的第三部《孙子兵法》俄译本。至此,此三译本均由中文原文直接译为俄文,这三人也堪称《孙子兵法》俄译研究的奠基人。

迄 20 世纪末,国内外翻译出版的《孙子兵法》外语译本已有:日文、朝鲜文、法文、英文、俄文、德文、西班牙文、葡萄牙文、意大利文、捷克文、罗马尼亚文、荷兰文、希伯来文、阿拉伯文、越文、泰文、缅文、马来文等译本。(于汝波,2001:254)《孙子兵法》可谓风靡大半个欧洲。

第八节 《孙子兵法》译本分析

《孙子兵法》不仅是一部伟大的兵学巨著,而且在语言文字方面也极具

---

① 孙子兵法全球行:欧洲第二种译本出自俄罗斯[EB/OL].[2016-12-02].http://www.chinanews.com/mil/2012/10-04/4226811.shtml.

美学价值。本节以翟林奈英译本、格里菲斯英译本及林戊荪英译本为个案，对《孙子兵法》三个英译本中的军事术语、修辞艺术、语篇结构进行系统研究，最终揭示出典籍英译活动中的译介规律和原则。

一、军事术语译法分析

根据宋本《十一家注孙子》，《孙子兵法》中的兵学术语可分为兵制、兵器、兵略、地形、兵技、治军等六大类。"兵制"为军事管理制度，"兵器"系交战双方使用的兵器装备与军需物资，"兵略"为国君、将领等使用的战略计谋，"地形"指战时所需考虑的重要自然环境，"兵技"是交战双方采取的战术策略，"治军"表示将领具备的素质要求及治军准则。（裘禾敏，2011:171）现就"兵制""兵略""地形""治军"等四类军事术语的英译方法进行分析比较。

原文：曲制、官道、主用

出自《计篇》："法者，曲制、官道、主用也。""曲制"指军队的组织、编制等制度；"官道"指军队中各级将吏的职责划分与统辖管理等制度；"主用"指军用器械、军需物资、军事费用等供应管理制度。

译文一：By methods and discipline are to be understood the marshaling of the army in its proper subdivisions，the gradations of ranks among the officers，the maintenance of roads by which supplies may reach the army，and the control of military expenditure. (Lionel Giles，2002:8)

译文二：By doctrine，I mean organization，control，assignment of appropriate ranks to offices，regulations of supply routes，and the provisions of principal items used by the army. (Samuel Griffith，1963:65)

译文三：By "rules and regulations"，I mean the principles guiding the organization of army units，the appointment and administration of officers and the management of military supplies and expenditures. (林戊荪，1993:5)

杜牧注曰："曲者，部曲队伍有分画也。制者，金鼓旌旗有节制也。官者，偏裨校列，各有官司也。道者，营陈开阖，各有道径也。主者，管库厮养，职守主张其事也。用者，车马器械，三军须用之物也。"（曹操等，1962:7）翟林奈将"曲制"译为 marshalling of the army in its proper subdivisions，意指

"军队编组的恰当细分";格里菲斯译为 organization,意为"组织";林戊荪则译为 the principles guiding the organization of army units,意为"军队组织制度"。翟林奈和林戊荪的译法都恰当地体现了"曲制"的意义,格里菲斯的译法就军事术语翻译而言更为简洁凝练。格里菲斯将"曲制"和"官道"连译,译为 control,assignment of appropriate ranks to offices,"主用"译为 regulations of supply routes,and the provisions of principal items used by the army,两术语在意义表达上准确,但译名过于冗长繁杂,无法做到一一对应。格里菲斯作为职业军事家,在军事术语的翻译上准确到位,但语言功力则不及汉学家翟林奈和中国译者林戊荪。

原文:五事七计

"五事七计"为决定战争胜负的基本条件。"五事"出自《计篇》:"故经之以五事,校之以计而索其情:一曰道,二曰天,三曰地,四曰将,五曰法。""七计"同样出自《计篇》:"主孰有道?将孰有能?天地孰得?法令孰行?兵众孰强?士卒孰练?赏罚孰明?吾以此知胜负矣。"这里仅以"五事"为主来进行讨论。

译文一:These are:(1)The Moral Law;(2)Heaven;(3)Earth;(4)The Commander;(5)Methods and discipline.(Lionel Giles,2002: 7)

译文二:The first of these factors is moral influence; the second, weather; the third, terrain; the fourth, command; and the fifth,doctrine.(Samuel Griffith,1963:63)

译文三:The first is the way(*dao* 道); the second,heaven(*tian* 天); the third,earth(*di* 地); the fourth,command(*jiang* 将); and the fifth,rules and regulations(*fa* 法).(林戊荪,1993:3)

林译本中,涉及"道、天、地、将、法"等文化负载词时,按音译、夹注(拼音和汉字)顺序处理,以期三个译名可以互相补充来达到更好的效果。这种方法可以有效地传播典籍文化,但也使英语读者无法对这些文化负载词形成统一的认识。在处理"道"这个词上,林戊荪翻译成 the way(*dao* 道),并没有使用西方所认可的 Tao,而是选择了汉语拼音 *dao* 和汉语"道"字。翟林奈将"道"译为 Moral Law,格里菲斯则译为 moral influence,两者均有异曲同工之处。此外,在《计篇》之后的"道者,令民与上同意也",林戊荪译为"By the way,I mean moral influence,..." ,可见他和格里菲斯的处理是一致的。"天"是中华文化典籍中的一个重要哲学概念,儒道两派均有不同理解。西方文化中的"天",在自然和宗教方面有着两重意义。正如安乐哲所说:"当我们把'天'译为'Heaven',西方读者头脑里必然会闪现出超越现世的造物主形象,同时还伴随有灵魂(soul)、罪孽(sin)、来世(after life)等概念。"(安乐哲,2002:18)可见,Heaven 一词具有深刻的宗教意义,西方读者看到该词也极易产生丰富的宗教联想。而《孙子兵法》中,"天者,阴阳、寒暑、时制也",可见此处"天"为军事气候方面的词语。因此,Heaven 一词用在此处还是不大合适的。格里菲斯处理为 weather,是出于军事气候学上的考量。林戊荪译为小写的 heaven,也在一定程度上减轻了宗教色彩,减少了文化误读。

原文:通、挂、支、隘、险、远

出自《地形篇》:"地形有通者,有挂者,有支者,有隘者,有险者,有远者。""通形"指四通八达的地方;"挂形"指地形复杂、易入难出的地方;"支形"指敌我双方均不易出兵的地方;"隘形"为两山峡谷之地,道路狭窄,队伍施展不开;"险形"是山川险恶之地;"远形"指敌我双方相距遥远之情形。

译文一:We may distinguish six kinds of terrain, to wit: (1) Accessible ground; (2) entangling ground; (3) temporising ground; (4) narrow passes; (5) precipitous heights; (6) positions at a great distance from the enemy. (Lionel Giles, 2002:43)

译文二:Ground may be classified according to its nature as accessible, entrapping, indecisive, constricted, precipitous, and distant. (Samuel Griffith, 1963:124)

译文三:There are the following six kinds of terrain: *tong*(通)—that which is accessible; *gua*(挂)—that which enmeshes; *zhi*(支)—that which is disadvantageous to both sides; *ai*(隘)—that which is narrow and precipitous; *xian*(险)—that which is hazardous; and *yuan*(远)—that which is distant. (林戊荪,1993:73)

对于"通、挂、支、隘、险、远"五地形,梅尧臣在《十一家注孙子》中分别批注道:"道路交达;网罗之地,往必挂缀;相持之地;两山通古之间;山川丘陵也;平陆也。"(孙武等,1962:167)林戊荪继续采用音译、夹注(拼音和汉字)、定语从句解释的顺序进行翻译,使目标语读者能准确理解原文意思。翟林奈采取"形容词+名词"结构翻译五种地形,格里菲斯则用五个形容词来表述这五种地形地貌。两者译文简洁明了,可读性强。正文中,每个术语都带有解释,便于读者理解。不过,格里菲斯将"支"译为 indecisive,意指将领做决定时犹豫不决,未能表达出"相持之地"的意味。同理,"隘"译为 constricted,也未能表达出两山间的险要之意。

原文:智、信、仁、勇、严

"智、信、仁、勇、严"指将领需具备的五种品德,即将领既要足智多谋,赏罚有信,爱抚士兵,又要勇敢果断,军纪严明。出自《计篇》:"将者,智、信、仁、勇、严也。"

译文一:The Commander stands for the virtues of wisdom, sincerity, benevolence, courage and strictness. (Lionel Giles, 2002:7)

译文二:By command I mean the general's qualities of wisdom, sincerity, humanity, courage, and strictness. (Samuel Griffith, 1963:65)

译文三:By " command ", I mean the wisdom, trustworthiness, benevolence, courage and firmness of the commander. (林戊荪,1993:5)

梅尧臣注曰:"智能发谋,信能赏罚,仁能附众,勇能果断,严能立威。""仁义"是儒家哲学的核心思想,儒家"五德"——"仁、义、礼、智、信"也是孙武兵家哲学思想的重要组成部分,正如李桂生所言:"《孙子兵法》实际上是'内儒外兵'、'儒兵合一',其特点是'孔孟为体'、'孙吴为用'。"(李桂生,2010:34-38)孙子的"全胜"战略与儒家的"仁政"思想相一致,孙子也主张在军事实践中合理运用儒家的"仁义"思想,正如张预批注道:"仁则不爱爵赏,义则果决无疑。既唉以厚利,又待以至诚,则间者竭力。"(曹操等,1962:7-8)对于"仁",翟林奈和林戊荪都译为 benevolence,该词带有利他主义色彩,强调乐善好施的品行,而格里菲斯将其译为 humanity,该词旨在表达善良关爱等人类品质,这两词均与孙子表达的"仁"有所区别,音译加解释性夹注或许更为合适。

《孙子兵法》的军事术语涉及兵器、制度、策略、自然环境等方面,反映了春秋战国时期的军事思想及当时的物质文化水平,富含中国特有的文化内涵。术语翻译是兵学典籍西传中的一大障碍。翻译军事术语时应遵循词义准确、经济凝练、表述通俗等原则,这样才便于军事典籍的传播。翟林奈注重考证研究,翻译术语时往往采用意译的方法,同时辅以脚注介绍相关的史书记载,甚至借用西方史料进行点评与分析,便于读者进行深入研究。格里菲斯援引诸家注疏者批注的经典战例进行论证和阐释,便于向读者普及知识。林戊荪则删除了所有注疏,采用音译加意译的方法进行翻译,便于典籍的文化传播。翻译《孙子兵法》术语时,译者应努力使译名为读者所理解,为读者所接受。

二、修辞艺术译法分析

《孙子兵法》文学价值极高,其辞格运用尤为突出。比喻、排比、对偶、顶针、引用、反复等多种修辞艺术交替出现,运用灵活自然。现以三英译本为例,就其辞格特色来进行分析比较。

(一)比喻

"用相似的事物打比方去描绘事物或说明道理,名为譬喻。"(黄伯荣,2007:184)《孙子兵法》中所使用的军事用语、所阐释的军事理论、所揭示的军事规律大多抽象难懂,作者用生动具体的事物进行比喻,从而达到了深入浅出的表达效果,也更好地传递了军事思想的精髓。

原文:胜者之战民也,若决积水于千仞之溪者,形也。(《形篇》)

本体为"胜者之战民",喻体为"决积水于千仞之溪",比喻词为"若"。为了说明军事含义的"形",孙子在这里打了一个生动的比方,即具备优势的军队指挥作战,如同开决的千仞之溪一般势不可挡。通过该比喻生动形象地表明了军事实力对战事的重要作用。

译文一:The onrush of a conquering force is like the brushing of pent-up waters into a chasm a thousand fathoms deep. So much for tactical dispositions. (Lionel Giles,2002:21)

译文二:It is because of disposition that victorious general is able to make his people fight with the effect of pent-up waters which, suddenly released,plunged into a bottomless abyss. (Samuel Griffith,1963:388-89)

译文三:So great is the disparity of strength that a victorious army goes into battle with the force of an onrushing torrent which, when suddenly released, plunge into a chasm a thousand fathoms deep. This is what we mean by disposition. (林戊荪,

1993:29)

翟林奈用"like"连接本体和喻体,运用了明喻的修辞手法来进行翻译。而格里菲斯和林戊荪译本中未明显地使用比喻词。另外,"仞"为中国古代计量单位,一"仞"为周尺八尺或七尺,周尺一尺约合 23 厘米,故"千仞"约为 1,600～1,800 米。而"fathom"(英寻)为英制水深单位,合 6 英尺或 1.6288 米。thousand fathoms,与源语文本中的"千仞"基本相当。翟林奈和林戊荪都采取 a chasm a thousand fathoms deep 来翻译"千仞之溪",与源语文本在数量上基本实现了对等。而格里菲斯用 a bottomless abyss 来翻译"千仞之溪",是为虚指,实现了源语文本表达的意义。

原文:激水之疾,至于漂石者,势也;鸷鸟之疾,至于毁折者,节也。是故善战者,其势险,其节短。势如扩弩,节如发机。(《孙子兵法·势篇》)

"势"是《孙子兵法》中一个很重要的命题。什么是"势",要下一个准确的定义是困难的。但是,《势篇》中,孙武用"激水漂石"来喻"势",强调军队行动时应迅疾如激水;用"鸷鸟毁折"来喻"节",强调军队发起冲锋时应如雄鹰捕杀鸟兽般,以离弦之速在短程内发起攻击。如此就把抽象的"势"和"节"具象化了——"势"如拉满的弓弩,"节"似击发弩机。因此,读者理解起来就更为容易。

译文一:The onset of troops is like the rush of a torrent which will even roll stones along in its course. The quality of decision is like the well-timed swoop of a falcon which enables it to strike and destroy it victim. Therefore the good fighter will be terrible in his onset, and prompt in his decision. Energy may be likened to a bending of a crossbow; decision, to the releasing of the trigger. (Lionel Giles,2002:24)

译文二:When torrential water tossed boulders, it is because of its momentum; when the strike of hawk breaks the body of its prey, it is because of timing. Thus the momentum of one skilled in war is overwhelming, and his attack precisely regulated. His potential is that of a fully drawn crossbows; his timing, the release of a trigger. (Samuel Griffith,1963:92)

译文三:When torrential water moves boulders, it is because of its momentum. When falcons strike and destroy their prey, it is because of perfect timing. Thus, when launching an offensive, a good posture which provides him with an irresistible momentum and when he attacks, it is with lightning speed. The momentum is similar to that of a fully-drawn crossbow, the speed of that of the arrow leaving the bow. (林戊荪,1993: 33)

翟林奈作为汉学家,对原句中的辞格艺术颇为敏感,他用"like"连接本体和喻体,将"激水漂石"喻"势"、"鸷鸟毁折"喻"节"很好地在句子中呈现了出来。格里菲斯和林戊荪的译法有相似之处,他们将"激水漂石"和"鸷鸟毁折"这两种现象分别归因于"势"和"节",句子也因此转换成了因果结构,虽明晰地向英文读者传达了原文内涵,却未能在英文译本中呈现出原文的修辞艺术,难免有些缺憾。不过,格里菲斯译文中添加了唐代史学家杜佑的注疏,借鹰鹯攫撮之迅疾来比喻讨敌应迅猛,也在一定程度上顾及了原文的辞格艺术。杜佑曰:"发起讨敌,如鹰鹯之攫撮也,必能挫折禽兽者,皆由伺候之明,邀得屈折之节也。"(曹操等,1962:90)翟林奈用 the onset of troops 来翻译此句中的"势",虽然明确地表达了原文的意思,但他在其他地方却将其译为 energy,比如《势篇》标题。格里菲斯也分别用 momentum 和 energy 来翻译"势"。几处明显不同的译法,使得"势"这一概念无法在读者脑海中达成统一,不利于读者的理解。而林戊荪则用 momentum 来翻译"势",并在引文后的小括号里用拼音 shi 标注,全篇保持一致。这种通贯全篇的翻译方法保持了文章的一致性。拼音标注这种异化的翻译策略给读者留下了一定的想象空间,便于读者了解中华文化的魅力。

原文:故其疾如风,其徐如林,侵掠如火,不动如山,难知如阴,动如雷震。《孙子兵法·军争篇》

孙武在这里使用风、林、火、山、阴、雷等自然现象来阐明军队在疾走、慢行、进攻、驻守、荫蔽、冲锋时的不同状态,新颖而别致。军事行动快速时如疾风;行动舒缓时像森林;进攻时像烈火;驻守时如山岳般屹立不动;隐蔽时如阴天般看不见日月星辰;冲锋陷阵时像雷霆般迅疾。比喻的大量运用,增强了文章的表现力,唤起了人们的无穷联想,激发了人们的领悟力,也使深奥的道理形象化、具体化,因而在论证上有着深入浅出、明白易懂的表达效果。

译文一:Let your rapidity be that of the wind, your compactness that of the forest. In raiding and plundering be like fire，in immovability like a mountain. Let your plans be dark and impenetrable as night，and when you move，fall like a thunderbolt. (Lionel Giles，2002：32-33)

译文二：When campaigning，be swift as the wind；in leisurely march，majestic as the forest；in raiding and plundering，like fire；in standing，firm as the mountains. As unfathomable as clouds，move like a thunderbolt. (Samuel Griffith，1963：106)

译文三：When the army advances，it is as swift as the wind；when it is immobile，as still as the forest；when it attacks，as destructive as a fire；when it defends，as immovable as the mountain；when it conceals itself，it is as though hidden behind an overcast sky；and when it strikes，it can be as sudden as a thunderbolt.
（林戊荪，1993：49-51）

翟林奈和格里菲斯都采用明喻暗喻相结合的方式来处理译文，句式上变化明显。而林戊荪采用明喻来进行翻译，同时连续使用六个"when …"结构来与原文的排比结构保持一致，整体上更加工整明畅。

（二）排比

排比，就是把三个以上结构相同或相似、意义相同、语气一致的词组或句子排列起来，形成一个整体。（王希杰，1983：211）"排比（parallelism）"在《文学百科全书》中指"英语诗体及散文体修辞的一个组成部分，即在短语、句子或段落中平行的意思，以使重要性相等、措辞相似的各成分间平衡、匀称"。（汪洪章，2004：153）排比在《孙子兵法》中的使用十分广泛，纵观全文，比比皆是。阅读《孙子兵法》原文时，其整齐的句式、磅礴的气势，处处闪烁着理性的光芒。孙子大量使用排比句式，使得文章条理清晰，论说有力，气势磅礴。

原文：涂有所不由，军有所不击，城有所不攻，地有所不争，君命有所不受。（《九变篇》）

通过分句的排比，作者提出了五种灵活的作战指导方案。排比的运用使得语言节奏明畅和谐，论证清晰明了，文章也如行云流水般畅快淋漓。

译文一：There are roads which must not be followed, armies which must not be attacked, towns which must not be besieged, positions which must not be contested, commands of the sovereign which must not be obeyed. (Lionel Giles, 2002:35)

译文二：There are some roads not to follow; some troops not to strike; some cities not to assault; and some ground which should not be contested. There are occasions when the commands of the sovereign need not be obeyed. (Samuel Griffith, 1963:111-112)

译文三：There are roads he should not take, armies he should not attack, walled cities he should not assault, territories he should not contest for and commands of the sovereign he should not obey. (林戊荪, 1993:55)

三译本均采用"there be＋名词"的句型来进行翻译，翟林奈、林戊荪运用定语从句对"涂""军""城""地""君命"五词进行限定，格里菲斯则采用后置定语来进行修饰。整体上来说，林的译本更加简短有力。

原文：故善用兵者，屈人之兵而非战也，拔人之城而非攻也，毁人之国而非久也。（《孙子兵法·谋攻篇》）

在此句中，作者连续使用三个主谓结构（屈人之兵而非战也，拔人之城而非攻也，毁人之国而非久也），来阐释主语"善用兵者"，"不战而屈人之兵"的战略思想在此淋漓尽致地被展现出来。

译文一：Therefore the skillful leader subdues the enemy's troops without any fighting; he captures their cities without laying siege to them; he overthrows their kingdom without lengthy operations in the field. (Lionel Giles, 2002:16)

译文二：Thus, those skilled in war subdue the enemy's army without battle. They capture his cities without assaulting themand overthrow his state without protracted operations. (Samuel Griffith, 1963:79)

译文三：Therefore, he who is skilled in war subdues the enemy without fighting. He captures the enemy's cities without assaulting them. He overthrows the enemy kingdom without prolonged operations in the field. (林戊荪,1993:19)

三译本均采用"主语＋谓语＋宾语＋without doing sth"的结构来进行翻译。相较而言,三译本中林戊荪译本在形式上更加工整一致,以期达成与原文一致的对称之美。不过,由于英语语言文字与汉语的差异,译文终究无法在"形对"和"义对"上与源文本保持一致。

(三)对偶

对偶,是用语法结构基本相同或者近似、音节数目完全相同的一对句子,来表达一个相对立或相对称的观点。(王希杰,1983:197)古诗文比较重视音律上的和谐,诵读上的便利。《孙子兵法》也不例外。而英文修辞中,对偶(antithesis)通常是指"不可调和的对立面或对比强烈的意思骈置一道并处于持久的张力中"(汪洪章,2004:151)。英语要求对偶做到短语、句子在长度上大致相当,并不强求字数相同。

原文:故五行无常胜,四时无常位,日有短长,月有死生。(《孙子兵法·虚实篇》)

在这句话中,用"五行相生相克"和"四季依次轮回","白昼有短有长"和"月亮有缺有圆"两组对偶来说明万事永远处于变化之中,同理,战争指导方略也不能一成不变。两组对偶,互相补充映衬,充分地阐释了孙子主张因敌制胜、灵活用兵的观点。

译文一:The five elements are not always equally predominant; the four seasons make way for each other in turn. There are short days and long; the moon has its periods of waning and waxing. (Lionel Giles,2002:30)

译文二:Of the five elements,none is always predominant; of the four seasons,none lasts forever; of the days,some are long and some short,and the moon waxes and wanes. (Samuel Griffith,1963:101)

译文三:None of the five elements of nature(*wuxing* 五行) is ever predominant,and none of the four seasons lasts forever. Some days are longer and some shorter. The moon waxes and wanes. (林戊荪,1993:45)

翟林奈采用归化法进行翻译,符合英语常规的表达方式。但是,无论是在句子结构、字数上均未能实现对偶辞格的表达形式。格里菲斯译本中，前两个短句采用"of ＋名词，none＋谓语"的结构，基本上可以实现对偶辞格的表达形式，而后两句则未体现出对偶的形式。林戊荪采用"none of ＋主语＋谓语"的结构来进行表达，前两句基本实现了对偶的表达形式，后两句则稍显差强人意。

原文：投之亡地然后存，陷之死地然后生。（《孙子兵法·九地篇》）

在这句话中，起句（上联）与对句（下联）意思相同或相近，是为正对。孙子主张将部队投于亡地，将士卒陷于死地，从危难中求生存、求胜利。对偶辞格的运用，使得前后两句对仗工整、音韵和谐，又极易阐明作者观点。

译文一：Place your army in deadly peril, and it will survive; Plunge it into desperate straits, and it will come off in safety. (Lionel Giles, 2002:53)

译文二：Throw them into a perilous situation and they survive; Put them in death ground and they will live. (Samuel Griffith, 1963:139)

译文三：Only when you throw them into life-and-death situations will they fight to survive. Only when you plunge them into places where there is no way out will they fight to stay alive. (林戊荪, 1993:97)

翟林奈和格里菲斯均采用祈使句来进行表达，相当于 if 引导的条件状语从句，将句子间的关系生动形象地体现了出来。林戊荪则使用 only 引导的时间状语从句，主句采用半倒装结构，淋漓尽致地体现了原文句子间的起承转合关系。总的来说，三译本在处理对偶时都尽量使原文与译文的句子结构保持了一致。

（四）顶针

顶针，又叫蝉联，就是邻近的句子首尾蝉联，上递下接，用前一句的结尾作下一句的开头。（王希杰，1983:216）顶针修辞使得内容层层推进，思维逻辑紧紧相连，说理更加准确严谨，语势上贯通到底。

原文：地生度，度生量，量生数，数生称，称生胜。（《孙子兵法·形篇》）

战场地理、战场幅度、战役容量、兵力数量、力量强弱之间的连锁关系清晰明了,而这就是通过顶针修辞来展现的。

　　译文一:Measurement owes its existence to Earth; Estimation of quantity to Measurement; Calculation to Estimation of quantity; Balancing of chances to Calculation; and Victory to Balancing of chances. (Lionel Giles,2002:21)

　　译文二:Measurements of space are derived from the ground. Quantities derives from measurement, figures from quantities,comparisons from figures,and victory from comparisons. (Samuel Griffith,1963:88)

　　译文三:Measurement of space refers to the difference in the territories of the opposing parties; from that derives estimation of quantity, which refers to the difference in resources; from that, calculation of numbers, which refers to the difference in the size of their troops; from that, comparison of the relative strengths of their armies and finally, assessment of the material base for the chance of victory. (林戊荪,1993:29)

　　很多译者并没有意识到《孙子兵法》中的这一修辞手法,且特意地体现在原文中。翟林奈和格里菲斯的译本都采用"B 生于 A"的译法来加以体现,因而原文中"A 生 B"结构的顶针辞格并没有很好地体现出来。而在林戊荪译本中,兵法中的"度、量、数、称、胜"五法均采用名词短语,略显烦琐;句子结构上,林用"A 生 B"结构来进行翻译,又加入定语从句来对"度、量、数、称、胜"五法分别进行限定,各个短句间通过循环套用的方式加以连接,尤其是 derive 一词用法很巧妙,实现了修辞对等。不过,其译文虽保持了原文结构,但句子整体上来说还是略显复杂,与原文简短有力的论证方式相比,还是略有不足。

　　原文:近市者贵卖,贵卖则百姓财竭,财竭则急于丘役。(《孙子兵法·作战篇》)

　　战时,靠近军队集结的地方物价飞涨,百姓财竭,赋役激增。顶针修辞的运用将这三者的内在关系十分准确而又严密地表达了出来。

　　译文一:The proximity of an army causes prices to go up, and high prices cause the people's substance to be drained away. When their substance is drained away,the peasantry will be afflicted by heavy exactions. (Lionel Giles,2002:12)

译文二:When the army is,prices are high; when prices rise the wealth of the people is exhausted. When wealth is exhausted the peasantry will be afflicted with urgent exactions. (Samuel Griffith,1963:74)

译文三:Proximity of an army causes prices to go up,and high prices are a drain on the people's resources. When the resources are exhausted,exactions and levies are bound to increase. (林戊荪,1993:13)

在这一例子中,三译本均采用意译的方式,句子结构上没有刻意模仿原文,因而对于句子中首尾相连的"卖""财竭"两词,有的译者选择直接重复,有的则选择进行词性转换。顶针辞格的文学效果并未很好地体现出来。

《孙子兵法》中使用了比喻、排比、对偶、顶针等多种修辞手法,形象性、文学性和说服力都得以大大增加。在其英译过程中,译者逐渐意识到原文的修辞艺术,既努力保留原文的文学风貌,又顺应英语读者的阅读需求。汉学家翟林奈的译本文学性颇高,不过他并未刻意模仿原文,追求原文的辞格美感;军事家格里菲斯同样也如此,他们二人均未将顶针这一辞格在译文中表现出来。中国翻译家林戊荪则对《孙子兵法》中的修辞艺术分外敏感,尽量保留了原文的文学风貌。

三、语篇结构译法分析

以下就三个英译本的语篇结构进行差异分析。

原文:视卒如婴儿,故可与之赴深溪;视卒如爱子,故可与之俱死。(《孙子兵法·地形篇》)

这句写治军准则,表明将帅应如何处理与士兵之间的关系。孙子受先秦时期孔子"仁爱"思想的影响,主张将帅应体恤、爱护士兵。

译文一:Regard your soldiers as your children,and they will follow you into the deepest valleys; look on them as your own beloved ones,and they will stand by you even unto death. (Lionel Giles,2002:46)

译文二:Because such a general regards his men as infants they will march with him into the deepest valleys. He treats them as his own beloved sons and they will die with him. (Samuel Griffith, 1963:128)

译文三：Because he cares for his soldiers as if they were infants, they will follow him through the greatest dangers. Because he loves his soldiers as if they were his own sons, they will stand by him even unto death. (林戊荪, 1993:79)

　　原文未出现主语, 翟林奈使用祈使句来进行翻译, 可能在一定程度上与原文保持了一致, 但不利于读者的理解。而格里菲斯使用 general 来补全主语, 从军事学角度弥补了原文空白, 使译文趋于完整。林戊荪由于在前文中已使用过 commander, 因此这里使用 he 来进行指代。原文使用两个"视卒如……, 故可与之……"的并列结构, 有明显的因果关系包含在内, 格里菲斯和林戊荪都采用"Because … , he will … "结构来进行翻译, 较好地体现了原文的因果关系, 而翟林奈仅以 and 来衔接两个句子, 略显不足。相较而言, 格里菲斯和林戊荪的译本完整性更高。

　　原文：凡治众如治寡, 分数是也; 斗众如斗寡, 形名是也。(《孙子兵法·势篇》)

　　这句表明了治军作战中的原则。

译文一：The control of a large force is the same as in principle as the control of a few men; it is merely a question of dividing up their numbers. Fighting with a large army under your command is nowise different from fighting with a small one; it is merely a question of instituting signs and signals. (Lionel Giles, 2002:24)

译文二：Generally, management of many is the same as management of few. It is a matter of organization. And to control many is the same as to control few. This is a matter of formation and signals. (Samuel Griffith, 1963:90)

译文三：There is no differences between administering many troops and few troops. It is a matter of organization, of instituting layers of control. There is no difference between commanding a large army and a small one, it is a matter of communications, of establishing an efficient system of command signals. (林戊荪,1993:31)

原文中多次使用"众""寡"二字,言简而意赅,能否将这两词译好颇显译者功力。翟林奈分别使用 a lager force 和 a large army 来表示"众",a few men 和 a small one 来表示"寡",表现出整治军队的原则,也使用了不同的词进行替换。林戊荪的翻译方法与翟林奈有异曲同工之处,分别使用 many troops 和 a large army 来表示"众",few troops 和 a small one 来表示"寡"。两者的翻译均照顾了英文读者,便于其理解和接受原文信息。而格里菲斯以 many 和 few 来表示"众"和"寡",不得不说有些欠佳。原文连续使用两个"……如……,……是也"的判断句型,为并列结构。林戊荪使用两个"There is no difference between … and … , it is a matter of … "结构,两个句式保持一致,也符合原文的行文结构。从这一点来说,林译本更佳。

汉语重意合,句子的连接多依赖语义的贯通、语境的衬托,常省略主语和连接词;英语重形合,注重语言的衔接和连贯,需凭借时态、语态、连词来连接句子。因此,典籍英译时切不可忽视这点。《孙子兵法》的语言简洁凝练、铿锵有力,句式常并列出现,且略去主语及相关连接词。在《孙子兵法》的三个英译本中,翟林奈和格里菲斯译本均以句子为翻译单位,每个句子辅以各家注疏、释义,内容丰富,考据充分,但全文稍显散乱。林戊荪译本则以句群为翻译单位,略去注疏、典故,便于阅读查看以及整体对照。如"视卒如婴儿……"一句所示,翟林奈以句子为翻译单位,选择与中文句式保持一致,但未能译出句子中的隐性主语。格里菲斯和林戊荪则补全了主语,使用相关连接词来表明句子间的相关联系,可读性更高。

综上所述,孙子不仅是久负盛名的兵学鼻祖,而且是一位文采斐然的语言艺术大师。"言之无文,行而不远",高度的文学性是《孙子兵法》历久而弥新的一个重要原因。纵观全书,《孙子兵法》的军事用语精准严密、简洁洗练,于平实中让人感受到智慧的涌动,于简练中让人感受到内蕴的深远。在《孙子兵法》英译本中,汉学家翟林奈注重学术规范,中英文注疏、释义繁复细致,学术价值更高;美国海军准将格里菲斯则以孙星衍的《孙子十一家注》为参照底本,有选择性地援引诸家注疏者批注的经典战例,对孙子的思想做进一步的论证和阐释,该译本一经出版便迅速在美国乃至全球范围内掀起了一股"孙子热";林戊荪英译的《孙子兵法》出自外文出版社的《大中华文库》典籍英译系列,他从文化交流与传播的角度来英译《孙子兵法》,重现了中国兵学典籍的文化、思想、哲学价值,展现了古代兵学的哲学蕴涵和经世致用的实践指导意义。三译本对军事术语、修辞艺术、语篇结构等方面的翻译均有值得借鉴之处。本书通过对各英译本的文本分析,有助于译者探悟出典籍英译活动中处理原文的译介规律和原则。

参考文献

中文著作：

安德烈·莫洛亚著.1984.狄更斯评传[M].朱延生译.太原:山西人民出版社.

安乐哲.2002.温海明编.和而不同:比较哲学与中西会通[M].北京:北京大学出版社

白晋著.1981.康熙帝传[M].赵晨译.哈尔滨:黑龙江人民出版社.

白寿彝.2004.中国史学史[M].北京:北京师范大学出版社.

包惠南.2001.文化语境与语言翻译[M].北京:中国对外翻译出版公司.

保罗·肯尼迪著.1989.大国的兴衰[M].蒋葆英等译.北京:中国经济出版社.

卞修全.2003.立宪思潮与清末法制改革[M].北京:中国社会科学出版社.

C.R.博克舍.1990.十六世纪中国南部行记[M].上海:中华书局.

曹操等注,(春秋)孙武著.1962.十一家注孙子兵法[M].上海:中华书局.

A.J.H.Charignon.1954.马可·波罗行记[M].冯承钧译.北京:中华书局.

崔在沫.1999.从海运史的角度谈郑和将军下西洋在世界史上的意义[A].郑和与海洋[M]
北京:中国农业出版社.

陈艳霞著.1998.华乐西传法兰西[M].耿昇译.北京:商务印书馆.

曹明伦.2007.翻译之道:理论与实践[M].河北:河北大学出版社.

陈成.2012.山海经译注[M].上海:上海古籍出版社.

陈成今译.2010.山海经[M].王宏,赵峥英译.长沙:湖南人民出版社.

陈济康(主编).1990.孙子新探——中外学者论孙子[A].北京:解放军出版社.

邓立光.2007.老子新诠[M].上海:上海古籍出版社.

邓立光.2007.老子新诠——无为之治及其形上理则[M].上海:上海古籍出版社.

狄雍.1985.欧美佛学研究小史:一个历史的分析[M].霍韬晦,陈铫鸿译.台北:华宇出版社.

方梦之.2004.译学辞典[Z].上海:上海外语教育出版社.

冯文慈.2013.中外音乐交流史:先秦——清末[M].北京:人民音乐出版社.

冯友兰.1996.中国哲学简史[M].北京:北京大学出版社.

费赖之著.1995.在华耶稣会士列传及书目[M].冯承钧译.上海:中华书局.

傅里茨·何尔谟.2011.我为景教碑在中国的历险[M].上海:上海科学技术文献出版社.

伏尔泰著.1996.风俗论(上)[M].梁守锵译.北京:商务印书馆.

辜正坤.2003.中西诗比较鉴赏与翻译理论[M].北京:清华大学出版社.

古棣,周英.1985.老子通[M].吉林人民出版社.

顾丹柯.2010.孝经·二十四孝·弟子规[M].北京:中国对外翻译出版公司.

郭建中.1999.文化与翻译[M].北京:中国对外翻译出版公司.

郭鹏.1995.佛国记注译[M].长春:长春出版社.

郭璞.1989.山海经[M].上海:上海古籍出版社.

郭著章.2004.汉英对照蒙学精品(第一分册)[M].武汉:武汉大学出版社.

韩国鐄.1981.西方人的中国音乐观,自西徂东:中国音乐文集[M].台北:时报文化出版事务
有限公司.

韩琦.1999.中国科学技术的西传及其影响[M].石家庄:河北人民出版社.

韩兆琦.2004.史记(评注本,上下册)[M].长沙:岳麓书社.

郝懿行.1991.山海经笺疏[M].北京:中国书店,(2).

胡平生,陈美兰.2016.中华经典藏书:礼记·孝经[M].北京:中华书局.

胡平生.2009.孝经译注[M].北京:中华书局.

胡壮麟.2001.语言学教程[M].北京:北京大学出版社.

黄伯荣.2007.现代汉语[M].北京:高等教育出版社.

黄鸣奋.1997.英语世界中国古典文学之传播[M].上海:学林出版社.

黄长著,孙越生,王祖望.2005.欧洲中国学[M]北京:社会科学文献出版社.

江文汉.1982.中国古代基督教及开封犹太人[M].北京:知识出版社.

金阁尼.1983.利玛窦中国札记[M].北京:中华书局.

G.G.莱布尼茨著.2005.中国近事:为了照亮我们这个时代的历史[M].(法)梅谦立,杨保筠
译.郑州:大象出版社.

劳干.2010.古代中国的历史与文化[M].北京:中华书局

老根.1999.中华考工十大奇书·农政全书[M].北京:中国戏剧出版社.

老舍.2008.离婚[M].上海:文汇出版社.

老舍.2012.舒乙编.我怎样写小说[M].南京:译林出版社.

黎难秋.2006.中国科学翻译史[M].合肥:中国科学技术大学出版社.

李琼,刘旭光.2012.中国音乐艺术对西方的影响[M].北京:人民出版社.

李锐.2006.太平风物[M].上海:生活·读书·新知三联书店.(http://vdisk.weibo.com/s/
amtbTdi-wk8Lp)

李世佳(Vladimír Liščák).2016.卫方济和1711年在布拉格出版的儒家经典拉丁语翻译
[A].耿幼壮,杨慧林编.世界汉学第16卷[M].北京:中国人民大学出版社(http://www.
orient. cas. cz/miranda2/m2/akce/aktuality/2016/Vladimir-Liscak _ World-Sinology _ text-
clanku. pdf).

李提摩太.2005.亲历晚清四十五年——李提摩太在华回忆录[M].李宪堂,侯林莉译.天津:
天津人民出版社.

李养正.2000.当代道教[M].上海:东方出版社.

李越.2013.老舍作品英译研究[M].北京:知识产权出版社.

梁方仲.1989.梁方仲经济史论文集[M].北京:中华书局.

廖七一.2000.当代西方翻译理论探索[M].南京:译林出版社.

林甘泉.1999.中国经济通史:秦汉经济卷[M].北京:经济日报出版社

林戊荪英译.1999.孙子兵法·孙膑兵法(Sunzi:The Art of War & Sunbin:The Art of War)[Z].北京:外文出版社.

刘家和.2004.史学、经学与思想[M].北京:北京师范大学出版社.

刘军平.2009.西方翻译理论通史[M]武汉:武汉大学出版社.

刘宓庆.2005.当代翻译理论[M].北京:中国对外翻译出版公司.

刘宓庆.2005.文化翻译论纲[M].武汉:湖北教育出版社.

刘宓庆.2012.中西翻译思想比较研究[M].北京:中国对外翻译出版公司.

刘小沙.2015.中华国学经典精粹:儒家经典必读本·礼记[M].北京:北京联合出版社.

刘重德.1998.文学翻译十讲[M].北京:对外翻译出版公司.

Michael Loewe(鲁惟一)著.1997.盐铁论[A].王志平译.Michael Loewe 编.中国古代典籍导读[M].沈阳:辽宁教育出版社

泷川资言,水泽利忠(Kametaro Takigawa and Toshitada Mizusawa).1986.史记会注考证附校补[M].上海:上海古籍出版社.

洛秦.2011.音乐人类学的理论与方法导论[M].上海:上海音乐学院出版社.

吕光旦.1994.实用汉英分类百科词典[Z].西安:陕西教育出版社.

卢公明著.2009.中国人的社会生活[M].陈泽平译.福州:福建人民出版社.

马可波罗.2003.马可波罗游记[M].William Marsden 译.北京:外语教学与研究出版社.

马晓宏著作,傅伟勋、周阳山主编.1993.从西方看中国——西方汉学家论中国[M].台北:台北中正书局.

马植杰.2004.三国史[M].北京:人民出版社.

马祖毅,任荣珍.1997.汉籍外译史[M].武汉:湖北教育出版社.

孟德斯鸠著.2000.论法的精神[M].严复译.上海:三联书店.

孟德卫著.2007.1500—1800,中西方的伟大相遇[M].蒋雯君等译.北京:新星出版社.

莫东寅.1949.汉学发达史[M].香港:中国文化出版社.

诺德(Christiane Nord).2013.翻译的文本分析模式:理论、方法及教学应用[M].李明栋译.厦门:厦门大学出版社.

裴化行,1993.利玛窦评传[M].管震湖,译.北京:商务印书馆.

彭林.2012.中华经典名著全本全注全译丛书:仪礼[M].北京:中华书局.

钱亦平.1997.钱仁康音乐文选[M].上海:上海音乐出版社.

邱远欲.2003.中国近代法律史论[M].合肥:安徽大学出版社.

屈宝坤.1998.中国古代著名科学典籍[M].北京:商务印书馆.

任继愈.2002.佛教大辞典主编[M].南京:江苏古籍出版社.

僧祐撰,苏晋仁,萧鍊子点校.1995.出三藏记集[M].北京:中华书局.

山根幸夫.2000.中国史研究入门[M].北京:社会科学文献出版社

商务印书馆编辑.1986.张元济诗文[M].北京:商务印书馆.

沈福伟.1985.中西文化交流史[M].上海:上海人民出版社.

沈家本.1985.历代刑法考[M].北京:中华书局.

孙厚洋,周春.2002.《孙子兵法》评说[M].北京:时事出版社.

孙星群.1997.音乐美学之始祖《乐记》与《诗学》[M].北京:人民出版社.

孙以楷.2003.老子解读[M].合肥:黄山书社.

荣振华著.1995.在华耶稣会士列传及书目补编[M].耿昇译.上海:中华书局.

台静农.2007.白话史记[M].北京:新世界出版社.

谭载喜.1991.西方翻译简史[M].上海:商务印书馆.

唐作藩.1982.上古音手册[M].南京:江苏人民出版社.

陶亚兵.1994.中西音乐交流史稿[M].北京:中国大百科全书出版社.

万连步,杨力,张民.2004.作物营养与施肥丛书.综合卷:桑[M].济南:山东科学技术出版社.

汪洪章.2004.比较文学与欧美文学研究[M].上海:学林出版社.

汪榕培,王宏.2009.中国典籍英译[M].上海:上海外语教育出版社.

王尔敏.1975.中国文献西译书目[Z].台湾:商务印书社

王宏印.2009.中国文化典籍英译[M].北京:外语教学与研究出版社.

王洪图.2001.内经选读[M].上海:上海科学技术出版社.

王克非.2000.翻译文化史论[M].上海:上海外语教育出版社.

王力.2007.古汉语常用字字典(第四版)[Z].北京:商务印书馆.

王力.2008.中国古代文化常识(插图修订第四版)[M].北京:世界图书出版社.

王立群.2008a.王立群读史记之项羽[M].重庆:重庆出版社.

王立群.2008b.王立群读史记之吕后[M].上海:上海文艺出版社.

王丽娜.中国古典小说戏曲名著在国外[M].上海:学林出版社,1988.

王利器.1992.盐铁论校注[M].北京:中华书局

王水.2007.《人物志》校注[M].合肥:中州古籍.

王希杰.1983.汉语修辞学[M].北京:北京出版社.

王耀华.2013.中国音乐国际传播的历史与现状[M].北京:人民出版社.

王毓瑚.1979.中国农学书录[M].北京:农业出版社.

威尔·杜兰.1998.世界文明史[M].北京:东方出版社.

西嶋定生著.1993.武帝之死[A].李开元译.刘俊文编.日本学者研究中国史论著选译·卷三·上古秦汉[M].北京:中华书局

谢天振等.2009.中西翻译简史[M].北京:外语教学与研究出版社.

徐道撰,程毓奇续.1995.历代神仙演义[M].沈阳:辽宁古籍出版社.

徐复观.2001.两汉思想史(卷三)[M].上海:华东师范大学出版社

徐艳华.2015.中华国学经典精粹:儒家经典必读本·孝经[M].北京:北京联合出版社.

徐梓.1996.蒙学读物的历史透视[M].武汉:湖北教育出版社.

许慎.1963.说文解字(大徐本)[M].北京:中华书局.

杨宪益,戴乃迭.2001.史记选[M].北京:外文出版社.

易中天.2006.品三国前传之汉代风云人物[M].北京:东方出版社.

易中天.2009.先秦诸子百家争鸣[M].上海:上海文艺出版社.

于汝波.2001.孙子兵法研究史[M].北京:军事科学出版社.

袁珂.1985.山海经校译[M].上海:上海古籍出版社.

袁珂.1991.山海经全译[M].贵阳:贵州人民出版社.

袁珂.1993.山海经校注(增补修订本)[M].成都:巴蜀书社.

H.R.姚斯,(美)R.C.霍拉勃.1987.接受美学与接受理论[M].周宁,金元浦译.沈阳:辽宁译文出版社.

艾克曼著.1978.歌德谈话录[M].朱光潜译.北京:人民文学出版社.

岳峰.2004.架设东西方的桥梁——英国汉学家理雅各研究[M].福州:福建人民出版社.

岳峰.2006.儒经西传中的翻译与文化意象的变化[M].福州:福建人民出版社.

张健.2013.外宣翻译导论[M].北京:国防工业出版社.

张其成.2005.金丹养生的秘密[M].北京:华夏出版社.

章巽.1985.法显传校注[M].上海:上海古籍出版社.

赵朴初.2003.佛教常识答问[M].北京:北京出版社.

赵晓阳.2003.传教士与中国国学的翻译:以四书五经为中心[A].鞠曦编.恒道(第二辑)[M].长春:吉林文史出版社.

赵彦春.2014.三字经英译集结[M].北京:光明日报出版社.

赵彦春.2016.三字经·弟子规·千字文[M].北京:外文出版社.

朱光潜.2004.谈文学[M].桂林:广西师范大学出版社.

朱谦之.1983.中国哲学对欧洲的影响[M].福州:福建人民出版社.

朱振武.2016.三字经·弟子规·千字文[M].北京:外文出版社.

祝庆祺.1736.刑案汇览[M].北京:北京古籍出版社.

中文论文:

曹美廷.2014.经济文本中文化负载词的翻译策略——以《王二的经济学故事》为例[D].南昌:江西师范大学硕士学位论文(李永忠指导).

查玲玲,高海林.2005.《古乐经传》之西传及遭遇[J].东方论坛(青岛大学学报),(2).

陈桥驿.1989.法显与《法显传》[J].山西大学师范学院学报,(2):8-11.

陈榕烽,岳峰.2015.中国传统音乐文化西译简史及其影响因素[J].福建师范大学学,4.

陈文.2009.从读者接受理论的角度比较《名利场》的两本中文译本[D].浙江:浙江大学硕士

学位论文(吴越民指导).

陈燕钦,王绍祥.2010.《孝经》英译版本比较[J].郑州航空工业管理学院学报(社会科学版),29(3).

陈燕钦.2011.跨文化视角下《孝经》英译本对比[J].牡丹江师范学院学报(哲社版),2.

陈煜.2012.略论《大清律例》的"确定化"[J].中国政法大学学报(4).

陈之迈.1968.荷兰高罗佩[J].传记文学,13(5).

程钢.2005.文献学与汉学史的写作——兼评韩大伟《顶礼膜拜:汉学先驱和古典汉语文献学的发展》[J].世界汉学,(3).

戴密微.1980.法国汉学研究史[J].中国史研究动态(Trends of Recent Researches on The History of China),(1):6.

董丽丽.2015.交际翻译理论下《弟子规》英译反思.商业故事,(35),130-131.

董倩荣,刘一萍.2015.重庆蜀绣发展现状分析及思考[J].纺织科技进展,2015(4):10-14.

范敏.2007.目的论对《红楼梦》中谚语翻译的启示[J].红楼梦学刊:194.

费乐仁.2011.衷鑫恣译.传教士汉学家的中国经典出版的比较:理雅各、顾赛芬、卫礼贤[J]."西学东渐与东亚近代知识的形成与交流"国际学术研讨会专栏

高殿芳.1993.《孙子兵法》俄译本简介[J].军事历史,(5):59.

高振明.2014.《孙子兵法》在法国的译介与研究[J].滨州学院学报,(5):68.

耿强.2010.文学译介与中国文学"走向世界"[D].上海:上海外国语大学博士学位论文(谢天振指导).

宫宏宇,温永红.2013.西方人"了解中国音乐最好的入门书"——谈路易·拉卢瓦的《中国音乐》[J].中央音乐学院学报,(3).

宫宏宇.2014."他者审视":明末至民国来华西人眼中的中国音乐[J].音乐研究,(4).

龚静,瞿州莲.2008.近代湘西桐油贸易研究[J].吉首大学学报,29(2):127-130.

顾钧.2002.卫三畏与《中国总论》[J].国际汉学研究通讯,(21)。

郭丽娜,康波.2008.18世纪法国启蒙主义文学中的中国思想文化因素[J].国外文学,(2)。

韩卫斌.2004.古代官吏中的"史"与"使"[J].平顶山师专学报,19(1).

韩祥临,汪晓勤.2001.《沈康身等著—英译〈九章算术〉及其历代注疏》[J].中国科学史杂志,(2)

韩忠治.2015.《农政全书》词汇研究(Lexical studies on Nongzheng Quanshu)[J].中国学术期刊光盘版电子杂志社:58.

何晓花.2012.神"韵"佳作——理雅各《道德经》译本风格探微[J].宜宾学院学报,(07):81.

何晓花.2014.从读者反映论看历史典籍翻译现代重构的可行性——以斯蒂芬.米歇尔《道德经》译本为例[J].沈阳农业大学学报,2014:366-369.

胡文骏.2000.明朝"一条鞭法"的影响与意义[J].商场现代化,(24).

黄中习.2009.典籍英译标准的整体论研究:以《庄子》英译为例[D].苏州:苏州大学博士学位论文(江榕培指导).

贾雯鹤.2014《山海经》专名研究[D].成都:四川大学博士学位论文(宋永培指导).

焦阳宁.2014.探析唐律中的服制[J].法制与社会(6).

金介甫.2006.中国文学(一九四九——一九九九)的英译本出版情况述评(查明建译)[J].解当代作家评论,(3).

金梅,刘洋,张华昌,陶诚.2015.粮食安全与粮食储备制度的发展演变[J].粮油仓储科技通讯 2015(1).

金秀芳.2002."理想化"与"妖魔化"——西方人眼中的中国形象[J].德国研究,(17)

孔祥珍.2010.铃木大拙与西方语境下的禅学研究[D].武汉:武汉大学博士学位论文(麻天祥指导).

赖贵三.2014.中西易学乔梓雄——德儒卫礼贤、卫德明父子易学综述[J].周易研究,2

兰凤利.2007.中医文献中"阴阳"的源流与翻译[J].中国翻译,(4).

兰凤利.2004.《黄帝内经素问》的译介及在西方的传播[J].中华医史杂志,(3)

兰凤利.2004.《黄帝内经素问》英译事业的描写性研究(1)[J].中国中西医结合杂志,24(10).

黎杏,兰凤利.2013.中医脉学在西方的译介与传播——以英文译文为中心[J].中华医史杂志,(5).

李昂,罗桂环.2010.美国哈斯撰《行走中国:祁天锡的科学生涯》评介[J].中国科技史杂志,31(1):1 王嘉良.1997.萧乾研究述评[J].中国现代文学研究丛刊,(3):275.

李桂生.2010.孔孟为体,孙吴为用——兵家和合思想的形态、建构与内涵[J].滨州学院学报,26(5).

李慧.2015.欧洲第一位"专业汉学家"雷慕沙[J].国际汉学,(1):1.

李四龙.2012.论佛教在西方200年的形象变化[J].江苏行政学院学报,(2).

李伟荣,李林.2014.《尚书》诸问题及其海外传播[J].燕山大学学报.

李小霞.2015.国内《史记》英译研究述评[J].安康学院学报,(1).

李秀英.2006.《左传》在西方的译介与研究[J].外语教学与研究,(4).

李秀英.2006a.《史记》在西方:译介与研究[J].外语教学与研究,(4):303-308.

李秀英.2006b.华兹生英译《史记》的叙事结构特征[J].外语与外语教学,(9):52-55.

李秀英.2007.《汉书》在西方:译介与研究[J].外语教学与研究,(6).

李秀英.2007.20世纪中后期美国对外文化战略与《史记》的两次英译[J].大连海事大学学报(社会科学版),(1):125-129.

李秀英.2008.Burton Watson对历史典籍英译语言规范的习得与内化[J].大连理工大学学报(社会科学版),(2):84-88.

李秀英.华兹生的汉学研究与译介[J].中国学研究:63-69

李艳霞.1998.第二人称代词的感情[J].语文教学与研究,(1).

李颖玉,郭继荣,袁笠菱.2008.试论方言文化负载词的翻译——以《浮躁》中的"瓷"为例[J].中国翻译,(3).

李跃进.2008."第二人称"在表达上的特殊作用[J].新闻爱好者,(7).

李照国.中医对外翻译三百年析[J].上海科技翻译,1997,(4).

连淑能.2002.论中西思维方式[J].外语与外语教学,(2):44.

廖敏.2004.试析《道德经》翻译的多样性[J].西南民族学院学报(哲学社会科学版),(9):333-336.

林青华.2003.清末比利时人阿里嗣的《中国音乐》[J].中央音乐学院学报,(1).

林友华.2001.中国古代国际地位的历史转折——郑和下西洋意义新探[J].福建师范大学学报(哲学社会科学版),(1):3.

刘碧霞.2013.明清时期中国礼仪之争事件始末[J].兰台世界,(1).

刘润兰.2014.《本草纲目》在海外的传播与影响[J].世界中西医结合杂志,(1).

刘树森.1992.纽马克的翻译批评理论简析.中国翻译,(2),49-53.

刘晓晖.2015.20世纪以来海外汉语文学典籍英译出版动态考略[J].学编辑之友,(10).

刘重德.2001.关于大中华文库《论语》英译本的审读及其出版[J].中国翻译,(3):62-63.

吕志兴.2000."春秋决狱"新探[J].西南师范大学学报(人文科学社会版),26(5)

吕自先.2006.论译者的翻译风格[D].保定:河北大学硕士学位论文(汤新兰指导).

梅晓娟,孙来法.2008.耶稣会士钱德明与《中国古今音乐考》[J].人民音乐,(9).

孟庆波.2013.美国汉学界对孝及《孝经》的研究——兼论海外汉学的研究范式[J].闽江学刊,4.(http://qk.nuist.edu.cn/yj/ch/reader/create_pdf.aspx? file_no＝20130410&flag＝1&journal_id＝yjxk&year_id＝2013)

穆亮雷.2012.康拉德与《孙子兵法》——兼论《孙子兵法》在俄罗斯的翻译与研究[J].滨州学院学报,(28)5:130.

潘凤娟.2010.卫方济的经典翻译与中国书写:文献介绍[J].编译论丛,3(1)(http://ctr.naer.edu.tw/v03.1/ctr030131.pdf)

潘凤娟.2011.郊社之礼,所以事上帝也:理雅各布与比较宗教脉络中的《孝经》翻译[J].汉语基督教学术论评,12(p129-158)

潘吉星.2013.《天工开物》在国外的传播和影响[N].北京日报:01-28.

潘文国.2004.译入与译出—谈中国译者从事汉籍英译的意义.中国翻译,(2),40-43.

彭瑞花.2006.民国初期的司法改革[D].济南:山东大学硕士学位论文(王德志指导).

钱念孙.1989.从《离婚》的英译本看文化冲突对文学翻译的影响[J].阜阳师范学院(社科版),(3),(4).

邱玏.2011.中医古籍英译历史的初步研究[D].北京:中国中医科学院博士学位论文(朱建平指导).

裘禾敏.2011.《孙子兵法》英译研究[D].杭州:浙江大学博士学位论文(吴国良指导).

瞿菊农.1961.中国古代蒙养学教材.北京师范大学学报(社会科学版),(4),45-56.

容新霞,李新德.2011.从译者的主体性看麦都思的《尚书》译本翻译策略[J].牡丹江师范学院学报,(2)

桑兵.1997.伯希和与近代中国学术界[J].历史研究,(5):1.

沙畹.1919.投龙简[J].东亚丛刊.

石国贞.2002.可持续发展的前提:技术决定论批判[J].中州学刊,(5).

舒济.1982.国外翻译和研究老舍文学作品概况[J].中国现代文学研究丛刊,(3).

舒悦.1986.评老舍小说《离婚》的伊文·金译本[J].中国翻译,(5).

宋永毅.1987.世界性"老舍热"与各民族审美方式的异同[J].文史哲,(6).

宋钟秀.2014.意识形态操纵视角下的理雅各《礼记》译本探究[J].开封教育学院学报,34(11).

宋钟秀.2006.Studies on James Legge's Translation of the Book of Rites[D].福州:福建师范大学硕士学位论文(岳峰指导)

孙尚扬.1998.利玛窦对佛教的批判及其对耶稣会在华传教活动的影响[J].基督教研究,(4):85-149.

孙先庆.1994.谈《离婚》的幽默风格[J].松辽学刊(社会科学版),(2)。

汪晓勤.2001.19世纪中国传统数学的西传[D].杭州:浙江大学博士后学位论文(王兴华指导).

汪晓勤.2003.毕瓯与中国数学史[J].自然辩证法通讯,(6).

王海,王乐.2014.《京报》英译活动中的跨文化传播策略与技巧——以《中国丛报》文本为例[J].国际新闻界,(10).

王仁芳.2009.鹤路易著《中国招幌》及其中文译介[J].图书馆杂志,(9)。

王玮帅.2013.清末新政时期中央经济机构改革研究[D].开封:河南大学硕士学位论文(郑炳凯指导).

王彦辉.2007.《二年律令户律》与高祖五年诏书的关系[J].湖南大学学报(社会科学版),21(1).

吴冰.2009.斯蒂芬·米歇尔《道德经》英译本读者接受研究[D].长沙:湖南师范大学硕士学位论文(蒋坚松指导).

吴俊辉.2009.谈旅游资料翻译中文化负载词的翻译原则[J].濮阳职业技术学院报,(5).

吴晓蓉.2008.李悝的家庭预算与统计法制思想.[J].甘肃广播电视大学学报,18(4).

吴自选.2012.翻译与翻译之外:从《中国文学》杂志谈中国文学"走出去"[J].解放军外国语学院学报,(4).

吴宗敏.2011.英汉数词对比浅析[J].聊城大学学报,(2):180.

夏静.2008.我国古代存留养亲制度研究[D].南京:南京师范大学硕士学位论文(夏锦文指导).

夏天.2009."阐释运作"延展理论框架下的老舍小说英译研究[D].上海:复旦大学博士学位论文(何刚强指导).

谢建平.2001.文化翻译与文化"传真"[J].中国翻译,(5).

谢天振.2006.翻译研究"文化转向"之后——翻译研究文化转向的比较文学意义[J].中国比

较文学,(3).

熊兵.2014.翻译研究中的概念混淆——以"翻译策略"、"翻译方法"和"翻译技巧"为例[J].中国翻译,(3).

徐慎贵.2007.《中国文学》对外传播的历史贡献[J].对外大传播,(8).

薛克翘.2003.关于《法显传》的印地文和尼泊尔文译本[J].南亚研究,(1):58-60.

阎纯德.2004.从传统到现代.汉学形态的历史演进[J].北京语言文化大学文史哲,(5):2-4.

姚伯岳.2009.《胡适王重民先生往来书信集》中的几位法国汉学家[J].大学图书馆学报,27(6):75-80.

尹文涓.2005.耶稣会士与新教传教士对《京报》的节译.世界宗教研究,(2).

袁克勋.2008.试论中国古代见危不救罪与邻伍连坐制度[D].上海:复旦大学硕士学位论文(郭建指导).

袁良平.2006.汉英谚语句型比较研究与翻译[J].上海翻译,(3):54.

岳峰,张济民.2009.翻译与宗教的互动关系探析——基于儒经西传的视角[J].九江学院学报,(2).

岳峰.2001.《易经》英译风格探微[J].湖南大学学报,(2):70-71.

张国刚,吴莉苇.2014.礼仪之争对中国经籍西传的影响[J].中国社会科学,(4)。

张锦兰.2004.目的论与翻译方法[J].中国科技翻译,17(1).

张娟.2014.从理雅各《孝经》看孝文化典籍英译[J].池州学院学报,28(2)

张昆鹏,魏天婵.2012.从文化翻译理论看汉语文化负载词汇的英译策略[J].教学与管理,(15):140-141.

张丽玲.2011.明清之际中国科学典籍西传欧洲及其影响[J].嘉应学院学报,29(4):98-100.

张丽玲.2011.明清之际中国科学典籍西传欧洲及其影响[J].嘉应学院学报,(4).

张庆荣.2013.神的概念及英语翻译[J].中医杂志,(10).

张晟星.2003.《本草纲目》的翻译与传播[J].上海科技翻译,(1).

张西平.2015.中国古代文化典籍域外传播研究的门径[J].中国高校社会科学,(3).

张耀华.2014.明代法律中的特权制度研究[J].兰台世界(19).

郑春苗.1994.中国文化西传与欧洲的"中国文化热"[J].中国文化研究,(3)。

曾广灿.1996.老舍研究在日本和南洋[J].社会科学战线,(6).

郑丽钦.2006. Encountering Antiquity: Deciphering James Legge's Translation of Shooking[D].福州:福建师范大学硕士学位论文(岳峰指导).

郑晔.2012.国家机构赞助下中国文学的对外译介[D].上海:上海外国语大学博士学位论文(谢天振指导).

芝田.2016.两副面孔—谈《山海经》两英译本中的山、水和兽[J].世界文学评论,(7).

周密,陈君静.2006.美国传教士的中国研究的特点及其影响[J].宁波大学学报,(19).

周学峰.2010.《盐铁论》版本流变及研究综述[J].连云港师范高等专科学校学报,4.

朱榕祥.2014.浅论经济类文本汉译英的挑战与策略——以翻译《中国经济到了最危险的边

缘》为例[D].上海：复旦大学硕士学位论文（陶友兰指导）.

邹雅艳.2012.13—18 世纪西方中国形象演变（The Evolution of the Image of China in the West From 13th to 18th Century)[J].南开大学研究生院,6.

英文著作：

Academia，Publishing House of the Czechoslovak Academy of Science.

Andre，Lefevere. 1992. *Translation，Rewriting and the Manipulation of Literary Fame* [M]. London Routledge.

Andre，Lefevere. 2004. *Translation，History，Culture：A Sourcebook* [M]. Shanghai：Shanghai ForeignLanguage Education Press.

Arthur Lindsay Sadler. 1944. *Three Military Classics of China* [M]. Sydney：Australasian Medical Publishing Company，Ltd.，.

Baker，Mona. 2000. *In Other Works：A Coursebook on Translation* [M]. Beijing：Foreign Language Teaching & Research Press.

Baker，Mona. 2009. *Translation Studies* [M]. New York：Routledge.

Baker，Routledge，2004. *Encyclopedia of Translation Studies* [M]. Shanghai：Shanghai Foreign Languages Education Press.

Bassnett，Susan & Andre，Lefevere. 2001. *Constructing Cultures，Essays on Literary Translation* [M]. Shanghai：Shanghai Foreign Language Education Press.

Bassnett，Susan. 1980/1991. *Translation Studies* [M]. London：Routledge.

Bassnett，Susan. 2002. *Translation Studies* [M]. London：Routledge.

Beal，Samuel. 1869. *Travels of Fah Hian and Sung-Yun，Buddhist Pilgrims from China to India*(400 A. D. and 518 A. D.)[M]. London：Trübner and Co.，.

Beal，Samuel. 1871. *A Catena of Buddhist Scriptures from the Chinese* [M]. London：Trübner & Co.

Beal，Samuel. 1885. *Si-Yu-Ki：Buddhist Records of the Western World Translated from the Chinese of Hiuen Tsiang* (A. D. 629) [M]. Boston：J. R. Osgood & Co.，.

Bolinger，D. & Sears，D. 1968. *Aspects of Language* [M]. New York：Harcourt Brace Jovanovich.

Burnouf，Eugène. 2010. *Introduction to the History of Indian Buddhism* [M]. Trans. Katia Buffetrille and Donald S. Lopez Jr. Chicago：University of Chicago Press.

C. T. Hsia. 1971. *A History of Modern Chinese Fiction* [M]. New Haven：Yale University Press.

C. R. Boxer ed. 2010. *China in the Sixteenth Century* [M]. London：Hakluyt Society.

Chow-Hou Wee. 2003. *Sun Zi Art of War：An Illustrated Translation with Asian Perspectives and Insights* [M]. Singapore：Prentice Hall.

Cordier, Henri. 1906—1907. *Bibliotheca sinica. Dictionnaire bibliographique des ouvrages relatifs à l'Empire chinois*[M]. Paris: Librairie Orientale & Americaine.

Crystal, D. 1982. *The Cambridge Encyclopedia of Language* [M]. Cambridge University Press.

Cunningham, Alexander. 1854. *Ladák, Physical, Statistical, and Historical; with Notices of the Surrounding Countries*[M]. London: Wm. H. Allen and Co. ,.

D. E. Mungello. 1989. *Curious Land: Jesuit Accommodation and the Origins of Sinology* [M]. University of Hawaii Press.

Davis, John Francis. 1841. *Sketches of China. Vol. I*[M]. London: Charles Knight & Co.

Doolittle, Justus. 1872. *A Vocabulary and Handbook of the Chinese Language. Vol. II* [M]. Foochow: Rozario, Marcal, and Company.

E. Machell-Cox. 1943. *The Principles of War by Sun Tzu, a new translation from a revised text* [M]. Ceylon: Royal Air Force.

E. F. Calthrop trans. 1905. *Songshi: The Chinese Military Classic*[M]. Tokyo: Sanseido.

E. F. Calthrop trans. 1908. *The Book of War: The Military Classic of the Far East*[M]. London: John Murray.

Education Press.

Edwin Gentzler. 2004. *Contemporary Translation Theories* [M]. Shanghai: Shanghai Foreign Language Education Press.

Eitel, E. J. 1870. *Hand-Book for the Student of Chinese Buddhism*[M]. London: Trübner and Co. ,.

Eugene A. Nida. 1993. *Language, Culture, and Translation* [M]. Shanghai: Shanghai Foreign Language Education Press.

Eugene A. Nida. 2001. *Language and Culture: Contexts in Translating* [M]. Shanghai: Shanghai

Eugene A. Nida. 1982. *Translating Meaning*[M]. San Dimas: English Language Institute.

Eugene A. 2001. Nida. *Language, Culture and Translating* [M]. Shanghai: Shanghai Foreign Language Education Press.

Evan King. 1948. *Divorce*[M]. New York: King Publications Incorporated.

F. W. Williams. 1889. *The Life and Letters of Samuel Wells Williams*[M]. New York & London: G. P. Putnam's Sons.

Florence Ayscough. 192. *A Chinese Mirror: Being Reflections of the Reality Behind Appearance*[M]. Boston, New York: Houghton Mifflin company.

Foreign Language Education Press.

Foucaux, Philippe Édouard. 1854. *Parabole de L'Enfant égaré*[M]. Paris: Benjamin Duprat.

Francis Wang tr. 1972. *L'Art de la guerre*, *Translation de Samuel Griffith*[M], Paris: éditions Flammarion.

Francis Wang. 1972. *L'Art de la guerre* [M]. Translation de Samuel Griffith, éditions Flammarion,.

Frank Ll. Harrison. 1985. Observation, Elucidation, Utilization: Western Attitudes to Eastern Musics. ca. 1600-ca. 1830[A]. M. H. Brown and R. J. Wiley eds. *Slanonic and Western Music*: *Essays for Gerald Abraham*[M]. Ann Arhor: UMI Research Press.

Gary Gagliardi. 2003. *Sun Tzu's The Art of War Plus The Art of Marketing* [M]. Seattle: Clearbridge Publishing.

Gary Gagliardi. 2003. *Sun Tzu's The Art of War Plus The Art its Amazing Secrets* [M]. Seattle: Clearbridge Publishing.

George Kao. 1980. *Two Writers and the Cultural Revolution* [M]. Hong Kong: The Chinese University of Hongkong.

Gideon Toury. 2001. *Descriptive Translation Studies and Beyond*[M]. Shanghai Foreign Language Education Press.

Helena Kuo. 1948. *The Quest for Love of Lao Lee*[M]. New York: Reynal & Hitchcock.

J. A. Van Aalst. 1884. *Chinese Music* [M]. Shanghai: Statistical Department of the Inspectorate General of Customs.

Jacqueline M. Newman. 2009. Chop Suey—a Cultural History of Chinese Food in the United State[M]. Oxford University Press。

James Clavell trans. and ed. 1981. *The Art of War* [M]. London: Hodder & Stoughton.

James Clavell trans. and ed. 1983. *The Art of War* [M]. New York: Delacorte Press.

James Legge. 1852. *Notions of the Chinese concerning God and the spirit*[M]. Hongkong Register office.

John Blofeld. 2008 (originally published in Chinese in 1990). *My Journey in Mystic China*: *Old Pu's Travel Diary*[M]. Inner Traditions.

John Minford trans. 2002. *The Art of War*, *with an introduction and commentary* [M]. New York: Viking.

Jonathan D. Spence. 1993. *Chinese Roundabout*: *Essays in History and Culture*[M]. New York: W. W. Norton.

Jones, Lindsay. 2005. *Encyclopedia of Religion*, *Second Edition* [M]. Detroit, MI: Thomson Gale.

Julien, Stanislas. 1835. *Le livre des récompenses et des peines*[M]. Paris, Printed for the Oriental Translation Fund.

KNUT WALF. 2010. *Westliche Taoismus-Bibliographie*[M]. Veriag DIE BLAUE EULE, Essen, Germany.

Koller, Werner. 1979/1992. *Einführung in die Übersetzungswissenschaft* [M]. Heidelberg: Quelle&Meyer.

Laidlay, J. W. 1848. *The Pilgrimage of Fa Hian from the French Edition of the Foe Koue Ki of MM. Remusat, Klaproth, and Landresse with Additional Notes and Illustrations* [M]. Calcutta: Baptist Mission Press.

Landresse, C. 1862. *Catalogue des livres, imprimés et manuscrits des ouvrages chinois, tartares, japonais, etc., et des chartes du XIIe au Xve siecle composant la bibliothéque de feu M. Ern. Clerc de Landresse* [M]. Paris: J.-F. Delion.

Laurent Long. 1998. *Les sept classiques militaires dans la pensée stratégique chinoise contemporaine*[M]. Villeneuve-d' Ascq, Diffusion ANrt.

Lawrence Venuti. 2004. *The Translator's Invisibility, A History of Translation* [M]. Shanghai: ShanghaiForeign Language Education Press.

Legge, Helen E. 1905. *James Legge: Missionary and Scholar*[M]. London: The Religious Tract Society.

Legge, James. 1850. *An Argument for Shang Te as the Proper Rendering of the Words Elohim and Theos, in the Chinese Language: with Strictures on the Essay of Bishop Boone in Favour of the Term Shin*[M]. Hong Kong: Hong Kong Register Office.

Legge, James. 1852. *The Notions of the Chinese Concerning God and Spirits: With Examination of the Defense of an Essay on the Proper Rendering of the Word Elohim and Theos, into the Chinese Language, &c*[M]. Hong Kong: Hong Kong Register Office.

Legge, James. 1865. *The Chinese Classics*[M], vol. 3. (*The Shoo King or the Book of Historical Documents*).

Legge, James. 1877. *Confucianism in Relation to Christianity: A Paper Read before the Missionary Conference in Shanghae (sic), on May 11th, 1877*[M]. Shanghae (sic): Kelly & Walsh.

Legge, James. 1880. *The Religions of China: Confucianism and Taoism Described and Compared with Christianity*[M]. London: Hodder and Stoughton.

Legge, James. 1885. *The Li Ki*[A]. in Muller, Max, *Sacred Books of the East*[M], vol. 27, 28. Oxford: the Clarendon Press..

Legge, James. 1891. *The Sacred Books of the East. Vol. 39*[M]. Oxford: Clarendon Press.

Legge, James. 1852. *The Notions of the Chinese Concerning God and Spirits*[M]. Hong Kong: Hong Kong Register Office.

Legge, James. 1861. *The Chinese Classics with a Translation, Critical and Exegetical Notes, Prolegomena, and Copious Indexes, vol. 1 (Confucian Analects, The Great Learning, and The Doctrine of the Mean)* [M]. London: Henry Frowde. Oxford

University Press Warehouse，Amen Corner，E. C. 1861.（1939 年伦敦会香港印刷所影印本，以下该系列各分册简称 *The Chinese Classics*）

Legge，James. 1880. *The Religions of China：Confucianism and Taoism Described and Compared with Christianity*[M]. London：Hodder and Stoughton.

Legge，James. 1965. *A Record of Buddhistic Kingdoms，being an Account by the Chinese Monk Fa-hien of his Travels in India and Ceylon*（399-414 A. D.）[M]. New York：Paragon Book Reprint Corp. & Dover Publications，Inc.．．

Lionel Giles tr. 2002. *The Art of War，edited with an introduction by Dallas Gavin*[M]. New York：Barnes & Noble Classics.

Lionel Giles trans. 2002. *Sun Tzu on the Art of War：The Oldest Military Treaties in the World，with introduction and critical notes*[M]. London：Kegan Paul.

Ma Huijuan［马会娟］. 2003. *A Study On Nida's Translation Theory*[M]. Beijing：Foreign Language Teaching and Research Press.

Medhurst，W. H. 1849. *Dissertation on the Silk-manufacture and the Cultivation of the Mulberry*[M]. Shanghai：Printed at the Mission Press.

Michael LaFargue & Julian Pas. 1998. "On Translating the Tao-te-ching."*In Lao-tzu and the Tao-te-ching*[M]. edited by Livia Kohn and Michael LaFargue. Albany：State University of New York Press.

Morrison，Robert. 1815. *A Dictionary of the Chinese Language*[M]. Macao：East India Company's Press.

Müller，Max. 1894. *The Sacred Books of the East. Vol.* 49[M]. Oxford：Clarendon Press.

Müller，Max. 1884. *Biographical Essays*[M]. London：Longmans，Green，and Co.．．

Munday，Jeremy. 2001. *Introducing Translation：Theories and Applications*[M]. London and New York：Routledge.

Nicholas Dew. 2009. *Orientalism in Louis XIV's France*[M]. Oxford University Press.

Nida，Eugene A. 2001. *Language and Cultural—Contexts in Translation* [M]. Shanghai：Shanghai Foreign Language Education Press.

Nienhauser，Jr. William H. & Cheng Tsai-fa. 1994. *The Grand Scribe's Records：Volume I* [M]. Bloomington，Ind.：Indiana University Press.

P. Du Halde. 1736. *The General History of China. Vol.* 3[M]. London：John Watts.

Percy，Thomas. 1761. *Hau Kiou Choaan or the Pleasing History，a Translation from the Chinese Language，Vol.* 3. [M]. London：Printed for R. and J. Dodsley in Pall-mall.

Peter Newmark. 1991. *About Translation*[M]. Philadelphia：Multilingual Matters.

Peter Newmark. 2001. *A Textbook of Translation*[M]. Shanghai：Shanghai Foreign Language

Pym，Anthony. 2007. *Method in translation history* [M]. Beijing：Foreign Language

Teaching and

R. L. Wing. 1988. *The Art of Strategy: A New Translation of of Sun Tzu's Classic the Art of War* [M]. New York: Broadway Books.

Ralph D. Sawyer trans. 1994. *The Art of War, by Sun Tzu, with introduction and commentary, with collaboration of Mei-chun Lee Sawyer* [M]. Boulder: Westview Press, Inc. ,.

Ralph D. Sawyer trans. 1994. *The Seven Military Classics of Ancient China, with a commentary* [M]. Boulder: Westview Press, Inc. ,.

Ralph D. Sawyer trans. 1996. *The Complete Art of War (The Art of War by Sun Tzu and The Art of War by Sun Bin), with historical introductions and commentary* [M]. Boulder, Colorado: Westview Press.

Ralph D. Sawyer translated, compiled, and introduced. 1996. *The Art of Warrior: Leadership and Strategy from the Chinese Military Classics, with sections from The Seven Military Classics of Ancient China and Sun Bin's Military Methods* [M]. Boston: Shambhala Dragon Editions.

Ranbir Vohra, *Lao She and the Chinese Revolution* [M]. Cambridge, Mass: Harvard University .

Reins, Katharina & Reiss, Katharinav. 1989. *Text Types, Translation Tapes and Translation Assessment* [M]. Translated by A. Chesterman in A. Chesterman.

Reiss, K & Vermeer, H. J. 1984. *Grundlegung Einer Allgemeinen Translations Theorie* [M]. Tübingen: Niemeyer.

Richard, Timothy. 1910. *The New Testment of Higher Buddhism* [M]. Edingburgh: T. & T. Clark.

Roger T. Ames tr. 1993. *Sun-tzu: the Art of Warfare* [M]. New York: Ballantine Books.

Roger T. Ames trans. 1993. *Sun-tzu: the Art of Warfare, the first English translation incorporating the recently discovered Yin-Chueh-shan text, with an introduction and commentary. 1st edition* [M]. New York: Ballantine Books.

Rosny, Léon de. 1856. *Le livre de la récompense des bienfaits secrets* [M]. Paris: Imprimerie de H. Carion.

S. C. Miller. 1969. *The Unwelcome Immigrant* [M]. Los Angeles: University of Carlifornia Press.

S. W. William. 1882. *The Middle Kingdom. Vol. 1* [M]. New York & London: Wiley and Putnam.

Samuel B. Griffith tr. 1963. *The Art of War* [M]. Oxford: Oxford University Press.

Samuel B. Griffith translated and with an introduction. 1963. *The Art of War, with a foreword by B. H. Liddell Hart* [M]. Oxford: Oxford University Press.

Samuel Shaw. 1847. *The Journals of Major Samuel Shaw* [M]. Boston: WM. Crosby &. H. P. Nichols.

Steiner, George. 1975/1992. *After Babel: Aspects of Language and Translation (Second Edition)* [M]. Oxford: OUP

Suzuk, Daisetsu Teitaro. 1900. *Açvaghosha's Discourse on the Awakening of Faith in the Mahâyâna* [M]. Chicago: Open Court Publishing Company.

Suzuki, Teitaro &. Carus, Paul. 1906. *T'sai-shang Kan-Ying P'in, Treatise of the Exalted One on Response and Retribution* [M]. Chicago: The Open Court Publishing Co.

Tang, Zi-chang trans. and ed. 1969. *Principles of Conflict: Recompilation and New English Translation with an Annotation on Sun Zi's Art of War* [M]. San Rafael, California: T. C. Press.

The Denma Translation Group tr. 2001. *The Art of War* [M]. Boston: Shambhala Publication.

The Denma Translation Group. 2001. *The Art of War: The Denma Translation* [M]. Boston: Shambhala Publication.

Thomas Cleary tr. 1988. *The Art of War* [M]. Boston: Shambhala.

Thomas Cleary trans. 1988. *The Art of War* [M]. Boston: Shambhala.

Veith, Ilza. 2002. *The Yellow Emperor's Classic of Internal Medicine* [M]. Newed, Berkeley, Los Angeles and London: University of California Press.

Venuti, Lawrence. 1995. *The Translator's Invisibility* [M]. London: Routledge

Venutti, Lawrence. 2004. *The Translator's Invisibility: A History of Translation* [M]. Shanghai: Shanghai Foreign Language Education Press.

Victor H. Mair trans. 2007. *The Art of War: Sun Zi's Military Methods* [M]. New York: Columbia University Press.

Walter Kaufmann. 1976. *Musical References in the Chinese Classics* [M]. Detroit: Information Coordinators, Inc.

Watson, Burton. 1960. *Ssu-ma Ch'ien: The Sacred Duty of the Historian* [M]. In William Theodore de Bary et al. comp (eds.) Source of Chinese Tradition. New York &. London: Columbia University Press.

Watson, Burton. 1982. *Some Remarks on Early Chinese Historical Works* [A]. In George Kao (ed.) The Translation of Things Past [M]. Hong Kong: The Chinese University of Hong Kong

Watson, Burton. 1993. *Records of the Grand Historian: Volume* I *(Revised edition)* [M]. Hong Kong &. New York: The Chinese University of Hong Kong &. Columbia University Press

Watson, Burton. 1993. *Records of the Grand Historian: Volume* II *(Revised edition)* [M].

Hong Kong & New York: The Chinese University of Hong Kong & Columbia University Press

Webster, James. 1918. *The Kan Ying Pien. Book of Rewards and Punishments* [M]. Shanghai: Presbyterian Mission Press.

William Shurtleff, Akiko Aoyagi. 2014. History of Seventh-day Adventist Work with Soyfoods[M]. Vegetarianism, Meat Alternatives, Wheat Gluten, Dietary Fiber and Peanut Butter Soybean Center.

Wylie, Alexander. 1867. *Notes on Chinese Literature: With Introductory Remarks on the Progressive Advancement of the Art; and a List of Translations from the Chinese Into Various European Languages* [M]. Shanghae: American Presbyterian Mission Press/ London: Trübner and Co. ,.

Yong Chen. 2014. Chop Suey, USA: The Story of Chinese Food in America[M]. New York: Columbia University Press。

Yuan, Tung-Li. 1958. China in Western Literature[Z]. New Haven, Conn. : Yale University.

Zbigniew Slupski. 1966. *The Evolution of a Modern Chinese Writer* [M]. The Oriental Institute in

Zheng, Lin translated with an introduction. 1946. *The Art of War: Military Manual Written cir.* 510. *B. C.* [M]. Shanghai: World Book Co. , Ltd. ,.

英文论文：

Anonymous,1877. Short Notices of New Books and Literary Intelligence[J]. *China Review*,5(6):393-403.

Anonymous,1885. The Chinese Pilgrim Fa-hsien[J]. *The Oxford Magazine*(3):359.

Prebish,Charles S. ,2008. Cooking the Buddhist Books:The Implications of the New Dating of the Buddha for the History of Early Indian Buddhism[J]. *Journal of Buddhist Ethics*.

Chris Barker. 2013. *The Sage Dictionary of Cultural Studies* [Z]. Sage Publications,1998. 龙吉星. 当代西方翻译研究中的人类学方法初探[J]. 中国翻译(5).

Churchill,Jr. ,Christian J. ,2005. Ethnography as Translation[J]. *Qualitative Sociology*, 28(1).

Lehner,George, 2011. *China in European Encyclopedias* 1700—1850[Z]. Brill Academic Pub,2011. 宫宏宇. "他者审视":明末至民国来华西人眼中的中国音乐[J]. 音乐研究(2014-4).

Girardot,Norman J. ,2001. The Victorian Text of Chinese Religion:With Special Reference to the Protestant Paradigm of James Legge's Religions of China[J]. *Cahiers d'Extrême-Asie*(12):23-57.

Goodrich, C. S. , 1962. A New Translation of the Shih-Chi [J]. *Journal of the American Oriental Society* , 190-202.

Han, Kuo-huang, 1988. J. A. Van Aalst and His Chinese Music [J]. *Asian Music* , 19(2).

Jacques, E. , 1831. Légende de Yê sou, selon le Chin siân thoung kian [J]. *Journal Asiatique* (7).

Kao, George, 1975. Taking Stock [J]. *Renditions* (2): 4-7.

Kittoe, M. , 1847. On the Route of Fa-hian Through Behar [J]. *Journal of the Asiatic Society of Bengal* , 16(2): 953-970.

Nienhauser, Jr. , William H. , 1991. A Review of Recent Shih Chi Translations [J]. *Asian Culture Quarterly* , 35-39.

Nienhauser, Jr. , William H. , 1996. A Century [1895—1995] of Shih Chi Studies in the West [J]. *Asian Culture Quarterly* , 1-51.

Pfister, Lauren, 1998. The Legacy of James Legge [J]. *International Bulletin of Missionary Research* , 22(2).

Thomson, R. Stanley, 1940. The Diplomacy of Imperialism: France and Spain in Cochin China, 1858—63 [J]. *The Journal of Modern History* , 12(3).

Chou, Sui-Ning, Prudence, 1976. Lao She: An Intellectual's Role and Dilemma in Modern China [D]. Ph. D. Dissertation. Berkeley: University of California.

Vladova, Iliana, 1993. Essential Features and Specific Manifestations of Historical Distance in Original Texts and Their Translations [J]. Palma Zlateva (ed. & trans.), 11-17

Watson, Burton, 1995. The Shih Chi and I. Chinese Literature: Essays, Articles, Reviews (CLEAR) [J], 199-206

Watters, T. , 1879a. Fa-hsien and His English Translators [J]. *China Review* , 8(2): 107-115.

Watters, T. , 1869. Buddhism in China [J]. *The Chinese Recorder and Missionary Journal* , 2 (1): 1-7.

Watters, T. , 1879b. Fa-hsien and his English Translators [J]. *China Review* , 8(3): 131-139.

Watters, T. , 1880. Fa-hsien and his English Translators [J]. *China Review* , 8(4): 217-229.

Yetts, W. P. , 1919. Taoist Tales [J]. *New China Review* (1).

网络文献：

Anonymous. MRL6: David Willard Lyon Papers [EB/OL]. [2017-02-10]. http://library. columbia. edu/content/dam/libraryweb/locations/burke/fa/mrl/ldpd_8588930. pdf.

http://baike. baidu. com/item/%E8%9A%A9%E5%B0%A4/89050

Legge, James. The Shû King, Shih King and Hsiâo King [EB/OL]. [2016-04-17]. http://www. sacred-texts. com/cfu/sbe03/sbe03002. htm.

Narcissus2222. 汉英语言对比第七讲抽象与具体 [EB/OL]. (2011-03-11) [2011-07-21]. http://

wenku. baidu. com/view/ca735163caaedd3383c4d3f2. html.

Obituary John Watson Laidlay[J]. Geological Magazine,1885,2(6):286-288. [2016-04]. http://journals. cambridge. org.

陈才智. 西方的游记散文研究[DB/OL]. [2016-08-25]. www. literature. org. cn.

匿名.《礼记》简介. 古诗文网[EB/OL]. [2017-02-25]. http://www. gushiwen. org/GuShiWen_02e8dfa266. aspx.

匿名.《史记》简介[EB/OL]. [2016-01-10]. http://www. cssn. cn.

匿名. Alibris 书籍简介[EB/OL]. [2016-08]. http://www. alibris. co. uk/The-Catechism-of-the-Shamans-Scholars-Choice-Edition-Charles-Fried-Neumann/book/30808335.

匿名. Book of Rites[EB/OL]. 维基百科[2017-02-25]. https://en. wikipedia. org/wiki/Book_of_Rites♯Translations.

匿名. Chinese Coinage[EB/OL]. Amazon[2017-02-15]. https://www. amazon. com/Chinese-Coinage-Chronicles-Arrangement-Neighbouring/dp/1340828308/ref = tmm _ hrd _ swatch _ 0? _ encoding=UTF8&qid=1487478715&sr=1-1.

匿名. Chinese Coinage[EB/OL]. [2017-02-15]. https://archive. org/details/chinesecoinagea00brangoog.

匿名. Esson M. Gale papers:1909—1965[EB/OL]. [2017-02-07]. http://quod. lib. umich. edu/b/bhlead/umich-bhl-851311? rgn=main;view=text.

匿名. James Dyer Ball[EB/OL]. 维基百科[2017-02-27]. https://en. wikipedia. org/wiki/James_Dyer_Ball♯Publications.

匿名. Ma's Illustrated Catalogue of the Stamps of China[EB/OL]. 维 基 百 科[2017-02-15]. https://en. wikipedia. org/wiki/Ma's_Illustrated_Catalogue_Of_The_Stamps_Of_China.

匿名. Sr Mary Lelia Makra[EB/OL]. [2017-02-25]. https://www. findagrave. com/cgi-bin/fg. cgi? page=gr&GRid=96169792.

匿名. The History of Musashino University(the founder part)[EB/OL]. [2016-08]. http://www. musashino-u. ac. jp/english/history. html.

匿名. The single-whip method(I-t'iao-pien fa) of taxation in China [EB/OL]. [2017-02-10]. https://searchworks. stanford. edu/view/2361042.

匿 名. Walter Liebenthal [EB/OL]. [2016-08]. https://en. wikipedia. org/wiki/Walter_Liebenthal.

匿名. 澳大利亚国家图书馆收藏品资料库[EB/OL]. [2016-08]. http://www. nla. gov. au/selected-.

匿名. 百家姓[EB/OL]. 百度百科[2017-03-03]. http://baike. baidu. com/link? url=iinNfR4w_3J-4rcnPcs35SH8FNN95QvK5kcnHQ9-uJPzjEZqff3UTNBHnyMIPRhFpHjpuSIAULvr_Sc1_RbEpKueexhslXf3a8ZasuIPIXDt4KQcpO8PciQ39G3B1EeA.

匿名. 波乃耶(汉学家)[EB/OL]. 维基百科[2017-02-27]. https://zh. wikipedia. org/wiki/波乃

耶_(汉学家).

匿名.陈观胜 佛学词典［EB/OL］.［2016-08］.http://dictionary. buddhistdoor. com/word/ 62266/％E9％99％B3％E8％A7％80％E5％8B％9D.

匿名.蚩尤［EB/OL］.［2016-01-13］.

匿名.大英全球百科 西尔万·莱维词条［EB/OL］.［2016-08］.http://global. britannica. com/bi-ography/Sylvain-Levi.

匿名.道教文化资料库 美国道教研究［EB/OL］.［2016-08］.http://en. daoinfo. org/wiki/Daoist _Studies_in_the_U. S. A. ♯Daoist_Studies_in_the_USA_after_World_War_II.

匿名.德臣西报［EB/OL］.［2017-2-15］.http://202. 107. 212. 154:8088/datalib/2004/Organize/ DL/DL-20040203084550.

匿名.二十四史［EB/OL］.［2016-01-10］.http://baike. baidu. com/view/16492. htm.

匿名.封禅［EB/OL］.［2009-05-29］.http://baike. baidu. com/view/133876. htm.

匿名.佛教［EB/OL］.［2016-08］.http://baike. baidu. com/link? url＝8mk68HDKrpYFrX JwGaNz-LLVSsJdADIlbYAgES8FpT1VN6AD5lhDJXdzKvl9j14H4UF6m-7kVvhq2tlQepuqE_.

匿名.符节［EB/OL］.［2009-05-23］.http://baike. baidu. com/view/544049. htm.

匿名.顾赛芬.［EB/OL］.百度百科［2017-02-25］.http://baike. baidu. com/item/顾赛芬.

匿名.关圣帝君宝训［EB/OL］.百度贴吧［2017-03-01］.https://tieba. baidu. com/ p/4635149123.

匿名.关圣帝君觉世真经［EB/OL］.百度贴吧［2017-03-01］.http://baike. baidu. com/link? url＝lKYF0Bh0SLa7SfmyYksdDCrU2hohKvbvh5FPkPn9dPdk5BLhnzCvxVdr5HTowU4v3p UN1zL7yB-6kYCpnwzJeH9WZx1JwIJCDRDo3dlwQO7UPSRMcCU6OAppyGHn8QcE7frrc zVCshStO—H5qG-P8Dms9ZSrt6Q4DgPId54OgE3aQqJ_ZjP4rYIIHLrKVa9JiP4aros-9McC_ dTNqqLS3VHa52AYL3_ySFe6EUdoEGWFblKx6VK1hmqA8GSwQFc.

匿名.哈雷兹［EB/OL］.亚太周易研究会［2017-02-25］.http://www. asianyi. com/posts/ list/364243/5114112. html.

匿名.汉学界第一流学人的"书评经验谈"［EB/OL］.［2017-02-20］.http://sanwen. net/a/ nmgdwqo. html.

匿名.皇家亚洲文会北中国支会［EB/OL］.维基百科［2017-03-03］.https://zh. wikipedia. org/wiki/皇家亚洲文会北中国支会.

匿名.皇家亚洲学会［EB/OL］.维基百科［2017-02-15］.https://zh. wikipedia. org/wiki/皇家 亚洲学会.

匿名.基督教经典图书馆书籍简介［EB/OL］.［2016-08］.http://www. ccel. org/ccel/schaff/ encyc01. html? term＝Barber,％20William％20Theodor％20Aquila.

匿名.纪传体［EB/OL］.［2016-01-10］.http://baike. baidu. com/view/50156. htm.

匿名.加略利的外交与汉学研究生涯［EB/OL］.文史哲数字图书馆［2017-02-25］.http:// wsz. wanfangdata. com. cn/Thesis/Detail/Y2863884.

匿名. 金刚经[EB/OL]. [2016-08]. http://baike. baidu. com/link? url=QW4llzE5P91AAW
3_Dcjxs04aVWNJdeHQ8NYrxzNa39B4fzQC8b7y4TFPDCRzeZPiR2cp2ElSAdVDCEVa_Y1
U08mR6i5cVJH3LIrr5yPDXN_.

匿名. 景教[EB/OL]. [2016-08]. http://baike. baidu. com/link? url=JXENaQhozqoM2nK_
DFCexEDiyGoim7qvs8qf2c5BI9oGEc5TLd0gCUZcWwfhNff53B-01mQn_kc3O3gJYgkOhK.

匿名. 旧唐书[EB/OL]. 百度百科[2017-03-03]. http://baike. baidu. com/link? url=
Nhw3kAEJb_F7lFQwNMxxK2SaU_BZ-222tMDsIiGwek4wCy-iZuJNOrYnZdZfXUGS08srrZ
x8rLfzBmhgEAcOLPHBaRlKOwHqzbs_I92YfLsYjSh6qW025o-V1CP3PwEj♯5.

匿名. 旧唐书[EB/OL]. 维基百科[2017-03-03]. https://zh. wikipedia. org/wiki/旧唐书.

匿名. 礼记[EB/OL]. 百度百科[2017-02-25]. http://baike. baidu. com/item/礼记.

匿名. 理雅各[EB/OL]. 百度百科[2017-02-25]. http://baike. baidu. com/item/理雅各.

匿名. 理雅各:《中国经典》[EB/OL]. 国际儒学网[2017-02-25]. http://www. ica. org. cn/nlb/
content. aspx? nodeid=425&page=ContentPage&contentid=4470&tohtml=false.

匿名. 历史上关公之勇[EB/OL]. 百度文库[2017-03-01]. http://wenku. baidu. com/link? url=
mgs08yinrG-rt2864QvlbOaH1KTcuWRWX8HdSkb-E8IbGXcXo34uy5tYv3gfxXRNr9Pptblf
kjhC9H5mYWV8ZlVUfpP10MbbZbilGdHQdya.

匿名. 梁方仲[EB/OL]. 百度百科[2017-02-10]. http://baike. baidu. com/link? url=
vV9pDIZG6edDTnU23wf_hByIOsKf9XZ9iWqLihWRSCo-ZXXiMoZrSRHELL4RGTpza9KwNitO
kV93_AA3rumJzsOkzCZmq0SykuPV0Vrq2IHe4cq0yovy1ZYBfdpgmh3J♯6.

匿名. 梁方仲[EB/OL]. 维基百科[2017-02-10]. https://zh. wikipedia. org/wiki/梁方仲.

匿名. 洛阳伽蓝记[EB/OL]. [2016-08]. http://baike. baidu. com/link? url=SlsOWHczf9vWaIp
HPDMnZ31CnLRnM3yy4egv0BQl25aPoSy3HjSPDEbqCbbUrLfQACdUDsCRzOTKeRtF6oDdYq.

匿名. 马超俊[EB/OL]. 百度百科[2017-03-03]. http://baike. baidu. com/item/％E9％A9％
AC％E8％B6％85％E4％BF％8A♯2.

匿名. 马超俊[EB/OL]. 中华百科全书[2017-03-03]. http://ap6. pccu. edu. tw/Encyclopedia/
data. asp? id=8365.

匿名. 玛利诺外方传教会[EB/OL]. 维基百科[2017-02-25]. https://zh. wikipedia. org/wiki/玛
利诺外方传教会.

匿名. 麦嘉缔[EB/OL]. 维基百科[2017-03-03]. https://zh. wikipedia. org/wiki/麦嘉缔.

匿名. 美国第一位女汉学家[EB/OL]. 光明网[2017-02-20]. http://epaper. gmw. cn/zhdsb/
html/2013-08/07/nw. D110000zhdsb_20130807_1-19. htm.

匿名. 明教[EB/OL]. [2016-08]. http://baike. baidu. com/link? url=wTDftFcl7Kyaz0y3k0ULK
eISzrHn1F2q0tSf3R3rx2ier9jSedQyAu68wFjnMO9V_OV0pxsljtYMAuaySa0-0RoA79OrFb5Y-ko
edlhbzk_.

匿名. 欧德理[EB/OL]. [2016-08]. http://baike. baidu. com/link? url=ugG8d52Y-f68hjrk1JmD
jPMpzH34anlTR_lrPeQhmCBn0nIBGuXsZoDp1_J_szHllO6ZE6DsSxDioRTMqMU2IK.

匿名.钱志新编[钱志新编二十卷(清)张崇懿校辑 清道光十年(1830)酌春堂刻本][EB/OL].博宝拍卖网[2017-02-15]. http://auction. artxun. com/paimai-56734-283669556. shtml.

匿名.人物志(刘劭)[EB/OL].维基百科[2017-03-03]. https://zh. wikipedia. org/wiki/人物志_(刘劭).

匿名.人物志(三国刘劭著作)[EB/OL].百度百科[2017-03-03]. http://baike. baidu. com/link?url=Z9A3ywLD8Rj0bVL2WiQvnIIJRmhCbIO-akDFwREC5LPOfU-44Pn8P0UOA4USN60yK4g47N4icsTZ2pdA35KlGg0fWe9dPQcHE5EyjL4ZU7stNMKooMqAafaILZkh1mnT.

匿名.儒莲奖[EB/OL].维基百科[2017-02-27]. https://zh. wikipedia. org/wiki/儒莲奖.

匿名.三族[EB/OL].[2009-05-26]. http://baike. baidu. com/view/311993. htm.

匿名.瑟[EB/OL].[2009-05-23]. http://baike. baidu. com/view/17186. htm.

匿名.神道教[EB/OL].[2016-08]. http://baike. baidu. com/view/54455. htm.

匿名.食货志[EB/OL].百度百科[2017-02-17]. http://baike. baidu. com/link? url=YoQj_0BcTGJp1XHduQEvGh7Lbo6jdNsQV1R3U6zVVhfeZ557_tTkO0ofIODXsErtIUcJbnm1g60BZtXU_3uPm5PpNhhtM3rocSBQs9iExINTBfDEL2T7FghcxeDinWms.

匿名.史记[EB/OL].[2009-10-15]. http://baike. baidu. com/view/9278. htm.

匿名.世界宗教大会理事会官方网站保罗·卡鲁斯跨宗教理解奖简介[EB/OL].[2016-08]. https://www. parliamentofreligions. org/content/paul-carus-award-interreligious-understanding.

匿名.谁筑就了大都会艺术博物馆百年亚洲典藏[EB/OL].艺术新闻[2017-03-03]. http://www. tanchinese. com/museum/3532/.

匿名.孙子兵法全球行:"孙子大方略"美国走在世界前列[DB/OL].[2016-10-26]. http://www. chinadaily. com. cn/hqgj/jryw/2014-02-17/content_11226153. html.

匿名.孙子兵法全球行:美学者克拉维尔解读《孙子》和平理念[DB/OL].[2016-10-26]. http://www. chinanews. com/mil/2013/12-11/5604265. shtml.

匿名.孙子兵法全球行:欧洲第二种译本出自俄罗斯[DB/OL].[2016-12-02]. http://www. chinanews. com/mil/2012/10-04/4226811. shtml.

匿名.太史令[EB/OL].[2016-01-10]. http://baike. baidu. com/view/500728. htm.

匿名.太乙金华宗旨[EB/OL].[2016-08]. https://zh. wikipedia. org/wiki/%E5%A4%AA%E4%B9%99%E9%87%91%E8%8F%AF%E5%AE%97%E6%97%A8#. E8. 8B. B1. E6. 96. 87. E7. BF. BB. E8. AD. AF.

匿名.汤沐邑[EB/OL].[2009-05-27]. http://baike. baidu. com/view/1053144. htm.

匿名.推背图[EB/OL].百度百科[2017-03-01]. http://baike. baidu. com/link? url=Y5LlL6x8lt4BgOHWIHlfAQ0oCeeE77kRngFzdempZ0vneOi-Fawi_FBbUMHVGYYVom4B7Ad7oQu2mTYBfKgtT46MRsExAGvzZKWmcNaVhZ2J-4ayV4Nw5hmkAMD2Tyi9.

匿名.推背图[EB/OL].维基百科[2017-03-01]. https://zh. wikipedia. org/wiki/推背图.

匿名.推背图研究[EB/OL].[2017-03-01]. https://www. tuibeitu. net/.

匿名.王毓铨[EB/OL].百度百科[2017-02-10]. http://baike. baidu. com/item/%E7%8E%

8B％E6％AF％93％E9％93％A8.

匿名.王毓铨[EB/OL].华人百科[2017-02-07].https://www.itsfun.com.tw/％E7％8E％
8B％E6％AF％93％E9％8A％93/wiki-1501795-9828575.

匿名.王毓铨[EB/OL].[2017-02-10].http://download.bioon.com.cn/upload/201305/
22113540_3413.txt.

匿名.卫礼贤[EB/OL].[2016-08].http://baike.baidu.com/link?url=BOzORHgetirL2PG
M9mLaX18QZ4W6ZvozXmWo1TOi4o1N_wPQ7mufvmtDH_V1KZAEjogS-BUQKHVPvLn
6LfJscq.

匿名.卫礼贤[EB/OL].百度百科[2017-02-25].http://baike.baidu.com/item/卫礼贤.

匿名.尉礼贤[EB/OL].维基百科[2017-02-25].https://zh.wikipedia.org/wiki/尉礼贤.

匿名.文种[EB/OL].[2009-06-02].http://baike.baidu.com/view/46804.htm.

匿名.西方汉学家一览(陈才智整理)[EB/OL].[2017-02-07].https://www.douban.com/
group/topic/52203182/.

匿名.西方汉学家一览(陈才智整理)[EB/OL].[2017-02-07].https://www.douban.com/
group/topic/52203182/.

匿名.孝经[EB/OL].百度百科[2017-02-25].http://baike.baidu.com/link?url=9F1tMG1
mILTW3brgQDEUKpoSPGoPi4dvIZFOBFaBwecvL2mypnnfQAsFrKQojSNxvZV7dRTYIp4
0fhguXmh4JDalYmepMc5QwZFSrDnzlSO.

匿名.盐铁论[EB/OL].百度百科[2017-02-07].http://baike.baidu.com/link?url=7xEr-
ffQoUHYJry2IGNuWZkK7bhFPepYhbZ5XZF8SqyJkHfMFWv8_bGdUzraLovxQ1WGrG7X
HyTBr5GbAMNm8NvX991BpoXbHqGVM8mcVwvVuyiSC4ZrKb_D9xJVh-VT.

匿名.盐铁论[EB/OL].维基百科[2017-02-07].https://zh.m.wikipedia.org/zh/盐铁论.

匿名.一条鞭法[EB/OL].百度百科[2017-02-10].http://baike.baidu.com/link?url=
G8Li4K5u1zP8nFPwqenLTRJ-2mUp6MS2WBWadAXVetZ098N97tDkNydsaUrF1iYHPV9
DI3Wci5WdfozG-9PGPPr5vuLzjwJ8Dy8c3g22rzOGGQoyHsek7mXegqV1Hr1c.

匿名.一条鞭法[EB/OL].维基百科[2017-02-10].https://zh.m.wikipedia.org/zh/一条
鞭法.

匿名.一条鞭法主要内容　一条鞭法的历史意义[EB/OL].中国历史[2017-02-10].http://
ls.asean168.com/a/20150311/692.html.

匿名.仪礼[EB/OL].百度百科[2017-02-25].http://baike.baidu.com/link?url=26B2cTe
Uz-4NMecXrCJNBoXRDntxxOWFNsB8N5r2HqyfNhr9Q0FxGHFTaciiYCUcYZ_0Pklmjvv
P4zCALkStX_aLvgyA5pjmDkoBrTEi9FW.

匿名.仪礼[EB/OL].维基百科[2017-02-25].https://zh.wikipedia.org/wiki/仪礼#cite_
note-1.

匿名.意大利西藏介绍——网西藏佛教介绍——人物介绍[EB/OL].[2016-08].http://
www.ippolito-desideri.net/indici/persone/carlo-puini/.

袁志鸿. 当代中国的道教[EB/OL]. [2016-08]. http://www. people. com. cn/GB/guandian/8213/28144/28156/1903236. html.

匿名. 栈道[EB/OL]. [2016-01-13]. http://baike. baidu. com/view/47240. htm.

匿名. 中国古代典籍导读(六十二):《盐铁论》[EB/OL]. [2017-02-07]. http://blog. sina. cn/dpool/blog/s/blog_4dc0c0da01000all. html.

匿名. [DB/OL]. 中国国家图书馆汉学家资料库[2016-08]. http://mylib. nlc. gov. cn/web/guest/search/zhongguoxuehanxuejia/medaDataDisplay? metaData. id=476979&metaData. l Id=481468&IdLib=40283415347ed8bd0134834e328f000f.

匿名. [DB/OL]. 中国国家图书馆汉学家资料库[2016-08]. http://mylib. nlc. gov. cn/web/guest/search/zhongguoxuehanxuejia/medaDataDisplay? metaData. id=476986&metaData. l Id=481475&IdLib=40283415347ed8bd0134834e328f000f.

匿名. [DB/OL]. 中国国家图书馆汉学家资料库[2016-08]. http://mylib. nlc. gov. cn/web/guest/search/zhongguoxuehanxuejia/medaDataDisplay? metaData. id=477039&metaData. l Id=481528&IdLib=40283415347ed8bd0134834e328f000f.

匿名. [DB/OL]. 中国国家图书馆汉学家资料库[2016-08]. http://mylib. nlc. gov. cn/web/guest/search/zhongguoxuehanxuejia/medaDataDisplay? metaData. id=477099&metaData. l Id=481588&IdLib=40283415347ed8bd0134834e328f000f.

匿名. [DB/OL]. 中国国家图书馆汉学家资料库[2016-08]. http://mylib. nlc. gov. cn/web/guest/search/zhongguoxuehanxuejia/medaDataDisplay? metaData. id=476967&metaData. l Id=481456&IdLib=40283415347ed8bd0134834e328f000f.

匿名. [DB/OL]. 中国国家图书馆汉学家资料库[2016-08]. http://mylib. nlc. gov. cn/web/guest/search/zhongguoxuehanxuejia/medaDataDisplay? metaData. id=476989&metaData. l Id=481478&IdLib=40283415347ed8bd0134834e328f000f.

匿名. [DB/OL]. 中国国家图书馆汉学家资源库[2016-08]. http://mylib. nlc. gov. cn/web/guest/search/zhongguoxuehanxuejia/medaDataDisplay? metaData. id=476974&metaData. l Id=481463&IdLib=40283415347ed8bd0134834e328f000f.

匿名. [DB/OL]. 中国国家图书馆汉学家资源库[2016-08]. http://mylib. nlc. gov. cn/web/guest/search/zhongguoxuehanxuejia/medaDataDisplay? metaData. id=476981&metaData. l Id=481470&IdLib=40283415347ed8bd0134834e328f000f.

匿名. [DB/OL]. 中国国家图书馆汉学家资源库[2016-08]. http://mylib. nlc. gov. cn/web/guest/search/zhongguoxuehanxuejia/medaDataDisplay? metaData. id=476973&metaData. l Id=481462&IdLib=40283415347ed8bd0134834e328f000f.

匿名. [DB/OL]. 中国国家图书馆汉学家资源库[2016-08]. http://mylib. nlc. gov. cn/web/guest/search/zhongguoxuehanxuejia/medaDataDisplay? metaData. id=477094&metaData. l Id=481583&IdLib=40283415347ed8bd0134834e328f000f.

匿名. 中国评论[EB/OL]. 百度百科[2017-02-27]. http://baike. baidu. com/link? url=

cDqJsW4zD4tB7-fTp2JtJFGm9_Dm9NN4NvSvtDza1pV8mbhflN_pAJozoL0NgXDZNnBGuJ DJ171FTmSZkt5D7a7OqYO3XaTY-DmaomLko-e9BkjoRnbNNTHSukV1BJxE.

匿名. 周祥光[EB/OL]. [2016-08]. http://baike. baidu. com/link? url＝qQ1H9cxOpuA50- 9a2IctIvpoKTbykrzbZliKH77IJBeajD0CfjgUmJMaRw4bIpilCPFFZ67Aaef95H8QvYBdXa＃4.

寻求帮助吧. 第四讲：英语诗歌的基本押韵格式[EB/OL]. (2010-10-06)[2011-07-15]. http://wenku. baidu. com/view/20cae973f242336c1eb95ee7. html.

杨蕾. 两项苎麻纤维标准正式发布[N]. 中国质量报(2015-08-07)[2017-05-07]. http:// epaper. cqn. com. cn/html/2015-08/07/content-38078. htm? div＝1.

后　记

　　《中华文献外译与西传》是集体创作的结晶。参加编写的有福建师范大学博士生导师、博士后流动站合作导师岳峰教授、博士。泉州师范学院郑锦怀、福建师范大学协和学院周秦超、福建商学院周文蕴、闽江学院何晓花、福州理工学院黄杰辉、福建师范大学陈榕烽、闽江学院陈颖、福建医科大学邱经、厦门市湖里实验中学廖燕、内蒙古师范大学鸿德学院吕丽荣、福建博物馆周卫、泉州实验中学周小兰、黄灿与豫飞重工集团有限公司郭敬云。

岳峰、郑锦怀设计、审校全书，并编写第一章第一、二节，第三章第三节及部分其他内容；何晓花编写第一章第三节；周秦超编写第二章第一、二节，第三章第一节；黄杰辉编写第二章第三节与第六章第一节；周文蕴编写第二章第四节、第四章第一节、第五章第一节；廖燕编写第三章第二节；周卫编写第五章第三、四节；陈榕烽编写第三章第三节；吕丽荣编写第四章第二节；陈颖编写第五章第二节；邱经编写第六章第二节；黄灿编写第六章第三、四节；周小兰编写第六章第五、六节；郭敬云编写第六章第七、八节。